Marketing-Unternehmensspiel
MARKUS

Modelldarstellung und Instrumente
zur Entscheidungsvorbereitung

Dissertation
zur Erlangung des wirtschaftswissenschaftlichen Doktorgrades des
Fachbereichs Wirtschaftswissenschaften der Universität Göttingen

vorgelegt von
Hans-Jürgen Prehm
aus Eschwege

Göttingen, 1994

Erstgutachter: Prof. Dr. Dr. h.c. Jürgen Bloech
Zweitgutachter: Prof. Dr. Dr. h.c. Wolfgang Lücke

Tag der mündlichen Prüfung: 6. Februar 1995

Hans-Jürgen Prehm

Marketing-Unternehmensspiel MARKUS

Modelldarstellung und Instrumente zur Entscheidungsvorbereitung

DUV Springer Fachmedien Wiesbaden GmbH

Die Deutsche Bibliothek — CIP-Einheitsaufnahme

Prehm, Hans-Jürgen:
Marketing-Unternehmensspiel MARKUS : Modelldarstellung
und Instrumente zur Entscheidungsvorbereitung / Hans-Jürgen
Prehm. — Wiesbaden : DUV, Dt. Univ.-Verl., 1995
(DUV: Wirtschaftswissenschaft)
Zugl.: Göttingen, Univ., Diss., 1995

Gedruckt mit Hilfe von Forschungsmitteln des Landes Niedersachsen.

© Springer Fachmedien Wiesbaden 1995
Ursprünglich erschienen bei Deutscher Universitäts-Verlag GmbH, Wiesbaden 1995
Lektorat: Monika Mülhausen

Gedruckt auf chlorarm gebleichtem und säurefreiem Papier

ISBN 978-3-8244-0251-9   ISBN 978-3-663-12231-9 (eBook)
DOI 10.1007/978-3-663-12231-9

Geleitwort

Unternehmenssimulationen müssen häufig beachtliche Reduktionen der Komplexität der Wirklichkeit vornehmen. Soweit diese Vereinfachung die Zusammenhänge der Kundennachfrage und Märkte betrifft, ist dies besonders bedauerlich.

Mit dem Unternehmensspiel MARKUS ist ein System gestaltet worden, welches raffinierte Nachfragesituationen in Konsumgütermärkten abbildet. Die Kunden, ihre Präferenzen und ihrer Kaufbereitschaft werden durch zahlreiche Faktoren dargestellt und beeinflußt.

Die konkurrierenden Unternehmen verfügen über eine Vielfalt von Produktions- und Angebotsmöglichkeiten sowie über einige Varianten von Distributionskanälen. Die Produkte stellen Markenartikel dar, die in beachtlicher Verschiedenheit in die Märkte eingeführt werden. Dem Teilnehmer an diesem Unternehmensspiel eröffnen sich hervorragende Möglichkeiten, große Erfahrungen in Analysen und Marktdiagnosen zu sammeln.

Dieses Buch beschreibt das Konzept dieser Markt- und Unternehmenssimulation und geht auch tief auf die Gestaltung der einzelnen Teilkomplexe ein. Durch die Lektüre ergeben sich Anregungen, die Entscheidungen des Unternehmensspiels zu gestalten und ihre Wirkung zu erfahren. Die Entscheidungslagen werden durch typische Situationen der Markenartikelhersteller geprägt und stellen an die Entscheidungsträger hohe Anforderungen. Erst durch die Darstellungen der Entscheidungsbereiche wird die Komplexität richtig deutlich. Sowohl für Praktiker als auch für Wirtschaftswissenschaftler und Studenten von Universitäten und Fachhochschulen versprechen Buch und Unternehmensspiel einen hohen Nutzen. Planspielseminare führen die Teilnehmer in die spezifische Entscheidungsstruktur der Markenartikelhersteller ein und veranlassen sie zur Vorbereitung strategischer und operativer Maßnahmen. Während das Buch eine hervorragende Diskussionsgrundlage für die realitätsnahe Modellierung von Konsumgütermärkten und Markenartikelhersteller darstellt, bieten die Seminare noch zusätzlichen Nutzen hinsichtlich der Gestaltung von Managementprozessen in Gruppen. Die Wissenschaftler erhalten mit diesem Buch viele Informationen über die Möglichkeiten, Experimente in oligopolistischen Märkten vorzunehmen.

Jürgen Bloech

Vorwort

Die vorliegende Arbeit entstand während meiner Tätigkeit am Institut für Betriebswirtschaftliche Produktions- und Investitionsforschung der Georg-August-Universität Göttingen; sie wurde vom dortigen wirtschaftswissenschaftlichen Fachbereich als Dissertation angenommen.

Allen, die mich bei der Erstellung meiner Dissertation unterstützten, spreche ich an dieser Stelle meinen Dank aus.

Besonderer Dank gilt meinen akademischen Lehrern Herrn Prof. Dr. Dr. h.c. Jürgen Bloech und Herrn Prof. Dr. Dr. h.c. Wolfgang Lücke für die Betreuung der Arbeit und für die Übernahme des Korreferates.

Herrn Dr. Uwe Götze, Frau Dipl.-Kffr. Barbara Mikus und Herrn Dr. Friedhelm Rudolph danke ich für die kritische Manuskriptdurchsicht sowie die zahlreichen konstruktiven Diskussionen.

Außerdem bin ich all denjenigen verbunden, die im Rahmen ihrer Diplomarbeitsprojekte ausgewählte Fragestellungen hinsichtlich der Gestaltung von Instrumenten zur Entscheidungsvorbereitung im Unternehmensspiel MARKUS aufgegriffen sowie computergestützte Lösungsansätze konzipiert und realisiert haben; hierbei insbesondere Herrn cand. rer. pol. Christian Bosse für die Programmierung des Marketing-Informationssystems.

Schließlich danke ich allen, die an den umfangreichen Tests des Unternehmensspiels und der Instrumente zur Entscheidungsvorbereitung sowie an der Manuskripterstellung mitgewirkt haben; besonders Herrn cand. rer. pol. Jörg Ehlken für die Erstellung zahlreicher Graphiken.

Hans-Jürgen Prehm

Inhalt

Abbildungsverzeichnis

Abkürzungsverzeichnis

Abb.:	Abbildung
Aufl.:	Auflage
BFuP:	Betriebswirtschaftliche Forschung und Praxis
bzw.:	beziehungsweise
DBW:	Die Betriebswirtschaft
d.h.:	das heißt
DM:	Deutsche Mark
Ed.:	edition
EDV:	Elektronische Datenverarbeitung
etc.:	et cetera
f.:	folgende (Seite)
ff.:	folgende (Seiten)
ggf.:	gegebenenfalls
Hrsg.:	Herausgeber
i.d.R.:	in der Regel
KRP:	Kostenrechnungspraxis
ME:	Mengeneinheit(en)
NBW:	Neue Betriebswirtschaft
No.:	number
Nr.:	Nummer
OR:	Operations Research
S.:	Seite
Sp.:	Spalte
u.a.:	unter anderem
u.U.:	unter Umständen
usw.:	und so weiter
vgl.:	vergleiche
Vol.:	Volume
WiSt:	Wirtschaftswissenschaftliches Studium
WISU:	Wirtschaftsstudium
z.B.:	zum Beispiel
ZfB:	Zeitschrift für Betriebswirtschaft
ZfbF:	Zeitschrift für betriebswirtschaftliche Forschung
ZfhF:	Zeitschrift für handelswissenschaftliche Forschung
ZR:	Zeitschrift für das gesamte Rechnungswesen

1 Einleitung

Die weltweite Verschärfung des Wettbewerbs, die zunehmende Komplexität wirtschaftlicher Abläufe und die ständige, immer schneller voranschreitende Wandlung der Unternehmensumwelt erfordern ein professionelles und qualifiziertes Management in den Unternehmen. Bei der betriebswirtschaftlichen Ausbildung von Studenten und damit des zukünftigen wirtschaftlichen Managements sowie der Weiterbildung von begabten und erfahrenen Führungs(nachwuchs)kräften in Unternehmen steht häufig die reine Vermittlung von Wissen im Vordergrund. Diese erscheint allerdings nicht ausreichend, um die Diskrepanz zwischen dem vorhandenen Fachwissen und seiner Anwendung zu überwinden, die beim Entscheidungsverhalten in Unternehmen oftmals beobachtet werden kann. Vielmehr sollten auch die Umsetzung von Wissen in Können, das Treffen von Entscheidungen in einem Gremium sowie die Durchsetzung getroffener Entscheidungen gefördert werden. Hierfür haben sich Unternehmensspiele als geeignete Aus- und Weiterbildungsmethode herausgestellt, zumal sie *Lernen durch Handeln* und insbesondere *Lernen aus Fehlern* ermöglichen, ohne daß dabei - im Fall von Fehlentscheidungen - die Existenz realer Unternehmen gefährdet wird.

Unternehmensspiele werden seit mehr als 30 Jahren mit zunehmender Bedeutung im Rahmen der Ausbildung von Studenten eingesetzt und sind in zahlreichen Unternehmen ein fester Bestandteil der Weiterbildung von Führungsnachwuchskräften. Dementsprechend existiert ein umfassendes und differenziertes Angebot an Unternehmensspielen. In den meisten dieser Unternehmensspiele erfolgt eine Simulation des Absatzes von Gütern auf der Grundlage von Preis- und Marketingaufwandsfunktionen,[1] die nur eine sehr beschränkte Analyse des Konsumentenverhaltens erlauben. Es erscheint daher erforderlich, ein Unternehmensspiel zu konzipieren und zu realisieren, das zum einen den Kaufentscheidungsprozeß von Konsumenten simuliert und zum anderen den Teilnehmern am Unternehmensspiel die Möglichkeit bietet, das Verhalten der Konsumenten unter Einsatz eines computergestützten Marketing-Informationssystems detailliert zu analysieren und geeignete Strategien zur Positionierung von Produkten im Markt zu entwickeln.

Die Teilnehmer dieses Marketing-Unternehmensspiels sollen ferner angeregt werden, zur Entscheidungsvorbereitung weitere zieladäquate betriebswirtschaftliche Instrumente einzusetzen und deren Anwendung zu trainieren. Aus diesem Grund werden im Rahmen dieser Arbeit einige ausgewählte Instrumente zur Entscheidungsvorbereitung vorgestellt und deren Einsatzmöglichkeiten im Unternehmensspiel MARKUS aufgezeigt.

---

[1] In einigen funktionalen Unternehmensspielen wird der Absatz von Gütern nicht betrachtet. In wenigen, den Absatz von Gütern simulierenden Unternehmensspielen werden die Absatzmengen willkürlich und/oder zufällig festgelegt.

1

In der vorliegenden Arbeit wird nach der Charakterisierung von Unternehmensspielen im zweiten Abschnitt das Unternehmensspiel MARKUS im dritten Abschnitt grundlegend beschrieben. Dabei werden mögliche Lernziele der Teilnehmer aufgezeigt, das Unternehmensspiel allgemein dargestellt und ein Überblick über die einsetzbaren Instrumente zur Entscheidungsvorbereitung vermittelt.

In den darauf folgenden Abschnitten vier bis sieben wird zunächst für die Bereiche Materialwirtschaft, Produktion, Marketing sowie Finanzwirtschaft und Rechnungswesen jeweils das Unternehmensspielmodell ausführlich vorgestellt. Anschließend werden für jeden Bereich die wichtigsten Planungsaufgaben der Teilnehmer dargelegt und die zur Entscheidungsvorbereitung geeigneten Instrumente - zum Teil anhand von Beispielen - erörtert. Dabei stehen in den Bereichen der Materialwirtschaft und der Produktion die Ermittlung der wirtschaftlich günstigsten Güterbeschaffungsart, der Bestellmengen sowie der Lagerkapazitäten und Lagerpersonalmengen, die Produktionsprogrammplanung, die Nutzungsdauer- und Ersatzzeitpunktbestimmung sowie die Reihenfolgefestlegung im Vordergrund. Im Marketingbereich sind mit Hilfe des Marketing-Informationssystems sowie einer Absatzsegmentrechnung Entscheidungen bezüglich der Absatzmengen und des Einsatzes des Marketing-Instrumentariums vorzubereiten und im Bereich Finanzwirtschaft und Rechnungswesen soll eine Finanz- und Erfolgsplanung durchgeführt werden, für die ein Budgetierungssystem genutzt werden kann.

Eine weitere Besonderheit des Unternehmensspiels stellt die Möglichkeit dar, die Komplexität der einbezogenen Bereiche und damit den Schwierigkeitsgrad der Planungsaufgaben variieren und an die Leistungsfähigkeit der Teilnehmer anpassen zu können.

2

2 Grundlagen und Wesen der Unternehmensspiele

2.1 Historische Entwicklung der Planspielidee

Die Entstehung von Planspielen wird auf *Kampfspiele* zurückgeführt, die in ihren ersten Erscheinungsformen als *Brettspiele*, wie z.B. Chaturango, Schach, Ki, Go, Do-guti, ca. 1000 - 800 v. Chr. in Indien und Persien aufkamen und durch mohammedanische Eroberer über Afrika nach Europa gebracht wurden.[1] Ziel dieser Spiele ist es, den Gegner nach bestimmten Regeln und unter Einsatz festgelegter Mittel zu besiegen. Trotz des formalen und abstrakten Charakters der Brettspiele wurden diese nicht ausschließlich als Gesellschaftsspiele eingesetzt, sondern auch zum intellektuellen Training und als symbolische Äquivalente der Kriegsführung verwandt.[2]

Eine deutliche Verbesserung gegenüber den herkömmlichen Brettspielen stellten die Entwicklungen des *Kriegsschachs* im 17. und 18. Jahrhundert dar, bei denen zunächst Bewegungsregeln der Spielfiguren verfeinert, Geländeunterschiede im Brettmuster abgebildet und später Spielbretter durch Landkarten ersetzt wurden.[3]

Anfang des 19. Jahrhunderts entwickelte VON REISSWITZ (der ältere) für die strategische und taktische Ausbildung von Offizieren ein Sandkastenspiel, das den Beginn des *modernen militärischen Planspiels* symbolisiert.[4] Die sich widersprechenden Forderungen nach einerseits

---

[1] Vgl. Rohn, W. E.: (Führungsentscheidungen), S. 19; Kraus, H.: (Unternehmungsspiele), Sp. 4104; Sayre, F., (Map Maneuvers), S. 5. Eine systematische Darstellung der historischen Entwicklung der Planspiele in Form eines Stammbaumes findet sich bei Rohn, W. E.: (Führungsentscheidungen), S. 25.

[2] Vgl. Rühl, G.: (Planspiele), S. 33; Bleicher, K.: (Unternehmungsspiele), S. 31; Cohen, K. J.; Rhenman, E.: (Management Games), S. 131 f. sowie in deutscher Übersetzung Cohen, K. J.; Rhenman, E.: (Unternehmungsspiele), S. 14.

[3] 1664 stellte der preußische Offizier Christoph Weikmann das *Königsspiel* mit 30 Figuren je Spieler und 14 verschiedenen Bewegungsregeln vor. Um 1710 wurde in Frankreich das Kartenspiel *Le Jeu de la Guerre* zur Lehre von Feldzugsprinzipien eingeführt. Helwig entwickelte 1780 ein *Kriegsschach* mit einem aus 1666 Quadraten bestehenden Brettmuster, das Geländeunterschiede andeutete, der König durch eine Festung ersetzte und die Bewegung der Spielfiguren anhand mathematischer Formeln vollziehen ließ. Mit dem *Neuen Kriegsspiel* ersetzte Georg Vinturini 1798 erstmals das Spielbrett durch eine aus 3.600 Planquadraten bestehende Landkarte. Die Bewegungen der Spielfiguren erfolgten entsprechend eines 60 Seiten umfassenden Regelwerks; vgl. hierzu Rohn, W. E.: (Führungsentscheidungen), S. 19 f.; Bleicher, K.: (Unternehmungsspiele), S. 31 f.; Cohen, K. J.; Rhenman, E.: (Unternehmungsspiele), S. 14.

[4] Vgl. Bleicher, K.: (Unternehmungsspiele), S. 32. VON REISSWITZS Sohn verfeinerte durch den Einsatz topographischer Karten im Maßstab 1:8.000 einige Jahre später die Ideen seines Vaters und determinierte die Spielregeln; vgl. Rohn, W. E.: (Führungsentscheidungen), S. 21. "Die Grundidee des Kriegsspiels ist das theoretische Durchspielen militärischer Operationen am grünen Tisch. In einem Sandkasten oder auf einer Landkarte werden die geographischen Gegebenheiten eines Operationsgebietes abgebildet und die Positionen zweier gegnerischer Parteien markiert. Zwei Gruppen von Spielern übernehmen die Rollen der Generalstäbe dieser Parteien. Bestimmte, aus der militärischen Erfahrung abgeleitete Spielregeln legen fest, welche Operationsmöglichkeiten für die Spielparteien erlaubt sind. Im Rahmen dieser Regeln trifft jede Gruppe Zug um Zug entsprechende strategische und taktische Entscheidungen über Truppen- und

realistischen Spielen, denen detaillierte formale Regeln zugrunde liegen und andererseits nach leicht spielbaren Spielen, führte in der zweiten Hälfte des 19. Jahrhunderts zu der Unterscheidung zwischen *starren* und *freien Kriegsspielen*.[5] Darüber hinaus wurden Kriegsspiele weltweit zunehmend nicht nur zur Ausbildung, sondern auch zur Forschung eingesetzt.[6]

Zwei Entwicklungen prägten nach dem 2. Weltkrieg die rasche Fortentwicklung militärischer Planspiele sowie das Entstehen ökonomischer Planspiele: Erstens die auf VON NEUMANN und MORGENSTERN zurückgehende *Spieltheorie*,[7] die den Anstoß zur Formulierung neuer mathematischer Methoden gab,[8] und zweitens die technische Entwicklung leistungsfähiger *elektronischer Datenverarbeitungsanlagen*, die umfangreiche und komplizierte Berechnungen in verhältnismäßig kurzer Zeit ausführen konnten.[9]

Im Jahr 1955 erstellte die *RAND Corporation* für logistische Fragestellungen der US-Luftwaffe das Planspiel *Monopologs*, das vorwiegend betriebswirtschaftlich-organisatorische Fragestellungen aufgriff und als unmittelbarer Vorgänger wirtschaftlicher Planspiele angesehen wird.[10]

Nachschubbewegungen, Angriffshandlungen usw., um ein festgelegtes Operationsziel zu erreichen. Dabei müssen neben den geographischen Verhältnissen und der eigenen Lage auch die Positionen des Gegners und seine möglichen Aktionen und Reaktionen berücksichtigt werden. Nach jedem Zug entscheidet eine neutrale Schiedsrichtergruppe aufgrund ihrer militärischen Erfahrungen über den Erfolg oder Mißerfolg der jeweiligen Entscheidungen und legt damit die neue Ausgangslage für die folgenden Spielzüge fest. Auf diese Weise kann mit geringen Kosten und in relativ kurzer Zeit - natürlich auch ohne Opfer und Risiken - die ungefähre Entwicklung einer Kampfhandlung in ihrem zeitlichen Ablauf durchgespielt werden." Koller, H.: (Simulation), S. 72 f.

[5]   Vgl. Cohen, K. J.; Rhenman, E.: (Unternehmungsspiele), S. 14 f.; zur näheren Erläuterung des Unterschieds zwischen starrem und freiem Kriegsspiel sowie der Kritik an starren Kriegsspielen siehe insb. Rohn, W. E.: (Führungsentscheidungen), S. 20 ff. und Bleicher, K.: (Unternehmungsspiele), S. 34 f. Die freien Kriegsspiele waren seit den siebziger Jahren des 19. Jahrhunderts vorherrschend. Erst die Entwicklung der Spieltheorie und die Einführung der elektronischen Datenverarbeitung in militärischen Bereichen führte seit 1950 wieder zu einer größeren Bedeutung starrer Kriegsspiele. Vgl. Rohn, W. E.: (Führungsentscheidungen), S. 22.

[6]   Vgl. Bleicher, K.: (Ausbildung), S. 159 f. Insbesondere während des 2. Weltkrieges wurden zahlreiche militärische Operationen im voraus experimentell anhand von *Kriegsplanspielen* simuliert, vgl. hierzu z.B. Cohen, K. J.; Rhenman, E.: (Unternehmungsspiele), S. 16, Rohn, W. E.: (Führungsentscheidungen), S. 23 f., Bleicher, K.: (Unternehmungsspiele), S. 33.

[7]   Vgl. Neumann, J. v.; Morgenstern O.: (Games); vgl. auch die Rezension der deutschen Übersetzung von 1961, Moxter, A.: (Besprechungsaufsatz).

[8]   Z.B. die Lineare Programmierung, die Theorie der Warteschlange, die Monte-Carlo-Methode etc., vgl. Rohn, W. E.: (Führungsentscheidungen), S. 24; Arbeitskreis Gamer: (Unternehmungsspiele), S. 149; Sieber, E. H.: (Planspiel), S. 25; Cohen, K. J.; Rhenman, E.: (Unternehmungsspiele), S. 17.

[9]   Vgl. Bleicher, K.: (Ausbildung), S. 160; Arbeitskreis Gamer: (Unternehmungsspiele), S. 149; Cohen, K. J.; Rhenman, E.: (Unternehmungsspiele), S. 17.

[10]   Vgl. Rohn, W. E.: (Führungsentscheidungen), S. 24, S. 27, Koller, H.: (Simulation), S. 95.

Im Jahr 1956 entwickelte die *American Management Association* (AMA) auf der Grundlage der Erkenntnisse über Kriegsspiele das Unternehmensplanspiel *Top Management Decision Simulation* zur Ausbildung von Führungskräften in der Wirtschaft. Dieses erste rein ökonomische Planspiel sah zur Verarbeitung der Entscheidungen und zur Ergebniserstellung bereits den Einsatz einer EDV-Anlage vor.[11] Zur gleichen Zeit konzipierten ANDLINGER und GREEN im Auftrag von *McKinsey & Company* das Planspiel *Business Management Game* in der Form eines Brettspiels.[12] Das erste in der Bundesrepublik Deutschland entwickelte *Planspiel zur Unternehmensführung* stellte *IBM* 1960 vor,[13] kurze Zeit später präsentierte *Machines Bull* das Unternehmensspiel *OMNILOG*.[14]

In den vergangenen 35 Jahren wurden in den USA und in Westeuropa, insbesondere in der Bundesrepublik Deutschland, mehrere hundert wirtschaftliche Planspielmodelle entworfen[15] und vorwiegend zur Aus- und Weiterbildung von Führungs(nachwuchs)kräften an Universitäten sowie in überbetrieblichen Institutionen und Unternehmen eingesetzt.[16]

2.2 Begriffliche Abgrenzung

In der vorliegenden Arbeit treten Begriffe wie *Simulationsmodell, Simulation, Unternehmensspielmodell, Unternehmensspiel* und *Planspiel* häufig auf, so daß eine Abgrenzung der Begriffe notwendig erscheint.

---

11 Das Unternehmensspiel wurde 1957 erstmals der Öffentlichkeit vorgestellt und mit Begeisterung aufgenommen. Vgl. Rohn, W. E.: (Führungsentscheidungen), S. 28; zur kurzen inhaltlichen Darstellung des Unternehmensspiels vgl. Cohen, K. J.; Rhenman, E.: (Management Games), S. 135 f., eine ausführliche Spielbeschreibung findet sich in Ricciardi, F. M. u. a.: (Simulation). Über Erfahrungen mit diesem Planspiel berichten z.B. Craft, C. J.; Stewart, L. A.: (Simulation).

12 Vgl. Andlinger, G. R.: (Business Games); Bleicher, K.: (Lehrmethode), S. 37 ff.; das Planspiel erzielte aufgrund preisgünstigen Vertriebs der Spielunterlagen innerhalb kurzer Zeit eine rasche Verbreitung.

13 Das Unternehmensspiel wurde auf der Basis des IBM-Planspiels *Management Decision Making Laboratory* konzipiert, vgl. Albach, H.: (Unternehmensspiele), S. 29.

14 *OMNILOG* ist ein stochastisches Konkurrenzspiel mit Entscheidungsschwerpunkten im Finanzbereich, vgl. Albach, H.: (Unternehmensspiele), S. 29; Müller-Merbach, H.: (Planspiele), S. 327 f.

15 Eine Übersicht über mehr als 300 Planspiele im deutschsprachigen Raum findet sich z.B. bei Rohn, W. E.: (Planspiel-Übersicht); ELGOOD beschreibt beispielsweise über 200 britische Planspiele, vgl. Elgood, Chr.: (Management Games). Eine erhebliche Anzahl von Unternehmensspielen wurde an deutschen Universitäten entwickelt, z.B. entstanden innerhalb der letzten 20 Jahre allein an dem *Institut für Betriebswirtschaftliche Produktions- und Investitionsforschung - Abteilung für Unternehmensplanung* - unter der Leitung von *Prof. Dr. J. Bloech* 18 Unternehmensspiele.

16 Vgl. Koller, H.: (Planspieltechnik), S. 5.

Ein *Simulationsmodell* bildet ein reales System weitgehend wirklichkeitsgetreu ab[17] und beinhaltet in der Regel ein operationales Rechenverfahren (Algorithmus), welches auf einer eindeutigen Vorschrift zur Bestimmung von endogenen Größen (Ausgangsgrößen) bei vorgegebenen Werten für die exogenen Größen (Eingangsgrößen) beruht und das nach einer endlichen Anzahl von Schritten abgeschlossen wird.[18]

In der Literatur wird insbesondere der Begriff *Simulation* häufig unterschiedlich definiert.[19] In den folgenden Ausführung wird eine Begriffsumschreibung von MERTENS unter Berücksichtigung der Definition des Begriffs *Simulationsmodell* zugrundegelegt. Die Simulation eines Systems ist die Arbeit mit einem Simulationsmodell. Das Modell läßt sich in einer Weise gestalten und verändern, die bei dem wirklichen System nicht oder nur unter erschwerten Bedingungen möglich wäre. Das Verhalten des Simulationsmodelles kann untersucht, und daraus können Schlüsse auf das Verhalten des realen Systems gezogen werden.[20]

Ein Simulationsmodell wird als *Unternehmensspielmodell* bezeichnet, wenn es sich bei dem - zumindest näherungsweise - abgebildeten realen System um Unternehmen und/oder Teilbereiche von Unternehmen handelt, dieses Simulationsmodell dynamisch gestaltet ist[21] und mit seiner Konstruktion der Zweck verfolgt wird, ein Unternehmensspiel durchzuführen.

Einem *Unternehmensspiel*[22] liegt in Anlehnung an ZIEGENBEIN die theoretische Konstruktion eines mathematisch formulierten Unternehmensspielmodells zugrunde, das eine bestimmte Zahl von Unternehmen oder Unternehmensteile - repräsentiert von den Teilnehmern des Spiels - mit ihren jeweils wichtigsten Funktionsbereichen in ihrer wirtschaftlichen Umwelt abbildet und aus dem sich das Ergebnis unternehmerischer Entscheidungen unter Unge-

---

17 Vgl. Mertens, P.: (Simulation), S. 1.

18 Vgl. Puck, G.: (Absatzmärkte), S. 12 f. Von einer Betrachtung physikalischer Simulationsmodelle wird in der vorliegenden Definition abgesehen. Zur Differenzierung verschiedener Arten von Simulationsmodellen vgl. z.B. Koller, H.: (Methode), S. 102 ff.

19 Vgl. z.B. Böhret, C.; Wordelmann, P.: (Planspiel), S. 19 ff.; Albach, H.: (Daten), S. 5; Bauer, W.; Vieweg, W.: (Simulation), Sp. 2063 ff.

20 Vgl. Mertens, P.: (Simulation), S. 1. In der Literatur wird anhand verschiedener Klassifikationskriterien eine Einteilung in Arten von Simulationen vorgenommen, vgl. z.B. Mertens, P.: (Simulation), S. 4 f.; Koller, H.: (Methode), S. 100 ff.; Koller, H.: (Simulation 1969), Sp. 1492 f.; Böhret, C.; Wordelmann, P.: (Planspiel), S. 24 ff. In den nachfolgenden Betrachtungen wird von dynamischer Mensch-Maschinen-Simulation als Grundlage von Unternehmensspielen ausgegangen.

21 Vgl. Puck, G.: (Absatzmärkte), S. 13. Ein dynamisches Simulationsmodell erlaubt dessen Untersuchung im Zeitablauf und erfordert demzufolge Wertzuweisungen an exogene Modellvariable zu mindestens zwei Simulationszeitpunkten; vgl. Mertens, P.: (Simulation), S. 5; Puck, G.: (Absatzmärkte), S. 13.

22 Häufig werden in der Literatur die Begriffe Unternehmungsspiel, Unternehmensplanspiel, ökonomisches bzw. wirtschaftliches Planspiel, Planspiel unternehmerischer Entscheidungen, Management Game, Business Game synonym für Unternehmensspiel verwandt, vgl. z.B. Koller, H.: (Planspieltechnik), S. 6; Rohn, W. E.: (Führungsentscheidungen), S. 11; Müller-Merbach, H.: (Planspiele), S. 326.

wißheit[23] ableiten läßt.[24] Unternehmensspiele sind Simulationen, bei denen durch Spielregeln festgelegt ist, zu welchen Simulationszeitpunkten und in welchem Umfang Spielgruppen und Spielleitung durch Wertzuweisung an exogene Modellvariable in den Simulationslauf eingreifen dürfen.[25]

Die Ausführungen in dem vorherigen Abschnitt zeigten bereits, daß der Begriff *Planspiel* aus dem militärischen Bereich stammt und auf *Kampf-* und *Kriegsspiele* zurückzuführen ist. Aus heutiger Sicht stellt die Bezeichnung Planspiel den Oberbegriff für *militärische* und *wirtschaftliche Planspiele* (Unternehmensspiele) dar.[26]

2.3 Aufbau von Unternehmensspielen

Im Mittelpunkt eines Unternehmensspiels steht ein Modell, das durch isolierende Abstraktion eine bestimmte Anzahl gleichstrukturierter Unternehmen in ihrer Umwelt nachbildet, um so den komplexen Kausalzusammenhang auf diejenigen wesentlichen Aspekte und Einflußfaktoren zu beschränken, die für eine bestimmte Untersuchung relevant sind.[27] Ein Unternehmensspiel kann nach BLEICHER[28] in zwei Bereiche, den Aktionsbereich und den Reaktionsbereich (Simulationsmodell), unterteilt werden (Abbildung 2.3-1).

Der *Aktionsbereich* wird durch die Spielregeln bestimmt und umfaßt die Aktionsgrundlagen, auf denen die Teilnehmer des Spiels ihre Entscheidungen aufbauen.[29] Er determiniert den Entscheidungsrahmen, der jene Daten beinhaltet, die für die Unternehmen als konstant vorgegeben sind und demzufolge nicht durch Handlungen beeinflußbar sind. Aus dem Entscheidungsrahmen werden die Entscheidungsziele und -kriterien abgeleitet[30], die ihrerseits, gemeinsam mit der Ausgangssituation bzw. dem Vorperiodenergebnis, die Grundlage für die

---

23 Zur Abgrenzung von Ungewißheit und Unsicherheit vgl. z.B. Götze, U.; Bloech, J.: (Investitionsrechnung), S. 295.

24 Vgl. Ziegenbein, K.: (Wesen), S. 251; Bleicher, K.: (Lehrmethode), S. 36; Greenlaw, P. S.; Herron, L. W.; Rawdon, R. H.: (Simulation), S. 5. Zur Unterscheidung verschiedener Arten von Unternehmensspielen siehe Abschnitt 2.2.3.

25 Vgl. Puck, G.: (Absatzmärkte), S. 14.

26 Vgl. Rohn, W. E.: (Führungsentscheidungen), S. 25.

27 Vgl. Müller-Merbach, H.: (Planspiele), S. 327; Kosiol, E.: (Modellanalyse), S. 319; Koller, H.: (Spiele), S. 10.

28 Vgl. Bleicher, K.: (Unternehmungsspiele), S. 54, S. 64 ff.; Bleicher, K.: (Unternehmungsspiele 1969), Sp. 1687.

29 Vgl. Schöllhammer, H.: (Bedeutung), S. 330.

30 Vgl. hierzu Kosiol, E.: (Modellanalyse), S. 322 f. Entscheidungsziele und -kriterien werden den Spielern entweder vorgegeben oder sind von jenen eigenständig zu formulieren.

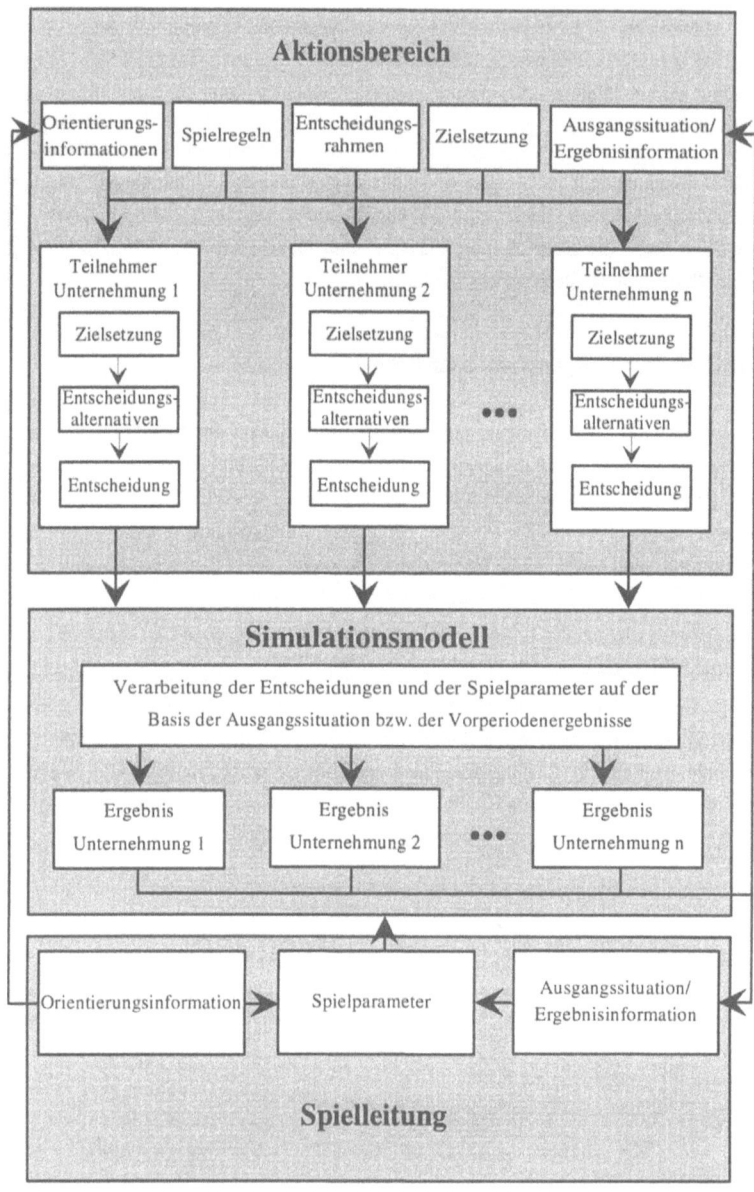

Abb. 2.3-1:   Grundstruktur von Unternehmensspielen[31]

---

[31]   Vgl. Schöllhammer, H.: (Bedeutung), S. 329; Bleicher, K.: (Ausbildung), S. 166.

8

Festlegung der Entscheidungsalternativen bilden. Die Entscheidungen werden als Entscheidungsinformation dem Simulationsmodell zur Verarbeitung zugeleitet.[32]

In dem *Reaktionsbereich* (Simulationsmodell),[33] der die Umwelt der Entscheidenden[34] abbildet, werden die Entscheidungsinformationen mit Hilfe mathematischer und logischer Beziehungen zu Ergebnissen, i.d.R. unter Einsatz von EDV-Anlagen,[35] verarbeitet.[36]

Zwischen dem Aktions- und dem Reaktionsbereich fließen zwei Informationsströme.[37] Die *Entscheidungsinformationen*, sie umfassen die Entscheidungen der Teilnehmer aller Unternehmen, werden vom Aktionsbereich an das Simulationsmodell weitergegeben und dort zu Ergebnissen verarbeitet. Die *Ergebnisinformationen* werden anschließend an den Aktionsbereich zurückgemeldet und bilden die Grundlage neuer Entscheidungsprozesse. Darüber hinaus können *Orientierungsinformationen*, die weitergehende Daten über das zukünftige Verhalten des Simulationsmodells beinhalten, von der Spielleitung an den Aktionsbereich gegeben werden.

Einem Unternehmensspiel liegt ein *dynamisches Modell* zugrunde, bei dem es im Zeitablauf zu einer Folge von Aktionen (Entscheidungen) und Reaktionen (Ergebnisse) kommt, die sich gegenseitig im Sinn einer Reaktionskette bedingen.[38] Abbildung 2.3-2 verdeutlicht den dynamischen Charakter von Ursache und Wirkung unter Berücksichtigung des Zeitfaktors.

Die Zeit, die durch eine Periode simuliert wird (Simulationszeit), umfaßt jenen konstanten Zeitraum, für den in der Realität die Entscheidungen getroffen werden, z.B. einen Monat, ein Quartal, ein Halbjahr etc.[39] Innerhalb kurzer Zeit (z.B. weniger Stunden oder Tage) wird eine reale Zeitspanne von mehreren Monaten oder Jahren abgebildet und es werden die unmittelbaren Auswirkungen der Entscheidungen auf die Ergebnisse aufgezeigt.[40] Dieser Zeitraffereffekt stellt ein charakteristisches Merkmal von Unternehmensspielen dar.[41]

---

[32] Vgl. Bleicher, K.: (Unternehmungsspiele), S. 64 f.

[33] Siehe auch die Definition in Abschnitt 2.2.

[34] Z.B. der Beschaffungs- und Absatzmarkt, aber auch der Produktions- und Logistikbereich der von den Entscheidenden geführten Unternehmung.

[35] Siehe hierzu auch Abschnitt 2.4. Einfache Modelle können auch mit geringerem technischen Aufwand betrieben werden.

[36] Vgl. Bleicher, K.: (Ausbildung), S. 164.

[37] Vgl. Bleicher, K.: (Ausbildung), S. 164 f.; Kraus, H.: (Unternehmungsspiele), Sp. 4106 f.

[38] Vgl. Bleicher, K.: (Ausbildung), S. 165.

[39] Vgl. Rohn, W. E.: (Führungsentscheidungen), S. 89.

[40] Vgl. Shubik, M.: (Gaming), S. 632.

[41] Vgl. Koller, H.: (Planspieltechnik), S. 9.

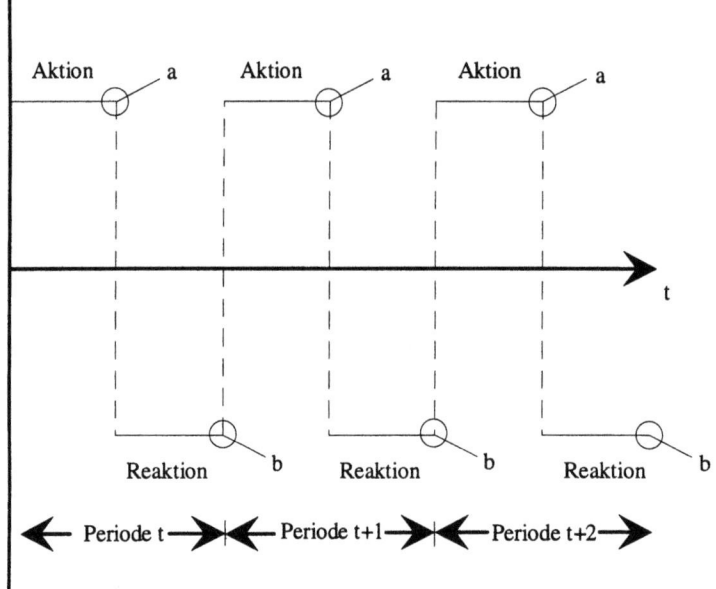

a: Entscheidungsinformation

b: Ergebnis- und Orientierungsinformation

Abb. 2.3-2:   Reaktionskette in Unternehmensspielen[42]

2.4 Klassifikation von Unternehmensspielen

In den letzten 35 Jahren sind, wie bereits in Abschnitt 2.1 hervorgehoben, mehrere hundert Unternehmensspiele entwickelt worden, die vorwiegend zur Aus- und Weiterbildung eingesetzt werden. Im folgenden werden einige wichtige Kriterien zur Klassifikation von Unternehmensspielen aufgezeigt,[43] die darüber hinaus die Grundlage für die Auswahl von Spielmodellen für bestimmte Einsatzzwecke bilden können. Abbildung 2.4-1 gibt einen Überblick über die näher zu betrachtenden Einteilungskriterien und Arten von Unternehmensspielen.[44]

---

42   Vgl. Bleicher, K.: (Ausbildung), S. 164.

43   Eine weitergehende Klassifikation von Unternehmensspielen findet sich z.B. bei Böhret, C.; Wordelmann, P.: (Planspiel), S. 58 ff.; Kraus, H.: (Unternehmungsspiele), Sp. 4108 ff.

44   Auf ein Unternehmensspiel kann je Einteilungskriterium ein Ausprägungsmerkmal zutreffen, woraus eine hohe Zahl verschiedener Arten von Unternehmensspielen resultiert.

Unterscheidungskriterium	Ausprägungsmerkmale der Unternehmensspiele		
Anzahl der erfaßten betrieblichen Teilbereiche	funktional	generell	
Spezialisierungsgrad	allgemein	branchenspezifisch	betriebsindividuell
Konkretisierung der Daten	mit abstrakten Daten und Problemen	mit konkreten Daten und Problemen	
Stellung der Teilnehmer	Solospiele	Konkurrenzspiele Parallelspiele Interaktionsspiele offene geschlossene	
Modelldeterminierung	deterministisch	stochastisch	
Modellaufbau und Freiheitsgrad des Entscheidungsbereichs	frei	starr	
Modellkomplexität	einfach	komplex	
Hilfsmittel zur Verarbeitung und Auswertung der Entscheidungen	manuell	computergestützt	

Abb. 2.4-1:   Arten von Unternehmensspielen

Ein Unternehmensspielmodell bildet einen ausgewählten Teil des gesamten Entscheidungsbereichs des Unternehmens ab.[45] Nach der *Anzahl der erfaßten Teilbereiche des Unternehmens* und der *Ebene der Entscheidungsprozesse* werden funktionale und generelle Unternehmensspiele unterschieden.[46]

---

[45]   Vgl. Koller, H.: (Simulation), S. 105.

[46]   Vgl. Bleicher, K.: (Unternehmungsspiele), S. 51; Kibbee, J. M.; Craft, C. J.; Nanus, B.: (Management
       Games), S. 11; Koller, H.: (Planspieltechnik), S. 11; Arbeitskreis Gamer: (Unternehmungsspiele), S. 159.

Funktionale Unternehmensspiele[47] simulieren ausschließlich einzelne Teilbereiche des Unternehmens[48] oder ausgewählte Probleme eines Funktionsbereichs,[49] die entsprechend detailliert in dem Modell abgebildet werden. Die anderen Bereiche des Unternehmens werden vernachlässigt.[50] Im Vordergrund funktionaler Unternehmensspiele stehen taktische Entscheidungen des mittleren Managements, mit dem Ziel, ein Suboptimum für einen Unternehmensbereich anzustreben.[51] Derartige Unternehmensspiele dienen vorwiegend der Weiterbildung von Spezialisten im Unternehmen.[52]

Generelle Unternehmensspiele[53] bilden das betriebliche Geschehen als Ganzes oder zumindest in seinen wichtigsten Funktionsbereichen ab. Die Teilnehmer übernehmen die Rolle der Unternehmensleitung und treffen vorwiegend strategische Entscheidungen,[54] wobei sie sowohl die Interdependenzen zwischen den einzelnen Funktionsbereichen im Unternehmen als auch - zumindest in der Regel - jene zwischen Unternehmen, Märkten und Konkurrenten[55] zu berücksichtigen haben.[56] Generelle Unternehmensspiele sind vorwiegend darauf ausgerichtet, unternehmerisches Denken zu trainieren und die Teilnehmer von der Spezialisierung in einzelnen Funktionsbereichen fortzuführen.[57]

Im Hinblick auf den *Grad der Spezialisierung* eines Unternehmensspiels können allgemeine, branchenspezifische und betriebsindividuelle Unternehmensspiele unterschieden werden.[58] Die meisten derzeit angebotenen Spiele sind *allgemeine Unternehmensspiele*, in denen ein

---

[47]   Einige Autoren sprechen an Stelle von funktionalen Unternehmensspielen von *Bereichsspielen*; vgl. z.B. Rohn, W. E.: (Führungsentscheidungen), S. 50; Blohm, H.: (Planspiele), S. 2155; Blohm, H.; Heinrich, L. J.: (Planspiele), S. 830; oder von *speziellen Spielen*; vgl. z.B. Rohn, W. E.: (Führungsentscheidungen), S. 50; Korndörfer, W.: (Planspiele), S. 2396; Grimm, W.: (Unterrichtsformen), S. 38 f.

[48]   Z.B. Produktion, Absatz, Beschaffung, Lagerhaltung etc.

[49]   Z.B. Bestimmung optimaler Bestellmengen, Maschinenbelegungsplanung, Investitionsplanung etc.

[50]   Vgl. Grimm, W.: (Unterrichtsformen), S. 38; Koller, H.: (Simulation), S. 105.

[51]   Vgl. Sieber, E. H.: (Entscheidungen), S. 7; Koller, H.: (Simulation), S. 105; Koller, H.: (Planspieltechnik), S. 11; Grimm, W.: (Unterrichtsformen), S. 39.

[52]   Vgl. Bleicher, K.: (Unternehmungsspiele), S. 51.

[53]   GAMER ET AL. und CEPPI sprechen von *Unternehmungsführungsspielen*; vgl. Arbeitskreis Gamer: (Unternehmungsspiele), S. 159; Ceppi, C.: (Management Games), S. 305.

[54]   In *komplexen generellen Unternehmensspielen* werden darüber hinaus taktische Entscheidungen in einzelnen Funktionsbereichen getroffen; vgl. Koller, H.: (Planspieltechnik), S. 11.

[55]   Letzteres gilt insbesondere für generelle Unternehmensspiele, die zugleich als Konkurrenzspiele gestaltet sind. Dies trifft auf die meisten Unternehmensspiele zu; vgl. hierzu Koller, H.: (Simulation), S. 105 ff.

[56]   Vgl. Koller, H.: (Planspieltechnik), S. 11; Bleicher, K.: (Unternehmungsspiele), S. 51; Bleicher, K.: (Entscheidungssimulation), S. 21; Korndörfer, W.: (Planspiele), S. 2396; Koller, H.: (Simulation), S. 105; Sieber, E. H.: (Entscheidungen), S. 7; Kibbee, J. M.; Craft, C. J.; Nanus, B.: (Management Games), S. 11.

[57]   Vgl. Albach, H.: (Unternehmensspiele), S. 30; Bleicher, K.: (Entscheidungssimulation), S. 21.

[58]   Vgl. Koller, H.: (Simulation), S. 105 f.; Ischebeck, W.: (Unternehmensspiele), S. 596.

nicht näher definiertes mittelgroßes Industrieunternehmen zugrunde gelegt wird und die dadurch einen weiten Anwendungsbereich, insbesondere als Ausbildungsinstrument für allgemeines Entscheidungstraining, bieten.[59] Allgemeine Unternehmensspiele setzen ein erhebliches Abstraktionsvermögen von seiten der Teilnehmer voraus.[60] *Branchenspezifische Unternehmensspiele* basieren auf den Besonderheiten eines ausgewählten Wirtschaftszwigs und heben typische Fragestellungen der Branche gezielt hervor.[61] *Betriebsindividuelle Unternehmensspiele* beruhen auf den Verhältnissen eines konkreten Unternehmens und berücksichtigen z.b. spezifische Arbeitsabläufe, dessen Aufbauorganisation etc. Aufgrund des geringen Abstraktionsgrades können die Teilnehmer Gelerntes häufig unmittelbar in der Praxis anwenden[62] oder, bei entsprechender Konkretisierung der Daten, das Unternehmensspiel als betriebliche Entscheidungshilfe einsetzen.[63]

Nach der *Konkretisierung der Daten* im Unternehmensspiel kann eine weitere Differenzierung vorgenommen werden. *Unternehmensspiele mit abstrakten Daten und Problemen* arbeiten mit nicht näher bezeichneten Erzeugnissen, die auf anonymen Märkten angeboten werden. Im Rahmen der Modellkonzeption werden jene Daten und Probleme ausgewählt und abgebildet, die unter theoretischen Aspekten für die Zielsetzung des Unternehmensspiels als wesentlich erachtet werden und die ein realistisches Entscheidungsverhalten der Teilnehmer ermöglichen.[64] Werden Produkte und Märkte eindeutig bestimmt,[65] spricht man von *Unternehmensspielen mit konkreten Daten und Problemen.*[66] Der Grad der Konkretisierung kann jedoch unterschiedlich sein. Zum einen beschränkt sich die Konkretisierung auf die Bezeichnung von Produkten, Märkten und weiteren wesentlichen Modellkomponenten,[67] zum anderen können nahezu alle Daten und Probleme, die im Modell abgebildet werden, auf empirisch ermittelten Größen basieren.[68] Letzteres führt nicht zwangsläufig zu einem geringeren Abstraktionsgrad im Unternehmensspiel, da meist nur ein Teil der Probleme und Daten für das

---

59 Vgl. Blohm, H.: (Planspiele), S. 2156.

60 Vgl. Heinrich, L. J.; Müller, F.: (Planspiele), S. 116 f.

61 Z.B. Versicherungen, Banken, Handel, Waschmittel-, Bauindustrie etc.; vgl. Ischebeck, W.: (Unternehmensspiele), S. 596; Blohm, H.: (Planspiele), S. 2156.

62 Vgl. Koller, H.: (Simulation), S. 106; Heinrich, L. J.; Müller, F.: (Planspiele), S. 116 f.; Ischebeck, W.: (Unternehmensspiele), S. 596.

63 Vgl. Blohm, H.; Heinrich, L. J.: (Planspiele), S. 831.

64 Vgl. Bleicher, K.: (Unternehmungsspiele), S. 53; Koller, H.: (Simulation), S. 106.

65 Z.B. Produktion und Verkauf von Kaffee in der Bundesrepublik Deutschland.

66 Vgl. Bleicher, K.: (Unternehmungsspiele), S. 53.

67 Z.B. Verarbeitung von Rohkaffee und Vertrieb von geröstetem Kaffee in bestimmten Packungsgrößen im Gebiet der Bundesrepublik Deutschland, ohne jedoch das Absatzpotential empirisch zu ermitteln. Dieses kann in der Weise festgelegt werden, daß die Unternehmen unter Berücksichtigung der jeweiligen Kosten bei sorgfältiger Planung einen Gewinn erzielen können.

68 Vgl. Bleicher, K.: (Ausbildung), S. 170 f.

Simulationsmodell ausgewählt werden kann, um einerseits eine zu große Komplexität des Spiels zu vermeiden und andererseits die wesentlichen herauszuhebenden Aspekte nicht zu sehr in den Hintergrund zu stellen.[69]

Im Hinblick auf die *Stellung der Teilnehmer* im Unternehmensspiel wird zwischen Solospielen und Konkurrenzspielen differenziert.[70] Bei einem *Solospiel* ist eine einzige Spielgruppe bestrebt, in ihren Entscheidungen die sich nach bestimmten Gesetzmäßigkeiten oder Zufallseinflüssen ändernden Umweltbedingungen zu antizipieren[71] und dabei eine bestimmte Aufgabenstellung[72] zu lösen. *Konkurrenzspiele* werden in Form von Parallel- oder Interaktionsspielen durchgeführt. In *Parallelspielen*[73] agieren mehrere Gruppen unabhängig voneinander, lediglich in der Auswertungsphase wird festgestellt, welche Spielgruppe das Ziel am besten erreicht hat. Beeinflussen dagegen die Entscheidungen der einzelnen Spielgruppen die Spielbedingungen der anderen Gruppen, handelt es sich um *Interaktionsspiele*.[74] Der Wettbewerb erfolgt auf jenen Märkten, auf denen die simulierten Unternehmen z.B. um den Absatz der Produkte, die Beschaffung von Materialien, Arbeitskräften oder Kapital konkurrieren.[75] Die vielfältigen Interdependenzen zwischen den Entscheidungen der einzelnen Gruppen und den daraus folgenden Resultaten führen bei Interaktionsspielen zu geringerer Transparenz des Modells als bei Solo- und Parallelspielen. Letztere lassen Reaktionen des Modells auf Veränderungen bestimmter Entscheidungen oder Parameter deutlicher erkennen.[76]

Bei interaktiven Spielen kann eine weitere Differenzierung zwischen offenen und geschlossenen Unternehmensspielen vorgenommen werden. In einem *offenen Unternehmensspiel* dürfen die Teilnehmer konkurrierender Gruppen unmittelbar miteinander Kontakt aufnehmen und z.B. Informationen austauschen, einzelne Maßnahmen oder Strategien gegenseitig abstimmen. Bei *geschlossenen Unternehmensspielen* sind die Repräsentanten der verschiedenen

---

69   Vgl. Bleicher, K.: (Unternehmungsspiele), S. 53; Koller, H.: (Simulation), S. 106 f.

70   Vgl. Bleicher, K.: (Unternehmungsspiele), S. 52 f.; John, E. G.; Walther, K.: (Planspiele), S. 216. CEPPI unterscheidet dagegen zwischen *neutralen* (Solo- und Parallelspielen) und *interaktiven* Spielen; vgl. Ceppi, C.: (Management Games), S. 305.

71   Vgl. John, E. G.; Walther, K.: (Planspiele), S. 216.

72   Z.B. die Analyse eines komplexen Sachverhaltes, mit dem Ziel, ein optimales Entscheidungsbündel zu bestimmen; vgl. Arbeitskreis Gamer: (Unternehmungsspiele), S. 159.

73   Bleicher spricht von *isolierten* Unternehmensspielen; vgl. Bleicher, K.: (Unternehmungsspiele), S. 52.

74   Vgl. Bleicher, K.: (Unternehmungsspiele), S. 52 f. KIBBEE ET AL. verdeutlichen den Unterschied zwischen Parallel- und Interaktionsspielen am Beispiel zweier Sportarten: "A game with interaction is like tennis; a game without interaction is like golf."; Kibbee, J.M.; Craft, C. J.; Nanus, B.: (Management Games), S. 10.

75   Vgl. Koller, H.: (Simulation), S. 109; Koller, H.: (Planspieltechnik), S. 12.

76   Vgl. Ceppi, C.: (Management Games), S. 305.

Unternehmen voneinander isoliert; ein Informationsaustausch kann nur über das Modell oder die Spielleitung erfolgen.[77]

Nach der *Determinierung des Simulationsmodells* wird zwischen deterministischen und stochastischen Unternehmensspielen unterschieden. In *deterministischen Spielen* bestimmen die Entscheidungen der Teilnehmer im Zusammenwirken mit den Spielleitungsparametern mathematisch eindeutig das Ergebnis.[78] In *stochastischen Unternehmensspielen* sind dagegen Zufallselemente[79] enthalten, aufgrund derer die Ergebnisse nicht mehr eindeutig aus den Entscheidungen abgeleitet werden können.[80] Der Einsatz von Zufallselementen wird häufig damit begründet, daß in der Realität die Wirkung von Entscheidungen nicht immer genau vorhersehbar sei und das Unternehmensspiel demzufolge durch Berücksichtigung stochastischer Größen wirklichkeitsgetreuer werde.[81] Auf einfache Spiele, in denen die Modellzusammenhänge leicht überschaubar sind, trifft diese Argumentation weitgehend zu,[82] jedoch wirken auch bei deterministischen interaktiven Unternehmensspielmodellen die Entscheidungen der Konkurrenzunternehmen wie eine stochastische Größe und bei komplexen Modellen können die Teilnehmer die Wirkungszusammenhänge nicht in allen Details feststellen. Die Einführung stochastischer Elemente erschwert zusätzlich die Analyse der Ergebnisse, da aufgrund der meist geringen Anzahl von Spielperioden nicht hinreichend genau zwischen Zufallsstreuungen und signifikanten Entwicklungsrichtungen unterschieden werden kann. Das Unternehmensspiel verliert an pädagogischem Wert, da weniger wohlüberlegte Entscheidungen den Erfolg bestimmen als vielmehr der Faktor Glück.[83] KIBBEE ET AL. weisen daraufhin, daß der Einsatz von Zufallselementen im Unternehmensspiel nicht erforderlich ist. Die Wirkung der Ungewißheit einzelner Einflußgrößen auf die Ergebnisse - aus der Sicht der Teilnehmer - kann auch durch eine Veränderung von Spielparametern erzielt werden.[84] Die Spielleitung kann dadurch bereits vor Spielbeginn, aber auch während des Spielverlaufs geeignete Entwicklungsrichtungen für Teilergebnisse[85] festlegen.

---

[77] Vgl. Koller, H.: (Simulation), S. 110; Koller, H.: (Planspieltechnik), S. 12.

[78] Vgl. Koller, H.: (Planspieltechnik), S. 12; Bleicher, K.: (Unternehmungsspiele), S. 52.

[79] Die Zufallselemente werden z.B. mit Hilfe von Zufallszahlentabellen oder -generatoren erzeugt.

[80] Vgl. Bleicher, K.: (Unternehmungsspiele 1969), Sp. 1691; Koller, H.: (Planspieltechnik), S. 12.

[81] Vgl. Koller, H.: (Simulation), S. 108; Arbeitskreis Gamer: (Unternehmungsspiele), S. 164 f.

[82] Die Realitätsnähe im Unternehmensspiel wird nicht nur durch Zufallselemente, sondern insbesondere durch wirklichkeitsnahe Abbildung der Unternehmung und deren Umwelt im Modell erreicht. Inwiefern dies bei einfachen Unternehmensspielen - abgesehen von einfachen funktionalen Spielen - erreicht werden kann, erscheint fraglich.

[83] Vgl. Koller, H.: (Simulation), S. 108.

[84] Vgl. Kibbee, J.M.; Craft, C. J.; Nanus, B.: (Management Games), S. 130 f.; es wird vorausgesetzt, daß den Teilnehmern die Veränderungen der Parameter nicht bekanntgegeben werden.

[85] Z.B. Konjunkturverläufe, Veränderungen des Marktpotentials etc.

Hinsichtlich des *Aufbaus des Simulationsmodells* und des *Freiheitsgrades des Entscheidungsbereichs* wird zwischen freien und starren Unternehmensspielen differenziert.[86] In einem *freien Unternehmensspiel* werden die Spielerentscheidungen von einer Schiedsrichtergruppe beurteilt. Diese legt die Wirkungen der Entscheidungen fest und bestimmt die neuen Entscheidungssituationen.[87] Insbesondere qualitative Unterschiede zwischen Entscheidungen, die quantitativ nur schwer erfaßbar sind,[88] können in freien Unternehmensspielen berücksichtigt werden und die Spielleitung hat darüber hinaus die Möglichkeit, jederzeit interessante und problematische Situationen in das Spielgeschehen einbringen zu können.[89] In *starren Spielen* sind der Entscheidungsrahmen und die Regeln zur Bewertung der Entscheidungen in einem mathematischen Simulationsmodell formuliert.[90] Die Ergebnisse werden objektiv ermittelt und sind jederzeit reproduzierbar.[91] Als Mischform zwischen starrem und freiem Unternehmensspiel kann die Möglichkeit der gruppenindividuellen Veränderung von Spielparametern - auf der Grundlage der Beurteilung qualitativer Maßnahmen - durch die Spielleitung angesehen werden.[92]

Unter dem Aspekt der *Komplexität des Unternehmensspielmodells*, der den Schwierigkeitsgrad für die Teilnehmer bedingt, wird zwischen einfachen und komplexen Unternehmensspielen unterschieden.[93] In einem *einfachen Unternehmensspiel* treffen die Teilnehmer auf der Grundlage einer geringen Zahl von Einzelinformationen wenige Entscheidungen für eine Spielperiode. Das Unternehmensspielmodell weist eine einfache Struktur auf, die funktionalen Beziehungen zwischen Entscheidungen und daraus folgenden Wirkungen können deutlich erkannt werden.[94] *Komplexe Unternehmensspiele* bilden häufig mehrere Funktionsbereiche des Unternehmens detailliert ab, erfordern vielfach eine simultane Planung der Entscheidungen[95] und berücksichtigen Interaktionen zwischen den konkurrierenden Unternehmen. Die Anzahl der je Spielperiode von den Teilnehmern zu analysierenden Informationen

---

[86] Vgl. Koller, H.: (Simulation), S. 107; Ischebeck, W.: (Unternehmensspiele), S. 596 f.; Kraus, H.: (Unternehmungsspiele), Sp. 4109.

[87] Vgl. Koller, H.: (Simulation), S. 107; Ischebeck, W.: (Unternehmensspiele), S. 596 f. Die Beurteilung ist subjektiv und setzt ein hohes Maß an Erfahrung und Fachkompetenz seitens der Schiedsrichter voraus; vgl. Rühl, G.: (Planspiele), S. 34.

[88] Z.B. Produkt- oder Werbestrategie.

[89] Vgl. Rühl, G.: (Planspiele), S. 34; Bleicher, K.: (Unternehmungsspiele 1969), Sp. 1689 f.

[90] Vgl. Bleicher, K.: (Unternehmungsspiele), S. 52; Koller, H.: (Simulation), S. 107.

[91] Vgl. Rühl, G.: (Planspiele), S. 34; Kraus, H.: (Unternehmungsspiele), Sp. 4109.

[92] Vgl. Koller, H.: (Simulation), S. 107 f. Z.B. kann die Qualität einer Werbestrategie beurteilt und der Parameter zur Bestimmung der Absatzmenge des Produkts modifiziert werden.

[93] Vgl. Koller, H.: (Simulation), S. 110.

[94] Vgl. Koller, H.: (Simulation), S. 110 f.; Herrmann, W.; Höwelmann, S.; Ullal, A. N.: (Unternehmensplanspiele), S. 372.

[95] Vgl. Bloech, J.: (Modellierung), S. 104.

sowie die Zahl der zu treffenden Entscheidungen ist erheblich.[96] Die Prognose von Ergebnissen auf der Basis getroffener Entscheidungen gestaltet sich für die Teilnehmer schwierig.

In den ersten Jahren der Unternehmensspielentwicklung wurde eine erhebliche Anzahl von Brett- bzw. Handspielen konstruiert und durchgeführt, ehe mit fortschreitender Entwicklung der elektronischen Datenverarbeitung zunehmend computergestützte Unternehmensspiele an Bedeutung gewannen.[97] Im Hinblick auf die erforderlichen *Hilfsmittel zur Verarbeitung und Auswertung der Entscheidungen* wird demzufolge zwischen manuellen und computergestützten Unternehmensspielen differenziert.[98] Bei *manuellen Unternehmensspielen* erfolgen die Entscheidungsverarbeitung und die Ergebniserstellung von Hand unter Zuhilfenahme von konventionellen Schreibutensilien und Taschenrechnern durch die Spielleitung oder die Teilnehmer selbst.[99] Die Unternehmensspielmodelle sind verhältnismäßig einfach gestaltet, um insbesondere die Zahl der Berechnungen und die damit verbundene Gefahr von Rechenfehlern gering zu halten. Darüber hinaus nimmt mit steigender Modellkomplexität die für die Ergebnisberechnung erforderliche Zeit progressiv zu.[100] In *computergestützten Unternehmensspielen* ist das Spielmodell in einer Programmiersprache formuliert[101] und als Programm in einer EDV-Anlage[102] installiert.[103] Die Entscheidungen der Unternehmen sowie die

---

[96] Eine eindeutige Abgrenzung von einfachen und komplexen Unternehmensspielen anhand konkreter Zahlen hinsichtlich bereitgestellter Einzelinformationen und zu treffender Entscheidungen erscheint wenig geeignet, da das subjektive Empfinden der Komplexität eines Unternehmensspiels aus der Sicht der Teilnehmer von weiteren Faktoren, z.B. dem Teilnehmerkreis und der zur Entscheidungsfindung zur Verfügung stehenden Zeit, abhängt; vgl. Ischebeck, W.: (Unternehmensspiele), S. 597.

[97] Vgl. Rohn, W. E.: (Führungsentscheidungen), S. 27 ff, S. 139 ff.

[98] Vgl. z.B. Rohn, W. E.: (Führungsentscheidungen), S. 53; Bleicher, K.: (Unternehmungsspiele), S. 53; Kibbee, J. M.; Craft, C. J.; Nanus, B.: (Management Games), S. 10 f.; Koller, H.: (Simulation), S. 108. Statt von *manuellen Spielen* sprechen einige Autoren von *Handspielen*, vgl. z.B. Rohn, W. E.: (Führungsentscheidungen), S. 53; Grimm, W.: (Unterrichtsformen), S. 40; Blohm, H.: (Planspiele), S. 2155. *Computergestützte Unternehmensspiele* werden auch als *Maschinenspiele*, *Computerspiele* oder *programmierte Spiele* bezeichnet, vgl. z.B. Rohn, W. E.: (Führungsentscheidungen), S. 53; Koller, H.: (Simulation), S. 108; Arbeitskreis Gamer: (Unternehmungsspiele), S. 160; Blohm, H.: (Planspiele), S. 2155.

[99] Vgl. Kibbee, J. M.; Craft, C. J.; Nanus, B.: (Management Games), S. 10; Koller, H.: (Simulation), S. 108.

[100] Vgl. Koller, H.: (Simulation), S. 108 f.

[101] Zur Programmierung von Unternehmensspielen eignen sich besonders höhere Programmiersprachen (Sprachen der 3. Generation, z.B. PASCAL, FORTRAN, COBOL), in denen auch komplexe Spielmodelle abgebildet werden können. Bei einfachen Unternehmensspielen bieten sich darüber hinaus die Sprachen der 4. Generation (z.B. LOTUS 123, MULTIPLAN, EXCEL) zur Modellformulierung an. Vgl. zu den genannten Sprachgenerationen und Programmiersprachen z.B. Hansen, H. R.: (Wirtschaftsinformatik), S. 326 ff.

[102] Während bis Anfang der 80er Jahre häufig Großrechenanlagen zur Verarbeitung der Daten eines Unternehmensspiels erforderlich waren, werden heute zunehmend leistungsfähige portable Personalcomputer eingesetzt.

[103] Vgl. Koller, H.: (Simulation), S. 108.

Spielparameter werden für die jeweilige Periode in der EDV-Anlage erfaßt[104] und verarbeitet. Anschließend erzeugt das Programm Ergebnisberichte für die Teilnehmer und die Spielleitung. Die herausragenden Vorteile von computergestützten Unternehmensspielen gegenüber manuellen Spielen werden in folgenden Aspekten gesehen:[105]

- die Verarbeitung der Daten und die Berechnung der Ergebnisse erfolgen, selbst bei komplexen Unternehmensspielen, innerhalb kurzer Zeit,[106]
- die Ergebnisse werden ohne Rechenfehler anhand des im Programm abgebildeten Spielmodells erzeugt,[107]
- den Teilnehmern und der Spielleitung werden ausführliche Ergebnisberichte zur Verfügung gestellt.

Nachteilig wirken sich die Kosten von computergestützten Unternehmensspielen aus. Die Entwicklung der Software sowie die Durchführung der Programmtests setzen qualifiziertes Personal und zuverlässige Hardware voraus.[108]

Der Einsatz des Computers erstreckt sich nicht nur auf die Verarbeitung der Entscheidungen und die Ergebnisberechnung. Bei komplexen Unternehmensspielen werden den Teilnehmern zunehmend computergestützte Instrumente zur Entscheidungsvorbereitung bereitgestellt, die diese im Bedarfsfall nutzen können.[109]

---

[104] Die Eingabe der Entscheidungsdaten wird i.d.R. von der Spielleitung vorgenommen. Bei einigen Unternehmensspielen werden dagegen die Entscheidungsdaten von den Teilnehmer selbst erfaßt und auf Datenträger an die Spielleitung weitergeleitet. Vgl. z.B. Bloech, J.; Rüscher, H.: (PENTA), S. 7 ff.; Bloech, J.; Rüscher, H.: (Unternehmenssimulation), S. 54.
Die Spielparameter können i.d.R. für alle Perioden auch bereits vor Beginn des Unternehmensspielseminars erfaßt werden.

[105] Vgl. Kibbee, J. M.; Craft, C. J.; Nanus, B.: (Management Games), S. 10, S. 136 f.; Koller, H.: (Simulation), S. 108; Rohn, W. E.: (Führungsentscheidungen), S. 53.

[106] Die Gesamtverarbeitungszeit wird im wesentlichen durch die Zeit zur Erfassung der Daten, zur Eingabekontrolle und zur Ausgabe der Ergebnisberichte mit Hilfe von Druckern bestimmt; vgl. Bloech, J.: (Modellierung), S. 107.

[107] Fehlerhafte Ergebnisse können lediglich durch Fehler bei der Programmierung, durch Eingabefehler bei der Datenerfassung, durch unzulässige Parametereingaben und durch Hardwaredefekte entstehen. Während die erstgenannte Fehlerquelle durch vielfältige Programmtests, die zweitgenannte durch sorgfältige Kontrolle des Eingabeprotokolls eingeschränkt werden können, sollten die beiden letztgenannten Fehlerquellen durch von dem Programm bereitgestellte Kontrolldaten von der Spielleitung erkannt werden.

[108] Vgl. Kibbee, J.M.; Craft, C. J.; Nanus, B.: (Management Games), S. 135 f.; Koller, H.: (Simulation), S. 108.

[109] Vgl. Koller, H.: (Planspieltechnik), S. 13; Bloech, J.: (Modellierung), S. 117. Zum Einsatz computergestützter Instrumente zur Entscheidungsvorbereitung bei einem Unternehmensspiel siehe Abschnitt 3.3.

2.5 Durchführung von Unternehmensspielen

2.5.1 Vorbereitung

Unternehmensspiele werden überwiegend als Bestandteile von Aus- und Weiterbildungsprogrammen eingesetzt;[110] Unternehmensspielseminare bedürfen demzufolge einer umfassenden Vor- und Nachbereitung, um gesetzte Aus- und Weiterbildungsziele zu erreichen. Aus diesem Grund werden in den folgenden Abschnitten auch Aspekte betrachtet, die dem eigentlichen Ablauf von Unternehmensspielen vor- und nachgelagert sind und erheblich zum Erfolg von Unternehmensspielseminaren beitragen.

Den Ausgangspunkt für die Vorbereitung eines Unternehmensspielseminars bildet die Auswahl eines geeigneten Unternehmensspielmodells.[111] Grundlage hierfür sind vier Aspekte:[112]

1. Welche Ausbildungsziele sollen durch den Einsatz des Unternehmensspiels erreicht werden?[113]
2. Welche Qualifikationen weisen die Teilnehmer auf und - sofern es sich um Teilnehmer aus der Praxis handelt - wie sind sie hierarchisch im Unternehmen eingeordnet?[114]
3. Wieviel Zeit steht für das Unternehmensspielseminar zur Verfügung?
4. Auf welche Hilfsmittel können die Teilnehmer während des Seminars zurückgreifen?[115]

Die Spielleitung wird auf der Basis der Antworten und der verfügbaren Unternehmensspielmodelle[116] das am besten geeignete auswählen, die Spielparameter festlegen und eine Ausgangssituation[117] konstruieren.[118] Anschließend folgt ein umfassender Test des Unterneh-

---

110   Zu Einsatzmöglichkeiten von Unternehmensspielen siehe Abschnitt 2.3.

111   Vgl. Rohn, W. E.: (Führungsentscheidungen), S. 82.

112   Vgl. Craft, C. J.: (Einsatz), S. 27; Rohn, W. E.: (Führungsentscheidungen), S. 82 f.

113   Siehe hierzu Abschnitt 3.1.

114   Qualifizierte Führungs- und Führungsnachwuchskräfte verfügen i.d.R. über umfassende Kenntnisse der betriebswirtschaftlichen Zusammenhänge und sind in der Lage strategisch zu planen; für sie eignen sich vorwiegend generelle Unternehmensspiele. Für Teilnehmer der unteren bis mittleren Führungsebene sollten vorwiegend funktionale Unternehmensspiele eingesetzt werden; vgl. Rohn, W. E.: (Führungsentscheidungen), S. 83.

115   Komplexe Unternehmensspiele erfordern i.d.R. mindestens Taschenrechner, häufig auch Personal-Computer zur Entscheidungsunterstützung; vgl. auch Craft, C. J.: (Einsatz), S. 27.

116   Ggf. kann auch ein speziell auf das Seminar zugeschnittenes Modell konstruiert und realisiert bzw. ein vorhandenes Modell angepaßt werden.

117   Zwei grundsätzliche Typen von Ausgangssituationen sind zu unterscheiden:
a) Die Teilnehmer übernehmen einen laufenden Geschäftsbetrieb, in dem Anlagen, Rohstoffe, Fertigerzeugnisse, Vertriebseinrichtungen etc. bereits vorhanden sind oder
b) sie gründen ein Unternehmen ausschließlich mit Hilfe der bereitgestellten Finanzmittel.
Die Ausgangslage muß nicht notwendigerweise für alle Spielgruppen gleich sein; vgl. hierzu und zu den damit verfolgten Zielsetzungen Bleicher, K.: (Unternehmungsspiele), S. 76 f.; Ischebeck, W.: (Unternehmensspiele), S. 602 f.

mensspiels durch die Spielleiter und ggf. eine kleine Testgruppe. Erfahrungen insbesondere mit komplexen computergestützten Spielen zeigen, daß im Verlauf des Tests Parameterveränderungen notwendig werden, um die gewünschten Ergebnisse und Entwicklungen zu erzielen. Darüber hinaus erhält die Spielleitung genaue Kenntnis über das Spielmodell und die zugrunde gelegten Prämissen, so daß einerseits gezielte Parameteranpassungen auch während des Unternehmensspielseminars durchgeführt und andererseits auftretende Fragen der Teilnehmer befriedigend beantwortet werden können.[119] Bei manueller Verarbeitung der Entscheidungsinformationen muß der Spielleiter zusätzlich die Ergebnisinformationen errechnen können.[120]

In der Vorbereitungsphase werden weiterhin die Spielunterlagen für die Teilnehmer, die Vordrucke für die Entscheidungen[121] und ggf. Auswertungen[122] sowie die Präsentationsunterlagen für die Einführungsveranstaltung erstellt. ROHN hält darüber hinaus die rechtzeitige Zusendung der Spielunterlagen an die Teilnehmer vor Beginn des Spiels für unerläßlich, damit diese sich mit der Aufgabenstellung vertraut machen können.[123] Dagegen rät CEPPI von dieser Vorgehensweise mit der Begründung ab, daß in der Regel kaum mehr als die Hälfte der Teilnehmer die Arbeitsunterlagen ausreichend bearbeiten, um auf eine Kurzeinführung zu Beginn des Seminars genügend vorbereitet zu sein.[124]

Komplexe Maschinenspiele erfordern zunehmend computergestützte Instrumente zur Entscheidungsvorbereitung, die den Teilnehmern nach wenigen Spielperioden bereitgestellt werden, wenn diese einerseits bekannte Problemstellungen routinemäßig lösen können und sich andererseits auf neue Fragestellungen konzentrieren sollen. Voraussetzung hierfür ist die Möglichkeit, Personalcomputer für die Teilnehmer bereitzuhalten.[125] Diese Planungshilfen

---

[118] Spielparameter und Ausgangssituation können nicht bei allen Unternehmensspielen durch die Spielleitung verändert werden, zudem erfordern diese Anpassungen detaillierte Kenntnisse des Modells.

[119] Vgl. Craft, C. J.: (Einsatz), S. 28; Rohn, W. E.: (Führungsentscheidungen), S. 83; Sieber, E. H.: (Entscheidungen), S. 31.

[120] Vgl. Rohn, W. E.: (Führungsentscheidungen), S. 85.

[121] Moderne Unternehmensspiele sehen die Erfassung der Entscheidungen anhand eines Computerprogrammes durch die Spieler selbst vor. Derartige Erfassungsprogramme sollten anwenderfreundlich und bedienungssicher gestaltet werden.

[122] Vgl. Rohn, W. E.: (Führungsentscheidungen), S. 85.

[123] Vgl. Rohn, W. E.: (Führungsentscheidungen), S. 87.

[124] Vgl. Ceppi, C.: (Management Games), S. 307; eigene Erfahrungen bestätigen diese These.

[125] Inwieweit die EDV-Anlagen unabhängig voneinander genutzt werden können oder durch ein Netzwerk miteinander verbunden sein müssen, wird von dem jeweiligen Unternehmensspiel abhängen.

müssen frühzeitig konzipiert, realisiert und getestet werden, damit sie den Teilnehmern Routineentscheidungen erleichtern können.[126]

Bei Unternehmensspielen mit großer Teilnehmerzahl werden die Spieler von einem Spielleitungsstab, der über den Spielleiter hinaus aus einem oder mehreren Assistenten besteht, betreut.[127] Computergestützte Unternehmensspiele erfordern gegebenenfalls weiteres Personal zur Dateneingabe, -verarbeitung und -ausgabe. Im Rahmen der Vorbereitung werden alle Mitarbeiter des Spielleitungsstabes in ihre speziellen Aufgabenstellungen eingearbeitet.

Auf der Grundlage der insgesamt für das Seminar zur Verfügung stehenden Zeit erstellt der Spielleiter einen detaillierten Zeitplan für die Einführungssitzung, die zu spielenden Perioden und die Abschlußbesprechung. Die Anzahl der Spielperioden wird sowohl von dem verwendeten Unternehmensspielmodell und den damit verfolgten Ausbildungszielen[128] als auch von dem Zeitbedarf der Entscheidungs- und Verarbeitungsprozesse maßgeblich beeinflußt.[129] In der Entscheidungszeit analysieren die Spieler die Ergebnisse der Vorperiode bzw. die Ausgangslage und treffen Entscheidungen für die folgende Spielrunde.[130] Je komplexer ein Unternehmensspiel gestaltet ist und je stärker die Teilnehmer zur gründlichen Planung ihrer Entscheidungen angehalten werden sollen, desto größer wird der Bedarf an Entscheidungszeit.[131] Während der Verarbeitungszeit, innerhalb der die Entscheidungen der Spielgruppen im Simulationsmodell verarbeitet und die Periodenergebnisse erstellt werden, sollten die Teilnehmer strategischen Planungsaufgaben nachgehen, an Vorträgen oder Übungen zu ausgewählten Themengebieten teilnehmen oder sich von der Arbeit erholen können.[132] Die Gestaltung des Zeitplans sollte besonders bei mehrtägigen Unternehmensspielseminaren Zeitreserven vorsehen, um im begrenzten Rahmen eine flexible Anpassung der Entscheidungszeit an

---

[126] Auch bei den Planungshilfen sollte auf Anwenderfreundlichkeit und Bedienungssicherheit geachtet werden.

[127] Vgl. Rohn, W. E.: (Führungsentscheidungen), S. 86 f.

[128] Unternehmensspiele, bei denen Aspekte der strategischen Planung berücksichtigt werden sollen, sind immer Mehrperiodenspiele. Die Wirkungen von Entscheidungen treten in der Regel zeitverzögert ein und sollen von den Teilnehmern langfristig verfolgt und gesteuert werden; vgl. hierzu Arbeitskreis Gamer: (Unternehmungsspiele), S. 163 f.; Seeling, H.: (Unternehmungsspiele), S. 275 f.

[129] Vgl. Bleicher, K.: (Unternehmungsspiele), S. 72 ff.; Bloech, J.: (Modellierung), S. 107.

[130] Vgl. Rohn, W. E.: (Führungsentscheidungen), S. 89.

[131] Insbesondere für die Planung strategischer Entscheidungen, die überwiegend in den ersten Spielrunden im Vordergrund steht, sollte der Zeitrahmen nicht zu knapp bemessen werden. Ein zu großer Zeitdruck führt zu schematisch bzw. intuitiv getroffenen Entscheidungen; vgl. Bleicher, K.: (Unternehmungsspiele), S. 74; Sieber, E. H.: (Entscheidungen), S. 30 ff.; Ceppi, C.: (Management Games), S. 306; Blohm, H.; Heinrich, L. J.: (Planspiele), S. 831. In späteren Spielrunden kann der Zeitdruck bei der Entscheidungsfindung erhöht werden, um Informationen über die Organisation der Spielgruppe und die Qualitäten der Teilnehmer zu sammeln; vgl. Ceppi, C.: (Management Games), S. 306.

[132] Vgl. Rohn, W. E.: (Führungsentscheidungen), S. 89; Bleicher, K.: (Unternehmungsspiele), S. 74.

die Wünsche der Teilnehmer zu ermöglichen (z.b. kann die Verarbeitung der Daten am frühen Morgen durchgeführt werden, so daß der Abgabezeitpunkt der Entscheidungen am vorherigen Abend den Spielgruppen selbst überlassen wird).[133]

Unternehmensspielseminare werden häufig entfernt vom Arbeitsort der Teilnehmer durchgeführt, um diese von Alltagsproblemen und Störungen abzuschirmen und eine optimale Konzentration auf das Spiel zu ermöglichen. Eine rechtzeitige räumliche Planung gewährleistet, daß jeder Spielgruppe ein separater Sitzungsraum bereitgestellt wird bzw. große Veranstaltungsräume durch Stellwände für mehrere Gruppen abgeteilt werden. Die Teilnehmer können auf diese Weise in ihrer Gruppe ungestört über ihre Planungen und Entscheidungen diskutieren.[134] Für die Einführungsveranstaltung und die Abschlußbesprechung wird ein großer Plenumsraum benötigt, in dem sich alle Teilnehmer an Tischen gruppieren können. Computergestützte Unternehmensspiele erfordern darüber hinaus einen zusätzlichen Raum, der als Rechenzentrum von dem Spielleitungsstab genutzt wird. Erfahrungsgemäß haben sich viele Hotels auf die Durchführung von insbesondere mehrtägigen Seminarveranstaltungen eingerichtet und bieten entsprechende Räumlichkeiten sowie technische Hilfsmittel[135] an.

2.5.2 Ablauf von Unternehmensspielen

Unternehmensspielseminare beginnen im allgemeinen mit einer Einführungssitzung, in der den Teilnehmern zunächst der Zweck des Spieles aufgezeigt und eine grundsätzliche, modellunabhängige Einführung in Unternehmensspiele gegeben wird.[136] Anschließend werden die Ausgangssituation des Modellunternehmens und die Unternehmensspielregeln ausführlich von dem Spielleiter erläutert[137] sowie das Reaktionsverhalten des Simulationsmodells grob skizziert.[138] Sofern die von den Teilnehmern zu verfolgenden Unternehmenszielsetzungen

---

[133] Vgl. Ceppi, C.: (Management Games), S. 306.

[134] Vgl. Ceppi, C.: (Management Games), S. 307. Eine bequeme räumliche Gestaltung für die Teilnehmer ist eminent wichtig, da Diskussionen erfahrungsgemäß oft bis zum späten Abend andauern, vgl. auch Rohn, W. E.: (Führungsentscheidungen), S. 87.

[135] Insbesondere Overhead-Projektoren, Projektionsleinwände etc.

[136] Vgl. Ceppi, C.: (Management Games), S. 307.

[137] Vgl. Arbeitskreis Gamer: (Unternehmungsspiele), S. 175; Ziegenbein, K.: (Wesen), S. 251; Bleicher, K.: (Ausbildung), S. 173; Bleicher, K.: (Unternehmungsspiele), S. 75; Frey, H. St.: (Unternehmungsspiele), S. 28; Ceppi, C.: (Management Games), S. 307. Bei komplexen Unternehmensspielen bietet es sich an, zu Beginn dieser Darstellungen Arbeitsunterlagen an die Teilnehmer zu verteilen, so daß diese während des Vortrags ergänzende Anmerkungen vornehmen können.

[138] Vgl. Sieber, E. H.: (Entscheidungen), S. 29. BLEICHER empfiehlt dagegen, den Teilnehmern keine Einzelheiten über das Simulationsmodell bekannt zu geben, sondern ihnen das Erkennen der Wirkungen ihrer Entscheidungen selbst zu überlassen; vgl. Bleicher, K.: (Unternehmungsspiele), S. 75.

exogen vorgegeben werden, sind diese sowohl theoretisch als auch hinsichtlich der praktischen Umsetzung in Strategien und Maßnahmen detailliert darzustellen.[139]

Jeder Teilnehmer erhält eine Arbeitsunterlage, in der die Spielregeln und die Ausgangslage des zu führenden Unternehmens übersichtlich dokumentiert sind.[140] Darüber hinaus werden den Spielern Vordrucke für die Entscheidungen ausgehändigt und die möglichen einzutragenden Entscheidungsalternativen ausführlich erläutert.[141] Erfolgt die Erfassung der Entscheidungen mit Hilfe eines Computerprogrammes durch die Spieler, ist eine umfassende Schulung hinsichtlich der Dateneingabe für ungeübte Teilnehmer empfehlenswert.[142]

Der Spielleiter präsentiert schließlich den Teilnehmern den Zeitplan des Seminars und weist - besonders bei interaktiven Spielen - auf die Abgabezeitpunkte der Entscheidungen hin.[143]

Zum Schluß der Einführungssitzung werden Spielgruppen gebildet, wobei jedem Team - je nach Unternehmensspiel - mindestens drei, maximal zehn Teilnehmer angehören sollten,[144] die hinsichtlich ihrer Erfahrungen und Kenntnisse ein ausgewogenes Team darstellen.[145] Anschließend ziehen sich die einzelnen Gruppen in getrennte Sitzungsräume zurück und beginnen mit der Vorbereitung zur Planung der ersten Entscheidung.[146]

---

[139] Vgl. Ceppi, C.: (Management Games), S. 307. CEPPI stellt die Darstellung der Unternehmenszielsetzung jener der Ausgangssituation und der Unternehmensspielregeln voran. Im Hinblick auf die Absicht, Hinweise zur praktischen Umsetzung von Unternehmenszielen zu geben, erscheint diese Vorgehensweise wenig geeignet.

[140] Die Spielleitung plant im Rahmen der Vorbereitung den geeigneten Zeitpunkt, zu dem die Spielunterlagen an die Teilnehmer ausgehändigt werden; siehe auch Abschnitt 2.5.1.

[141] Vgl. Rohn, W. E.: (Führungsentscheidungen), S. 88.

[142] Bei größerer Teilnehmerzahl sollte die Einführung in das Entscheidungserfassungsprogramm in Kleingruppen erfolgen.

[143] SIEBER schlägt vor, den Teilnehmern die Anzahl der zu spielenden Runden nicht mitzuteilen, um Torschlußentscheidungen zu vermeiden; vgl. Sieber, E. H.: (Entscheidungen), S. 32 f. Die Spieler können jedoch anhand der Seminardauer die Periodenanzahl ziemlich genau abschätzen. Geeigneter erscheint die Vorgehensweise, den Spielern Vorgaben für die Übergabe der simulierten Unternehmung am Ende des Spiels zu bestimmen und darauf hinzuweisen, daß die Unternehmung weiterbestehen wird; vgl. Rohn, W. E.: (Führungsentscheidungen), S. 97. Eigene Erfahrungen zeigen, daß durch die Gestaltung der Modellparameter, die Möglichkeiten, in den letzten Spielperioden Gewinne zu Lasten denkbarer Folgeperioden zu realisieren, drastisch eingeschränkt werden können.

[144] Vgl. Ceppi, C.: (Management Games), S. 307. Eine Gruppenstärke von vier bis sechs Spielern hat sich bei vielen Unternehmensspielen als optimal herausgestellt; von einer Betrachtung der Einpersonen-Unternehmensspiele wird an dieser Stelle abgesehen, da diese nur selten für Unternehmensspielseminare eingesetzt werden.

[145] Vgl. Sieber, E. H.: (Entscheidungen), S. 31.

[146] Vgl. Bleicher, K.: (Ausbildung), S. 173.

Unternehmensspielseminare setzen sich häufig aus Praktikern unterschiedlicher Tätigkeitsbereiche mit verschiedenem Ausbildungs- und Kenntnisstand zusammen. Eine Auffrischung von grundlegenden betriebswirtschaftlichen Zusammenhängen und Methoden vor der ersten Spielrunde erleichtert den Teilnehmern die Führung ihres Unternehmens und das Treffen zieladäquater Entscheidungen.[147]

Die Aufgabenverteilung in der Gruppe kann den einzelnen Teilnehmern vorgegeben werden,[148] meist bleibt es ihnen jedoch selbst überlassen, eine geeignete Kompetenzaufteilung und Organisationsstruktur zu finden.[149] Die Mitglieder sollten angeregt werden, jene Aufgaben zu übernehmen, die ihnen aufgrund ihrer Ausbildung bzw. ihres betrieblichen Einsatzgebietes fremd sind, und nicht jene, die sie am besten beherrschen. Dadurch lernen die Teilnehmer neue Problembereiche kennen und entwickeln ein größeres Verständnis für die Belange anderer Arbeitsbereiche, das über das Unternehmensspiel hinauswirkt.[150] ISCHEBECK weist darauf hin, daß der Lerneffekt durch eine eindeutige Kompetenzabgrenzung jedes Teilnehmers gesteigert werden kann, da dieser einerseits die ihm übertragenen Planungsaufgaben und Entscheidungen - in Abstimmung mit den anderen Mitgliedern - selbständig durchführt und andererseits die daraus resultierenden Ergebnisse gegenüber seinen Mitspielern vertreten muß.[151] Bei einfachen Unternehmensspielen kann auf eine Aufgabenverteilung verzichtet werden, die Teilnehmer treffen die Entscheidungen gemeinsam.[152]

Nachdem die Organisationsstruktur und gegebenenfalls die Aufgabenverteilung in den einzelnen Gruppen festgelegt sind, beginnen die Spieler mit der Planung[153] des Unternehmensgeschehens. Sofern die zu verfolgenden Unternehmensziele nicht exogen vorgegeben sind, formulieren die Gruppenmitglieder die angestrebten Ziele. Anschließend nehmen die Spieler

---

[147] Vgl. Grimm, W.: (Unterrichtsformen), S. 41. Die Präsentation ausgewählter betriebswirtschaftlicher Methoden (z.B. Produktionsplanung, Investitionsrechnung, Deckungsbeitragsrechnung etc.) kann auch später zwischen einzelnen Spielrunden erfolgen.

[148] Insbesondere bei funktionalen Unternehmensspielen können das Erlernen spezieller Verfahren und deren Anwendung durch bestimmte Personen als Ausbildungsziel im Vordergrund stehen. In diesen Fällen nimmt die Spielleitung eine gezielte Verteilung der Aufgaben innerhalb der Gruppe vor; vgl. Bleicher, K.: (Unternehmungsspiele), S. 81.

[149] Vgl. Rohn, W. E.: (Führungsentscheidungen), S. 88; Ziegenbein, K.: (Wesen), S. 251.

[150] Vgl. Herrmann, W.; Höwelmann, S.; Ullal, A. N.: (Unternehmensplanspiele), S. 370; Bleicher, K.: (Unternehmungsspiele), S. 75.

[151] Vgl. Ischebeck, W.: (Unternehmensspiele), S. 602.

[152] Vgl. Sieber, E. H.: (Entscheidungen), S. 31.

[153] Zum Planungsbegriff siehe Abschnitt 3.3. Die Planungsaufgaben werden im Rahmen eines aus mehreren Phasen bestehenden Planungsprozesses durchgeführt, welcher die Phasen Zielbildung, Problemerkenntnis und -analyse, Alternativensuche, Prognose, Bewertung und Entscheidung umfaßt; vgl. Schweitzer, M.: (Planung), S. 16; Wild, J.: (Grundlagen), S. 52 ff. Einige Autoren ordnen Zielbildung und Entscheidung nicht als Bestandteile der Planung zu; vgl. Wild, J.: (Einleitung), S. 10; Hahn, D.: (PuK), S. 30; Hopfenbeck, W.: (Managementlehre), S. 437.

eine Analyse der internen[154] und externen[155] Gegebenheiten der Ausgangssituation, unter Berücksichtigung der Spielregeln und Orientierungsinformationen von seiten des Spielleiters, vor[156] und entwickeln Handlungsalternativen zur Erreichung der gesetzten Ziele, die sich weitgehend gegenseitig ausschließen.[157] Für jede Handlungsmöglichkeit wird die erwartete Wirkung prognostiziert und hinsichtlich des Zielerreichungsgrades und des Risikos beurteilt.[158] Auf der Grundlage der Bewertung wird die Entscheidung für eine Alternative getroffen.[159] Das Ergebnis des Planungsprozesses ist ein Plan, der Ziele, Problemstellung, Prämissen, Ausprägungen der Entscheidungsvariablen und Resultate beinhaltet.[160]

Bei generellen Unternehmensspielen wird der Planungsprozeß zunächst auf strategischer Ebene durchgeführt, ehe die Planungen auf taktischer und operativer Ebene weitergeführt werden.[161] In der Regel fordert die Spielleitung von jeder Gruppe einen detaillierten Bericht, in dem Ziele und Strategien operational definiert sind.[162] Bei funktionalen Unternehmensspielen stehen dagegen vorwiegend taktische und operative Planungen im Vordergrund.[163]

Haben die Spielgruppen ihre Entscheidungen für die erste Spielrunde getroffen, leiten sie diese an die Spielleitung weiter, die eine Prüfung auf formale Richtigkeit vornimmt[164] und die Entscheidungen zusammen mit den Spielparametern im Modell verarbeitet. Die berechneten Resultate werden in einem Ergebnisausdruck zusammengefaßt und mit neuen Orientierungsinformationen an die Seminarteilnehmer ausgehändigt.[165] Die Ergebnis- und Orientierungsinformationen bilden die Grundlage der Entscheidungssituation für die nächste Spielperiode; die

---

[154] Z.B. Produktionsstruktur, Finanzlage.

[155] Z.B. Beschaffungs-, Absatz-, Personal- und Kapitalmärkte.

[156] Vgl. Ischebeck, W.: (Unternehmensspiele), S. 595.

[157] Vgl. Schweitzer, M.: (Planung), S. 35.

[158] Vgl. Ischebeck, W.: (Unternehmensspiele), S. 596.

[159] Vgl. Schweitzer, M.: (Planung), S. 44 ff.; Ischebeck, W.: (Unternehmensspiele), S. 596.

[160] Vgl. Schweitzer, M.: (Planung), S. 48; Wild, J.: (Grundlagen), S. 14.

[161] Zu den genannten Planungsebenen und deren Bedeutung vgl. Wild, J.: (Grundlagen), S. 166; Schweitzer, M.: (Planung), S. 25.

[162] Vgl. Bleicher, K.: (Unternehmungsspiele), S. 75. Legen die Gruppenmitglieder die Unternehmensziele eigenständig fest, erscheint deren Operationalisierbarkeit für eine später erfolgende intersubjektive Überprüfung der Zielerreichung - sowohl für die Spielleitung als auch für die Spieler - äußerst wichtig; vgl. Ziegenbein, K.: (Wesen), S. 251; Ceppi, C.: (Management Games), S. 308.

[163] Siehe Abschnitt 2.4.

[164] Gegebenenfalls werden die Gruppenmitglieder auf Fehler hingewiesen und bei deren Korrektur von der Spielleitung angeleitet.

[165] Vgl. Koller, H.: (Simulation), S. 100 f.; Ziegenbein, K.: (Wesen), S. 252; Schneider, E.: (Planspiele), S. 190.

Planungsprozesse beginnen von neuem.[166] Eine schematische Darstellung des Verlaufs einer Unternehmensspielperiode zeigt Abbildung 2.5.2-1.

Vor der ersten Spielperiode erscheint es empfehlenswert eine Proberunde durchzuführen, um Mißverständnisse bei den Teilnehmern zu erkennen und um zu verhindern, daß Fehlinterpretationen gravierende Fehler in den nachfolgenden Perioden nach sich ziehen. Die Gruppenmitglieder können selbst prüfen, inwieweit sie die Ausgangslage verstanden haben und erkennen die Reaktionsweise des Modells auf die von ihnen getroffenen Entscheidungen.[167] In einer Zwischendiskussion erörtern die Teilnehmer gemeinsam mit der Spielleitung aufgetretene Fehler, klären Mißverständnisse und besprechen spezielle Problembereiche.[168]

Das Spielleitungsteam betreut die Mitglieder der Spielgruppen in der Zeit, in der diese sich den Planungsaufgaben widmen. Insbesondere während der ersten Spielperioden, in denen erfahrungsgemäß die meisten Unklarheiten hinsichtlich der Interpretation der Spielregeln auftreten, erscheint eine intensive Beratung dringend geboten.[169] Die Spielleitung sollte grundsätzlich nicht in den Planungsprozeß eingreifen, sondern sich lediglich auf Hinweise und Anregungen beschränken, um eine klare Abgrenzung der Verantwortung zu ermöglichen und um sicherzustellen, daß die Schuld für Fehlentscheidungen nicht dem Spielleitungsteam angelastet werden kann.[170] Der Spielleiter überwacht darüber hinaus die Einhaltung des vorgegebenen Zeitplans[171] bzw. nimmt in besonders begründeten Fällen dessen Anpassung vor.

Im Verlauf des Spiels wird der Planungsprozeß für die Teilnehmer zunehmend zur Routine. Die Spielleitung kann, sobald sie dies erkennt, das Unternehmensspiel entweder beenden[172] oder durch Veränderung der Parameter[173] zusätzliche interessante Probleme in das Spiel einbringen.[174] Im letztgenannten Fall können *computergestützte Instrumente zur Entscheidungsvorbereitung* die Gruppenmitglieder von Routinearbeiten entlasten.[175]

---

166 Vgl. Koller, H.: (Simulation), S. 100 f.

167 Vgl. Rohn, W. E.: (Führungsentscheidungen), S. 89.

168 Vgl. Rohn, W. E.: (Führungsentscheidungen), S. 90. Zwischendiskussionen können darüber hinaus auch während des weiteren Spielverlaufs durchgeführt werden.

169 Vgl. Bleicher, K.: (Ausbildung), S. 173; Rohn, W. E.: (Führungsentscheidungen), S. 90; Arbeitskreis Gamer: (Unternehmungsspiele), S. 176.

170 Vgl. Arbeitskreis Gamer: (Unternehmungsspiele), S. 176 f.

171 Vgl. Bleicher, K.: (Ausbildung), S. 173.

172 Vgl. Rohn, W. E.: (Führungsentscheidungen), S. 96.

173 Z.B. Veränderung der Kostenkomponenten, der Preisreagibilität, des Konjunkturverlaufs etc.

174 Vgl. Ceppi, C.: (Management Games), S. 308; Rohn, W. E.: (Führungsentscheidungen), S. 96 f.; Ziegenbein, K.: (Wesen), S. 251.

175 Siehe Abschnitt 2.5.1.

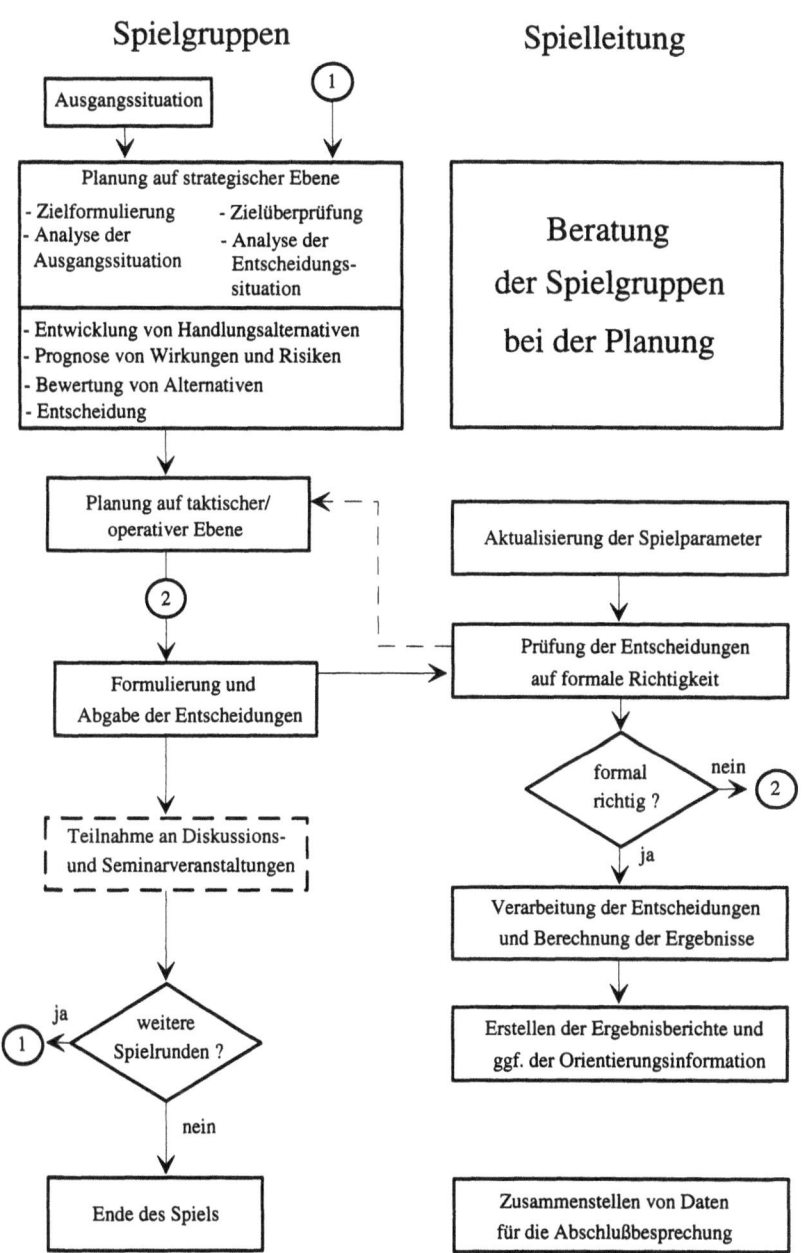

Spielgruppen   Spielleitung

Ausgangssituation

①

Planung auf strategischer Ebene

- Zielformulierung
- Analyse der Ausgangssituation
- Zielüberprüfung
- Analyse der Entscheidungssituation

- Entwicklung von Handlungsalternativen
- Prognose von Wirkungen und Risiken
- Bewertung von Alternativen
- Entscheidung

Beratung der Spielgruppen bei der Planung

Planung auf taktischer/ operativer Ebene

②

Formulierung und Abgabe der Entscheidungen

Teilnahme an Diskussions- und Seminarveranstaltungen

weitere Spielrunden ?

ja ①

nein

Ende des Spiels

Aktualisierung der Spielparameter

Prüfung der Entscheidungen auf formale Richtigkeit

formal richtig ?

nein ②

ja

Verarbeitung der Entscheidungen und Berechnung der Ergebnisse

Erstellen der Ergebnisberichte und ggf. der Orientierungsinformation

Zusammenstellen von Daten für die Abschlußbesprechung

Abb. 2.5.2-1:   Verlauf einer Unternehmensspielperiode

Zwischen den einzelnen Spielperioden werden häufig sowohl *Vorträge* zu allgemeinen betriebswirtschaftlichen und zu unternehmensspielspezifischen Themenstellungen gehalten als auch *Übungen* zu ausgewählten betriebswirtschaftlichen Methoden durchgeführt.[176] Insbesondere bei komplexen computergestützten Unternehmensspielen können dadurch die Zeiten der Erfassung und Verarbeitung der Daten sowie der Ergebnisberichterstellung überbrückt werden.

Am Ende jeder Spielrunde erfaßt der Spielleiter wesentliche Entscheidungen und Ergebnisse der Gruppen, die in der Abschlußbesprechung präsentiert und diskutiert werden sollen.[177]

Nach der letzten Spielrunde bereiten die Gruppenmitglieder und der Spielleiter bzw. das Spielleitungsteam jeweils eigenständig die abschließende Plenumssitzung vor.

Zu Beginn der Abschlußbesprechung skizziert der Spielleiter kurz den Ablauf des Unternehmensspiels und hebt die angestrebten Ziele der Veranstaltung nochmals hervor.[178] Danach stellt jede Spielgruppe in einer etwa zehn Minuten umfassenden Präsentation[179] rückblickend die gesetzten Unternehmensziele sowie die geplanten strategischen und taktisch/operativen Maßnahmen im Zeitablauf dar und zeigt selbstkritisch auf, inwieweit die angestrebten Ziele erreicht wurden bzw. welche Ursachen dazu führten, daß die Ziele nicht oder nur teilweise erreicht wurden.[180] Darüber hinaus erläutern die Teilnehmer ihre Teamorganisation sowie deren Stärken und Schwächen.[181] Im Anschluß an die Gruppenberichte präsentiert die Spielleitung detaillierte Ergebnisse der einzelnen Unternehmen im Vergleich, zeigt bedeutsame Entwicklungen in den Unternehmen und Märkten auf, stellt besondere Aktionen und Reaktionen im Spielgeschehen[182] heraus und analysiert Stärken und Schwächen der Unternehmen.[183]

Auf der Grundlage der Unternehmens- und Spielleitungsberichte erfolgt eine Diskussion über einschneidende Maßnahmen und Fehlentscheidungen der Unternehmen sowie deren Ursa-

---

[176] Vgl. Herrmann, W.; Höwelmann, S.; Ullal, A. N.: (Unternehmensplanspiele), S. 373; Ceppi, C.: (Management Games), S. 307.

[177] Vgl. Rohn, W. E.: (Führungsentscheidungen), S. 99.

[178] Vgl. Rohn, W. E.: (Führungsentscheidungen), S. 102.

[179] Vgl. Rohn, W. E.: (Führungsentscheidungen), S. 102.

[180] Vgl. Bleicher, K.: (Entscheidungssimulation), S. 30; Herrmann, W.; Höwelmann, S.; Ullal, A. N.: (Unternehmensplanspiele), S. 371; Andlinger, G. R.: (Business Games), S. 120; Ceppi, C.: (Management Games), S. 308; Rohn, W. E.: (Führungsentscheidungen), S. 104 ff.

[181] Vgl. Herrmann, W.; Höwelmann, S.; Ullal, A. N.: (Unternehmensplanspiele), S. 371.

[182] Z.B. drastische Absatzpreisveränderungen einzelner Unternehmen und die darauf folgenden Maßnahmen der Konkurrenten.

[183] Vgl. Andlinger, G. R.: (Business Games), S. 120; Rohn, W. E.: (Führungsentscheidungen), S. 102; Bleicher, K.: (Ausbildung), S. 174.

chen.[184] In diesem Zusammenhang kann die Spielleitung einen genaueren Einblick in das *Re-aktionsverhalten* des Simulationsmodells geben und Wirkungszusammenhänge darstellen - sofern die Teilnehmer diese nicht während des Spiels erkannten - die durch Entscheidungen der Unternehmen hervorgetreten sind.[185]

In der Diskussionsrunde prüfen Spielleitung und Teilnehmer gemeinsam, inwieweit die gesetzten (Lern-)Ziele erreicht wurden. Eine Beurteilung kann dabei in der Regel nicht am Grad der Erreichung der gesetzten Unternehmensziele erfolgen, zumal diese häufig nicht für alle Gruppen gleich sind und gute Ergebnisse gelegentlich auch auf wenig geplanten und riskanten Entscheidungen beruhen können, sondern sollte an den getroffenen Entscheidungen hinsichtlich der konsequenten Verfolgung der Unternehmensziele ansetzen.[186] Teilnehmer, denen im Verlauf des Spiels schwere Fehler unterliefen und in nachfolgenden Perioden diese Fehlentscheidungen zu korrigieren versuchten, werden meist einen großen Lernerfolg erzielen, jedoch nicht unbedingt einen hohen Grad der Unternehmenszielerreichung aufweisen können.[187] Insofern kann es bei Unternehmensspielen, selbst wenn sich der Unternehmenserfolg eindeutig beurteilen ließe, keine Sieger und Verlierer geben.[188] Die Spielleitung sollte dies während des Spiels und insbesondere in der Abschlußbesprechung allen Teilnehmern verdeutlichen und gleichzeitig der Gefahr vorbeugen, daß weniger erfolgreiche Gruppen sich als Verlierer betrachten und aufgrund von Enttäuschung oder Verärgerung der Teilnehmer der Lernerfolg in Frage gestellt wird.[189]

Eine Diskussion über die Stärken und Schwächen des Spiels im Hinblick auf die gesetzten Ausbildungsziele sowie über die Erkenntnisse aus dem Unternehmensspiel und deren Bedeutung für die Praxis[190] schließt die Plenumssitzung ab.[191]

---

[184]   Vgl. Ceppi, C.: (Management Games), S. 308; Herrmann, W.; Höwelmann, S.; Ullal, A. N.: (Unternehmensplanspiele), S. 371.

[185]   Vgl. Sieber, E. H.: (Planspiel), S. 27.

[186]   Vgl. Ischebeck, W.: (Unternehmensspiele), S. 602 f.; Witte, E.: (Lehre), S. 2851.

[187]   Vgl. Ceppi, C.: (Management Games), S. 308; Herrmann, W.; Höwelmann, S.; Ullal, A. N.: (Unternehmensplanspiele), S. 372.

[188]   Vgl. Rohn, W. E.: (Führungsentscheidungen), S. 102 f.; Ziegenbein, K.: (Wesen), S. 255; Herrmann, W.; Höwelmann, S.; Ullal, A. N.: (Unternehmensplanspiele), S. 371 f.

[189]   Vgl. Rohn, W. E.: (Führungsentscheidungen), S. 103 f.

[190]   Bei funktionalen betriebsindividuellen Unternehmensspielen wird dieser Aspekt in der Diskussion erhebliche Bedeutung haben, da der vorrangige Zweck dieser Spiele in der Übertragbarkeit von Spielergebnissen auf die Realität zu sehen ist; vgl. Blohm, H.; Heinrich, L. J.: (Planspiele), S. 830 f.

[191]   Vgl. Schneider, E.: (Planspiele), S. 191; Bleicher, K.: (Lehrmethode), S. 40.

2.5.3 Nachbereitung

Im Anschluß an die Durchführung des Unternehmensspiels nimmt das Spielleitungsteam eine Nachbereitung der Veranstaltung vor, bei der zwei Aspekte im Vordergrund stehen:

1. Konnten die gesetzten Ausbildungsziele aus der Sicht des Veranstalters[192] erreicht werden?

2. Welche Verbesserungen sollten an dem Unternehmensspiel und an dem Ablauf der Veranstaltung bei zukünftigen Unternehmensspielseminaren vorgenommen werden?

Das Erreichen der gesetzten Ausbildungsziele ist für den Veranstalter wichtig, denn Unternehmensspiele sind im Vergleich zu anderen Lehrmethoden[193] mit verhältnismäßig hohen Kosten[194] verbunden.[195] Allerdings ist die Messung des Ausbildungserfolgs außerordentlich aufwendig, wenn hinreichend eindeutige Aussagen entwickelt werden sollen.[196] Wie bereits im vorherigen Abschnitt dargelegt, kann die Beurteilung nicht anhand des Grads der Unternehmenszielerreichung der Spielgruppen erfolgen. Eine Befragung der Teilnehmer unmittelbar im Anschluß an die Durchführung des Unternehmensspiels birgt die Gefahr mangelnder Objektivität aufgrund der Begeisterung am Spiel und Abschlußprüfungen können in der Regel nicht durchgeführt werden, da meist nur in geringem Umfang konkretes Wissen vermittelt wird.[197] KIBBEE ET AL. schlagen als einfache Ansätze zur Erfolgsmessung einerseits eine eingehende Analyse des Spielablaufs und der Abschlußbesprechung auf der Grundlage von Spielbeobachteraufzeichnungen vor und andererseits eine Befragung der Teilnehmer einige Wochen nach Spielende, wenn sich die anfängliche Begeisterung für das Unternehmensspiel gelegt hat.[198]

---

[192] Veranstalter und Spielleitung sind i.d.R. bei Ausbildungsprogrammen an Hochschulen identisch. Bei betrieblichen Fortbildungsmaßnahmen werden Unternehmensspiele häufig von externen Schulungsleitern durchgeführt; Veranstalter ist eine Unternehmung.

[193] Z.B. Vorträge, Kolloquien, Fallstudien.

[194] Die Entwicklungszeit eines Unternehmensspiels (einschließlich Test und Veranstaltungsvorbereitung) kann, je nach Komplexität des Spiels, mehrere Mann-Jahre betragen. Setzt z.B. eine Unternehmung ein Unternehmensspiel zur Mitarbeiterfortbildung ein, fallen neben dem Honorar für das (i.d.R. externe) Spielleitungsteam, den Lizenzgebühren für die Spielnutzung (bei nicht von der Unternehmung selbst entwickelten Unternehmensspielen), den Geräteutzungs- und sonstigen Materialkosten noch Opportunitätskosten für die meist mehrtägige Freistellung der Mitarbeiter von deren laufender Tätigkeit an. Darüber hinaus sind z.B. bei mehrtägigen Unternehmensspielseminaren, die i.d.R. außerhalb des Unternehmens durchgeführt werden, Übernachtungskosten in Hotels zu berücksichtigen. Im konkreten Einzelfall können noch weitere Kosten anfallen.

[195] Vgl. Kibbee, J.M.; Craft, C. J.; Nanus, B.: (Management Games), S. 56.

[196] Vgl. hierzu und zu einigen Ansätzen zur Erfolgsmessung z.B. McKenney, J. L.: (Business Game); Dill, W. R.; Doppelt, N.: (Acquisition); Albach, H.: (Unternehmensspiele); Schneevoigt, I.; Limbourgh, K.: (Unternehmensspiele).

[197] Vgl. Kibbee, J. M.; Craft, C. J.; Nanus, B.: (Management Games), S. 56 f.

[198] Vgl. Kibbee, J. M.; Craft, C. J.; Nanus, B.: (Management Games), S. 57.

Im Hinblick auf Verbesserungen am Unternehmensspiel[199] für zukünftige Spieldurchführungen wird das Spielleiterteam zunächst die Fehlentscheidungen der Gruppen analysieren und prüfen, inwieweit diese von der Spielleitung mit zu vertreten sind.[200] Darüber hinaus weist eine Untersuchung der Rückfragen von Seiten der Teilnehmer auf ggf. aufgetretene Unzulänglichkeiten in der Darstellung der Spielregeln und der Ausgangssituation hin. Anhand einer Spielablaufanalyse wird abschließend ermittelt, ob der Zeitplan eingehalten werden konnte, welche Ursachen evtl. zu Veränderungen des Zeitplans führten und ob der Spielablauf für die Teilnehmer über die gesamte Spieldauer hinweg interessant und abwechslungsreich gestaltet wurde.[201]

---

[199] Bei neuen Unternehmensspielen ist zunächst zu überprüfen, ob das Spielmodell grundsätzlich für den angestrebten Zweck geeignet ist.

[200] Z.B. durch nicht eindeutige Darstellung von Spielzusammenhängen oder unangemessene Komplexität einzelner Komponenten des Spielmodells.

[201] Der letztgenannte Aspekt gewinnt insbesondere bei Unternehmensspielen mit längerer Spieldauer an Bedeutung.

3   Unternehmensspiel MARKUS im Überblick

3.1 Zielsetzung und Lernziele

Das Unternehmensspiel MARKUS[1] ist für den Einsatz an Universitäten und Fachhochschulen zur Ausbildung von Studenten in der Betriebswirtschaftslehre sowie zur Fortbildung von Führungsnachwuchskräften in Unternehmen konzipiert.

Im Rahmen eines betriebswirtschaftlichen Studiums werden Studenten in Vorlesungen, Übungen und Seminaren - ergänzt durch ein intensives Literaturstudium - mit zahlreichen Instrumenten der Unternehmensführung, insbesondere den Methoden der operativen und strategischen Unternehmensplanung und -kontrolle konfrontiert, deren Anwendung in der Regel anhand von kleinen abgegrenzten Fallbeispielen geübt wird. Während diese traditionellen Ausbildungsmethoden vorwiegend auf die Vermittlung von Wissen ausgerichtet sind, stehen bei dem Einsatz von Unternehmensspielen im allgemeinen sowie bei dem Unternehmensspiel MARKUS und den dazu entwickelten Instrumenten zur Entscheidungsvorbereitung im besonderen, die Umsetzung von Wissen in Können und die Gewinnung persönlicher Haltung[2] im Vordergrund.[3] Führungsnachwuchskräfte haben sich meistens im mehrjährigen praktischen Einsatz in verschiedenen Fachabteilungen eines Unternehmens bewährt und häufig zu Spezialisten in ihren Fachgebieten entwickelt. Eine oft zu beobachtende Folge dieser Spezialisierung ist der Verlust der Gesamtsicht des Systems Unternehmen mit den in den verschiedenen Hierarchieebenen und Fachabteilungen zum Teil divergierenden Zielsetzungen. Ein Unternehmensspiel kann die Zusammenhänge im Unternehmen und die unterschiedlichen Sichtweisen der Mitarbeiter in einzelnen Fachabteilungen sowie der Unternehmensleitung verdeutlichen. Im einzelnen können die folgenden Lernziele mit dem Unternehmensspiel MARKUS verfolgt werden:[4]

- *Lernziele, die das Unternehmen als Ganzes betreffen*

  - in Abhängigkeit von dem Unternehmensziel Entscheidungsbereiche lokalisieren, darin Planungsprobleme erkennen und Teilziele formulieren können,
  - Strategien zur Zielerreichung entwickeln und durchsetzen können,

---

1   MARKUS stellt ein Akronym für **Marketing-Unternehmensspiel** dar.

2   Unter persönlicher Haltung soll die Fähigkeit verstanden werden, Wissen nicht nur zu nutzen, um praktische Maßnahmen auszuarbeiten, sondern diese Lösungsvorschläge auch im Entscheidungsgremium zu vertreten und durchzusetzen. Vgl. Blohm, H.: (Planspiele), S. 2155.

3   Vgl. Ziegenbein, K.: (Wesen), S. 252.

4   Vgl. Bloech, J.: (Modellierung), S. 106 f.; Goertzen, H.: (Simultanplanung), S. 108 ff.; Rohn, W. E.: (Methodik), S. 20.

- die Wirkung von Einzelentscheidungen auf Teilbereiche des Unternehmens und die Interdependenzen zu anderen Unternehmensbereichen erkennen können,
- vorhandenes - in der Regel komplexes - Datenmaterial eingehend und effizient analysieren können,
- das vorhandene Datenmaterial entsprechend der zu lösenden Problemstellung entscheidungsorientiert aufbereiten können,
- eine geeignete Auswahl aus den zur Verfügung stehenden Instrumenten treffen und diese auf das aufbereitete Datenmaterial zur Entscheidungsvorbereitung anwenden können,
- die Kenntnisse im Umgang mit den Instrumenten vertiefen und dabei die Grenzen des Einsatzes der Instrumente erkennen können sowie
- Entscheidungen unter Unsicherheit vorbereiten können.

• *Lernziele, die den Bereich Materialwirtschaft im Unternehmen betreffen*

- auf der Grundlage der Produktions- und Absatzmengen die zu beschaffenden Gütermengen bestimmen können,
- wirtschaftlich günstigste Güterbeschaffungsarten auswählen können,
- optimale Bestellmengen bestimmen können sowie
- Lagerkapazitäten und Lagerpersonalmengen berechnen können.

• *Lernziele, die den Bereich Produktion im Unternehmen betreffen*

- auf der Grundlage der Absatzmengen die zu produzierenden Gütermengen bestimmen können,
- die Alternativen Eigenfertigung und Fremdbezug von Gütern beurteilen können,
- optimale Nutzungsdauern und Ersatzzeitpunkte von Produktionsanlagen ermitteln können sowie
- optimale Reihenfolgen von zu produzierenden Gütern bei Sortenfertigung bestimmen können.

• *Lernziele, die den Bereich Marketing im Unternehmen betreffen*

- Informationen aus einem Marketing-Informationssystemen selbständig erfragen und mit dem bereits vorhandenen Datenmaterial verknüpfen können,
- Absatzpotentiale und Verhalten der Konkurrenzunternehmen prognostizieren, Chancen und Risiken erkennen können,
- Strategien zur Marktparzellierung bestimmen und in konkrete absatzpolitische Maßnahmen umsetzen können,
- Vor- und Nachteile der Marktparzellierungsstrategien unter Berücksichtigung des Verhaltens der Konkurrenzunternehmen erkennen und zielgerichtet Strategien anpassen können, soweit dies erforderlich erscheint,

- zur Beurteilung von Strategien geeignete Instrumente auswählen und anwenden können,
- den Kaufentscheidungsprozeß von Konsumenten analysieren können,
- Produkte zielgruppenorientiert in den Markt einführen können,
- alternative Absatzwege beurteilen und auswählen können,
- Produkte konsequent in Einkaufsstätten distribuieren und dort den Verkauf fördern können,
- Preise kalkulieren und unter Berücksichtigung der Konkurrenten markt- und zieladäquat fixieren können,
- Wirkungen von Werbe- und Verkaufsförderungsmaßnahmen beurteilen können sowie
- zielgerechte Absatzmengen bestimmen können.

- *Lernziele, die den Bereich Finanzwirtschaft und Rechnungswesen im Unternehmen betreffen*

  - Einzahlungen, Einnahmen, Erträge und Erlöse sowie Auszahlungen, Ausgaben, Aufwendungen und Kosten im Unternehmensspiel voneinander abgrenzen können,
  - entscheidungsrelevante Kosten situationsbezogen bestimmen können,
  - Kostenkontrollen durchführen und Abweichungen zwischen Plan- und Istkosten analysieren können sowie
  - Finanz- und Erfolgsplanung für ein Unternehmen durchführen können.

- *Lernziele, die den Gruppenprozeß im Unternehmensspiel betreffen*

  - Handlungsalternativen beurteilen und einzelverantwortlich oder im Team in Entscheidungen umsetzen können,
  - unter dem Zeitdruck, der aus der großen Anzahl der in einem vorgegebenen Zeitrahmen zu treffenden Einzelentscheidungen resultiert, effizient arbeiten können sowie
  - Planungsaufgaben in Teilaufgaben zerlegen, auf einzelne Mitglieder der Gruppe verteilen, koordinieren und die Lösungsvorschläge bewerten können.

Die Bedeutung der einzelnen Lernziele hängt jeweils von der mit dem Unternehmensspiel verfolgten Zielsetzung ab.

3.2 Allgemeine Beschreibung des Unternehmensspiels

Das Unternehmensspiel MARKUS ist ein

- generelles,
- allgemeines,
- mit abstrakten Daten und Problemen arbeitendes,
- deterministisches,
- komplexes,

computergestütztes Interaktionsspiel, dessen Schwerpunkt auf Marketingentscheidungen liegt.

Die Teilnehmer übernehmen in Gruppen von drei bis sechs Personen jeweils eines von bis zu neun gleichstrukturierten Unternehmen[5] und treffen im Verlauf des Spiels nahezu alle wesentlichen Entscheidungen, die es in realen Unternehmen zu fällen gilt, insbesondere Entscheidungen über

- die Beschaffung von Rohstoffen und Erzeugnissen,
- die Lagerhaltung (Lagerkapazitätsplanung, Personalplanung),
- die Eigenfertigung und/oder der Fremdbezug von Erzeugnissen,
- Investitionen in Fertigungsanlagen mit unterschiedlichen Leistungen,
- die Reihenfolgen, in denen Güter produziert werden,
- die Nutzungsdauern und Ersatzzeitpunkte von Anlagen,
- die Absatzwege und Absatzhelfer,
- die Nutzung eines Marketing-Informationssystems,
- die Entwicklung zielgruppenadäquater Produkte,
- den Einsatz von Werbemitteln und Werbeträgern,
- Verkaufsförderungsmaßnahmen,
- die Absatzpreise und -mengen,
- die Geschäftsbeziehungen zu Konkurrenzunternehmen sowie
- die Finanzierung der Unternehmensaktivitäten.

Im Gegensatz zu vielen anderen bereits existierenden Unternehmensspielen, bei denen die Absatzmengen von Produkten i.d.R. mit Hilfe von Funktionen aus Absatzpreisen und Marketingaufwendungen berechnet werden, leitet das Unternehmensspiel MARKUS die Nachfrage nach Produkten aus einer Stichprobe von 1.000 Konsumenten[6] ab. Jeder Konsument hat bestimmte Präferenzen hinsichtlich der wesentlichen Produkteigenschaften. Das Maß der Übereinstimmung von Produkteigenschaften und Konsumentenpräferenzen entscheidet maßgeblich über den Kauf eines Produktes. Informationen über die Präferenzen der Konsumenten der Stichprobe und damit die Grundlagen für eine Marktsegmentierung können die Teilnehmer durch den Einsatz eines Marketing-Informationssystems gewinnen.

Im Verlauf des Spiels werden den Teilnehmern spezielle Instrumente zur Entscheidungsvorbereitung[7] zur Verfügung gestellt, die das Treffen von Entscheidungen erleichtern, die Quali-

---

[5]   Darüber hinaus leitet die Spielleitung ein weiteres Unternehmen, um ausgewählte Markt- und Konkurrenzsituationen, z.B. das Eindringen von Unternehmen mit neuen Produkten in einen bislang von einem anderen Unternehmen beherrschten Markt, simulieren zu können.

[6]   Die zugrunde liegende Stichprobe muß nicht notwendigerweise repräsentativ für einen realen Markt sein, sondern kann entsprechend der von der Spielleitung angestrebten Marktkonstellation gestaltet werden.

[7]   Z.B. zur Planung der Reihenfolge der Produktionslose, der Nutzungsdauern und Ersatzzeitpunkte von Fertigungsanlagen sowie der Lagerhaltungs- und Budgetplanung.

tät der Entscheidungen verbessern und zum Teil gleichzeitig eine verstärkte Konzentration der Spieleraktivitäten auf neue Fragestellungen im Unternehmen ermöglichen sollen. Darüber hinaus haben die Teilnehmer die Möglichkeit, eigenständig Instrumente zur Entscheidungsvorbereitung zu konzipieren und mit Tabellenkalkulationsprogrammen zu realisieren.

Jedes Unternehmen des Unternehmensspiels MARKUS kann in vier Funktionsbereiche gegliedert werden. Der Bereich *Materialwirtschaft* umfaßt hier die Teilfunktionen Beschaffung und Lagerhaltung. Die auf dem Markt georderten Rohstoffe und (unmarkierten) Erzeugnisse werden grundsätzlich in der gewünschten Menge und in gleichbleibender Qualität geliefert, die Materialpreise sind jedoch abhängig von Angebot und Nachfrage; sie bilden sich innerhalb eines von der Spielleitung festgelegten Preisintervalls. Die Lieferung der Waren, für die der Empfänger die Transportkosten trägt, erfolgt entweder zum Periodenende (Vorratsbeschaffung) oder innerhalb der gleichen Periode bedarfssynchron. Die auf Vorrat beschafften Materialien und darüber hinaus alle selbst produzierten Güter müssen vor ihrer weiteren Verwendung eingelagert werden. Zur Lagerhaltung steht jedem Unternehmen ein kapazitätsmäßig begrenztes Eigenlager zur Verfügung, das durch angemietete Fremdläger ergänzt werden kann. Die Arbeitskräfte, die zur Durchführung der Lagerarbeiten erforderlich sind, werden von der Bereichsleitung eingestellt bzw. entlassen. Der innerbetriebliche Transport wird in dem Unternehmensspiel MARKUS nicht explizit abgebildet.

Im Funktionsbereich *Produktion* werden die Erzeugnisse gefertigt, verpackt, markiert[8] und zu versendbaren Einheiten gebündelt. Der Produktionsprozeß ist in Form einer drei- bis fünfstufigen Sortenfertigung[9] abgebildet, um eine ausreichend große Zahl unterschiedlicher Erzeugnisse simulieren zu können. Neben der Planung der Erzeugnismengen steht die Planung der Reihenfolge, in der die verschiedenen Erzeugnislose produziert werden, im Vordergrund der Spieleraktivitäten im Produktionsbereich, da jeder Sortenwechsel eine Umrüstung der Anlagenkonfiguration mit unterschiedlicher Rüstzeit erfordert. Die Produktionsanlagen stehen in drei verschiedenen Leistungsvarianten mit unterschiedlichem sowie mit zunehmendem Alter steigendem Betriebsstoffverbrauch und mit zeitlich begrenzter Nutzungsdauer zur Verfügung. Die Teilnehmer können die im Unternehmen installierte Anlagenkonfiguration kurzfristig durch Veräußerung von Altanlagen und Kauf neuer Anlagen modifizieren. Die Nutzung der Produktionsanlagen kann innerhalb einer Periode variieren. Dabei ist, entsprechend der Spielerentscheidung, ein zeitliches Intervall von keiner Nutzung bis zu einer

---

8   Markierung ist der Versuch, durch spezielle Gestaltung der Packung und die Vergabe eines Namens (anscheinend) homogene Güter zu heterogenisieren. Die Markierung von Gütern bildet zugleich die Voraussetzung für den Einsatz kommunikationspolitischer Maßnahmen. Vgl. Nieschlag, R.; Dichtl, E.; Hörschgen, H.: (Marketing), S. 184.

9   DIEDERICH versteht unter Sortenfertigung die hintereinanderfolgende Fertigung unterschiedlicher Sorten auf einer zumindest teilweise gleichen Fertigungsapparatur. Bei jedem Wechsel der Sorten ist eine Unterbrechung des Fertigungsprozesses erforderlich. Die einzelnen Sorten werden von Zeit zu Zeit wieder aufgelegt. Vgl. Diederich, H.: (Betriebswirtschaftslehre), S. 84.

dreischichtigen Nutzung möglich, wobei das erforderliche Personal ohne weitere Entscheidung der Teilnehmer bereitgestellt wird.

Im *Marketing*bereich des Unternehmens liegt, wie bereits zuvor betont, der Schwerpunkt der in dem Unternehmensspiel MARKUS zu treffenden Entscheidungen. Die Erzeugnisse des Unternehmens können an zwei verschiedene Abnehmergruppen abgesetzt werden. *Gewerbliche Großabnehmer* fragen Erzeugnisse in unterschiedlicher, meist großer Menge nach. Sie richten entweder eine Anfrage an mehrere Unternehmen und fordern diese zur Angebotsabgabe auf oder unterbreiten einzelnen Unternehmen konkrete Angebote. Die Auftragserteilung ist ausschließlich vom geforderten Preis abhängig, andere Marketinginstrumente können nicht eingesetzt werden.

Der *Absatz an Konsumenten*, denen ausschließlich unternehmensindividuell markierte Erzeugnisse - nachfolgend Produkte genannt - angeboten und verkauft werden, steht im Vordergrund dieses Unternehmensspiels. Der Verkauf von Produkten an Konsumenten wird entweder direkt über Versand oder Filialen vorgenommen oder indirekt unter Einbeziehung von Einzel- sowie ggf. Großhandelsbetrieben. Zur Betreuung der Handelsbetriebe werden Reisende und Vertreter eingesetzt. Zur Auslieferung der Waren an die Kunden ist von jedem Unternehmen ein physisches Distributionssystem einzurichten.

Der erfolgreiche Absatz von Produkten hängt im wesentlichen von der Entwicklung zielgruppenadäquater Produkte[10] und dem segmentorientierten Marketinginstrumenteneinsatz ab. Die Produktpreise für den Absatz an Konsumenten werden differenziert nach Handelsbetriebsformen als unverbindliche Preisempfehlungen von den Unternehmen festgelegt. Die Handelsbetriebe erhalten für die Wahrnehmung ihrer Absatzmittlerfunktion eine auf die Preisempfehlung bezogene Handelsspanne und bestellen je nach Absatzerwartungen entsprechende Produktmengen. Die erwarteten Absatzmengen jedes einzelnen Handelsbetriebs hängen von der Produktnachfrage in der Vergangenheit sowie den produktbezogenen Werbe- und Verkaufsförderungsmaßnahmen ab. Die Anlieferung der Waren kann in Teillieferungen erfolgen, so daß kurzfristige Reaktionen auf Nachfrageänderungen möglich sind.

Für eine zielgruppenorientierte Werbung stehen verschiedene Werbeträger bereit, die in unterschiedlicher Intensität und Häufigkeit eingesetzt werden können. Darüber hinaus kann der Absatz von Produkten an Konsumenten durch Verkaufsförderung im Handelsbetrieb und Public Relations unterstützt werden.[11]

---

[10]   Hierzu kann, wie bereits erwähnt, ein Marketing-Informationssystem herangezogen werden. Siehe hierzu Abschnitt 6.9.2.

[11]   Zur Definition von *Verkaufsförderung* und *Public Relations* siehe die Abschnitte 6.8.2 und 6.8.3.

In dem Bereich *Finanzwirtschaft und Rechnungswesen* stehen die Finanzplanung sowie die Beschaffung und Anlage liquider Mittel im Vordergrund. Die Periodenabschlußrechnung, bestehend aus der Gewinn- und Verlustrechnung sowie der Bilanz, wird den Teilnehmern als Bestandteil des Ergebnisberichts bereitgestellt. Die Unternehmensleitung kann dabei keinen unmittelbaren Einfluß auf die Bewertung von Gegenständen des Anlage- und Umlaufvermögens, die Bildung bzw. Auflösung von Rücklagen und die Dividendenhöhe nehmen.[12]

In den Abschnitten vier bis sieben werden die einzelnen Unternehmensbereiche im Hinblick auf die Modellgestaltung, die Variationsmöglichkeiten von Parametern durch die Spielleitung[13] und die Entscheidungsalternativen der Unternehmensspielteilnehmer detailliert in ihrem maximal möglichen Umfang vorgestellt. Darüber hinaus werden die wesentlichen Planungsaufgaben und ausgewählte Instrumente zur Entscheidungvorbereitung dargestellt.

Das Unternehmensspiel MARKUS wird je nach Teilnehmerkreis, Zielsetzung und zur Verfügung stehender Zeit mehr oder minder komplex gestaltet. In einer relativ einfachen Variante kann z.b. auf die Produktion von Erzeugnissen verzichtet werden. Die zur Herstellung von Produkten erforderlichen Erzeugnisse werden bedarfssynchron beschafft, womit gleichzeitig der Planungsaufwand im Lagerbereich vermindert wird. Darüber hinaus ist eine Reduzierung der Absatzwege- und Werbeträgeralternativen möglich.

Zur Durchführung des Unternehmensspiels benötigt die Spielleitung eine EDV-Anlage mit dem Betriebssystem MS-DOS, einer frei verfügbaren Festplattenkapazität von mindestens 80 MB[14] und einem Arbeitsspeicher von mindestens 640 KB,[15] auf der das in der Programmiersprache PASCAL erstellte Programm sowie die erforderlichen Datenbestände gespeichert werden können.

---

[12]　Diese Einschränkungen sind erforderlich, um die Periodenergebnisse der einzelnen Unternehmen ohne aufwendige Nebenrechnungen miteinander vergleichen zu können.

[13]　Parameter, die von der Spielleitung verändert werden können, sind in den folgenden Abschnitten mit einer Parameternummer versehen und beziehen sich auf die Parameterliste zum Unternehmensspiel. Sofern die Ausprägungen der Parameter im Unternehmensspielmodell keine Mengen- und Wertangaben darstellen, sondern besondere Steuerungsfunktionen zum Ausdruck bringen, werden die zulässigen Wertebereiche dieser Parameter und die Bedeutungen der Parameterausprägungen aufgeführt.

[14]　Hiervon sind bei einer angenommen Anzahl von sechs im Spiel simulierten Unternehmen (fünf Spielgruppen plus Spielleitung) und zwölf simulierten Perioden ca. 60 MB zur Speicherung von Daten, ca. 15 MB zur Speicherung von Ergebnisberichten und ca. 2 MB zur Speicherung von Programmen erforderlich. Unberücksichtigt bleibt hier der Bedarf an Festplattenkapazität zur Speicherung von Programmsystemen, in denen Instrumente zur Entscheidungsvorbereitung programmiert sind.

[15]　Das Programm, welches das Unternehmensspielmodell abbildet, setzt sich aus acht Teilprogrammen mit einer gesamten Speicherbedarfsmenge von ca. 1,2 MB zusammen. Da die Teilprogramme jedoch einzeln hintereinander in einem Stapelverarbeitungsjob zur Ausführung gebracht werden, wird lediglich eine Arbeitsspeicherkapazität von 640 KB benötigt.

Der Ablauf des Unternehmensspiels erfolgt im wesentlichen entsprechend der Darstellung in Abschnitt 2.5.2. Vor der ersten Spielperiode wird jedoch insbesondere die Analyse des Absatzmarktes mit Hilfe eines computergestützten Marketing-Informationssystems und ggf. unter Anwendung weiterer Instrumente zur Entscheidungsvorbereitung einen breiten Raum in der Planung des Unternehmensgeschehens einnehmen. Der Einsatz von Instrumenten zur Entscheidungsvorbereitung ist Gegenstand des nächsten Abschnitts.

3.3 Instrumente zur Entscheidungsvorbereitung

In dem vorliegenden Unternehmensspiel MARKUS wird ein besonderer Schwerpunkt auf die Lösung betriebswirtschaftlicher Planungsaufgaben unter Einsatz von Instrumenten zur Entscheidungsvorbereitung gelegt. Planung läßt sich definieren als "ein geordneter, informationsverarbeitender Prozeß zur Erstellung eines Entwurfs, welcher Größen für das Erreichen von Zielen vorausschauend festlegt."[16] Es existieren verschiedene Sichtweisen der Planung, die sich unter anderem hinsichtlich der Frage unterscheiden, ob sie die Entscheidung in die Planung einbeziehen (Planung im weiteren Sinn) oder nicht (Planung im engeren Sinn).[17] Die Planung im engeren Sinn kann als systematische *Entscheidungsvorbereitung* interpretiert werden,[18] d.h. als zukunftsbezogene und zielorientierte Tätigkeit, um alternative Handlungsmöglichkeiten aufzuzeigen, von denen eine zum gegenwärtigen Zeitpunkt als Entscheidung ausgewählt werden kann.[19] Sie besteht aus den Phasen Zielbildung, Problemerkenntnis und -analyse, Alternativensuche, Prognose sowie Bewertung.[20]

In den verschiedenen Bereichen des Unternehmensspiels sind vor allem die folgenden Planungsaufgaben zu lösen:[21]

Im Bereich Materialwirtschaft

- Bestimmung der wirtschaftlich günstigsten Güterbeschaffungsart
- Ermittlung der Bestellmengen
- Planung der Lagerkapazitäten und Lagerpersonalmengen

---

16 Schweitzer, M.: (Planung), S. 11.

17 Vgl. Koch, H.: (Planung), Sp. 3002; Rüth, D.: (Planungssysteme), S. 121 ff.; Pack, L.: (Planung), Sp. 1709 f.; Koch, H.: (Beiträge), S. 11 f.

18 Vgl. Dieckhaus, O.-T.: (Management), S. 24; Hahn, D.: (PuK), S. 30.

19 Vgl. Kreikebaum, H.: (Unternehmensplanung), S. 23; Wild, J.: (Grundlagen), S. 39.

20 Vgl. Wild, J.: (Grundlagen), S. 39; Dieckhaus, O.-T.: (Management), S. 24; Götze, U.: (Szenario-Technik), S. 3 ff.

21 Für alle Planungsaufgaben der Teilnehmer wird die Unternehmenszielsetzung *Maximierung der bis zum Ende der letzten Spielperiode kumulierten Periodenüberschüsse vor Steuern* unterstellt.

Im Bereich Produktion

- Produktionsprogrammplanung
- Ermittlung der Nutzungsdauern und Ersatzzeitpunkte von Produktionsanlagen
- Reihenfolgeplanung

Im Bereich Marketing

- Planung des Absatzprogramms
- Bestimmung des Einsatzes der verschiedenen weiteren Instrumente des Marketing-Mix

Im Bereich Finanzwirtschaft und Rechnungswesen

- Finanz- und Erfolgsplanung

Zur Vorbereitung entsprechender Entscheidungen wird in der betriebswirtschaftlichen Literatur eine Vielzahl von *Instrumenten* vorgeschlagen,[22] wobei Instrumente hier in Anlehnung an TÖPFER als Sammelbegriff für Verfahren, Methoden, Techniken und Modelle verstanden werden.[23] Im Unternehmensspiel MARKUS läßt sich grundsätzlich ein großer Teil dieser Instrumente nutzen, in den folgenden Abschnitten wird jedoch - um den Rahmen dieser Arbeit nicht zu sprengen - ein Schwerpunkt auf einige wenige ausgewählte *Instrumente zur Entscheidungsvorbereitung* gelegt.

Dabei handelt es sich in den Bereichen Materialwirtschaft und Produktion um Modelle zur Entscheidungsvorbereitung, die gezielt im Hinblick auf die zu lösenden Planungsaufgaben formuliert und diskutiert werden. Im Bereich Marketing wird zum einen ein computergestütztes Marketing-Informationssystem dargestellt, das von den Teilnehmern zur Analyse des Konsumentenverhaltens genutzt werden soll. Die mittel- und langfristigen Erfolgsperspektiven verschiedener Absatzsegmente lassen sich zum anderen mittels einer Absatzsegmentrechnung beurteilen. Beide Instrumente sollten zur Planung des Absatzprogramms sowie des Einsatzes der weiteren Komponenten des Marketing-Mix herangezogen werden. Im Bereich Finanzwirtschaft und Rechnungswesen schließlich wird den Teilnehmern ein computergestütztes Budgetierungssystem bereitgestellt, das ihnen eine aussagekräftige Finanz- und Erfolgsplanung ermöglichen soll. Diese Instrumente und ihre Einsatzmöglichkeiten werden - zum Teil anhand von Fallbeispielen - in den folgenden Abschnitten relativ ausführlich beschrieben. Ihre Anwendung auf die relevanten Planungsaufgaben soll die Methodenkenntnis bei den Teilnehmern vertiefen und zur Umwandlung von Wissen in Können beitragen.

---

[22] Vgl. z.B. Kreikebaum, H.: (Unternehmensplanung), S. 63 ff.; Götze, U.; Rudolph, F.: (Instrumente), S. 16 ff.; Welge, M. K.: (Unternehmensführung), S. 317 ff.; Horváth, P.: (Controlling), S. 206 ff.; Weber, J.: (Controlling), S. 41 ff.; Bramsemann, R.: (Handbuch), S. 227 ff.; Hopfenbeck, W.: (Managementlehre), S. 608 ff., 768 ff.; Wild, J.: (Grundlagen), S. 146 ff.

[23] Vgl. Töpfer, A.: (Planungssysteme), S. 167. Zur Abgrenzung der Begriffe *Verfahren, Methoden, Techniken* und *Modelle* vgl. Töpfer, A.: (Planungssysteme), S. 167 f.; Sahm, B.: (Instrumente), S. 38; Szyperski, N.; Winand, U.: (Bewertung), S. 197 ff.

4 Materialwirtschaft im Unternehmensspiel MARKUS

4.1 Definition und Betrachtungsgegenstand

Der Begriff *Materialwirtschaft* wird in der Literatur unterschiedlich definiert.[1] In dem Unternehmensspiel MARKUS beinhaltet die Materialwirtschaft alle Vorgänge der Materialbereitstellung für die betriebliche Leistungserstellung sowie die Lagerung und den innerbetrieblichen Transport von Fertigerzeugnissen. Die Aufgabe der Materialwirtschaft besteht in der Bereitstellung der benötigten Materialien und Fertigerzeugnisse in der erforderlichen Menge und Qualität zur richtigen Zeit am richtigen Ort zu möglichst geringen Kosten.[2]

Die Objekte der Materialwirtschaft werden für das Unternehmensspiel MARKUS wie folgt definiert:[3]

Ein *Roh- und Hilfsstoffbasisfaktor*, nachfolgend als *Basisfaktor* bezeichnet, ist ein Bündel aller oder eines ganzzahligen Teiles der notwendigen Roh- und Hilfsstoffe sowie ggf. Fertigteile, die zur Herstellung einer Mengeneinheit eines Erzeugnisses erforderlich sind. Im Unternehmensspiel MARKUS stehen fünf verschiedene Basisfaktorarten (f_i; i = 1,...,5), die jeweils durch die Ausprägungen von fünf qualitativen Eigenschaften[4] (m_{ij}; j = 1,...,5) charakterisiert

---

[1] Nach HEINEN umfaßt die Materialwirtschaft den Materialfluß vom Lieferanten über die Annahme und Prüfung der Waren, die Lagerung und den innerbetrieblichen Transport bis zur Fertigung. Vgl. Heinen, E.: (Industriebetriebslehre), S. 273. Ähnlich beschreibt GROCHLA die Materialwirtschaft als die Gesamtheit der Vorgänge der Material- und Fremdleistungsbereitstellung für die betriebliche Leistungserstellung und -verwertung sowie die Aufrechterhaltung der Leistungsbereitschaft. Vgl. Grochla, E.: (Grundlagen), S. 15 ff.; Grochla, E.: (Materialwirtschaft), Sp. 1257. HARTMANN verwendet dagegen eine weitere Begriffsfassung und definiert Materialwirtschaft als "die Gesamtheit aller materialbezogenen Funktionen, die sich mit der Versorgung des Betriebes und des Marktes sowie der Steuerung des Materialflusses von den Lieferanten durch die Unternehmung bis zu den Kunden befassen"; Hartmann, H.: (Materialwirtschaft), S. 20. Zu weiteren Definitionen vgl. auch Bloech, J.; Rottenbacher, S.: (Materialwirtschaft), S. 3 ff; Fieten, R.: (Materialwirtschaft), S. 9; Steinbüchel, M.: (Materialwirtschaft), S. 13.

[2] Vgl. Grochla, E.: (Grundlagen) S. 18.

[3] Die Definitionen der materialwirtschaftlichen Objekte sind speziell auf das Unternehmensspiel MARKUS ausgerichtet und weichen von jenen in der betriebswirtschaftlichen Literatur ab. Zur Definition der materialwirtschaftlichen Objekte in der betriebswirtschaftlichen Literatur vgl. z.B. Hartmann, H.: (Materialwirtschaft), S. 15 f.

[4] Bei Spielbeginn werden die Eigenschaften von der Spielleitung definiert und die Eigenschaftsausprägungen jeder Basisfaktorart durch direkte Intervallskalierung auf einer zweipoligen von null bis neun verlaufenden Skala festgelegt; Parameter 51 - 75; vgl. hierzu auch Abschnitt 6.3.2. Zur direkten Intervallskalierung vgl. z.B. Zangemeister, Ch.: (Nutzwertanalyse), S. 162 ff. Die aus Basisfaktoren hergestellten Erzeugnisse und die aus Erzeugnissen gefertigten Produkte enthalten die qualitativen Eigenschaften der jeweils zur Erzeugnisherstellung verwendeten Basisfaktorart.

werden, zur Herstellung verschiedener Erzeugnisse zur Verfügung; jede Basisfaktorart ist in sich homogen.[5]

Ein *Roh- und Hilfsstoffzusatzfaktor*, im folgenden *Zusatzfaktor* genannt, enthält ein Bündel aller oder eines ganzzahligen Teiles der ergänzend zu dem Basisfaktor für die Herstellung einer Mengeneinheit eines Erzeugnisses erforderlichen Roh- und Hilfsstoffe sowie ggf. Fertigteile. Die zwei im Unternehmensspiel bereitstehenden Zusatzfaktorarten (z_a; a = 2,3)[6] unterscheiden sich im Hinblick auf die Fertigungsstufe, in der sie im Produktionsprozeß einzusetzen sind, wobei jede Zusatzfaktorart in sich homogen ist. Die Zusatzfaktorarten tragen keine spezifischen qualitativen Merkmale.

Betriebsstoffe sind Materialien, die im Produktionsprozeß zur Herstellung von Gütern verbraucht werden. Sie werden bedarfssynchron ohne formelle Bestellung bereitgestellt, wenn Anlagen zur Produktion von Gütern genutzt werden.

Markierungsmittel umfassen Hilfsstoffe, die individuell für jede Marke eines Unternehmens von einer Werbeagentur konzipiert werden.[7] Bei der Herstellung von Produkten werden sie bedarfssynchron ohne formelle Bestellung angeliefert.

Ein *Erzeugnis* wird aus einer oder mehreren Mengeneinheiten einer Basisfaktorart und ggf. einer Zusatzfaktorart gefertigt und am Ende des Produktionsprozesses mit einer Schutzverpackung umhüllt. Aufgrund der im Unternehmensspiel festgelegten Produktionsstruktur[8] können je Basisfaktorart sechs verschiedene Erzeugnisarten (e_{iab}; (a;b) $\in$ {(1;1), (1;2), (2;1), (2;2), (2;3), (3;4)}),[9] von denen jede in sich homogen ist und die qualitativen Merkmale der Basisfaktorart trägt, hergestellt werden. Verschiedene Erzeugnisarten, die auf der Grundlage der gleichen Basisfaktorart produziert werden, stellen eine *Erzeugnisgruppe* dar.

Der Verkauf von Verbrauchs- und Gebrauchsgütern, insbesondere an nicht-gewerbliche Endverbraucher, durch verschiedene miteinander konkurrierende Unternehmen setzt bei homogenen Gütern i.d.R. eine spezifische Gestaltung des äußeren Erscheinungsbildes eines jeden

---

[5]   Unter Homogenität der Basisfaktoren einer Basisfaktorart im Unternehmensspiel MARKUS ist zu verstehen, daß zwei verschiedene Mengeneinheiten ein und derselben Basisfaktorart die identischen Ausprägungen der qualitativen Merkmale aufweisen.

[6]   Siehe hierzu Abschnitt 5.1. Die Indizierung der Zusatzfaktorarten weist auf die Produktionsstufe hin, in welcher die Zusatzfaktorart in ein Erzeugnis eingeht. Die Produktionsstruktur im Unternehmensspiel MARKUS sieht den Einsatz von Zusatzfaktoren ausschließlich in den Stufen 2 und 3 vor. Erzeugnisse, die diese Produktionsstufen nicht durchlaufen, werden ohne Zusatzfaktoren hergestellt.

[7]   Vgl. hierzu Abschnitt 6.5.1.

[8]   Vgl. hierzu Abschnitt 5.1.

[9]   Der Index a kennzeichnet die letzte Fertigungsstufe, die die Erzeugnisart durchlaufen hat, der Index b charakterisiert die Verpackungsart. Andere Erzeugnisarten als die oben dargestellten können bei der im Unternehmensspiel MARKUS zugrunde gelegten Produktionsstruktur nicht hergestellt werden.

Gutes voraus. Durch die Markierung der Schutzverpackung eines Erzeugnisses kann ein Unternehmen ein spezielles unternehmensindividuelles *Produkt* entwickeln, das sich von anderen unterscheidet. Gleichartig markierte Erzeugnisse einer Erzeugnisart werden zu einer *Produktart* zusammengefaßt, gleichartig markierte Erzeugnisse einer Erzeugnisgruppe können unter einer *Marke* subsumiert werden. Eine Marke umfaßt somit mindestens eine Produktart und trägt über die fünf Eigenschaften der Basisfaktorart hinaus, weitere markenspezifische Merkmale.[10]

Die Gesamtheit aller Konsumenten im Unternehmensspiel wird, wie bereits erwähnt, durch eine Stichprobe abgebildet. Das Verhältnis von Grundgesamtheit zu Stichprobe ergibt dabei den *Repräsentanzfaktor*. Um den Gesamtabsatz jeder einzelnen Produktart auf der Grundlage der Stichprobe für die Grundgesamtheit zu ermitteln, repräsentiert jeder Kauf einer Mengeneinheit einer Produktart eine Absatzmenge im Umfang der Menge des Repräsentanzfaktors, die im folgenden als *Produktverkaufseinheit* bezeichnet wird. Der Produktabsatz jedes Unternehmens erfolgt demzufolge grundsätzlich im Umfang ganzzahliger Verkaufseinheiten (v_{miab}; m = 1,...,20).[11] Die Herstellung der Produkte und die Bildung von Produktverkaufseinheiten kann ausschließlich in den Unternehmen vorgenommen werden, die Beschaffung von Produktverkaufseinheiten ist in dem Unternehmensspiel MARKUS ausgeschlossen.

Abbildung 4.1-1 veranschaulicht an einem Beispiel die wesentlichen Güterbegriffe im Unternehmensspiel MARKUS.

Die im weiteren zu betrachtenden Objekte der Materialwirtschaft beschränken sich auf

- Basisfaktoren,
- Zusatzfaktoren,
- Erzeugnisse und
- Produktverkaufseinheiten.

Betriebsstoffe werden, da sie keiner formellen Bestellung bedürfen, bedarfssynchron angeliefert werden und keine unternehmensspezifischen Transport- und Lagerkapazitäten beanspruchen, im Unternehmensspiel MARKUS nicht als Objekte der Materialwirtschaft angesehen. Auf sie wird im Zusammenhang mit ihrer Verwendung bei der Erörterung im Produktionsbereich eingegangen.[12]

---

[10]   Vgl. hierzu Abschnitt 6.3.2.

[11]   Der Index m kennzeichnet die unternehmensspezifische Markennummer. Jedes Unternehmen kann im Unternehmensspiel MARKUS mit bis zu 20 Marken auf dem Absatzmarkt vertreten sein.

[12]   Vgl. hierzu Abschnitt 5.2.

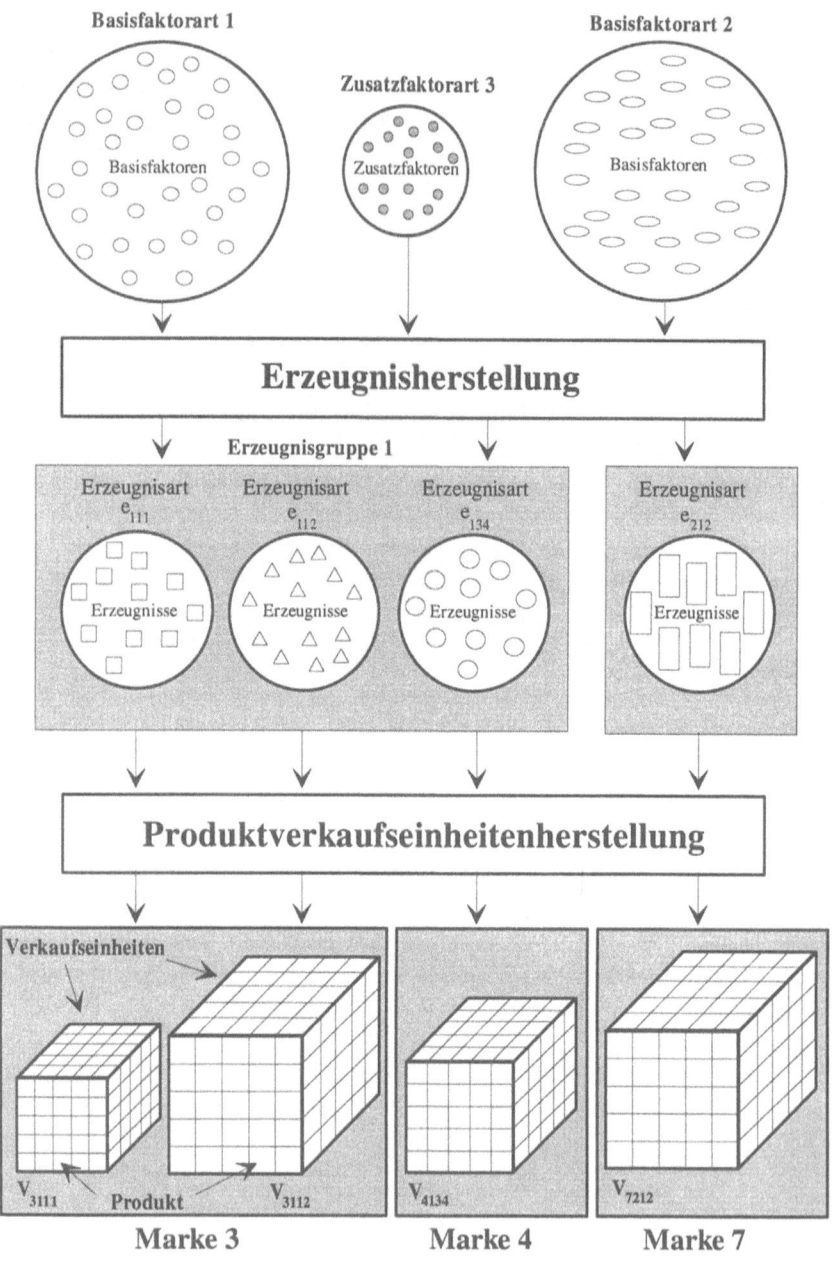

Abb. 4.1-1:   Güter im Unternehmensspiel MARKUS

4.2 Beschaffung von Basis- und Zusatzfaktoren

Im Unternehmensspiel MARKUS umfaßt die Beschaffung als Teil der Materialwirtschaft die Versorgung des Unternehmens mit Basis- und Zusatzfaktoren sowie Erzeugnissen; die Beschaffung kann in die Teilfunktionen Materialdisposition und Einkauf gegliedert werden.[13]

Den Unternehmen werden bis zu fünf verschiedene Basisfaktorarten und bis zu zwei Zusatzfaktorarten angeboten.[14] Die Beschaffung der Güter kann nach Wahl der Unternehmen auf maximal drei verschiedene Weisen erfolgen. Bei der *Vorratsbeschaffung* werden die Materialien am Beginn einer Periode bestellt, an deren Ende geliefert und eingelagert. In der Folgeperiode können die Basis- und Zusatzfaktoren in den Produktionsprozeß eingesetzt werden. Die Vorratsbeschaffung erfordert von seiten der Teilnehmer bereits zu Beginn der laufenden Periode die Planung der zu produzierenden Erzeugnismengen und somit auch des Materialbedarfs für die nachfolgende Periode. Die zweite Beschaffungsalternative, im Unternehmensspiel MARKUS wird sie als *bedarfssynchrone Beschaffung* bezeichnet, sieht die Bestellung von fehlenden Materialien für die Fertigung innerhalb der aktuellen Periode durch das Simulationsmodell vor.[15] Die erforderlichen Güter werden sofort einsatzsynchron für das einzelne zu fertigende Los angeliefert. Die bedarfssynchrone Beschaffung bietet den Teilnehmern die Möglichkeit, kurzfristige Materialengpässe, die z.B. aufgrund von Fehldispositionen oder zwischenzeitlichen Änderungen des Produktionsplanes entstanden sind, auszugleichen. Darüber hinaus kann die bedarfssynchrone Beschaffung ggf. auch unter Kostenaspekten eine Alternative zur Vorratsbeschaffung darstellen.[16] Eine ergänzende Beschaffungsform, die in Ausnahmefällen möglich ist, besteht in dem *Handel mit konkurrierenden Unternehmen*, wobei, analog zur Vorratsbeschaffung, auch Material bestellt und geliefert werden kann. Da jedoch im Unternehmensspiel MARKUS kein Unternehmen über die Möglichkeit verfügt, Basis- und Zusatzfaktoren herzustellen, können lediglich vorratsbeschaffte Materialien - i.d.R. mit Verlust - weiterveräußert werden.[17] Insofern wird auf diese Beschaffungsalternative zu-

---

13   Vgl. Bloech, J.; Rottenbacher, S.: (Materialwirtschaft), S. 4.

14   Die Spielleitung legt in jeder Periode und für jede Basis- und Zusatzfaktorart einen Güterstatus fest. Sie bestimmt damit für jede Materialart die Beschaffungs- und Verkaufsmöglichkeit durch die Unternehmen. Der Güterstatus kann für jede Basis- und Zusatzfaktorart folgende Ausprägung annehmen:
       0: Einkauf und Verkauf unzulässig,
       1: Einkauf zulässig,
       2: Einkauf und Verkauf zulässig.
       (Einsatzfaktoren: Parameter 1011 - 1015, Zusatzfaktoren: Parameter 1016, 1017). Hinsichtlich der Möglichkeit des Verkaufs von Material siehe Abschnitt 4.4.

15   Über die Möglichkeit der bedarfssynchronen Beschaffung entscheiden die Teilnehmer explizit für jedes Fertigungslos.

16   Vgl. hierzu Abschnitt 4.6.1.

17   Die Notwendigkeit des Verkaufs von Basis- und Zusatzfaktoren an andere Unternehmen kann sich aufgrund von Fehldispositionen bei der Materialbeschaffung ergeben; vgl. hierzu auch Abschnitt 4.4.

nächst nicht näher eingegangen und lediglich die Vorrats- und bedarfssynchrone Beschaffung betrachtet.

Der Bedarf an Basis- und Zusatzfaktoren richtet sich unmittelbar nach den Fertigungsmengen der durch Eigenfertigung herzustellenden Erzeugnisarten und der diesen zugrunde liegenden Stücklisten sowie dem Bedarfszeitpunkt. Aufgrund der Produktionspläne für die laufende und die folgende Periode werden unter Berücksichtigung von Lageranfangsbeständen die Basisfaktorbedarfsmengen $x^U_{f_i,bed,\tau}$ sowie die Zusatzfaktorbedarfsmengen $x^U_{z_a,bed,\tau}$ für die aktuelle Periode ($\tau = t$) und die folgende Periode ($\tau = t+1$) festgelegt. Es gilt:

$$x^U_{f_i,bed,\tau} = \sum_{a=1}^{2}\sum_{b=1}^{2} x^U_{e_{iab},\tau} \cdot d^f_{ab} + x^U_{e_{i23},\tau} \cdot d^f_{23} + x^U_{e_{i34},\tau} \cdot d^f_{34} - x^U_{f_i,LAB,\tau}$$

$$\text{für } U = 0,...,9;\ i = 1,...,5;\ \tau = t,t+1$$

$$x^U_{z_2,bed,\tau} = \sum_{i=1}^{5}\sum_{b=1}^{3} x^U_{e_{i2b},\tau} \cdot d^z_{2b} - x^U_{z_2,LAB,\tau} \qquad \text{für } U = 0,...,9;\ \tau = t,t+1$$

$$x^U_{z_3,bed,\tau} = \sum_{i=1}^{5} x^U_{e_{i34},\tau} \cdot d^z_{34} - x^U_{z_3,LAB,\tau} \qquad \text{für } U = 0,...,9;\ \tau = t,t+1$$

mit

$x^U_{f_i,bed,\tau}$ = Bedarfsmenge des Unternehmens U an Basisfaktorart f_i in der Periode τ
($U = 0,...,9;\ i = 1,...,5;\ \tau = t,t+1$)

$x^U_{e_{iab},\tau}$ = Produktionsmenge des Unternehmens U von Erzeugnis e_{iab} in der Periode τ
($U = 0,...,9;\ i = 1,...,5;\ (a;b) \in \{(1;1),\ (1;2),\ (2;1),\ (2;2),\ (2;3),\ (3;4)\};\ \tau = t,t+1$)

$x^U_{f_i,LAB,\tau}$ = Lageranfangsbestand des Unternehmens U von Basisfaktorart f_i in der Periode τ
($U = 0,...,9;\ i = 1,...,5;\ \tau = t,t+1$)

$x^U_{z_a,bed,\tau}$ = Bedarfsmenge des Unternehmens U an Zusatzfaktorart z_a in der Periode τ
($U = 0,...,9;\ a = 2,3;\ \tau = t,t+1$)

$x^U_{z_a,LAB,\tau}$ = Lageranfangsbestand des Unternehmens U von Zusatzfaktorart z_a in der Periode
τ ($U = 0,...,9;\ a = 2,3;\ \tau = t,t+1$)

d^f_{ab} = Einsatzmenge an Basisfaktoren zur Herstellung einer Mengeneinheit von Erzeugnis e_{iab}
($i = 1,...,5;\ (a;b) \in \{(1;1),\ (1;2),\ (2;1),\ (2;2),\ (2;3),\ (3;4)\};$ Parameter 31 - 36)

d_{ab}^z = Einsatzmenge an Zusatzfaktoren zur Herstellung einer Mengeneinheit von Erzeugnis e_{iab} (i = 1,...,5; (a;b) $\in$ {(2;1), (2;2), (2;3), (3;4)}; Parameter 37 - 40)

Der Bedarf an Basis- und Zusatzfaktoren kann auf dem Basis- und Zusatzfaktormarkt gedeckt werden. Die Bestellmenge jeder Materialart kann bei *Vorratsbeschaffung* von der Bedarfsmenge abweichen, wenn das Unternehmen entweder einen zusätzlichen Materialbestand im Lager, z.B. wegen erwarteter Materialpreissteigerungen in zukünftigen Perioden, vorsieht oder auf bedarfssynchrone Materialbeschaffung zurückgreift.[18] Es gilt:

$$x_{f_i,vbs,t}^U = x_{f_i,bed,t+1}^U + x_{f_i,L^+,t+1}^U - \sum_{\ell_{EH}=1}^{L_{EH}} x_{f_i,\ell_{EH},syn,t+1}^U$$

$$\text{mit} \quad x_{f_i,vbs,t}^U \geq 0 \qquad \text{und} \quad x_{f_i,L^+,t+1}^U \geq 0$$

$$\text{und} \quad \sum_{\ell_{EH}=1}^{L_{EH}} x_{f_i,\ell_{EH},syn,t+1}^U \geq 0$$

$$\text{und} \quad x_{f_i,L^+,t+1}^U \cdot \sum_{\ell_{EH}=1}^{L_{EH}} x_{f_i,\ell_{EH},syn,t+1}^U = 0$$

für U = 0,...,9; i = 1,...,5

$$x_{z_a,vbs,t}^U = x_{z_a,bed,t+1}^U + x_{z_a,L^+,t+1}^U - \sum_{\ell_{EH}=1}^{L_{EH}} x_{z_a,\ell_{EH},syn,t+1}^U$$

$$\text{mit} \quad x_{z_a,vbs,t}^U \geq 0 \qquad \text{und} \quad x_{z_a,L^+,t+1}^U \geq 0$$

$$\text{und} \quad \sum_{\ell_{EH}=1}^{L_{EH}} x_{z_a,\ell_{EH},syn,t+1}^U \geq 0$$

$$\text{und} \quad x_{z_a,L^+,t+1}^U \cdot \sum_{\ell_{EH}=1}^{L_{EH}} x_{z_a,\ell_{EH},syn,t+1}^U = 0$$

für U = 0,...,9; a = 2,3

---

[18] Ein zusätzlicher Materialbestand im Lager kann nur vorgesehen werden, wenn in der Folgeperiode keine bedarfssynchrone Beschaffung dieser Materialart geplant ist.

mit

$x^U_{f_i,vbs,t}$ = Bestellmenge an Basisfaktorart f_i bei Vorratsbeschaffung in der laufenden Periode (U = 0,...,9; i = 1,...,5)

$x^U_{z_a,vbs,t}$ = Bestellmenge an Zusatzfaktorart z_a bei Vorratsbeschaffung in der laufenden Periode (U = 0,...,9; a = 2,3)

$x^U_{f_i,\ell_{EH},syn,t+1}$ = Bedarfssynchron zu beschaffende Basisfaktormengen für das Produktionslos ℓ_{EH} der Erzeugnisherstellung in der Folgeperiode (U = 0,...,9; i = 1,...,5; ℓ_{EH} = 1,...,L_{EH})

$x^U_{z_a,\ell_{EH},syn,t+1}$ = Bedarfssynchron zu beschaffende Zusatzfaktormengen für das Produktionslos ℓ_{EH} der Erzeugnisherstellung in der Folgeperiode (U = 0,...,9; a = 2,3; ℓ_{EH} = 1,...,L_{EH})

$x^U_{f_i,L^+,t+1}$ = zusätzlicher Lagerbestand an Basisfaktorart f_i in der folgenden Periode (U = 0,...,9; i = 1,...,5)

$x^U_{z_a,L^+,t+1}$ = zusätzlicher Lagerbestand an Zusatzfaktorart z_a in der folgenden Periode (U = 0,...,9; a = 2,3)

Auf dem Basis- und Zusatzfaktormarkt offerieren in jeder Periode ausschließlich anonyme regionale Anbieter Basis- und Zusatzfaktoren zur Vorratsbeschaffung. Die Marktpreise für jede Materialart hängen von den jeweiligen Basispreisen, Basisangebotsmengen der Lieferanten[19] und Bestellmengen der Spielunternehmen ab. Die Basisangebotsmengen ($x_{f_i,basis,t}$ bzw. $x_{z_a,basis,t}$) richten sich zunächst nach den Basisangebotsmengen der Vorperiode. Die Anbieter passen jedoch in einem von der Spielleitung festzusetzenden Maße die Basisangebotsmengen der Vorperiode an die aktuellen Bestellmengen an. Dabei werden mindestens 10 % der zu Beginn des Unternehmensspiels vorgesehenen Basisangebotsmengen zugrunde gelegt. Es gilt:[20]

---

[19] Eine Basisangebotsmenge ist jene Gütermenge, die den Unternehmen von regionalen Anbietern zum Basispreis der Güterart für eine Periode angeboten wird.

[20] Innerhalb eckiger Klammern werden Terme dargestellt, deren Werte ganzzahlig zu runden sind. Eckige Klammern in der Form von [ ], [ ]$^+$oder [ ]$^-$ kennzeichnen Ausdrücke, deren Werte kaufmännisch auf- oder abzurunden sind bzw. auschließlich auf- bzw. ausschließlich abzurunden sind. Z.B. gilt: $[3,3] = 3$ $[3,3]^+ = 4$, $[3,3]^- = 3$, $[3]^+ = 3$, $[3]^- = 3$.

$$x_{f_i,basis,t} = \left[\frac{\sum\limits_{U=0}^{9} x_{f_i,vbs,t}^{U} + Anp_{f_i} \cdot x_{f_i,basis,t-1}}{Anp_{f_i} + 1} \right]^{-}$$

$$\text{mit} \quad 0 \leq Anp_{f_i} \leq 99 \quad \text{und} \quad x_{f_i,basis,t} \geq \left[\frac{x_{f_i,basis,t=0}}{10} \right]^{-}$$

$$\text{und} \quad x_{f_i,basis,t=0} > 0 \qquad \text{für } i = 1,...,5$$

$$x_{z_a,basis,t} = \left[\frac{\sum\limits_{U=0}^{9} x_{z_a,vbs,t}^{U} + Anp_{z_a} \cdot x_{z_a,basis,t-1}}{Anp_{z_a} + 1} \right]^{-}$$

$$\text{mit} \quad 0 \leq Anp_{z_a} \leq 99 \quad \text{und} \quad x_{z_a,basis,t} \geq \left[\frac{x_{z_a,basis,t=0}}{10} \right]^{-}$$

$$\text{und} \quad x_{z_a,basis,t=0} > 0 \qquad \text{für } a = 2,3$$

mit

$x_{f_i,basis,t}$	=	Basisangebotsmenge an Basisfaktorart f_i für Vorratsbeschaffung in der laufenden Periode (i = 1,...,5)
$x_{z_a,basis,t}$	=	Basisangebotsmenge an Zusatzfaktorart z_a für Vorratsbeschaffung in der laufenden Periode (a = 2,3)
$x_{f_i,basis,t=0}$	=	Basisangebotsmenge an Basisfaktorart f_i bei Spielbeginn (i = 1,...,5; Parameter 151 - 155)
$x_{z_a,basis,t=0}$	=	Basisangebotsmenge an Zusatzfaktorart z_a bei Spielbeginn (a = 2,3; Parameter 156 - 157)
Anp_{f_i}	=	Angebotsmengenanpassungsfaktor der Basisfaktorart f_i (i = 1,...,5; Parameter 76 - 80)
Anp_{z_a}	=	Angebotsmengenanpassungsfaktor der Zusatzfaktorart z_a (a = 2,3; Parameter 81 - 82)

Die Basisangebotsmengen werden i.d.R. nicht mit den jeweiligen Summen aller Bestellmengen übereinstimmen,[21] dennoch garantiert die Spielleitung die Lieferung jeder beliebigen Menge an Basis- und Zusatzfaktoren, um eine jederzeit ausreichende Versorgung der Unternehmen zu gewährleisten. Fehlmengen aufgrund von Nachfrageüberhängen werden annahmegemäß dem Markt zunächst von regionalen Anbietern, bei größeren Mengendifferenzen darüber hinaus von überregionalen Händlern[22] zugeführt, jedoch jeweils mit der Folge, daß die Marktpreise die Basispreise übersteigen. Unterschreiten die Bestellmengen die Basisangebotsmengen führt dies analog zu, im Vergleich mit den Basispreisen, geringeren Marktpreisen. Die Bereiche, in denen die Marktpreise ($p_{f_j,vbs,t}$ bzw. $p_{z_a,vbs,t}$) um die Basispreise ($p_{f_j,basis,t}$ bzw. $p_{z_a,basis,t}$) schwanken können, werden von der Spielleitung durch die Vergabe von

- minimalen Preisniveaus bei
- preisminimalen Mengenniveaus und
- maximalen Preisniveaus[23]

beschränkt. Die preismaximalen Mengenniveaus, ab denen die maximalen Preisniveaus für die Marktpreisberechnung zugrunde gelegt werden, lassen sich unter Zuhilfenahme der Geradengleichung berechnen. Es gilt:

$$x_{f_j,max}^r = x_{f_j,min}^r + (p_{f_j,max}^r - p_{f_j,min}^r) \cdot \frac{100 - x_{f_j,min}^r}{100 - p_{f_j,min}^r}$$

$$\text{mit} \quad 0 \le x_{f_j,min}^r < 100 \quad \text{und} \quad 0 \le p_{f_j,min}^r < 100$$

$$\text{für } i = 1,...,5$$

$$x_{z_a,max}^r = x_{z_a,min}^r + (p_{z_a,max}^r - p_{z_a,min}^r) \cdot \frac{100 - x_{z_a,min}^r}{100 - p_{z_a,min}^r}$$

$$\text{mit} \quad 0 \le x_{z_a,min}^r < 100 \quad \text{und} \quad 0 \le p_{z_a,min}^r < 100$$

$$\text{für } a = 2,3$$

---

[21] Keine Abweichungen von Basisangebotsmengen und Bestellmengensummen liegen nur vor, wenn entweder die Angebotsmengenanpassungsfaktoren null sind oder die Bestellmengen mit den Basisangebotsmengen der Vorperiode übereinstimmen. In diesen Fällen entsprechen sich Basis- und Marktpreise.

[22] Als überregionale Händler werden solche bezeichnet, zu denen die Unternehmen keinen unmittelbaren Zugang haben und die bei Nachfrageüberhängen als Güteranbieter oder im Fall von Angebotsüberhängen als Güternachfrager bei regionalen Händlern auftreten.

[23] Ein Preisniveau stellt den relativen Anteil (in %) eines Preises am Basispreis, ein Mengenniveau den relativen Anteil (in %) einer Menge an der Basisangebotsmenge dar.

mit

$x^r_{f_i,max}$	=	preismaximales Mengenniveau der Basisfaktorart f_i (i = 1,...,5)
$x^r_{f_i,min}$	=	preisminimales Mengenniveau der Basisfaktorart f_i (i = 1,...,5; Parameter 189, 192, 195, 198, 201)
$x^r_{z_a,max}$	=	preismaximales Mengenniveau der Zusatzfaktorart z_a (a = 2,3)
$x^r_{z_a,min}$	=	preisminimales Mengenniveau der Zusatzfaktorart z_a (a = 2,3; Parameter 204, 207)
$p^r_{f_i,max}$	=	maximales Preisniveau der Basisfaktorart f_i (i = 1,...,5; Parameter 190, 193, 196, 199, 202)
$p^r_{f_i,min}$	=	minimales Preisniveau der Basisfaktorart f_i (i = 1,...,5; Parameter 188, 191, 194, 197, 200)
$p^r_{z_a,max}$	=	maximales Preisniveau der Zusatzfaktorart z_a (a = 2,3; Parameter 205, 208)
$p^r_{z_a,min}$	=	minimales Preisniveau der Zusatzfaktorart z_a (a = 2,3; Parameter 203, 206)

Abbildung 4.2-1 veranschaulicht die Angebotsfunktion beispielhaft für Basisfaktoren, jene für Zusatzfaktoren kann analog hierzu abgebildet werden.

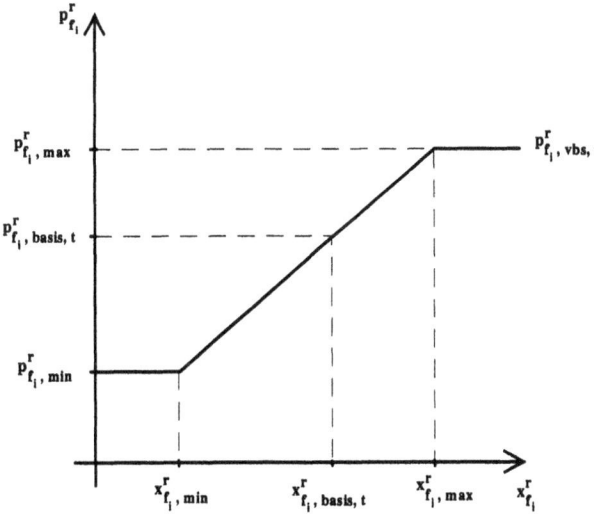

Abb. 4.2-1:   Angebotsfunktion für Basisfaktorart f_i bei Vorratsbeschaffung

51

Ein Unterschreiten der minimalen Preisniveaus bei Nachfrageniveaus $x^r_{f_i,vbs,t} < x^r_{f_i,min}$ bzw. $x^r_{z_a,vbs,t} < x^r_{z_a,min}$ wird durch unbeschränkte Materialeinkäufe von überregionalen Händlern verhindert. Umgekehrt fließen bei Nachfrageniveaus $x^r_{f_i,vbs,t} > x^r_{f_i,max}$ bzw. $x^r_{z_a,vbs,t} > x^r_{z_a,max}$ unbeschränkt Gütermengen auf den Basis- und Zusatzfaktormarkt, so daß die Preisniveaus $p^r_{f_i,max}$, bzw. $p^r_{z_a,max}$ nicht überschritten werden. Für die Nachfrageniveaus gilt:

$$x^r_{f_i,vbs,t} = \frac{\sum_{U=0}^{9} x^U_{f_i,vbs,t}}{x_{f_i,basis,t}} \cdot 100 \qquad \text{für } i = 1,...,5$$

$$x^r_{z_a,vbs,t} = \frac{\sum_{U=0}^{9} x^U_{z_a,vbs,t}}{x_{z_a,basis,t}} \cdot 100 \qquad \text{für } a = 2,3$$

mit

$x^r_{f_i,vbs,t}$ = Nachfrageniveau der Basisfaktorart f_i bei Vorratsbeschaffung in der laufenden Periode ($i = 1,...,5$)

$x^r_{z_a,vbs,t}$ = Nachfrageniveau der Zusatzfaktorart z_a bei Vorratsbeschaffung in der laufenden Periode ($a = 2,3$)

Bei den jeweiligen Nachfrageniveaus berechnen sich die Preisniveaus wie folgt:

$$p^r_{f_i,vbs,t} = p^r_{f_i,min} \qquad \text{für} \quad x^r_{f_i,vbs,t} \leq x^r_{f_i,min} \qquad i = 1,...,5$$

$$p^r_{f_i,vbs,t} = p^r_{f_i,min} + (x^r_{f_i,vbs,t} - x^r_{f_i,min}) \cdot \frac{100 - p^r_{f_i,min}}{100 - x^r_{f_i,min}}$$

$$\text{für} \quad x^r_{f_i,min} < x^r_{f_i,vbs,t} < x^r_{f_i,max} \qquad i = 1,...,5$$

$$p^r_{f_i,vbs,t} = p^r_{f_i,max} \qquad \text{für} \quad x^r_{f_i,vbs,t} \geq x^r_{f_i,max} \qquad i = 1,...,5$$

$$p^r_{z_a,vbs,t} = p^r_{z_a,min} \quad \text{für} \quad x^r_{z_a,vbs,t} \leq x^r_{z_a,min} \qquad a = 2,3$$

$$p^r_{z_a,vbs,t} = p^r_{z_a,min} + (x^r_{z_a,vbs,t} - x^r_{z_a,min}) \cdot \frac{100 - p^r_{z_a,min}}{100 - x^r_{z_a,min}}$$

$$\text{für} \quad x^r_{z_a,min} < x^r_{z_a,vbs,t} < x^r_{z_a,max} \qquad a = 2,3$$

$$p^r_{z_a,vbs,t} = p^r_{z_a,max} \quad \text{für} \quad x^r_{z_a,vbs,t} \geq x^r_{z_a,max} \qquad a = 2,3$$

mit

$p^r_{f_i,vbs,t}$ = Preisniveau der Basisfaktorart f_i bei Nachfrageniveau $x^r_{f_i,vbs,t}$

($i = 1,...,5$)

$p^r_{z_a,vbs,t}$ = Preisniveau der Zusatzfaktorart z_a bei Nachfrageniveau $x^r_{z_a,vbs,t}$

($a = 2,3$)

Für die Marktpreise ($p_{f_i,vbs,t}$ bzw. $p_{z_a,vbs,t}$) bei den Gesamtnachfragemengen ($\sum\limits_{U=0}^{9} x^U_{f_i,vbs,t}$

bzw. $\sum\limits_{U=0}^{9} x^U_{z_a,vbs,t}$) gilt:

$$p_{f_i,vbs,t} = p_{f_i,basis,t} \cdot p^r_{f_i,vbs,t} \qquad \text{für } i = 1,...,5$$

$$p_{z_a,vbs,t} = p_{z_a,basis,t} \cdot p^r_{z_a,vbs,t} \qquad \text{für } a = 2,3$$

Jedes Unternehmen bestellt die erforderlichen Materialmengen bei Vorratsbeschaffung durch Eintragung der Materialmengen in die Eingabefelder 11 - 17 des Entscheidungserfassungsprogramms *EingabeU*.[24] Die Marktpreise der Materialarten sind den Teilnehmern des Unternehmensspiels im Zeitpunkt der Bestellung noch nicht bekannt, da diese sich, wie zuvor dargestellt, erst auf der Grundlage der Bestellungen aller Unternehmen am Markt bilden. Die

---

[24] Jede Spielgruppe empfängt bei Spielbeginn einen Datenträger, z.B. eine Diskette, mit dem Entscheidungserfassungsprogramm *EingabeU*. Die Teilnehmer erfassen für jede Periode selbständig alle getroffenen Entscheidungen und überreichen den Datenträger anschließend der Spielleitung. Dieser wird den Teilnehmern nach der Verarbeitung der Daten und der Berechnung der Ergebnisse zusammen mit dem Ergebnisbericht ausgehändigt.

Teilnehmer kennen jedoch die Basispreise sowie die minimalen und maximalen Preisniveaus der Basis- und Zusatzfaktorarten. Auf der Grundlage der Bestellmengen und Marktpreise der Vorperiode können die Teilnehmer die Marktpreisentwicklung schätzen.[25]

Die im Rahmen der Vorratsbeschaffung bestellten Basis- und Zusatzfaktormengen $x^U_{f_i,vbs,t}$ und $x^U_{z_a,vbs,t}$ werden zum Periodenende von Spediteuren an die Läger der Unternehmen geliefert. Die anfallenden *Transportkosten*, die von den Warenempfängern zu tragen sind, setzen sich für jede Basis- und Zusatzfaktorart aus bestellmengenunabhängigen und bestellmengenabhängigen Kosten zusammen.

$$TK^U_{f_i,vbs,t} = TE^{bmu}_{f,vbs} \cdot TKS^{bmu} \cdot u^U_{f_i,vbs,t} + TE^{bma}_{f,vbs} \cdot TKS^{bma} \cdot x^U_{f_i,vbs,t}$$

$$\text{mit} \quad u^U_{f_i,vbs,t} = 0 \quad \text{falls} \quad x^U_{f_i,vbs,t} = 0$$

$$\text{bzw.} \quad u^U_{f_i,vbs,t} = 1 \quad \text{falls} \quad x^U_{f_i,vbs,t} > 0$$

$$\text{für U} = 0,...,9 \quad i = 1,...,5$$

$$TK^U_{z_a,vbs,t} = TE^{bmu}_{z,vbs} \cdot TKS^{bmu} \cdot u^U_{z_a,vbs,t} + TE^{bma}_{z,vbs} \cdot TKS^{bma} \cdot x^U_{z_a,vbs,t}$$

$$\text{mit} \quad u^U_{z_a,vbs,t} = 0 \quad \text{falls} \quad x^U_{z_a,vbs,t} = 0$$

$$\text{bzw.} \quad u^U_{z_a,vbs,t} = 1 \quad \text{falls} \quad x^U_{z_a,vbs,t} > 0$$

$$\text{für U} = 0,...,9 \quad a = 2,3$$

mit

$TK^U_{f_i,vbs,t}$ = Transportkosten des Unternehmens U für Basisfaktorart f_i bei Vorratsbeschaffung (U = 0,...,9; i = 1,...,5)

$TK^U_{z_a,vbs,t}$ = Transportkosten des Unternehmens U für Zusatzfaktorart z_a bei Vorratsbeschaffung (U = 0,...,9; a = 2,3)

$TE^{bmu}_{f,vbs}$ = bestellmengenunabhängige Transporteinheiten je Lieferung einer Basisfaktorart bei Vorratsbeschaffung (Parameter 601)[26]

---

25 Es bleibt darüber hinaus den Teilnehmern unbenommen, Informationen über Materialbestellmengen unternehmensübergreifend auszutauschen, um genauere Marktpreisentwicklungen prognostizieren zu können.

26 Die bestellmengenunabhängigen Transporteinheiten, die für jede Lieferung einer Basis- bzw. Zusatzfaktorart und nachfolgend auch für jede Erzeugnisart festgelegt werden, bilden zusammen mit dem

$TE_{f,vbs}^{bma}$ = bestellmengenabhängige Transporteinheiten je Basisfaktoreinheit bei Vorratsbeschaffung (Parameter 602)

$TE_{z,vbs}^{bmu}$ = bestellmengenunabhängige Transporteinheiten je Lieferung einer Zusatzfaktorart bei Vorratsbeschaffung (Parameter 603)

$TE_{z,vbs}^{bma}$ = bestellmengenabhängige Transporteinheiten je Zusatzfaktoreinheit bei Vorratsbeschaffung (Parameter 604)

TKS^{bmu} = Transportkostensatz je bestellmengenunabhängiger Transporteinheit bei
Lieferung von Gütern (Parameter 394)

TKS^{bma} = Transportkostensatz je bestellmengenabhängiger Transporteinheit bei Lieferung von Gütern (Parameter 395)

$u_{f_i,vbs,t}^{U}$ = Binärvariable, deren Wert angibt, ob mindestens eine Mengeneinheit von
Basisfaktorart f_i in der Periode t bestellt wurde
(U = 0,...,9; i = 1,...,5)

$u_{z_a,vbs,t}^{U}$ = Binärvariable, deren Wert angibt, ob mindestens eine Mengeneinheit von
Zusatzfaktorart z_a in der Periode t bestellt wurde
(U = 0,...,9; a = 2,3)

Der Materialeinstandswert aller von einem Unternehmen im Rahmen der Vorratsbeschaffung
bestellten und zum Periodenende zu liefernden Basis- und Zusatzfaktorarten, der sich aus mit
Marktpreisen bewerteten Bestellmengen und Transportkosten zusammensetzt, wird am Ende
der Periode als Verbindlichkeit und am Ende der Folgeperiode als Auszahlung gebucht. Es
gilt:

$$EW_{mat,vbs,t}^{U} = \sum_{i=1}^{5}(p_{f_i,vbs,t} \cdot x_{f_i,vbs,t}^{U} + TK_{f_i,vbs,t}^{U}) + \sum_{a=2}^{3}(p_{z_a,vbs,t} \cdot x_{z_a,vbs,t}^{U} + TK_{z_a,vbs,t}^{U})$$

für U = 0,...,9

mit

$EW_{mat,vbs,t}^{U}$ = Einstandswert der an Unternehmen U zu liefernden Basis- und Zusatzfaktorarten bei Vorratsbeschaffung (U = 0,...,9)

---

bestellmengenunabhängigen Transportkostensatz die Grundlage zur Bestimmung der bestellfixen Transportkosten jeder Güterlieferung.

55

Nachdem die Vorratsbeschaffung von Basis- und Zusatzfaktoren ausführlich charakterisiert worden ist, wird nachfolgend die zweite Beschaffungsalternative, die *bedarfssynchrone Beschaffung*, dargestellt. Im Gegensatz zur Vorratsbeschaffung ist die bedarfssynchrone Beschaffung unmittelbar auf einzelne Produktionslose bezogen; die Bestellung von Basis- und Zusatzfaktoren ist daher an zwei Voraussetzungen gebunden:

1. Die Teilnehmer treffen für das jeweilige Produktionslos der Erzeugnisherstellung[27] die Entscheidung, daß im Bedarfsfall fehlende Materialmengen, die zur Produktion der geplanten Erzeugnismengen erforderlich sind, bedarfssynchron angeliefert werden sollen.[28]

2. Die Lagerbestände an Material im Zeitpunkt unmittelbar vor der Produktion des Loses reichen nicht aus, um die geplanten Erzeugnismengen des betreffenden Loses herstellen zu können.

Sofern beide Voraussetzungen erfüllt sind, werden die fehlenden Materialmengen selbständig durch das Simulationsmodell bestellt. Es wird angenommen, daß die bedarfssynchronen Anlieferungen der Basis- und Zusatzfaktoren von speziellen Lieferanten und Spediteuren durchgeführt werden, die nicht mit den zuvor betrachteten identisch sind. Insofern bleiben diese zusätzlich zu liefernden Materialien bei der Bestimmung der Basisangebotsmengen außer Betracht. Bei der Ermittlung der Basis- und Zusatzfaktorpreise wird jedoch auf die Marktpreise bei Vorratsbeschaffung zurückgegriffen, sofern diese die Basispreise überschreiten. Für die Verpflichtung zur termingerechten Materialbereitstellung berechnen die Lieferanten, wie Abbildung 4.2-2 beispielhaft für Basisfaktoren veranschaulicht, mindestens den Basispreis zuzüglich eines von der Spielleitung festgelegten Preisaufschlags.

---

[27]   In einem Produktionslos der Erzeugnisherstellung wird eine Erzeugnisart über alle erforderlichen Produktionsstufen in der von den Teilnehmern bestimmten Menge hergestellt.

[28]   Siehe Abschnitt 5.3.

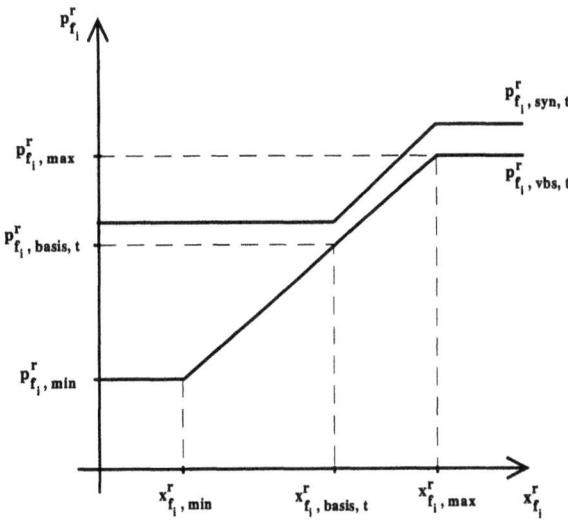

Abb. 4.2-2: Angebotsfunktion für Basisfaktorart f_i bei bedarfssynchroner
Beschaffung

Bei bedarfssynchroner Beschaffung gilt für die Materialpreise:

$$p_{f_i,syn,t} = p_{f_i,vbs,t} \cdot ZS_{f,syn} \quad \text{für} \quad p_{f_i,vbs,t}^r > 100 \quad i = 1,\dots,5$$

$$p_{f_i,syn,t} = p_{f_i,basis,t} \cdot ZS_{f,syn} \quad \text{für} \quad p_{f_i,vbs,t}^r \le 100 \quad i = 1,\dots,5$$

$$p_{z_a,syn,t} = p_{z_a,vbs,t} \cdot ZS_{z,syn} \quad \text{für} \quad p_{z_a,vbs,t}^r > 100 \quad a = 2,3$$

$$p_{z_a,syn,t} = p_{z_a,basis,t} \cdot ZS_{z,syn} \quad \text{für} \quad p_{z_a,vbs,t}^r \le 100 \quad a = 2,3$$

mit

$p_{f_i,syn,t}$	=	Preis je Mengeneinheit der Basisfaktorart f_i bei bedarfssynchroner Beschaffung $(i = 1,\dots,5)$
$p_{z_a,syn,t}$	=	Preis je Mengeneinheit der Zusatzfaktorart z_a bei bedarfssynchroner Beschaffung $(a = 2,3)$

$ZS_{f,syn}$ = Preisaufschlag für bedarfssynchrone Anlieferung von Basisfaktoren
(Parameter 391)[29]

$ZS_{z,syn}$ = Preisaufschlag für bedarfssynchrone Anlieferung von Zusatzfaktoren
(Parameter 392)

Die Spediteure berechnen den Warenempfängern für jede bedarfssynchrone Anlieferung und jede gelieferte Materialart *Transportkosten*, die sich aus bestellmengenunabhängigen und bestellmengenabhängigen Kosten zusammensetzen.

$$TK_{f_i,syn,t}^{U} = \sum_{\ell_{EH}=1}^{L_{EH}} (TE_{f,syn}^{bmu} \cdot TKS^{bmu} \cdot u_{f_i,\ell_{EH},syn,t}^{U} + TE_{f,syn}^{bma} \cdot TKS^{bma} \cdot x_{f_i,\ell_{EH},syn,t}^{U})$$

$$\text{mit} \quad u_{f_i,\ell_{EH},syn,t}^{U} = 0 \text{ falls} \quad x_{f_i,\ell_{EH},syn,t}^{U} = 0$$

$$\text{bzw.} \quad u_{f_i,\ell_{EH},syn,t}^{U} = 1 \text{ falls} \quad x_{f_i,\ell_{EH},syn,t}^{U} > 0$$

$$\text{für } U = 0,...,9; \ i = 1,...,5$$

$$TK_{z_a,syn,t}^{U} = \sum_{\ell_{EH}=1}^{L_{EH}} (TE_{z,syn}^{bmu} \cdot TKS^{bmu} \cdot u_{z_a,\ell_{EH},syn,t}^{U} + TE_{z,syn}^{bma} \cdot TKS^{bma} \cdot x_{z_a,\ell_{EH},syn,t}^{U})$$

$$\text{mit} \quad u_{z_a,\ell_{EH},syn,t}^{U} = 0 \text{ falls} \quad x_{z_a,\ell_{EH},syn,t}^{U} = 0$$

$$\text{bzw.} \quad u_{z_a,\ell_{EH},syn,t}^{U} = 1 \text{ falls} \quad x_{z_a,\ell_{EH},syn,t}^{U} > 0$$

$$\text{für } U = 0,...,9; \ a = 2,3$$

mit

$TK_{f_i,syn,t}^{U}$ = Transportkosten des Unternehmens U für Basisfaktorart f_i bei bedarfssynchroner Beschaffung (U = 0,...,9; i = 1,...,5)

$TK_{z_a,syn,t}^{U}$ = Transportkosten des Unternehmens U für Zusatzfaktorart z_a bei bedarfssynchroner Beschaffung (U = 0,...,9; a = 2,3)

---

[29] Die Preisaufschläge für die bedarfssynchrone Anlieferung von Basis- und Zusatzfaktoren sowie nachfolgend für Erzeugnisse werden unabhängig von der Art der Basisfaktoren, Zusatzfaktoren bzw. Erzeugnisse festgelegt.

$TE_{f,syn}^{bmu}$ = bestellmengenunabhängige Transporteinheiten je bedarfssynchroner Lieferung von Basisfaktoren für ein Produktionslos der Erzeugnisherstellung (Parameter 613)

$TE_{f,syn}^{bma}$ = bestellmengenabhängige Transporteinheiten je Basisfaktoreinheit bei bedarfssynchroner Beschaffung (Parameter 614)

$TE_{z,syn}^{bmu}$ = bestellmengenunabhängige Transporteinheiten je bedarfssynchroner Lieferung von Zusatzfaktoren für ein Produktionslos der Erzeugnisherstellung (Parameter 615)

$TE_{z,syn}^{bma}$ = bestellmengenabhängige Transporteinheiten je Zusatzfaktoreinheit bei bedarfssynchroner Beschaffung (Parameter 616)

$x_{f_i,\ell_{EH},syn,t}^{U}$ = Bestellmenge der Basisfaktorart f_i bei bedarfssynchroner Beschaffung für das Produktionslos ℓ_{EH} der Erzeugnisherstellung in der laufenden Periode $(U = 0,...,9; i = 1,...,5; \ell_{EH} = 1,...,L_{EH})$

$x_{z_a,\ell_{EH},syn,t}^{U}$ = Bestellmenge der Zusatzfaktorart z_a bei bedarfssynchroner Beschaffung für das Produktionslos ℓ_{EH} der Erzeugnisherstellung in der laufenden Periode $(U = 0,...,9; a = 2,3; \ell_{EH} = 1,...,L_{EH})$

$u_{f_i,\ell_{EH},syn,t}^{U}$ = Binärvariable, deren Wert angibt, ob mindestens eine Mengeneinheit von Basisfaktorart f_i bedarfssynchron für das Produktionslos ℓ_{EH} der Erzeugnisherstellung angeliefert wurde $(U = 0,...,9; i = 1,...,5; \ell_{EH} = 1,...,L_{EH})$

$u_{z_a,\ell_{EH},syn,t}^{U}$ = Binärvariable, deren Wert angibt, ob mindestens eine Mengeneinheit von Zusatzfaktorart z_a bedarfssynchron für das Produktionslos ℓ_{EH} der Erzeugnisherstellung angeliefert wurde $(U = 0,...,9; a = 2,3; \ell_{EH} = 1,...,L_{EH})$

Der Materialeinstandswert aller an ein Unternehmen bedarfssynchron gelieferten Basis- und Zusatzfaktoren wird am Ende der Bestell- und Lieferperiode auszahlungswirksam. Es gilt:

$$EW_{mat,syn,t}^{U} = \sum_{i=1}^{5}(p_{f_i,syn,t} \cdot \sum_{\ell_{EH}=1}^{L_{EH}} x_{f_i,\ell_{EH},syn,t}^{U} + TK_{f_i,syn,t}^{U})$$

$$+ \sum_{a=2}^{3}(p_{z_a,syn,t} \cdot \sum_{\ell_{EH}=1}^{L_{EH}} x_{z_a,\ell_{EH},syn,t}^{U} + TK_{z_a,syn,t}^{U})$$

für $U = 0,...,9$

mit

$EW_{mat,syn,t}^{U}$ = Einstandswert der von Unternehmen U bedarfssynchron beschafften Basis-
und Zusatzfaktorarten (U = 0,...,9)

Die in diesem Abschnitt dargestellten Beschaffungsalternativen für Basis- und Zusatzfaktoren
stellen die Grundlage für die Eigenfertigung von Erzeugnissen dar. In dem nachfolgenden Abschnitt werden Möglichkeiten aufgezeigt, Erzeugnisse - ergänzend oder alternativ zur Eigenfertigung - am Markt zu beschaffen.

4.3 Beschaffung von Erzeugnissen

Im Unternehmensspiel MARKUS können bis zu fünf Erzeugnisgruppen mit bis zu jeweils
sechs Erzeugnisarten selbst hergestellt oder auf dem Erzeugnismarkt beschafft werden.[30] Die
Erzeugnisarten unterscheiden sich im Hinblick auf die eingesetzten Basisfaktoren und deren
Eigenschaften, die Bearbeitungsart[31] und die Verpackungsart (Packungsgröße).[32]

Die Belieferung der Unternehmen mit Erzeugnissen erfolgt analog zu jener mit Material auf
drei verschiedene, sich gegenseitig nicht ausschließende Weisen. Bei der *Vorratsbeschaffung*
bestellen die Teilnehmer die gewünschten Erzeugnisarten in den erforderlichen Mengen zu
Beginn einer Periode im Rahmen der Periodenentscheidung, am Ende der Periode werden die
Erzeugnisse geliefert und eingelagert. Frühestens in der nachfolgenden Periode können diese
Erzeugnisse zur Herstellung von Produktverkaufseinheiten verwendet oder an Kunden
(gewerbliche Großabnehmer, Konkurrenzunternehmen) weitergeliefert werden. Die Zeitspanne zwischen Erzeugnisbestellung und -verwendung erfordert von den Unternehmensspielteilnehmern eine mindestens einperiodig vorausschauende Produktions- und/oder Ab-

---

[30] Die Spielleitung legt in jeder Periode und für jede Erzeugnisart einen Güterstatus fest. Sie bestimmt damit
die Beschaffungs-, Produktions- und Verkaufsmöglichkeit der Unternehmen für jede Erzeugnisart. Der
Güterstatus kann für jede Erzeugnisart folgende Ausprägung annehmen (Parameter 1021 - 1050):
0: Einkauf, Produktion und Verkauf unzulässig,
4: Verkauf zulässig,
5: Produktion und Verkauf zulässig,
6: Einkauf, Produktion und Verkauf zulässig.
Durch die Festlegung des Güterstatus entscheidet die Spielleitung z.B. welche Erzeugnisarten fremdbezogen bzw. in Eigenfertigung hergestellt werden können. Sofern eine Erzeugnisgruppe ausschließlich
fremdbezogen werden soll, ist der Güterstatus der dieser Erzeugnisgruppe zugrunde liegenden Basisfaktorart auf Null zu setzen. Darüber hinaus kann die Anzahl der verschiedenen zu beschaffenden, zu produzierenden und zu verkaufenden Erzeugnisarten im Spielverlauf verändert werden.

[31] Die Bearbeitungsart einer Erzeugnisart hängt von der Anzahl der Fertigungsstufen ab, die die Erzeugnisse
durchlaufen.

[32] Zu einer detaillierten Differenzierung der Erzeugnisarten siehe Abschnitt 5.1.

satzplanung, um den Erzeugnisbedarf planen und durch Vorratsbeschaffung decken zu können. Die *bedarfssynchrone Beschaffung* von Erzeugnissen kann ausschließlich im Rahmen der
Herstellung von Produktverkaufseinheiten vorgenommen werden. Sofern die Erzeugnisbe-
stände im Lager eines Unternehmens nicht ausreichen, um die geplanten Produktverkaufseinheiten herzustellen, können die erforderlichen Erzeugnisse einsatzsynchron für einzelne Produktionslose beschafft werden. Die dritte Beschaffungsalternative besteht in dem
Handel mit konkurrierenden Unternehmen, bei dem Erzeugnisse, analog zur Vorratsbeschaffung, bei Konkurrenten bestellt werden können. Auf diese Alternative wird in Abschnitt 4.4
eingegangen.

Der Bedarf an Erzeugnissen basiert auf den Produktionsmengen der durch Eigenfertigung herzustellenden Arten von Produktverkaufseinheiten, den geplanten Erzeugnisabsatzmengen[33]
und den Bedarfszeitpunkten. Auf der Grundlage der Produktions- und Absatzpläne der laufenden und folgenden Periode werden unter Berücksichtigung von Lageranfangsbeständen[34]
die Erzeugnisbedarfsmengen $x^U_{e_{iab},bed,t}$ und $x^U_{e_{iab},bed,t+1}$ bestimmt. Es gilt:

$$x^U_{e_{iab},bed,\tau} = \sum_{m=1}^{20} x^U_{v_{miab},\tau} \cdot d^R + x^U_{e_{iab},abs,\tau+1} - (x^U_{e_{iab},LAB,\tau} - x^U_{e_{iab},abs,\tau})$$

$$\text{mit} \quad x^U_{e_{iab},LAB,\tau} \geq x^U_{e_{iab},abs,\tau}$$

$$\text{für} \quad U = 0,...9; \ i = 1,...,5;$$

$$(a;b) \in \{(1;1), (1;2), (2;1), (2;2), (2;3), (3;4)\}; \ \tau = t,t+1$$

mit

$x^U_{e_{iab},bed,\tau}$ = Bedarfsmenge des Unternehmens U an Erzeugnisart e_{iab} in der Periode τ
(U = 0,...9; i = 1,...,5; (a;b) ∈ {(1;1), (1;2), (2;1), (2;2), (2;3), (3;4)}; τ = t,t+1)

$x^U_{e_{iab},abs,\tau+1}$ = Absatzmenge des Unternehmens U an Erzeugnisart e_{iab} in der Periode τ+1
(U = 0,...9; i = 1,...,5; (a;b) ∈ {(1;1), (1;2), (2;1), (2;2), (2;3), (3;4)}; τ = t,t+1)

$x^U_{e_{iab},LAB,\tau}$ = Lageranfangsbestand des Unternehmens U an Erzeugnisart e_{iab} in der Periode
τ (U = 0,...9; i = 1,...,5; (a;b) ∈ {(1;1), (1;2), (2;1), (2;2), (2;3), (3;4)};
τ = t,t+1)

---

[33] Erzeugnisse können ausschließlich aus dem Lageranfangsbestand einer jeden Periode verkauft werden.

[34] Die Lageranfangsbestände beinhalten die in der Vorperiode durch Eigenfertigung hergestellten Erzeugnismengen.

$$x^U_{v_{miab},\tau} = \text{Produktionsmenge des Unternehmens U von Produktverkaufseinheit } v_{miab} \text{ in}$$

der Periode τ (U = 0,...9; m = 1,...,20; i = 1,...,5; (a;b) $\in$ {(1;1), (1;2), (2;1), (2;2), (3;4)}; τ = t,t+1)

d^R = Repräsentanzfaktor (Parameter 21)

Der Bedarf an Erzeugnissen kann auf dem Erzeugnismarkt gedeckt werden. Die Bestellmenge jeder Erzeugnisart bei *Vorratsbeschaffung* wird von der Bedarfsmenge abweichen, wenn das Unternehmen die bedarfssynchrone Erzeugnisbeschaffung einbezieht, einen Erzeugnisbestand im Lager vorsieht, der die Bedarfsmenge der Folgeperiode überschreitet,[35] oder Erzeugnisse von Konkurrenzunternehmen bezieht. Es gilt:

$$x^U_{e_{iab},vbs,t} = x^U_{e_{iab},bed,t+1} + x^U_{e_{iab},L^+,t+1} - \sum_{\ell_{PH}=1}^{L_{PH}} x^U_{e_{iab},\ell_{PH},syn,t+1} - \sum_{U^*=0}^{9} x^U_{e_{iab},U^*,t+1}$$

mit $\quad x^U_{e_{iab},vbs,t} \geq 0 \quad$ und $\quad U \neq U^*$

und $\quad \displaystyle\sum_{\ell_{PH}=1}^{L_{PH}} x^U_{e_{iab},\ell_{PH},syn,t+1} \geq 0$

und $\quad x^U_{e_{iab},L^+,t+1} \geq 0$

und $\quad x^U_{e_{iab},L^+,t+1} \cdot \displaystyle\sum_{\ell_{PH}=1}^{L_{PH}} x^U_{e_{iab},\ell_{PH},syn,t+1} = 0$

für U, U* = 0,...9; i = 1,...,5; (a;b) $\in$ {(1;1), (1;2), (2;1), (2;2), (2;3), (3;4)}

mit

$$x^U_{e_{iab},vbs,t} = \text{Bestellmenge des Unternehmens U von Erzeugnisart } e_{iab} \text{ bei Vorratsbe-}$$

schaffung in der laufenden Periode

(U = 0,...9; i = 1,...,5; (a;b) $\in$ {(1;1), (1;2), (2;1), (2;2), (2;3), (3;4)})

---

[35] Ein zusätzlicher Lagerbestand an Erzeugnissen kann z.B. wegen erwarteter Erzeugnispreissteigerungen oder zur kurzfristigen Lieferfähigkeit bei Aufträgen von gewerblichen Großabnehmern vorgesehen werden.

$x^U_{e_{iab},\ell_{PH},syn,t+1} =$ Bedarfssynchron zu beschaffende Erzeugnismengen für Produktionslos ℓ_{PH} der Produktverkaufseinheitenherstellung in der Folgeperiode $(U = 0,...9;$ $i = 1,...,5;$ (a;b) $\in \{(1;1), (1;2), (2;1), (2;2), (2;3), (3;4)\};$ $\ell_{PH} = 1,...,L_{PH})$

$x^U_{e_{iab},L^+,t+1} =$ Zusätzlicher Lagerbestand des Unternehmens U an Erzeugnisart e_{iab} in der folgenden Periode $(U = 0,...9;$ $i = 1,...,5;$ (a;b) $\in \{(1;1), (1;2), (2;1), (2;2), (2;3), (3;4)\})$

$x^U_{e_{iab},U^*,t+1} =$ Bestellmenge des Unternehmens U von Erzeugnisart e_{iab} bei Unternehmen U^* in der laufenden Periode $(U, U^* = 0,...9;$ $i = 1,...,5;$ (a;b) $\in \{(1;1), (1;2), (2;1), (2;2), (2;3), (3;4)\})$

In jeder Periode bieten anonyme regionale Anbieter die verschiedenen Erzeugnisarten zur Vorratsbeschaffung an. Den Marktpreisen der Erzeugnisarten liegen die jeweiligen Basispreise, Basisfaktorpreisniveaus der Vorperiode, Basisangebotsmengen und Bestellmengen der Spielunternehmen zugrunde. Die Basisangebotsmengen ($x_{e_{iab},basis,t}$) der aktuellen Periode werden zunächst durch jene der Vorperiode bestimmt. Die Anbieter passen darüber hinaus die Basisangebotsmengen der Vorperiode - in einem von der Spielleitung zu bestimmenden Ausmaß - an die aktuellen Bestellmengen an. Dabei werden mindestens 10 % der zu Beginn des Unternehmensspiels vorgesehenen Basisangebotsmengen zugrunde gelegt. Es gilt:

$$x_{e_{iab},basis,t} = \left\lceil \frac{\sum_{U=0}^{9} x^U_{e_{iab},vbs,t} + Anp_{e_{iab}} \cdot x_{e_{iab},basis,t-1}}{Anp_{e_{iab}} + 1} \right\rceil$$

$$\text{mit} \quad 0 \leq Anp_{e_{iab}} \leq 99$$

$$\text{und} \quad x_{e_{iab},basis,t} \geq \left\lceil \frac{x_{e_{iab},basis,t=0}}{10} \right\rceil$$

$$\text{und} \quad x_{e_{iab},basis,t=0} > 0$$

für i = 1,...,5; (a;b) $\in \{(1;1), (1;2), (2;1), (2;2), (2;3), (3;4)\}$

mit

$x_{e_{iab},basis,t} =$ Basisangebotsmenge an Erzeugnisart e_{iab} bei Vorratsbeschaffung in der laufenden Periode (i = 1,...,5; (a;b) $\in \{(1;1), (1;2), (2;1), (2;2), (2;3), (3;4)\})$

63

$x_{e_{iab},basis,t=0}$ = Basisangebotsmenge an Erzeugnisart e_{iab} bei Spielbeginn (i = 1,...,5; (a;b) $\in$ {(1;1), (1;2), (2;1), (2;2), (2;3), (3;4)}) Parameter 158 - 187

$Anp_{e_{iab}}$ = Angebotsmengenanpassungsfaktor der Erzeugnisart e_{iab} (i = 1,...,5; (a;b) $\in$ {(1;1), (1;2), (2;1), (2;2), (2;3), (3;4)} Parameter 83 - 112)

Die Spielleitung garantiert, wie bei Basis- und Zusatzfaktoren, die Lieferung jeder beliebigen Menge von Erzeugnissen. Mengendifferenzen zwischen Basisangebotsmengen und Bestellmengen der Unternehmen werden, ggf. unter Einbeziehung überregionaler Anbieter bzw. Nachfrager, ausgeglichen, jedoch mit der Folge, daß bei die Basismengen überschreitenden Nachfragen der Spielunternehmen die Marktpreise die Basispreise ebenfalls übersteigen werden. Unterschreiten die Bestellmengen die Basisangebotsmengen, stellen sich die Marktpreise auf niedrigerem Niveau ein als die Basispreise. Einen weiteren Einfluß auf die Marktpreisbildung von Erzeugnissen können die Preisniveaus der Basisfaktoren in der Vorperiode nehmen. Da die Herstellkosten der Erzeugnisse maßgeblich durch die Basisfaktorpreise geprägt werden und die Basisfaktoren i.d.R. eine Periode vor ihrer Verwendung in der Produktion am Markt beschafft werden, kann die Spielleitung die Basisfaktorpreisniveaus der Vorperiode in die Preisniveaus der Erzeugnisarten einfließen lassen. Die Bereiche, in denen die Marktpreise um die Basispreise schwanken können, werden von der Spielleitung durch die Festlegung von

- minimalen Preisniveaus bei
- preisminimalen Mengenniveaus,
- maximalen Preisniveaus und
- Preisniveaugewichtungsfaktoren zur Berücksichtigung des Basisfaktorpreisniveaus der Vorperiode

beschränkt. Analog zu der Vorgehensweise bei Basis- und Zusatzfaktoren werden zur Marktpreisermittlung zunächst die preismaximalen Mengenniveaus und die Nachfrageniveaus bestimmt. Es gilt:

$$x^r_{e_{iab},max} = x^r_{e_{iab},min} + (p^r_{e_{iab},max} - p^r_{e_{iab},min}) \cdot \frac{100 - x^r_{e_{iab},min}}{100 - p^r_{e_{iab},min}}$$

$$\text{mit} \quad 0 \leq x^r_{e_{iab},min} < 100 \quad \text{und} \quad 0 \leq p^r_{e_{iab},min} < 100$$

$$\text{für i = 1,...,5; (a;b)} \in \{(1;1), (1;2), (2;1), (2;2), (2;3), (3;4)\}$$

$$x^r_{e_{iab},vbs,t} = \frac{\sum\limits_{U=0}^{9} x^U_{e_{iab},vbs,t}}{x_{e_{iab},basis,t}} \cdot 100$$

für $i = 1,...,5$; $(a;b) \in \{(1;1), (1;2), (2;1), (2;2), (2;3), (3;4)\}$

mit

$x^r_{e_{iab},vbs,t}$ = Nachfrageniveau der Erzeugnisart e_{iab} bei Vorratsbeschaffung in der laufenden Periode ($i = 1,...,5$; $(a;b) \in \{(1;1), (1;2), (2;1), (2;2), (2;3), (3;4)\}$)

$x^r_{e_{iab},max}$ = preismaximales Mengenniveau der Erzeugnisart e_{iab}
($i = 1,...,5$; $(a;b) \in \{(1;1), (1;2), (2;1), (2;2), (2;3), (3;4)\}$)

$x^r_{e_{iab},min}$ = preisminimales Mengenniveau der Erzeugnisart e_{iab} ($i = 1,...,5$; $(a;b) \in \{(1;1),$
$(1;2), (2;1), (2;2), (2;3), (3;4)\}$; Parameter 210, 213, ... , 297)

$p^r_{e_{iab},max}$ = maximales Preisniveau der Erzeugnisart e_{iab} ($i = 1,...,5$; $(a;b) \in \{(1;1), (1;2),$
$(2;1), (2;2), (2;3), (3;4)\}$; Parameter 211, 214, ..., 298)

$p^r_{e_{iab},min}$ = minimales Preisniveau der Erzeugnisart e_{iab} ($i = 1,...,5$; $(a;b) \in \{(1;1), (1;2),$
$(2;1), (2;2), (2;3), (3;4)\}$; Parameter 209, 212, ..., 296)

Die Preisniveaus der Erzeugnisarten sind zunächst von den Nachfrageniveaus in der aktuellen Periode abhängig. Für die Erzeugnispreisniveaus - zunächst ohne Einfluß der Basisfaktor-preisniveaus der Vorperiode - gilt:

$$p^r_{e_{iab},t} = p^r_{e_{iab},min} \qquad \text{für} \qquad x^r_{e_{iab},vbs,t} \leq x^r_{e_{iab},min}$$

$i = 1,...,5$; $(a;b) \in \{(1;1), (1;2), (2;1), (2;2), (2;3), (3;4)\}$

$$p^r_{e_{iab},t} = p^r_{e_{iab},min} + (x^r_{e_{iab},vbs,t} - x^r_{e_{iab},min}) \cdot \frac{100 - p^r_{e_{iab},min}}{100 - x^r_{e_{iab},min}}$$

$$\text{für} \qquad x^r_{e_{iab},min} < x^r_{e_{iab},vbs,t} < x^r_{e_{iab},max}$$

$i = 1,...,5$; $(a;b) \in \{(1;1), (1;2), (2;1), (2;2), (2;3), (3;4)\}$

$$p^r_{e_{iab},t} = p^r_{e_{iab},max} \qquad \text{für} \qquad x^r_{e_{iab},vbs,t} \geq x^r_{e_{iab},max}$$

$i = 1,...,5$; $(a;b) \in \{(1;1), (1;2), (2;1), (2;2), (2;3), (3;4)\}$

mit

$p^r_{e_{iab},t}$ = Preisniveau der Erzeugnisart e_{iab} ohne Berücksichtigung des Basisfaktorpreisniveaus in der Vorperiode

$(i = 1,...,5; (a;b) \in \{(1;1), (1;2), (2;1), (2;2), (2;3), (3;4)\})$

Die isoliert bestimmten nachfrageorientierten Erzeugnispreisniveaus und die Basisfaktorpreisniveaus der Vorperiode werden zur Bestimmung der Erzeugnispreisniveaus bei Vorratsbeschaffung durch Gewichtungsfaktoren, deren Ausmaß die Spielleitung festlegt,[36] wie folgt miteinander verknüpft:[37]

$$p^r_{e_{iab},vbs,t} = \frac{p^r_{e_{iab},t} \cdot Png^1_{e_{iab}} + p^r_{f_j,vbs,t-1} \cdot Png^2_{e_{iab}}}{Png^1_{e_{iab}} + Png^2_{e_{iab}} + Png^3_{e_{iab}}} + \frac{p^r_{e_{iab},t} \cdot p^r_{f_j,vbs,t-1} \cdot Png^3_{e_{iab}}}{Png^1_{e_{iab}} + Png^2_{e_{iab}} + Png^3_{e_{iab}}}$$

mit $\quad 0 \leq Png^1_{e_{iab}} \leq 99 \quad$ und $\quad 0 \leq Png^2_{e_{iab}} \leq 99$

und $\quad 0 \leq Png^3_{e_{iab}} \leq 99 \quad$ und $\quad Png^1_{e_{iab}} + Png^2_{e_{iab}} + Png^3_{e_{iab}} \geq 1$

für $i = 1,...,5; (a;b) \in \{(1;1), (1;2), (2;1), (2;2), (2;3), (3;4)\}$

mit

$p^r_{e_{iab},vbs,t}$ = Preisniveau der Erzeugnisart e_{iab} bei Nachfrageniveau $x^r_{e_{iab},vbs,t}$
$(i = 1,...,5; (a;b) \in \{(1;1), (1;2), (2;1), (2;2), (2;3), (3;4)\})$

$Png^1_{e_{iab}}$ = Preisniveaugewichtungsfaktor 1 für Erzeugnisart e_{iab} $(i = 1,...,5; (a;b) \in \{(1;1), (1;2), (2;1), (2;2), (2;3), (3;4)\}$; Parameter 301, 304, ..., 388)

$Png^2_{e_{iab}}$ = Preisniveaugewichtungsfaktor 2 für Erzeugnisart e_{iab} $(i = 1,...,5; (a;b) \in \{(1;1), (1;2), (2;1), (2;2), (2;3), (3;4)\}$; Parameter 302, 305, ..., 389)

---

[36]   Die Unter- und Obergrenzen der Preisniveaugewichtungsfaktoren sind willkürlich gewählt und lediglich aus programmier- und datentechnischen Gründen eingeschränkt worden.

[37]   Sofern lediglich die Nachfrage nach einer Erzeugnisart deren Preisniveau bestimmen soll, sind die Preisniveaugewichtungsfaktoren (PNG) 2 und 3 auf Null und PNG^1 auf einen Wert größer Null zu setzen. Sollen dagegen beide Komponenten berücksichtigt werden, kann aus diesen entweder ein gewogenes arithmetisches Mittel gebildet ($PNG^1 > 0$, $PNG^2 > 0$, $PNG^3 = 0$) oder eine multiplikative Verknüpfung hergestellt werden ($PNG^1 = 0$, $PNG^2 = 0$, $PNG^3 > 0$). Darüber hinaus kann auch eine Kombination aus arithmetisch gewogenem Mittel und multiplikativer Verknüpfung gewählt werden.

$Png^3_{e_{iab}}$ = Preisniveaugewichtungsfaktor 3 für Erzeugnisart e_{iab} ($i = 1,...,5$; (a;b) $\in$ {(1;1), (1;2), (2;1), (2;2), (2;3), (3;4)}; Parameter 303, 306, ..., 390)

Für die Marktpreise $p_{e_{iab},vbs,t}$ bei den Nachfragemengen $\sum_{U=0}^{9} x^U_{e_{iab},vbs,t}$ gilt:

$$p_{e_{iab},vbs,t} = p_{e_{iab},basis,t} \cdot p^r_{e_{iab},vbs,t}$$

für $i = 1,...,5$; (a;b) $\in$ {(1;1), (1;2), (2;1), (2;2), (2;3), (3;4)}

Die Bestellung der Erzeugnisarten nehmen die Teilnehmer durch Eintragung der Erzeugnismengen in die Eingabefelder 21 - 50 des Entscheidungserfassungsprogramms *EingabeU* vor. Die Marktpreise der Erzeugnisse werden den Teilnehmern, wie bereits für Basis- und Zusatzfaktoren dargestellt, erst auf der Grundlage aller Bestellungen der Unternehmen am Markt bekannt gegeben.

Die bestellten Erzeugnismengen $x^U_{e_{iab},vbs,t}$ werden zum Periodenende von Spediteuren an die Läger der Unternehmen geliefert. Die anfallenden und von den Warenempfängern zu zahlenden *Transportkosten* setzen sich - wie bei Basis- und Zusatzfaktoren - für jede Erzeugnisart aus bestellmengenunabhängigen und bestellmengenabhängigen Kosten zusammen.

$$TK^U_{e_{iab},vbs,t} = TE^{bmu}_{e_b,vbs} \cdot TKS^{bmu} \cdot u^U_{e_{iab},vbs,t} + TE^{bma}_{e_b,vbs} \cdot TKS^{bma} \cdot x^U_{e_{iab},vbs,t}$$

$$\text{mit} \quad u^U_{e_{iab},vbs,t} = 0 \quad \text{falls} \quad x^U_{e_{iab},vbs,t} = 0$$

$$\text{und} \quad u^U_{e_{iab},vbs,t} = 1 \quad \text{falls} \quad x^U_{e_{iab},vbs,t} > 0$$

für $U = 0,...,9$; $i = 1,...,5$; (a;b) $\in$ {(1;1), (1;2), (2;1), (2;2), (2;3), (3;4)}

mit

$TK^U_{e_{iab},vbs,t}$ = Transportkosten des Unternehmens U für Erzeugnisart e_{iab} bei Vorratsbeschaffung
($U = 0,...,9$; $i = 1,...,5$; (a;b) $\in$ {(1;1), (1;2), (2;1), (2;2), (2;3), (3;4)})

$TE^{bmu}_{e_b,vbs}$ = bestellmengenunabhängige Transporteinheiten je Lieferung einer Erzeugnisart der Verpackungsart b bei Vorratsbeschaffung
(b = 1,...,4; Parameter 605, 607, 609, 611)

$TE^{bma}_{e_b,vbs}$ = bestellmengenabhängige Transporteinheiten je Erzeugnismengeneinheit bei Vorratsbeschaffung von Erzeugnissen der Verpackungsart b (b = 1,...,4; Parameter 606, 608, 610, 612)

$u^{U}_{e_{iab},vbs,t}$ = Binärvariable, deren Wert angibt, ob mindestens eine Mengeneinheit von Erzeugnisart e_{iab} bestellt wurde (U = 0,...,9; i = 1,...,5; (a;b) ∈ {(1;1), (1;2), (2;1), (2;2), (2;3), (3;4)})

Der Einstandswert aller im Rahmen der Vorratsbeschaffung von einem Unternehmen bestellten Erzeugnisarten wird in der Bestellperiode als Verbindlichkeit gebucht und in der Folgeperiode auszahlungswirksam. Es gilt:

$$EW^{U}_{erz,vbs,t} = \sum_{i=1}^{5}(\sum_{a=1}^{2}\sum_{b=1}^{2}(p_{e_{iab},vbs,t} \cdot x^{U}_{e_{iab},vbs,t} + TK^{U}_{e_{iab},vbs,t})$$

$$+ p_{e_{i23},vbs,t} \cdot x^{U}_{e_{i23},vbs,t} + TK^{U}_{e_{i23},vbs,t}$$

$$+ p_{e_{i34},vbs,t} \cdot x^{U}_{e_{i34},vbs,t} + TK^{U}_{e_{i34},vbs,t}) \qquad \text{für } U = 0,...,9$$

mit

$EW^{U}_{erz,vbs,t}$ = Einstandswert der an Unternehmen U zu liefernden Erzeugnisarten bei Vorratsbeschaffung (U = 0,...,9)

Die *bedarfssynchrone Beschaffung* von Erzeugnissen beruht - analog zu jener von Basis- und Zusatzfaktoren - auf zwei Voraussetzungen:

1. Die Unternehmensspielteilnehmer entscheiden für das jeweilige Produktionslos der Produktherstellung und Produktverkaufseinheitenbildung, daß im Bedarfsfall fehlende Erzeugnismengen, die zur Herstellung der geplanten Produktverkaufseinheiten benötigt werden, bedarfssynchron beschafft werden sollen.

2. Die Erzeugnislagerbestände im Zeitpunkt unmittelbar vor der Produktion des Loses reichen nicht aus, um die geplanten Produktverkaufseinheiten des Loses herstellen zu können.

Falls die beiden Voraussetzungen erfüllt sind, bestellt das Simulationsmodell selbständig die erforderlichen fehlenden Erzeugnismengen. Die bedarfssynchronen Anlieferungen der Erzeugnismengen nehmen spezielle Lieferanten und Spediteure vor, die nicht mit jenen identisch sind, die Erzeugnislieferungen im Rahmen der Vorratsbeschaffung durchführen. Insofern bleiben diese zusätzlich zu liefernden Erzeugnismengen bei der Bestimmung der Basisangebotsmengen unberücksichtigt. Für die Ermittlung der Erzeugnispreise werden die Marktpreise bei Vorratsbeschaffung zugrunde gelegt, sofern diese mindestens den Basispreisen entsprechen, anderenfalls wird auf die Basispreise zurückgegriffen. Die Lieferanten berechnen darüber hinaus für die Verpflichtung zur termingerechten Erzeugnisbereitstellung zusätzlich einen von der Spielleitung festgelegten Leistungszuschlag, bezogen auf die jeweiligen Basis- bzw. Marktpreise. Es gilt:

$$p_{e_{iab},syn,t} = p_{e_{iab},vbs,t} \cdot ZS_{e,syn} \quad \text{für} \quad p^r_{e_{iab},vbs,t} > 100;$$

$$i = 1,...,5; \ (a;b) \in \{(1;1), (1;2), (2;1), (2;2), (2;3), (3;4)^{38}\}$$

$$p_{e_{iab},syn,t} = p_{e_{iab},basis,t} \cdot ZS_{e,syn} \quad \text{für} \quad p^r_{e_{iab},vbs,t} \leq 100;$$

$$i = 1,...,5; \ (a;b) \in \{(1;1), (1;2), (2;1), (2;2), (2;3), (3;4)\}$$

mit

$p_{e_{iab},syn,t}$ = Preis je Mengeneinheit der Erzeugnisart e_{iab} bei bedarfssynchroner Anlieferung ($i = 1,...,5; \ (a;b) \in \{(1;1), (1;2), (2;1), (2;2), (2;3), (3;4)\}$)

$ZS_{e,syn}$ = Leistungszuschlag für bedarfssynchrone Anlieferung von Erzeugnissen (Parameter 393)

Die Spediteure berechnen den Warenempfängern für jede bedarfssynchrone Anlieferung einer Erzeugnisart *Transportkosten*, die sich aus bestellmengenunabhängigen und bestellmengenabhängigen Kosten zusammensetzen.

$$TK^U_{e_{iab},syn,t} = \sum_{\ell_{PH}=1}^{L_{PH}} (TE^{bmu}_{e_b,syn,t} \cdot TKS^{bmu} \cdot u^U_{e_{iab},\ell_{PH},syn,t}$$

$$+ TE^{bma}_{e_b,syn,t} \cdot TKS^{bma} \cdot x^U_{e_{iab},\ell_{PH},syn,t})$$

$$\text{mit} \quad u^U_{e_{iab},\ell_{PH},syn,t} = 0 \quad \text{falls} \quad x^U_{e_{iab},\ell_{PH},syn,t} = 0;$$

---

[38] Die Erzeugnisarten e_{i23} können nicht bedarfssynchron zum Einsatz in der Produktion beschafft werden, da aus ihnen keine Produkte hergestellt werden können. Eine bedarfssynchrone Beschaffung dieser Erzeugnisarten kann nur im Zusammenhang mit dem Erzeugnisabsatz an gewerbliche Großabnehmer auftreten. Dieser Sonderfall wird an dieser Stelle vernachlässigt. Siehe hierzu jedoch Abschnitt 6.2.

$$\text{und} \quad u^U_{e_{iab},\ell_{PH},syn,t} = 1 \quad \text{falls} \quad x^U_{e_{iab},\ell_{PH},syn,t} > 0$$

$$\text{für } U = 0,...,9; \ i = 1,...,5; \ (a;b) \in \{(1;1), (1;2), (2;1), (2;2), (3;4)\}$$

mit

$TK^U_{e_{iab},syn,t}$ = Transportkosten des Unternehmens U für Erzeugnisart e_{iab} bei bedarfssynchroner Lieferung

$(U = 0,...,9; \ i = 1,...,5; \ (a;b) \in \{(1;1), (1;2), (2;1), (2;2), (3;4)\})$

$TE^{bmu}_{e_b,syn,t}$ = bestellmengenunabhängige Transporteinheiten je bedarfssynchroner Lieferung von Erzeugnissen der Verpackungsart b für ein Produktionslos der Produktverkaufseinheitenherstellung (b = 1,...,4; Parameter 617, 619, 621, 623)

$TE^{bma}_{e_b,syn,t}$ = bestellmengenabhängige Transporteinheiten je Erzeugnismengeneinheit bei bedarfssynchroner Lieferung von Erzeugnissen der Verpackungsart b (b = 1,...,4; Parameter 618, 620, 622, 624)

$u^U_{e_{iab},\ell_{PH},syn,t}$ = Binärvariable, deren Wert angibt, ob mindestens eine Mengeneinheit von Erzeugnisart e_{iab} bedarfssynchron für das Produktionslos ℓ_{PH} angeliefert wurde; (U = 0,...,9; i = 1,...,5; (a;b) ∈ {(1;1), (1;2), (2;1), (2;2), (3;4)}; $\ell_{PH} = 1,...,L_{PH}$)

Der Materialeinstandswert aller an ein Unternehmen bedarfssynchron gelieferten Erzeugnisse wird in der Bestell- und Lieferperiode auszahlungswirksam. Es gilt:

$$EW^U_{erz,syn,t} = \sum_{i=1}^{5}(\sum_{a=1}^{2}\sum_{b=1}^{2}(p_{e_{iab},syn,t} \cdot \sum_{\ell_{PH}=1}^{L_{PH}} x^U_{e_{iab},\ell_{PH},syn,t} + TK^U_{e_{iab},syn,t})$$

$$+ p_{e_{i34},syn,t} \cdot x^U_{e_{i34},\ell_{PH},syn,t} + TK^U_{e_{i34},syn,t}) \quad \text{für } U = 0,...,9$$

mit

$EW^U_{erz,syn,t}$ = Einstandswert der an Unternehmen U bedarfssynchron gelieferten Erzeugnisse (U = 0,...,9)

70

Die Unternehmen werden i.d.R. die erforderlichen Basis- und Zusatzfaktoren sowie Erzeugnisse auf dem Markt bei regionalen Anbietern einkaufen. Insbesondere für Erzeugnisse können, wie im folgenden Abschnitt gezeigt wird, auch Konkurrenzunternehmen eine ergänzende Bezugsquelle bilden.

4.4 Handel mit konkurrierenden Unternehmen

Die im Unternehmensspiel MARKUS miteinander konkurrierenden Unternehmen haben die Möglichkeit, in von der Spielleitung ggf. begrenztem Umfang[39] Handelsbeziehungen aufzunehmen und Basisfaktoren, Zusatzfaktoren sowie Erzeugnisse an Wettbewerber zu verkaufen bzw. von diesen zu kaufen.

Die beteiligten Unternehmen einigen sich über die Vertragsbedingungen, zu denen die Waren verkauft bzw. gekauft werden und schließen einen Kaufvertrag ab.[40] In der Lieferperiode tragen die Unternehmen jeweils die Unternehmensnummer des Handelspartners, Güterart, Gütermenge und Stückpreis in die Eingabefelder im Bereich 50 - 210 des Entscheidungserfassungsprogramms ein.[41] Stimmen die Eintragungen der Handelspartner überein, wird das Simulationsmodell, unter Berücksichtigung der von der Spielleitung festgelegten Handelsrestriktionen, die Gütermengen aus dem Lageranfangsbestand des liefernden Unternehmens entnehmen und dem Empfänger am Periodenende zustellen. Die Kosten des Transports sind von dem Warenempfänger zu tragen, sie setzen sich, wie bereits ausführlich in den Abschnitten 4.2 und 4.3 dargestellt, für jede Güterart aus bestellmengenunabhängigen und bestellmengenabhängigen Kosten zusammen.[42] Der Einstandswert der Waren wird von dem Käufer in der Lieferperiode als Verbindlichkeit gebucht und in der Folgeperiode auszahlungswirksam, der Erlös des verkaufenden Unternehmens wird entsprechend in der Lieferperiode als Forderung gebucht und in der Folgeperiode einzahlungswirksam.

Der Handel zwischen konkurrierenden Unternehmen bleibt, soweit er sich auf Basis- und Zusatzfaktoren bezieht, von untergeordneter Bedeutung, da die Güter auf dem Markt zu eher

---

[39]   Die Spielleitung legt für jede Periode grundsätzlich fest, ob und in welchem Ausmaß Handelsbeziehungen zwischen konkurrierenden Unternehmen zugelassen sind (Parameter 150; 1: keine Handelsrestriktionen, 2: allgemeine Handelsrestriktionen entsprechend des jeweiligen Güterstatus, 3: Handel zwischen Unternehmen nicht zugelassen).

[40]   Die Spielleitung wird die Verträge auf marktgerechte Bedingungen prüfen müssen, um Gewinnverlagerungen von einem Unternehmen zum anderen beschränken zu können.

[41]   Die beteiligten Unternehmen können darüber hinaus Konventionalstrafen vereinbaren, für den Fall, daß ein beteiligtes Unternehmen die Vertragsbedingungen nicht einhält.

[42]   Die Spielleitung legt die bestellmengenunabhängigen und bestellmengenabhängigen Transporteinheiten für jede Güterart bei Handel zwischen Unternehmen fest (Basisfaktoren: Parameter 625, 626; Zusatzfaktoren: Parameter 627, 628; Erzeugnisse: Parameter 629 - 636).

günstigeren Preisen bezogen werden können. Unter Berücksichtigung von Transportkosten- und Lagerhaltungsaufwendungen[43] wird eine Veräußerung dieser Materialien keinen Gewinn erbringen. Lediglich übermäßig große Lagerbestände aufgrund von Fehldispositionen können auf diese Weise kurzfristig und verlustmindernd abgebaut werden.[44] Dagegen kann eine Ko- operation von Unternehmen bei der Herstellung von Erzeugnissen beispielsweise durch grö- ßere Produktionslose, Reduzierung von Rüstzeiten, Wahl einer höheren Anlagenleistungs- klasse etc.[45] für alle beteiligten Unternehmen wirtschaftliche Vorteile bringen.[46]

4.5 Lagerhaltung und innerbetrieblicher Transport

Die Aufgabe der Lagerhaltung liegt in der Überbrückung von Zeit-, Mengen- und Raumdiffe- renzen zwischen Beschaffungsmarkt und Materialeinsatz in der Produktion, zwischen dem Einsatz der Halbfabrikate in verschiedenen Produktionsstufen bei mehrstufiger Fertigung und zwischenzeitlicher Lagerhaltung der Halbfabrikate sowie zwischen Produktion bzw. letzter Produktionsstufe bei mehrstufiger Fertigung und Absatzmarkt.[47]

Im Unternehmensspiel MARKUS sind, wie Abbildung 4.5-1 verdeutlicht, Basisfaktoren, Zusatzfaktoren und Erzeugnisse, die im Rahmen der Vorratsbeschaffung oder von Konkur- renzunternehmen zum Periodenende geliefert werden,[48] vor ihrer Weiterverwendung zunächst einzulagern. Darüber hinaus fließen Erzeugnisse und Produktverkaufseinheiten aus der Produktion im Unternehmen zunächst in das Lager, ehe sie in einer der folgenden Perioden weiterverarbeitet oder am Absatzmarkt verkauft werden können.

---

[43] Siehe Abschnitt 4.5.

[44] Bei Fehldispositionen einzelner Unternehmen kann darüber hinaus das von der Spielleitung geführte Unternehmen als Käufer von Gütern auftreten.

[45] Siehe hierzu Abschnitt 5.3.

[46] Soll Kooperationen von Unternehmen im Unternehmensspiel eine wesentliche Bedeutung beigemessen werden, erfordert dies eine gezielte Gestaltung der Parameter in den Bereichen Transport, Lagerhaltung und Produktion.

[47] Vgl. Bloech, J.; Rottenbacher, S.: (Materialwirtschaft), S. 45.

[48] Bedarfssynchron angelieferte Waren werden unmittelbar in der Produktion eingesetzt und nicht zwi- schengelagert.

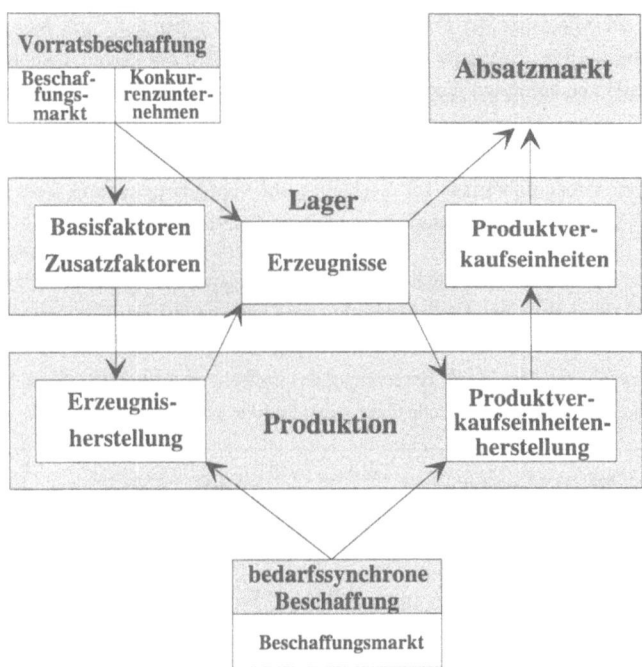

Abb. 4.5-1:   Güterfluß im Unternehmensspiel MARKUS

Auf die in Industriebetrieben häufig anzutreffende Unterscheidung in Beschaffungslager, Halbfabrikatelager und Fertigwarenlager[49] wird in dem Unternehmensspiel verzichtet, da unterstellt wird, daß alle Waren in nur einem Lager untergebracht werden, das nach dem Freiplatzsystem[50] organisiert ist. Dagegen wird eine Differenzierung des Lagers nach den Eigentumsverhältnissen vorgenommen. Die Unternehmen verfügen über ein *Eigenlager* auf dem Betriebsgelände, das eine begrenzte Lagerkapazität aufweist[51] und nicht durch bauliche Maßnahmen erweitert werden kann. Sofern die Kapazität des Eigenlagers nicht ausreicht, können *Fremdlagerzellen* auf einem benachbarten Grundstück angemietet werden, die jeweils eine begrenzte Kapazität[52] aufweisen.

---

[49]   Vgl. Hartmann, H.: (Materialwirtschaft), S. 505 f.

[50]   Vgl. hierzu Hartmann, H.: (Materialwirtschaft), S. 518 f.

[51]   Die Lagerkapazität wird in Lagerraumeinheiten (LRE) gemessen, die Kapazität des Eigenlagers ist in Parameter 401 beschrieben.

[52]   Kapazität jeder Fremdlagerzelle in LRE: Parameter 402.

Hinsichtlich der Mietdauer der Fremdlagerzellen wird zwischen Ein- und Mehrperiodenlagerzellen unterschieden. Während die Einperiodenlagerzellen bei Bedarf automatisch angemietet werden[53] und sofort zur Verfügung stehen, jedoch nur eine Periode lang genutzt werden können, werden Mehrperiodenlagerzellen im Rahmen der Periodenentscheidung des Unternehmens angefordert[54] und zu Beginn der Folgeperiode bereitgestellt. Die Mehrperiodenlagerzellen stehen unbefristet zur Verfügung, ihr Mietvertrag kann in jeder Periode mit Wirkung zum Beginn der Folgeperiode gekündigt werden.

Der Bedarf an Lagerraum richtet sich nach Art und Menge der zu lagernden Güter sowie den Freiflächen zu deren Ein- und Auslagerung. Für die Lagerung von Basisfaktoren, Zusatzfaktoren, Erzeugnissen und Produktverkaufseinheiten legt die Spielleitung den jeweiligen Bedarf an Lagerraumeinheiten fest.[55] Die Berechnung des notwendigen Lagerraumbedarfs der Güter (Nettolagerraumbedarf) wird am Ende einer jeden Periode vorgenommen. Es gilt:

$$
LRB_{net,t}^{U} = \sum_{i=1}^{5} x_{f_i,LAB,t+1}^{U,*} \cdot LRB_f + \sum_{z=2}^{3} x_{z_a,LAB,t+1}^{U,*} \cdot LRB_z
$$

$$
+ \sum_{i=1}^{5} \sum_{a=1}^{2} \sum_{b=1}^{2} x_{e_{iab},LAB,t+1}^{U,*} \cdot LRB_{e_b} + x_{e_{i23},LAB,t+1}^{U,*} \cdot LRB_{e_3}
$$

$$
+ x_{e_{i34},LAB,t+1}^{U,*} \cdot LRB_{e_4}) + \sum_{m=1}^{20} \sum_{a=1}^{2} \sum_{b=1}^{2} x_{v_{miab},LAB,t+1}^{U,*} \cdot LRB_{e_b}
$$

$$
+ x_{v_{mi34},LAB,t+1}^{U,*} \cdot LRB_{e_4}) \cdot \left[\frac{d^R}{1.000} \right]^{+} \qquad \text{für } U = 0,...,9
$$

---

[53] Ein Bedarf an Einperiodenlagerzellen entsteht immer dann, wenn die Kapazitäten des Eigenlagers und der Mehrperiodenlagerzellen nicht ausreichen, um die zu lagernden Güter unterbringen zu können. In der Regel erfolgt die Anmietung von Einperiodenlagerzellen zum Ende einer Periode. In Ausnahmefällen, z.B. nach der Kündigung von Mehrperiodenlagerzellen, die grundsätzlich zum Periodenbeginn wirksam wird, kann ein Bedarf an Lagerzellen zum Beginn einer Periode entstehen, falls die dann bereitstehende Lagerraumkapazität nicht zur Lagerung aller Güter ausreicht. Der Bedarf wird ebenfalls durch die Anmietung von Einperiodenlagerzellen automatisch gedeckt werden.

[54] Eingabefeld 222 des Entscheidungserfassungsprogramms *EingabeU*.

[55] Der Bedarf an Lagerraumeinheiten wird für jeweils 1.000 Stück (aufgerundet) einer Güterart bestimmt; Basisfaktoren: Parameter 415, Zusatzfaktoren: Parameter 416, Erzeugnisse, in Abhängigkeit von der Verpackungsart: Parameter 417 - 420, Produktverkaufseinheiten: entsprechend den eingesetzten Erzeugnisarten.

mit

$LRB_{net,t}^{U}$	=	Nettolagerraumbedarf des Unternehmens U am Ende der Periode t bzw. zu Beginn der Periode t+1 (U = 0,...,9)
$x_{f_i,LAB,t+1}^{U,*}$	=	Lageranfangsbestand des Unternehmens U an Basisfaktorart f_i in eintausend Stück (aufgerundet) in der Periode t+1 (U = 0,...9; i = 1,...,5)
$x_{z_a,LAB,t+1}^{U,*}$	=	Lageranfangsbestand des Unternehmens U an Zusatzfaktorart z_a in eintausend Stück (aufgerundet) in der Periode t+1 (U = 0,...9; a = 2,3)
$x_{e_{iab},LAB,t+1}^{U,*}$	=	Lageranfangsbestand des Unternehmens U an Erzeugnisart e_{iab} in eintausend Stück (aufgerundet) in der Periode t+1 (U = 0,...9; i = 1,...,5; (a;b) ∈ {(1;1), (1;2), (2;1), (2;2), (2;3), (3;4)})
$x_{v_{miab},LAB,t+1}^{U,*}$	=	Lageranfangsbestand des Unternehmens U an Produktverkaufseinheit v_{miab} in eintausend Stück (aufgerundet) in der Periode t+1 (U = 0,...9; m = 1,...,20; i = 1,...,5; (a;b) ∈ {(1;1), (1;2), (2;1), (2;2), (3;4)})
LRB_f	=	Lagerraumbedarf je 1.000 Basisfaktoren (Parameter 415)
LRB_z	=	Lagerraumbedarf je 1.000 Zusatzfaktoren (Parameter 416)
LRB_{e_b}	=	Lagerraumbedarf je 1.000 Erzeugnisse der Verpackungsart b bzw. je Bruchteil Produktverkaufseinheiten mit Produkten der Verpackungsart b (b = 1,2,3,4; Parameter 417 - 420)

Für die Ein- und Auslagerung der Waren sind darüber hinaus Freiflächen, insbesondere Transportwege, im Lager erforderlich, um den Zugang zu den jeweiligen Gütern zu gewährleisten. Jedes Unternehmen bestimmt den Umfang der Freiflächen im Lager durch die Planung des Lagerraumnutzungsgrades, welcher den durchschnittlichen relativen Anteil (in %) des Nettolagerraumbedarfs an der insgesamt zur Verfügung stehenden Lagerraumkapazität innerhalb einer Periode widerspiegelt.

$$LNG_{\varnothing,t}^{U} = \left[\frac{\left[\dfrac{LRB_{net,t-1}^{U} \cdot 100}{LKAP_{AB,t}^{U}}\right]^{+} + \left[\dfrac{LRB_{net,t}^{U} \cdot 100}{LKAP_{EB,t}^{U}}\right]^{+}}{2}\right]^{+}$$

$$\text{mit} \quad LKAP_{AB,t}^{U} = (LZ_{Mp,t}^{U} + LZ_{Ep,t-1}^{U}) \cdot LKAP_{Fremd} + LKAP_{Eigen}$$

$$\text{und} \quad LKAP_{EB,t}^{U} = (LZ_{Mp,t}^{U} + LZ_{Ep,t}^{U}) \cdot LKAP_{Fremd} + LKAP_{Eigen}$$

$$\text{und} \quad LRB_{net,t-1}^{U} \le LKAP_{AB,t}^{U}$$

$$\text{und} \quad LRB_{net,t}^{U} \le LKAP_{EB,t}^{U} \qquad \text{für U} = 0,...,9$$

mit

$LNG_{\varnothing,t}^{U}$ = Durchschnittlicher Lagerraumnutzungsgrad des Unternehmens U in der Periode t (U = 0,...,9)

$LKAP_{AB,t}^{U}$ = Lagerraumkapazität des Unternehmens U am Beginn der Periode t (U = 0,...,9)

$LKAP_{EB,t}^{U}$ = Lagerraumkapazität des Unternehmens U am Ende der Periode t (U = 0,...,9)

$LZ_{Mp,t}^{U}$ = Anzahl Mehrperiodenlagerzellen des Unternehmens U zu Beginn und am Ende der Periode t (U = 0,...,9)

$LZ_{Ep,t}^{U}$ = Anzahl Einperiodenlagerzellen des Unternehmens U am Ende der Periode t bzw. zu Beginn der Periode t+1 (U = 0,...,9)

$LKAP_{Fremd}$ = Kapazität einer Fremdlagerzelle (Parameter 402)

$LKAP_{Eigen}$ = Kapazität des Eigenlagers (Parameter 401)

Der Lagerraumnutzungsgrad beeinflußt die im folgenden noch zu betrachtenden Lageraufwendungen in zweierlei Hinsicht. Einerseits steigen die Lagerraumaufwendungen, wenn das Unternehmen Fremdlagerzellen anmietet, um den Lagerraumnutzungsgrad zu reduzieren, andererseits führt ein steigender Lagerraumnutzungsgrad und damit ein sich verringernder Anteil an Freiflächen zu vermehrten Umräumarbeiten bei der Ein- und Auslagerung von Gütern und somit zu steigenden Lagerarbeitsaufwendungen. Den Einfluß des Lagerraumnutzungsgrades auf den Umfang der Lagerarbeiten bei Güterein- und -auslagerungen stellt der Lagerarbeitsfaktor dar. Abbildung 4.5-2 veranschaulicht die Lagerarbeitsfaktorfunktion in Abhängigkeit vom Lagerraumnutzungsgrad.[56]

---

[56] In dem Unternehmensspiel wird unterstellt, daß vermehrte Umräumarbeiten bei der Ein- und Auslagerung von Gütern erst ab einem Lagerraumnutzungsgrad von 60% eintreten werden.

Für den Lagerarbeitsfaktor gilt:

$$LAF_t^U = \left[\left(LNG_{\varnothing,t}^U - 60\right)^2 \cdot Anp_{LAF}\right]^+ + LAF_{min} \quad \text{für} \quad LNG_{\varnothing,t}^U > 60$$

$$LAF_t^U = LAF_{min} \qquad\qquad\qquad\qquad \text{für} \quad LNG_{\varnothing,t}^U \leq 60$$

für $U = 0,...,9$

mit

LAF_t^U = Lagerarbeitsfaktor des Unternehmens U in der Periode t
$(U = 0,...,9)$

Anp_{LAF} = Anpassungsfaktor bei der Bestimmung des Lagerarbeitsfaktors

LAF_{min} = Minimaler Lagerarbeitsfaktor (Parameter 414)

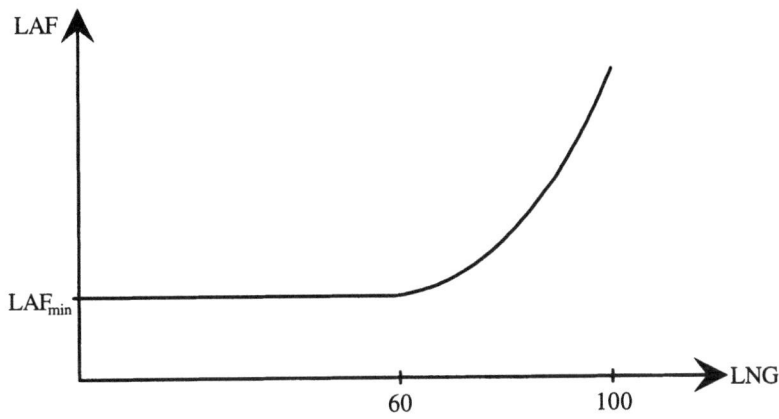

Abb. 4.5-2:   Lagerarbeitsfaktorfunktion in Abhängigkeit vom Lagerraumnutzungsgrad

Auf der Grundlage des Nettolagerraumbedarfs sowie des geplanten Lagerraumnutzungsgrades kann der Bruttolagerraumbedarf für die Folgeperiode[57] ermittelt werden.[58] Hierbei sind zwei

---

[57]   Die Planung des Bruttolagerraumbedarfs erfolgt (frühestens) für die Folgeperiode, da erst zum Beginn der nachfolgenden Periode Entscheidungen hinsichtlich der Veränderung des Bestandes an Mehrperiodenlagerzellen wirksam werden.

Fälle zu unterscheiden. Entweder verfügt das Unternehmen in der Folgeperiode ausschließlich über das Eigenlager und ggf. Mehrperiodenlagerzellen oder zu Beginn der Folgeperiode sind darüber hinaus Einperiodenlagerzellen angemietet. Für den ersten Fall gilt:

$$
LRB_{brt,t+1}^{U} = \left[\frac{LRB_{net,t}^{U} + LRB_{net,t+1}^{U}}{LNG_{\varnothing,t+1,plan}^{U}} \cdot \frac{100}{2} \right]^{+} \quad \text{für } U = 0,...,9
$$

mit

$LRB_{brt,t}^{U}$ = Durchschnittlicher Bruttolagerraumbedarf des Unternehmens U in der Periode t (U = 0,...,9)

$LNG_{\varnothing,t,plan}^{U}$ = Durchschnittlicher geplanter Lagerraumnutzungsgrad des Unternehmens U in der Periode t (U = 0,...,9)

Falls zu Beginn der Folgeperiode Einperiodenlagerzellen angemietet sind, stehen deren Kapazitäten nur in diesem Zeitpunkt zur Verfügung. Der durchschnittliche, noch verbleibende Bruttolagerraumbedarf, der ausschließlich durch Kapazitäten des Eigenlagers und der Mehrperiodenlagerzellen zu decken ist, berücksichtigt die Einperiodenlagerzellenkapazitäten am Periodenbeginn. Es gilt:

$$
LRB_{brt(Ep),t+1}^{U} = \left[\frac{LRB_{brt,t+1}^{U} - LKAP_{Ep,t}^{U}}{2} \right.
$$

$$
\left. + \sqrt{\left(\frac{LKAP_{Ep,t}^{U} - LRB_{brt,t+1}^{U}}{2} \right)^{2} + \frac{100 \cdot LRB_{net,t+1}^{U} \cdot LKAP_{Ep,t}^{U}}{2 \cdot LNG_{\varnothing,t+1,plan}^{U}}} \right]^{+}
$$

$$
\text{mit} \quad LKAP_{Ep,t}^{U} = LZ_{Ep,t}^{U} \cdot LKAP_{Fremd} \quad \text{für } U = 0,...,9
$$

---

[58] Die Planung des Bruttolagerraumbedarfs ist nur erforderlich, falls ein Lagerraumnutzungsgrad unter 100% und der Verzicht auf die Anmietung von Einperiodenlagerzellen angestrebt wird.

mit

$LRB_{brt(Ep),t}^{U}$ = Durchschnittlicher Bruttolagerraumbedarf des Unternehmens U in der Periode t, der ausschließlich durch Kapazitäten des Eigenlagers und der Mehrperiodenlagerzellen zu decken ist, sofern zu Beginn der Periode t Einperiodenlagerzellen angemietet sind (U = 0,...,9)

$LKAP_{Ep,t}^{U}$ = Lagerraumkapazität durch Einperiodenlagerzellen des Unternehmens U am Ende der Periode t bzw. zu Beginn der Periode t+1 (U = 0,...,9)

Auf der Grundlage des Bruttolagerraumbedarfs, der Größe des Eigenlagers sowie der Anzahl und Größe der bereits angemieteten Mehrperiodenlagerzellen[59] kann die Anzahl der anzumietenden bzw. zu kündigenden Mehrperiodenlagerzellen bestimmt werden. Es gilt:

$$\Delta LZ_{Mp,t+1}^{U} = \left[\frac{LRB_{brt,t+1}^{U} - LKAP_{Eigen} - LZ_{Mp,t}^{U} \cdot LKAP_{Fremd}}{LKAP_{Fremd}} \right]^{+}$$

falls $\quad LRB_{brt,t+1}^{U} \geq LKAP_{Eigen} + LZ_{Mp,t}^{U} \cdot LKAP_{Fremd}$

bzw.

$$\Delta LZ_{Mp,t+1}^{U} = \left[\frac{LRB_{brt(Ep),t+1}^{U} - LKAP_{Eigen} - LZ_{Mp,t}^{U} \cdot LKAP_{Fremd}}{LKAP_{Fremd}} \right]^{+}$$

falls $\quad LRB_{brt(Ep),t+1}^{U} \geq LKAP_{Eigen} + LZ_{Mp,t}^{U} \cdot LKAP_{Fremd}$

$$\Delta LZ_{Mp,t+1}^{U} = \left[\frac{LRB_{brt,t+1}^{U} - LKAP_{Eigen} - LZ_{Mp,t}^{U} \cdot LKAP_{Fremd}}{LKAP_{Fremd}} \right]^{-}$$

falls $\quad LRB_{brt,t+1}^{U} \leq LKAP_{Eigen} + LZ_{Mp,t}^{U} \cdot LKAP_{Fremd}$

bzw.

---

[59] Die Anzahl der angemieteten Einperiodenlagerzellen bleibt unberücksichtigt, da diese nur kurzzeitig zur Verfügung stehen und nicht unmittelbar durch Entscheidungen der Teilnehmer angemietet werden können.

$$\Delta LZ^U_{Mp,t+1} = \left[\frac{LRB^U_{brt(Ep),t+1} - LKAP_{Eigen} - LZ^U_{Mp,t} \cdot LKAP_{Fremd}}{LKAP_{Fremd}} \right]^{-}$$

$$\text{falls} \quad LRB^U_{brt(Ep),t+1} \leq LKAP_{Eigen} + LZ^U_{Mp,t} \cdot LKAP_{Fremd}$$

$$\text{und} \quad LZ^U_{Mp,t} + \Delta LZ^U_{Mp,t+1} \geq 0 \qquad \text{für} \quad U = 0,...,9$$

mit

$\Delta LZ^U_{Mp,t}$ = Anzahl der mit Wirkung zum Beginn der Periode t anzumietenden bzw. zu kündigenden Mehrperiodenlagerzellen des Unternehmens U ($U = 0,...,9$)

Für den Bestand an Mehrperiodenlagerzellen gilt:

$$LZ^U_{Mp,t} = LZ^U_{Mp,t-1} + \Delta LZ^U_{Mp,t} \qquad \text{für} \quad U = 0,...,9$$

Der Bedarf an automatisch anzumietenden Einperiodenlagerzellen bei fehlender oder unzureichender Planung durch die Teilnehmer bestimmt sich wie folgt:

$$LZ^U_{Ep,t} = \left[\frac{LRB^U_{net,t} - LKAP_{Eigen} - LZ^U_{Mp,t} \cdot LKAP_{Fremd}}{LKAP_{Fremd}} \right]^{+}$$

$$\text{falls} \quad LRB^U_{net,t} > LKAP_{Eigen} + LZ^U_{Mp,t} \cdot LKAP_{Fremd}$$

$$LZ^U_{Ep,t} = 0$$

$$\text{falls} \quad LRB^U_{net,t} \leq LKAP_{Eigen} + LZ^U_{Mp,t} \cdot LKAP_{Fremd}$$

$$\text{für} \quad U = 0,...,9$$

Der innerbetriebliche Transport von Gütern und die Arbeiten bei deren Ein- und Auslagerung werden in dem Unternehmensspiel MARKUS unter dem Begriff *innerbetriebliche Güterbewegungen* subsumiert. Der Umfang der erforderlichen innerbetrieblichen Güterbewegungen wird in beförderten Lagerraumeinheiten pro Periode gemessen und setzt sich wie folgt zusammen.

$$IGB_t^U = \sum_{i=1}^{5}(x_{f_i,LZG,t}^{U,*} + x_{f_i,LAG,t}^{U,*}) \cdot LRB_f + \sum_{z=2}^{3}(x_{z_a,LZG,t}^{U,*} + x_{z_a,LAG,t}^{U,*}) \cdot LRB_z$$

$$+ \sum_{i=1}^{5}(\sum_{a=1}^{2}\sum_{b=1}^{2}(x_{e_{iab},LZG,t}^{U,*} + x_{e_{iab},LAG,t}^{U,*}) \cdot LRB_{e_b}$$

$$+ (x_{e_{i23},LZG,t}^{U,*} + x_{e_{i23},LAG,t}^{U,*}) \cdot LRB_{e_3} + (x_{e_{i34},LZG,t}^{U,*} + x_{e_{i34},LAG,t}^{U,*}) \cdot LRB_{e_4})$$

$$+ \sum_{m=1}^{20}(\sum_{a=1}^{2}\sum_{b=1}^{2}(x_{v_{miab},LZG,t}^{U,*} + x_{v_{miab},LAG,t}^{U,*}) \cdot LRB_{e_b}$$

$$+ (x_{v_{mi34},LZG,t}^{U,*} + x_{v_{mi34},LAG,t}^{U,*}) \cdot LRB_{e_4}) \cdot 1.000$$

für U = 0,...,9

mit

IGB_t^U = Innerbetriebliche Güterbewegungen des Unternehmens U in der Periode t
(U = 0,...,9)

$x_{f_i,LZG,t}^{U,*}$ = Lagerzugangsmenge im Unternehmen U an Basisfaktorart f_i in tausend Stück (aufgerundet) in der Periode t (U = 0,...,9; i = 1,...,5)

$x_{f_i,LAG,t}^{U,*}$ = Lagerabgangsmenge im Unternehmen U an Basisfaktorart f_i in tausend Stück (aufgerundet) in der Periode t (U = 0,...,9; i = 1,...,5)

$x_{z_a,LZG,t}^{U,*}$ = Lagerzugangsmenge im Unternehmen U an Zusatzfaktorart z_a in tausend Stück (aufgerundet) in der Periode t (U = 0,...,9; a = 2,3)

$x_{z_a,LAG,t}^{U,*}$ = Lagerabgangsmenge im Unternehmen U an Zusatzfaktorart z_a in tausend Stück (aufgerundet) in der Periode t (U = 0,...,9; a = 2,3)

$x_{e_{iab},LZG,t}^{U,*}$ = Lagerzugangsmenge im Unternehmen U an Erzeugnisart e_{iab} in tausend Stück (aufgerundet) in der Periode t
(U = 0,...,9; i = 1,...,5; (a;b) ∈ {(1;1), (1;2), (2;1), (2;2), (2;3), (3;4)})

$x_{e_{iab},LAG,t}^{U,*}$ = Lagerabgangsmenge im Unternehmen U an Erzeugnisart e_{iab} in tausend Stück (aufgerundet) in der Periode t
(U = 0,...,9; i = 1,...,5; (a;b) ∈ {(1;1), (1;2), (2;1), (2;2), (2;3), (3;4)})

$x^{U,*}_{v_{miab},LZG,t}$ = Lagerzugangsmenge im Unternehmen U an Produktverkaufseinheit v_{miab} in tausend Stück (aufgerundet) in der Periode t

(U = 0,...9; m = 1,...,20; i = 1,...,5; (a;b) ∈ {(1;1), (1;2), (2;1), (2;2), (3;4)})

$x^{U,*}_{v_{miab},LAG,t}$ = Lagerabgangsmenge im Unternehmen U an Produktverkaufseinheit v_{miab} in tausend Stück (aufgerundet) in der Periode t

(U = 0,...9; m = 1,...,20; i = 1,...,5; (a;b) ∈ {(1;1), (1;2), (2;1), (2;2), (3;4)})

Anhand der innerbetrieblichen Güterbewegungen, verknüpft mit dem von dem Lagerraumnutzungsgrad abhängigen Lagerarbeitsfaktor, kann die innerhalb einer Periode zu erbringende Güterbewegungsleistung ermittelt werden.

$$GBL^U_t = IGB^U_t \cdot LAF^U_t \qquad \text{für} \quad U = 0,...,9$$

mit

GBL^U_t = Güterbewegungsleistung des Unternehmens U in der Periode t (U = 0,...,9)

Die Güterbewegungsleistung kann in dem Unternehmensspiel von Lagerfachkräften und Lageraushilfskräften erbracht werden. Lagerfachkräfte stellen dem Unternehmen unbefristet ihre Arbeitskraft zur Verfügung, Neueinstellungen bzw. Kündigungen können die Teilnehmer mit Wirkung zum Beginn der Folgeperiode vornehmen. Lageraushilfskräfte werden dagegen im Unternehmensspiel automatisch und lediglich für die aktuelle Periode bereitgestellt, sofern die vorhandenen Lagerfachkräfte nicht ausreichen, um die erforderliche Güterbewegungsleistung auszuführen.

Der Lagerfachkräftebedarf in der Folgeperiode beruht auf der geplanten Güterbewegungsleistung. Entsprechend des Lagerfachkräftebedarfs und unter Berücksichtigung des Lagerfachkräftebestands kann die Anzahl der in der aktuellen Periode vorzunehmenden Neueinstellungen bzw. Kündigungen bestimmt werden.

$$LFK^U_{Bed,t+1} = \left[\frac{GBL^U_{t+1}}{LFK_{MLstg} \cdot 60 \cdot PAZ_{Lg}} \right]^+$$

$$\Delta LFK^U_{Bstd,t+1} = LFK^U_{Bed,t+1} - LFK^U_{Bstd,t}$$

$$\text{mit} \quad \Delta LFK^U_{Bstd,t+1} + LFK^U_{Bstd,t} \geq 0$$

$$\text{für} \quad U = 0,...,9$$

mit

$LFK_{Bed,t}^{U}$ = Bedarf an Lagerfachkräften im Unternehmen U in der Periode t (U = 0,...9)

$LFK_{Bstd,t}^{U}$ = Bestand an Lagerfachkräften im Unternehmen U in der Periode t (U = 0,...9)

$\Delta LFK_{Bstd,t}^{U}$ = Anzahl der Neueinstellungen bzw. Kündigungen von Lagerfachkräften im Unternehmen U in der Periode t-1 mit Wirkung in der Periode t (U = 0,...9)

LFK_{MLstg} = Leistung einer Lagerfachkraft pro Minute (Parameter 406)

PAZ_{Lg} = Arbeitszeit der Lagerfach- und Lageraushilfskräfte in Stunden pro Periode (Parameter 403)

Der Bedarf an automatisch bereitzustellenden Lageraushilfskräften wird kurzfristig für die aktuelle Periode aufgrund der zu erbringenden Güterbewegungsleistung und des Leistungspotentials der vorhandenen Lagerfachkräfte ermittelt. Dabei kann die quantitative Leistung jeder Lageraushilfskraft im Vergleich zu der einer Lagerfachkraft differieren.[60]

$$LHK_{Bed,t}^{U} = \left[\frac{GBL_{t}^{U} - LFK_{MLstg} \cdot 60 \cdot PAZ_{Lg} \cdot LFK_{Bstd,t}^{U}}{LFK_{MLstg} \cdot LHK_{LF} \cdot 60 \cdot PAZ_{Lg}} \right]^{+}$$

falls $\quad GBL_{t}^{U} > LFK_{MLstg} \cdot 60 \cdot PAZ_{Lg} \cdot LFK_{Bstd,t}^{U}$

$$LHK_{Bed,t}^{U} = 0$$

falls $\quad GBL_{t}^{U} \le LFK_{MLstg} \cdot 60 \cdot PAZ_{Lg} \cdot LFK_{Bstd,t}^{U}$

für $\quad$ U = 0,...,9

---

[60] Die quantitative Leistung einer Lageraushilfskraft im Vergleich zu einer Lagerfachkraft wird ausschließlich durch den Leistungsfaktor bestimmt. Darüber hinaus wird unterstellt, daß sich die Leistungen der Lagerfach- und Lageraushilfskräfte auch in qualitativer Hinsicht unterscheiden. Lagerfachkräfte erbringen, z.B. aufgrund von Ausbildung, Erfahrung etc., eine qualitativ bessere Leistung als Lageraushilfskräfte. Diese qualitativen Leistungsunterschiede wirken sich jedoch nicht unmittelbar im Unternehmen, sondern erst bei den Kunden (Handelsbetrieben) aus und führen ggf. zu einer Veränderung des Unternehmensimages. Siehe hierzu Abschnitt 6.8.3.

mit

$LHK_{Bed,t}^{U}$ = Bedarf an Lageraushilfskräften im Unternehmen U in der Periode t
(U = 0,...9)

LHK_{LF} = Leistungsfaktor von Lageraushilfskräften im Vergleich zu Lagerfachkräften
(Parameter 407)

Die Lagerhaltungsaufwendungen[61] eines Unternehmens im Unternehmensspiel setzen sich für jede Periode aus folgenden Einzelkomponenten zusammen:

- Abschreibung auf das Eigenlager,[62]
- Miete für die Ein- und Mehrperiodenlagerzellen,
- Löhne für die Lagerfach- und Lageraushilfskräfte sowie
- sonstige Aufwendungen für die Unterhaltung des Eigenlagers und des Fremdlagers.

$$LH_{Aufw,t}^{U} = \frac{AW_{Eigen}}{ND_{Eigen}} + LZM_{Ep,t} \cdot LZ_{Ep,t}^{U} + LZM_{Mp,t} \cdot LZ_{Mp,t}^{U}$$

$$+ (LFK_{LS,t} \cdot LFK_{Bstd,t}^{U} + LHK_{LS,t} \cdot LHK_{Bed,t}^{U}) \cdot PAZ_{Lg}$$

$$+ LH_{soA,Eigen,t} + LH_{soA,Fremd,t} \cdot (LZ_{Ep,t}^{U} + LZ_{Mp,t}^{U})$$

$$\text{für} \quad U = 0,...,9$$

mit

$LH_{Aufw,t}^{U}$ = Lagerhaltungsaufwendungen des Unternehmens U in der Periode t
(U = 0,...9)

---

[61] Die Daten, die im Unternehmensspiel den bewerteten Güterverbrauch bzw. die bewertete Gütererstellung betreffen und die den Teilnehmern in Form von Ergebnisberichten nach Abschluß jeder Periode bereitgestellt werden, repräsentieren Aufwendungen und Erträge. Die Ermittlung von Kosten und Leistungen, z.B. als Grundlage für Entscheidungen, bleibt den Leitern der Unternehmen überlassen. Zur Definition und Abgrenzung der Begriffe Aufwand und Kosten sowie Ertrag und Leistung vgl. z.B. Kilger, W.: (Einführung), S. 24 f.; Moews, D.: (Leistungsrechnung), S. 10 ff.; Schweitzer, M.; Küpper, H.-U.: (Systeme), S. 39 ff.; Eisele, W.: (Technik), S. 431 ff.; Wöhe, G.: (Einführung), S. 1011 ff.

[62] Zur Ermittlung der in jeder Periode zu verrechnenden Abschreibungsbeträge für die Nutzung des Eigenlagers wird die gleichmäßige Verteilung des Anschaffungswertes auf die Nutzungsdauer (lineare Abschreibung) vorgesehen. Am Ende der Nutzungsdauer wird kein Restwert erwartet. Zu den verschiedenen Methoden der Abschreibung vgl. z.B. Kilger, W.: (Einführung), S. 119 ff.; Wöhe, G.: (Einführung), S. 1121 ff.; Eisele, W.: (Technik), S. 407 ff.

AW_{Eigen}	=	Anschaffungswert des Eigenlagers (Parameter 1071)
ND_{Eigen}	=	Nutzungsdauer des Eigenlagers (Parameter 412)
$LZM_{Ep,t}$	=	Mietpreis je Einperiodenlagerzelle in der Periode t (Parameter 408)
$LZM_{Mp,t}$	=	Mietpreis je Mehrperiodenlagerzelle in der Periode t (Parameter 409)
$LFK_{LS,t}$	=	Lohnsatz je Lagerfachkraft und Stunde in der Periode t (Parameter 404)
$LHK_{LS,t}$	=	Lohnsatz je Lageraushilfskraft und Stunde in der Periode t (Parameter 405)
$LH_{soA,Eigen,t}$	=	sonstige Aufwendungen für das Eigenlager in der Periode t (Parameter 410)
$LH_{soA.Fremd.t}$	=	sonstige Aufwendungen je Fremdlagerzelle in der Periode t (Parameter 411)

Der Betrag der Lagerhaltungsaufwendungen, reduziert um den Teilbetrag der Abschreibungen für das Eigenlager, führt in der Periode zu Auszahlungen, in welcher der Aufwand anfällt.

4.6 Entscheidungen im materialwirtschaftlichen Bereich und Instrumente zu ihrer Vorbereitung

4.6.1 Überblick

Das in den vorangehenden Abschnitten dargestellte Teilmodell für den materialwirtschaftlichen Bereich des Unternehmensspiels MARKUS läßt eine Reihe von potentiellen Planungsaufgaben für die Teilnehmer entstehen. Diese sollen die Planungsaufgaben erkennen und je nach der zur Verfügung stehenden Zeit unter Berücksichtigung des Wirtschaftlichkeitsprinzips[63] lösen. Die Anzahl und der Umfang der materialwirtschaftlichen Planungsaufgaben wird vorwiegend durch die Gestaltung der Parameter von seiten der Spielleitung bestimmt. Insbesondere in dem Fall, daß der Schwerpunkt des Unternehmensspiels auf dem Marketingbereich des Unternehmens liegen soll, können einige oder im Extremfall alle materialwirtschaftlichen Planungen und Entscheidungen eliminiert werden, so daß sich die Komplexität des Spiels erheblich reduzieren läßt. Bei den nachfolgend dargestellten Fallbeispielen werden jeweils problemadäquat gestaltete Parameter zur Abbildung der Planungsaufgaben zugrunde gelegt.

---

[63] Zum Wirtschaftlichkeitsprinzip vgl. Schweitzer, M.: (Gegenstand), S. 36 f. Wie bereits in Abschnitt 3.2 erwähnt, wird in den Unternehmen die Verfolgung des Zieles *Maximierung der bis zum Ende der letzten Spielperiode kumulierten Periodenüberschüsse vor Steuern* unterstellt.

Die materialwirtschaftlichen Planungsaufgaben können vor allem aus

- der Bestimmung der wirtschaftlich günstigsten Güterbeschaffungsart,
- der Ermittlung der optimalen Bestellmenge und
- der Planung optimaler Lagerkapazitäten und Lagerpersonalmengen

bestehen.[64]

4.6.2 Bestimmung der wirtschaftlich günstigsten Güterbeschaffungsart und der optimalen Bestellmenge

Für die Beschaffung von Basisfaktoren, Zusatzfaktoren und Erzeugnissen stehen - wie bereits ausführlich dargestellt - insbesondere die Vorratsbeschaffung und die bedarfssynchrone Beschaffung sowie ggf. die Beschaffung von Konkurrenzunternehmen als Alternativen zur Auswahl. Die Beurteilung dieser Alternativen beinhaltet die Bestimmung des Güterbereitstellungswertes bei Fremdbezug auf der Grundlage *entscheidungsrelevanter Kosten*. Bereits 1923 stellte CLARK fest, daß *relevante Kosten* jene Kosten darstellen, die als Folge einer bestimmten Handlung entstehen und die nicht anfallen werden, wenn diese Maßnahme unterbleibt.[65] Nach KILGER versteht man unter den entscheidungsrelevanten Kosten eines Problems "diejenigen Kosten, deren Entstehung von den Entscheidungsparametern dieses Problems funktional abhängig"[66] ist.

Der *Güterbereitstellungswert bei Fremdbezug* für eine Güterart umfaßt im Unternehmensspiel MARKUS den Gütereinstandswert sowie die relevanten Lager- und Kapitalbindungskosten, die bis zur weiteren Verwendung der Gütermenge (z.B. Einsatz in der Produktion, Absatz an Kunden) anfallen werden. Die relevanten Lager- und Kapitalbindungskosten sind hierbei - ebenso wie die Gütereinstandswerte[67] - von der Beschaffungsart abhängig. Während bei bedarfssynchroner Beschaffung keine relevanten Lager- und Kapitalbindungskosten entstehen, sind diese bei Vorratsbeschaffung oder bei Beschaffung von Konkurrenzunternehmen i.d.R. zu berücksichtigen.[68]

---

[64]   Die mit der Materialwirtschaft *und* der Produktion verbundene Planungsaufgabe des Make or Buy wird in Abschnitt 5.4.1 aufgegriffen.

[65]   Vgl. Clark, J. M.: (Studies), S. 49.

[66]   Kilger, W.: (Verfahrenswahl), S. 162.

[67]   Siehe hierzu die Abschnitte 4.2 bis 4.4.

[68]   Je nach Parametergestaltung von seiten der Spielleitung wird der Gütereinstandswert bei Vorratsbeschaffung im Vergleich zu jenem bei bedarfssynchroner Beschaffung variieren. Sofern das Entscheidungsproblem zur Wahl der wirtschaftlich günstigsten Güterbeschaffungsart im Unternehmensspiel immanent sein soll, wird der Gütereinstandswert bei bedarfssynchroner Beschaffung jenen bei Vorratsbeschaffung übersteigen.

Die *Gütereinstandswerte* setzen sich, wie bereits in den Abschnitten 4.2 und 4.3 ausführlich dargestellt, aus den mit Preisen bewerteten Beschaffungsmengen und den Transportkosten zusammen. Bei der Prognose der Güterpreise durch die Teilnehmer ist zu berücksichtigen, daß die Vorratsbeschaffung mindestens eine Periode vor der bedarfssynchronen Beschaffung vorgenommen werden muß, wobei i.d.R. die Marktpreise in den beiden Betrachtungsperioden voneinander abweichen werden. Darüber hinaus ist der Preisaufschlag für bedarfssynchrone Beschaffung, der auf den Markt- bzw. Basispreis bezogen wird, in die Prognose einzubeziehen. Lediglich bei einer Beschaffung von Konkurrenzunternehmen besteht Sicherheit hinsichtlich der Güterpreise, da diese von den beteiligten Unternehmen ausgehandelt werden.

Die Teilnehmer können die von Spediteuren in Rechnung zu stellenden *Transportkosten* präzise im voraus berechnen. Sie setzen sich bei jeder Beschaffungs- und Güterart aus unterschiedlichen bestellmengenunabhängigen und bestellmengenabhängigen Komponenten zusammen.[69]

Die Planung der von der Beschaffungsart abhängigen *relevanten Lagerkosten* kann entweder vereinfachend auf der Prognose der zusätzlichen Lagerraum- und Lagerpersonalkosten bei einem von den Teilnehmern festzulegenden konstanten Lagerraumnutzungsgrad beruhen oder im Rahmen einer Grenzkostenbetrachtung bei der Bestimmung der optimalen Lagerkapazität und der optimalen Lagerpersonalmengen durchgeführt werden.[70]

Die *relevanten Kapitalbindungskosten* sind in den Vorteilhaftigkeitsvergleich einzubeziehen, falls liquide Mittel zu verschiedenen Zeitpunkten in unterschiedlichem Ausmaß gebunden sind. Wird die Vorratsbeschaffung oder die Beschaffung von Konkurrenzunternehmen eine Periode vor der Weiterverwendung der Güter vorgenommen, fallen die Zahlungen für die Gütereinstandswerte an die Lieferanten und Spediteure in der gleichen Periode an wie jene bei bedarfssynchroner Beschaffung und es entstehen bei allen Beschaffungsarten keine Kapitalbindungskosten. Dagegen führen die zuvor betrachteten relevanten Lagerkosten in unterschiedlichen Perioden zu Auszahlungen.

---

[69] Siehe hierzu die Abschnitte 4.2 bis 4.4.

[70] Zu den unterschiedlichen Vorgehensweisen siehe die Fallbeispiele 4.6.2 und 4.6.3.

Fallbeispiel 4.6.2 - Problemstellung

Unternehmen 1 plant zu Beginn der 3. Periode die Beschaffung der zur Produktion von 50.000 Stück e_{211} (Produktionslos 8) und von 200.000 Stück e_{212} (Produktionlos 9) in der 5. Periode benötigten Materialien. Diese können entweder durch Vorratsbeschaffung in der 4. Periode oder durch bedarfssynchrone Beschaffung in der 5. Periode bereitgestellt werden. Den Nettolagerraumbedarf und die innerbetrieblichen Güterbewegungen - ohne Berücksichtigung der zu untersuchenden Materialbeschaffung - sowie die zugrunde zu legenden Parameter geben die nachfolgenden Tabellen wieder.

	Nettolagerraumbedarf und innerbetriebliche Güterbewegungen		
t	$LRB^1_{net,t-1}$ in (LRE)	IGB^1_t in (LRE / Periode)	$LRB^1_{net,t}$ in (LRE)
4	98.000	159.600	97.800
5	97.800	180.100	91.700

Einsatzmenge an Basisfaktoren je Stück e_{i11}	1
Einsatzmenge an Basisfaktoren je Stück e_{i12}	2
Einsatzmenge an Zusatzfaktoren je Stück e_{i11}	0
Einsatzmenge an Zusatzfaktoren je Stück e_{i12}	0

bestellmengenunabhängige TE je Lieferung von Basisfaktoren	
- bei bedarfssynchroner Beschaffung	4 TE
- bei Vorratsbeschaffung	15 TE
bestellmengenabhängige TE je Lieferung von Basisfaktoren	
- bei bedarfssynchroner Beschaffung	12 TE
- bei Vorratsbeschaffung	6 TE
Transportkostensatz	
- je bestellmengenunabhängiger TE	5.000 DM/TE
- je bestellmengenabhängiger TE	0,02 DM/TE

Anschaffungswert des Eigenlagers	4.500.000 DM
Nutzungsdauer des Eigenlagers	40 Perioden
Kapazität des Eigenlagers	50.000 LRE
Miete je Mehrperiodenlagerzelle	90.000 DM / Periode
Miete je Einperiodenlagerzelle	100.000 DM / Periode
Kapazität je Fremdlagerzelle	3.000 LRE
Lohnsatz Lagerfachkräfte	60 DM / Std.
Lohnsatz Lageraushilfskräfte	52 DM / Std.
Periodenarbeitszeit Lagerkräfte	180 Std. / Periode
Minutenleistung Lagerfachkräfte	20 LRE / Min
Leistungsfaktor Lageraushilfskräfte	0,8
sonst. Aufwand Eigenlager	50.000 DM / Periode
sonst. Aufwand je Fremdlagerzelle	3.200 DM / Periode
Minimaler Lagerarbeitsfaktor	600
Anpassungsfaktor (LAF)	0,4
Lagerraumbedarf je 1.000 Stück f_i	2 LRE
Lagerraumbedarf je 1.000 Stück e_{i11}	3 LRE
Lagerraumbedarf je 1.000 Stück e_{i12}	5 LRE

Bei bedarfssynchroner Beschaffung prognostiziert die Unternehmensleitung einen Basisfaktorstückpreis (incl. Zuschlag) von 3,10 DM in Periode 5 im Vergleich zu 2,95 DM bei Vorratsbeschaffung in der 4. Periode. Im Lager, das sich in der 3. Periode aus dem Eigenlager und 27 Mehrperiodenlagerzellen zusammensetzt, sollen ausschließlich Lagerfachkräfte beschäftigt werden; es wird ein Lagerraumnutzungsgrad von 70% angestrebt. Der Kalkulationszinssatz zur Ermittlung der relevanten Kapitalbindungskosten beträgt 8%.

Das Unternehmen sucht unter den gegebenen Rahmenbedingungen die wirtschaftlichste Beschaffungsart zur Durchführung der geplanten Produktion.

Fallbeispiel 4.6.2 - Lösung

Zur Lösung des Problems soll vorab darauf hingewiesen werden, daß aufgrund der Rahmenbedingungen einige Aspekte außer Betracht bleiben, die bei anderen Daten- und Parameterkonstellationen einzubeziehen wären, z.b.:

- die Beschäftigung von Lagerhilfskräften,
- die Anmietung von Einperiodenlagerzellen, falls der Lagerraumnutzungsgrad nicht vorgegeben ist,
- die Einbeziehung des Eigenlagers, falls dieses nicht bereits durch andere Güter in Anspruch genommen wird,
- die Minimierung der Lagerkosten bei den zu betrachtenden Beschaffungsalternativen.

Zur Produktion der beiden Lose sind entsprechend der Stückliste 450.000 f_2 zu beschaffen. Zusatzfaktoren werden nicht benötigt. Bei bedarfssynchroner Beschaffung und bei Vorratsbeschaffung werden folgende Materialeinstandswerte erwartet:

$$EW^1_{f_2,syn,8,5} = 50.000 \cdot 1 \cdot (3,10 + 0,02 \cdot 12) + 4 \cdot 5.000 = 187.000$$

$$EW^1_{f_2,syn,9,5} = 200.000 \cdot 2 \cdot (3,10 + 0,02 \cdot 12) + 4 \cdot 5.000 = 1.356.000$$

$$EW^1_{f_2,vbs,8+9,5} = 450.000 \cdot (2,95 + 0,02 \cdot 6) + 15 \cdot 5.000 = 1.456.500$$

mit

$EW^U_{f_i,syn,\ell_{EH},t}$ = Einstandswert der von Unternehmen U bedarfssynchron beschafften Basisfaktoren f_i zur Produktion der Erzeugnisse von Los ℓ_{EH} in Periode t
($U = 0,...,9; i = 1,...,5; \ell_{EH} = 1,...,L_{EH}$)

$EW^U_{f_i,vbs,\ell_{EH},t}$ = Einstandswert der von Unternehmen U durch Vorratsbeschaffung in t-1 beschafften Basisfaktoren f_i zur Produktion der Erzeugnisse von Los ℓ_{EH} in Periode t ($U = 0,...,9; i = 1,...,5; \ell_{EH} = 1,...,L_{EH}$)

Zur Lagerung der Basisfaktoren am Ende der 4. Periode und zu Beginn der 5. Periode ist jeweils ein zusätzlicher Nettolagerraumbedarf ($\Delta LRB^1_{net,4}$) erforderlich.

$$\Delta LRB^1_{net,4} = \left[\frac{450.000}{1.000} \right]^+ \cdot 2 = 900$$

Zur Ermittlung der Lageraufwendungen in den Perioden 4 und 5 bei Vorratsbeschaffung der Basisfaktoren wird für jede Periode auf der Grundlage der Nettolagerraumbedarfe und des geplanten Lagerraumnutzungsgrads der Bruttolagerraumbedarf und hieraus die Anzahl der erforderlichen Mehrperiodenlagerzellen berechnet. Aufgrund der nur im Umfang ganzer Zahlen anzumietenden Fremdlagerzellen ist der zu erwartende Lagerraumnutzungsgrad, der ggf. in geringem Maß von dem zuvor geplanten Lagerraumnutzungsgrad abweichen kann, auf der Basis der vorgesehenen Lagerraumkapazitäten zu bestimmen. Aus dem erwarteten Lagerraumnutzungsgrad wird der Lagerarbeitsfaktor hergeleitet, der zusammen mit den innerbetrieblichen Güterbewegungen die Güterbewegungsleistung determiniert. Diese bildet die Grundlage zur Bestimmung der Anzahl der erforderlichen Lagerfachkräfte und somit eines wesentlichen Teils der Lageraufwendungen.

$$LRB^1_{brt,4} = \left\lceil \frac{98.000 + (97.800 + 900)}{70} \cdot \frac{100}{2} \right\rceil^+ = 140.500$$

$$\Delta LZ^1_{Mp,4} = \left\lceil \frac{140.500 - 50.000 - 27 \cdot 3.000}{3.000} \right\rceil^+ = 4$$

$$LZ^1_{Mp,4} = 27 + 4 = 31$$

$$LKAP^1_{AB,4} = LKAP^1_{EB,4} = 50.000 + 31 \cdot 3.000 = 143.000$$

$$LNG^1_{\varnothing,4} = \left\lceil \frac{\left\lceil \frac{98.000 \cdot 100}{143.000} \right\rceil^+ + \left\lceil \frac{(97.800 + 900) \cdot 100}{143.000} \right\rceil^+}{2} \right\rceil^+ = 70$$

$$LAF^1_4 = \left\lceil (70 - 60)^2 \cdot 0,4 \right\rceil^+ + 600 = 640$$

$$GBL^1_4 = (159.600 + 900) \cdot 640 = 102.720.000$$

$$LFK^1_{Bed,4} = \left\lceil \frac{102.720.000}{20 \cdot 60 \cdot 180} \right\rceil^+ = 476$$

$$LH^1_{Aufw,4} = \frac{4.500.000}{40} + 90.000 \cdot 31 + 60 \cdot 476 \cdot 180 + 50.000$$

$$+ 3.200 \cdot 31 = 8.192.500$$

$$LRB_{brt,5}^l = \left[\frac{97.800 + 900 + 91.700}{70} \cdot \frac{100}{2}\right]^+ = 136.000$$

$$\Delta LZ_{Mp,5}^l = \left[\frac{136.000 - 50.000 - 31 \cdot 3.000}{3.000}\right]^- = -2$$

$$LZ_{Mp,5}^l = 31 - 2 = 29$$

$$LKAP_{AB,5}^l = LKAP_{EB,5}^l = 50.000 + 29 \cdot 3.000 = 137.000$$

$$LNG_{\varnothing,5}^l = \left[\frac{\left[\frac{(97.800 + 900) \cdot 100}{137.000}\right]^+ + \left[\frac{91.700 \cdot 100}{137.000}\right]^+}{2}\right]^+ = 70$$

$$LAF_5^l = \left[(70 - 60)^2 \cdot 0,4\right]^+ + 600 = 640$$

$$GBL_5^l = (180.100 + 900) \cdot 640 = 115.840.000$$

$$LFK_{Bed,5}^l = \left[\frac{115.840.000}{20 \cdot 60 \cdot 180}\right]^+ = 537$$

$$LH_{Aufw,5}^l = \frac{4.500.000}{40} + 90.000 \cdot 29 + 60 \cdot 537 \cdot 180 + 50.000$$

$$+ 3.200 \cdot 29 = 8.664.900$$

Die Ermittlung der Lageraufwendungen ohne Berücksichtigung der Vorratsbeschaffung von Basisfaktoren bzw. bei deren bedarfssynchroner Beschaffung erfolgt in analoger Weise.

$$LRB_{brt,4}^l = \left[\frac{98.000 + 97.800}{70} \cdot \frac{100}{2}\right]^+ = 139.858$$

$$\Delta LZ_{Mp,4}^l = \left[\frac{139.858 - 50.000 - 27 \cdot 3.000}{3.000}\right]^+ = 3$$

$$LZ_{Mp,4}^l = 27 + 3 = 30$$

$$LKAP_{AB,4}^l = LKAP_{EB,4}^l = 50.000 + 30 \cdot 3.000 = 140.000$$

$$LNG_{\varnothing,4}^1 = \left[\frac{\left[\frac{98.000 \cdot 100}{140.000}\right]^+ + \left[\frac{97.800 \cdot 100}{140.000}\right]^+}{2}\right]^+ = 70$$

$$LAF_4^1 = \left[(70-60)^2 \cdot 0,4\right]^+ + 600 = 640$$

$$GBL_4^1 = 159.600 \cdot 640 = 102.144.000$$

$$LFK_{Bed,4}^1 = \left[\frac{102.144.000}{20 \cdot 60 \cdot 180}\right]^+ = 473$$

$$LH_{Aufw,4}^1 = \frac{4.500.000}{40} + 90.000 \cdot 30 + 60 \cdot 473 \cdot 180 + 50.000$$

$$+ 3.200 \cdot 30 = 8.066.900$$

$$LRB_{brt,5}^1 = \left[\frac{97.800 + 91.700}{70} \cdot \frac{100}{2}\right]^+ = 135.358$$

$$\Delta LZ_{Mp,5}^1 = \left[\frac{135.358 - 50.000 - 30 \cdot 3.000}{3.000}\right]^- = -1$$

$$LZ_{Mp,5}^1 = 30 - 1 = 29$$

$$LKAP_{AB,5}^1 = LKAP_{EB,5}^1 = 50.000 + 29 \cdot 3.000 = 137.000$$

$$LNG_{\varnothing,5}^1 = \left[\frac{\left[\frac{97.800 \cdot 100}{137.000}\right]^+ + \left[\frac{91.700 \cdot 100}{137.000}\right]^+}{2}\right]^+ = 70$$

$$LAF_5^1 = \left[(70-60)^2 \cdot 0,4\right]^+ + 600 = 640$$

$$GBL_5^1 = 180.100 \cdot 640 = 115.264.000$$

$$LFK^1_{Bed,5} = \left[\frac{\left[(70-60)^2 \cdot 0,4 + 600 \right]^- \cdot 180.100}{20 \cdot 60 \cdot 180} \right]^+ = 534$$

$$LH^1_{Aufw,5} = \frac{4.500.000}{40} + 90.000 \cdot 29 + 60 \cdot 534 \cdot 180 + 50.000$$

$$+ 3.200 \cdot 29 = 8.632.500$$

Bei bedarfssynchroner Beschaffung fallen keine relevanten Lagerkosten an. Bei Vorratsbeschaffung sind dagegen relevante Lagerkosten zu berücksichtigen, die kausal auf diese Handlung zurückzuführen sind; sie können als Differenzen der Lageraufwendungen der Perioden 4 und 5 bei Vorratsbeschaffung und bei Unterlassung der Vorratsbeschaffung ermittelt werden.

$$LK^{1,rel}_{f_2,syn,8+9,5} = 0$$

$$LK^{1,rel}_{f_2,vbs,8+9,5} = \left(8.192.500 - 8.066.900 \right) + \left(8.664.900 - 8.632.500 \right)$$

$$LK^{1,rel}_{f_2,vbs,8+9,5} = 158.000$$

mit

$LK^{U,rel}_{f_i,syn,\ell_{EH},t}$ = Relevante Lagerkosten bei bedarfssynchroner Beschaffung der Basisfaktorart f_i des Unternehmens U zur Herstellung der Erzeugnisse von Los ℓ_{EH} in Periode t (U = 0,...,9; i = 1,...,5; ℓ_{EH} = 1,...,L_{EH})

$LK^{U,rel}_{f_i,vbs,\ell_{EH},t}$ = Relevante Lagerkosten bei Vorratsbeschaffung der Basisfaktorart f_i des Unternehmens U zur Herstellung der Erzeugnisse von Los ℓ_{EH} in Periode t (U = 0,...,9; i = 1,...,5; ℓ_{EH} = 1,...,L_{EH})

Bei bedarfssynchroner Beschaffung fallen alle relevanten Zahlungen am Ende der 5. Periode an, sodaß relevante Kapitalbindungskosten nicht entstehen werden. Dagegen wird bei Vorratsbeschaffung jener Teil der relevanten Lagerkosten, der auf die 4. Periode entfällt, an dessen Ende auszahlungswirksam. Daraus resultieren die folgenden Kapitalbindungskosten:

$$KK^{1,rel}_{f_2,syn,8+9,5} = 0$$

$$KK^{1,rel}_{f_2,vbs,8+9,5} = \left(8.192.500 - 8.066.900 \right) \cdot 0,08 = 10.048$$

mit

$KK_{f_i,syn,\ell_{EH},t}^{U,rel}$ = Relevante Kapitalbindungskosten bei bedarfssynchroner Beschaffung der Basisfaktorart f_i in Unternehmen U zur Herstellung der Erzeugnisse von Los ℓ_{EH} in Periode t (U = 0,...,9; i = 1,...,5; ℓ_{EH} = 1,...,L_{EH})

$KK_{f_i,vbs,\ell_{EH},t}^{U,rel}$ = Relevante Kapitalbindungskosten bei Vorratsbeschaffung der Basisfaktorart f_i in Unternehmen U zur Herstellung der Erzeugnisse von Los ℓ_{EH} in Periode t (U = 0,...,9; i = 1,...,5; ℓ_{EH} = 1,...,L_{EH})

Unter Berücksichtigung der Einstandswerte und der relevanten Kosten sind folgende Güterbereitstellungswerte bei den verschiedenen Arten des Fremdbezugs zugrunde zu legen:

$$BWF_{f_2,syn,8+9,5}^{1} = \underbrace{187.000}_{EW_{f_2,syn,8,5}^{1}} + \underbrace{1.356.000}_{EW_{f_2,syn,9,5}^{1}} = 1.543.000$$

$$BWF_{f_2,vbs,8+9,5}^{1} = \underbrace{1.456.500}_{EW_{f_2,vbs,8+9,5}^{1}} + \underbrace{158.000}_{LK_{f_2,vbs,8+9,5}^{1,rel}} + \underbrace{10.048}_{KK_{f_2,vbs,8+9,5}^{1,rel}}$$

$$BWF_{f_2,vbs,8+9,5}^{1} = 1.624.548$$

mit

$BWF_{f_i,syn,\ell_{EH},t}^{U,rel}$ = Relevanter Bereitstellungswert bei bedarfssynchroner Beschaffung der Basisfaktorart f_i in Unternehmen U zur Herstellung der Erzeugnisse von Los ℓ_{EH} in Periode t (U = 0,...,9; i = 1,...,5; ℓ_{EH} = 1,...,L_{EH})

$BWF_{f_i,vbs,\ell_{EH},t}^{U,rel}$ = Relevanter Bereitstellungswert bei Vorratsbeschaffung der Basisfaktorart f_i in Unternehmen U zur Herstellung der Erzeugnisse von Los ℓ_{EH} in Periode t (U = 0,...,9; i = 1,...,5; ℓ_{EH} = 1,...,L_{EH})

In dem Beispiel stellt sich die bedarfssynchrone Beschaffung der Basisfaktoren als wirtschaftlichste Beschaffungsalternative für Unternehmen 1 heraus. Für die Produktion in der 5. Periode entstehen bei bedarfssynchroner Beschaffung um 81.548 DM geringere Kosten als bei Vorratsbeschaffung.

Sofern die bedarfssynchrone Beschaffung - aufgrund der Parametergestaltung - nicht grundsätzlich die wirtschaftlichste Beschaffungsart darstellt, können die Unternehmen bei Vorratsbeschaffung versuchen, durch Bündelung mehrerer Einzelbestellungen die Bestellmengen zu optimieren.[71] Hierbei ist für jede Güterart zu prüfen, ob die Bestellung jedes einzelnen Periodenbedarfs in der jeweiligen Vorperiode erfolgen soll oder ob die gemeinsame Bestellung der Bedarfe mehrerer aufeinanderfolgender Perioden vorteilhafter ist.

Bei der Optimierung der Bestellmengen im Unternehmensspiel sind - analog zu der vorherigen materialwirtschaftlichen Planungsaufgabe - die Gütereinstandswerte sowie die relevanten Lager- und Kapitalbindungskosten, soweit sie die Höhe der Bestellmenge beeinflussen, in Form einer Grenzkostenbetrachtung näher zu analysieren.

Die *Güterpreise* werden i.d.R. in jeder Periode in Abhängigkeit von der Nachfrage der Unternehmen[72] schwanken. Soweit diese zeitlichen Preisänderungen prognostiziert werden können, sind sie in die Betrachtung einzubeziehen. Dabei wird sich die Prognose für die Teilnehmer außerordentlich schwierig gestalten, da u.a. das eigene Nachfrageverhalten auf die Marktpreisbildung Einfluß nimmt. Die Bündelung der Bedarfe mehrerer Perioden, insbesondere durch mehrere Unternehmen und u.U. im gleichen Bestellrhythmus, wird - je nach Parametergestaltung - zu drastischen Preisschwankungen von Periode zu Periode führen.

Die bestellmengenabhängige Komponente der *Transportkosten* kann bei der Bestimmung der optimalen Bestellmenge unberücksichtigt bleiben, da die Bestellmenge die Höhe dieser Kosten nicht beeinflußt. Dagegen ist die bestellmengenunabhängige Transportkostenkomponente in die Analyse einzubeziehen.

Bei der Bestimmung *relevanter Lagerkosten* können die Lagerpersonalkosten vernachlässigt werden, sofern unterstellt wird, daß der Lagerraumnutzungsgrad in den Betrachtungsperioden gleich sein wird. Zu berücksichtigen sind jedoch die - je nach Bestellpolitik - in unterschiedlicher Höhe anfallenden Lagerraumkosten.

---

[71] Eine Optimierung der Bestellmenge kann grundsätzlich auch bei dem Handel mit konkurrierenden Unternehmen erfolgen, sofern ein Unternehmen regelmäßig Güter anbietet oder nach Kundenbedarf produziert.

[72] Vgl. hierzu die Abschnitte 4.2 und 4.3.

Werden die Bedarfe mehrerer aufeinanderfolgender Perioden in einer Bestellung zusammengefaßt und somit einige Güter vorzeitig bestellt, dann fallen dementsprechend Zahlungen früher an. Zu diesen zählen im einzelnen:

- die mit Marktpreisen bewerteten Gütermengen,
- die darauf entfallenden bestellmengenabhängigen Transportkosten,
- die diesen Gütermengen zurechenbaren Lagerpersonalkosten und
- die zusätzlich anfallenden Lagerraumkosten.

Aus der höheren Kapitalbindung sind unter Zugrundelegung eines Kalkulationszinssatzes die *relevanten Kapitalbindungskosten* zu ermitteln.

Die Bestimmung der optimalen Bestellmenge im Unternehmensspiel MARKUS kann in Anlehnung an das von WAGNER und WHITIN 1959 präsentierte deterministische dynamische Modell[73] zur Lagerhaltung vorgenommen werden. Auf die Darstellung eines Fallbeispiels wird an dieser Stelle verzichtet.[74]

4.6.3 Planung optimaler Lagerkapazitäten und Lagerpersonalmengen

In dem vorliegenden Unternehmensspiel sind die Lagerkapazität und die Lagerpersonalmenge in einer Periode optimal, wenn

- die am Anfang und Ende einer Periode bereitstehenden Lagerkapazitäten ausreichen, alle vorhandenen Güter zu lagern,
- die eingestellten Lagerfach- und Lageraushilfskräfte in der Lage sind, alle in der Periode zur Güterein- und -auslagerung erforderlichen innerbetrieblichen Güterbewegungsleistungen zu erbringen und
- die Summe aller Lageraufwendungen in der Periode minimal ist.

Die in dem vorangehenden Abschnitt vorgenommene Beschreibung der Lagerhaltung und des innerbetrieblichen Transportes verdeutlicht bereits die Interdependenzen zwischen der Planung der Lagerkapazitäten (Bruttolagerraumbedarf) einerseits und der Lagerpersonalmenge (Anzahl der Lagerfach- und Lageraushilfskräfte) andererseits sowie deren Auswirkungen auf die Lageraufwendungen. Eine Minimierung der Lageraufwendungen[75] kann demzufolge nur

---

73 Vgl. Wagner, H. M.; Whitin, T. M.: (Model).

74 Zur Darstellung allgemeiner Fallbeispiele zu dem Modell von WAGNER und WHITIN vgl. z.B. Bloech, J.; Rottenbacher, S.: (Materialwirtschaft), S. 144 ff.; Bogaschewsky, R.: (Materialdisposition), S. 38 ff.; Bogaschewsky, R.: (Beschaffungsbereich), S. 858 f.

75 Eine Minimierung der Lagerkosten kann in analoger Weise vorgenommen werden. Hierzu sind die Lageraufwendungen von den Teilnehmern um eventuelle neutrale Aufwendungen, Anderskosten und Zusatz-

bei simultaner Planung der Lagerkapazitäten und der Lagerpersonalmengen erfolgen. Die Formulierung eines entsprechenden Modells beruht auf der Annahme, daß die Beschaffungs-, Produktions- und Absatzmengen und somit die daraus resultierenden innerbetrieblichen Güterbewegungen sowie die Lagerbestände am Beginn und am Ende der Periode und damit die Nettolagerraumbedarfe vorgegeben sind; als Zielsetzung wird die Lageraufwandsminimierung verfolgt.

Mathematisch kann das Modell wie folgt formuliert werden:

Zielfunktion:

$$\frac{AW_{Eigen}}{ND_{Eigen}} + LZM_{Ep,t} \cdot LZ_{Ep,t}^{U} + LZM_{Mp,t} \cdot LZ_{Mp,t}^{U}$$

$$+ (LFK_{LS,t} \cdot LFK_{Bed,t}^{U} + LHK_{LS,t} \cdot LHK_{Bed,t}^{U}) \cdot PAZ_{Lg}$$

$$+ LH_{soA,Eigen,t} + LH_{soA,Fremd,t} \cdot (LZ_{Ep,t}^{U} + LZ_{Mp,t}^{U}) \Rightarrow Min!$$

für $U = 0,...,9$

Nebenbedingungen:[76]

$$PAZ_{Lg} \cdot 60 \cdot LFK_{MLstg} \cdot (LFK_{Bed,t}^{U} + LHK_{LF} \cdot LHK_{Bed,t}^{U}) \geq GBL_{t}^{U}$$

$$LKAP_{Eigen} + (LZ_{Mp,t}^{U} + LZ_{Ep,t-1}^{U}) \cdot LKAP_{Fremd} \geq LRB_{net,t-1}^{U}$$

$$LKAP_{Eigen} + (LZ_{Mp,t}^{U} + LZ_{Ep,t}^{U}) \cdot LKAP_{Fremd} \geq LRB_{net,t}^{U}$$

$LZ_{Ep,t}^{U} \geq 0$ und ganzzahlig

$LZ_{Mp,t}^{U} \geq 0$ und ganzzahlig

$LFK_{Bed,t}^{U} \geq 0$ und ganzzahlig

$LHK_{Bed,t}^{U} \geq 0$ und ganzzahlig

für $U = 0,...,9$

---

kosten zu korrigieren. Zu den Begriffen Anderskosten und Zusatzkosten vgl. Kilger, W.: (Einführung), S. 25; Eisele, W.: (Technik), S. 432 f.

[76]   Zur Definition des Güterbewegungsleistung siehe Abschnitt 4.5.

Die Zielfunktion bildet die zu minimierenden Aufwendungen ab. Die Nebenbedingungen sollen sicherstellen, daß zum einen das Lagerpersonal die erforderliche Güterbewegungsleistung erbringt und zum anderen die Lagerkapazitäten am Beginn und am Ende der Periode ausreichen, um die vorhandenen Güter zu lagern. Darüber hinaus gewährleisten die Nichtnegativitäts- und Ganzzahligkeitsbedingungen, daß die Variablen des Modells ($LZ_{Ep,t}^U$, $LZ_{Mp,t}^U$, $LFK_{Bed,t}^U$ und $LHK_{Bed,t}^U$) keine unzulässigen Ausprägungen annehmen. Die Parameter $LRB_{net,t-1}^U$, $LRB_{net,t}^U$ und IGB_t^U (als Komponente von GBL_t^U) werden von den Teilnehmern, alle weiteren Parameter von der Spielleitung bestimmt.

Fallbeispiel 4.6.3 - Problemstellung

Zu Beginn der 3. Periode plant Unternehmen 1 eine Optimierung der Lageraufwendungen der 4. Periode bei vorgegebenen Werten für Nettolagerraumbedarf und innerbetrieblichen Güterbewegungen.

Nettolagerraumbedarf und innerbetriebliche Güterbewegungen			
t	$LRB_{net,t-1}^1$ in (LRE)	IGB_t^1 in (LRE / Periode)	$LRB_{net,t}^1$ in (LRE)
4	98.000	159.600	97.800

Es kann davon ausgegangen werden, daß am Ende der 3. Periode keine Einperiodenlagerzellen angemietet werden. Die zugrunde zu legenden Parameter entsprechen jenen des Fallbeispiels 4.6.2.

Es soll zunächst ein Modell zur simultanen Planung der Lagerkapazitäten und der Lagerpersonalmengen bei Minimierung der Lageraufwendungen erstellt und anschließend dessen Optimallösung präsentiert werden.

Fallbeispiel 4.6.3 - Lösung

Zielfunktion:

$$\frac{4.500.000}{40} + 100.000 \cdot LZ_{Ep,4}^1 + 90.000 \cdot LZ_{Mp,4}^1$$

$$+ (60 \cdot LFK_{Bed,4}^1 + 52 \cdot LHK_{Bed,4}^1) \cdot 180$$

$$+ 50.000 + 3.200 \cdot (LZ_{Ep,4}^1 + LZ_{Mp,4}^1) \Rightarrow Min!$$

Nebenbedingungen:

$$180 \cdot 60 \cdot 20 \cdot (LFK^1_{Bed,4} + 0,8 \cdot LHK^1_{Bed,4}) \geq 159.600 \cdot LAF^1_4$$

$$50.000 + (LZ^1_{Mp,4} + 0) \cdot 3.000 \geq 98.000$$

$$50.000 + (LZ^1_{Mp,4} + LZ^1_{Ep,4}) \cdot 3.000 \geq 97.800$$

$LZ^1_{Ep,4} \geq 0$ und ganzzahlig

$LZ^1_{Mp,4} \geq 0$ und ganzzahlig

$LFK^1_{Bed,4} \geq 0$ und ganzzahlig

$LHK^1_{Bed,4} \geq 0$ und ganzzahlig

Die Lösung des nichtlinearen ganzzahligen Problems kann unter Einsatz von elektronischen Datenverarbeitungsanlagen und geeigneter Software vorgenommen werden; hierbei ergibt sich:

$$LZ^1_{Ep,4} = 0, \quad LZ^1_{Mp,4} = 30, \quad LFK^1_{Bed,4} = 473, \quad LHK^1_{Bed,4} = 0$$

Daraus folgt für den Lagerraumnutzungsgrad und die Lageraufwendungen:

$$LNG^1_{\varnothing,4} = 70, \quad LH^1_{Aufw,4} = 8.066.900$$

Unternehmen 1 kann auf der Grundlage der geplanten innerbetrieblichen Güterbewegungen und des Nettolagerraumbedarfs die Lageraufwendungen der Folgeperiode minimieren, indem zu Beginn der 4. Periode der Lagerfachkräftebestand auf 473 Mitarbeiter und der Bestand an Mehrperiodenlagerzellen auf 30 Zellen gesteigert bzw. reduziert werden. Der Lagerraumnutzungsgrad wird dabei 70% betragen und die Lageraufwendungen werden in Höhe von 8.066.900 DM anfallen.

5 Produktion im Unternehmensspiel MARKUS

5.1 Struktur der Produktion

Nach GUTENBERG versteht man unter *Produktion* einen Prozeß, in dem die Elementarfaktoren (objektbezogene Arbeit, Betriebsmittel und Werkstoffe), gelenkt durch den dispositiven Faktor, miteinander kombiniert und in andere Güter umgewandelt werden.[1] In dem Unternehmensspiel MARKUS besteht die Produktion, wie Abbildung 5.1-1 verdeutlicht, aus zwei Teilprozessen.

Bei der *Erzeugnisherstellung* werden in einem mehrstufigen Prozeß bis zu drei Fertigungs- und eine Verpackungsanlage(n) einbezogen, welche die eingesetzten Basis- und ggf. Zusatzfaktoren unter Verbrauch von Betriebsstoffen in Erzeugnisse transformieren. Verschiedene Erzeugnisarten können zeitlich nacheinander unter Einsatz bestimmter Fertigungs- und Verpackungsanlagen im Rahmen einer Sortenfertigung[2] hergestellt werden. Zwischen jeweils zwei zu produzierenden Losen sind die Anlagen umzurüsten.

Frühestens eine Periode nach der Erzeugnisherstellung können die Erzeugnisarten in einem einstufigen Prozeß unter Einsatz von Markierungsmitteln und bei Verbrauch von Betriebsstoffen zu Produktarten markiert und zu Produktverkaufseinheiten zusammengefaßt werden. Dieser zweite Produktionsteilprozeß wird hier als *Produktverkaufseinheitenherstellung* bezeichnet und erfolgt ebenfalls als Sortenfertigung. Im Gegensatz zur Erzeugnisherstellung, die nicht notwendigerweise in den Unternehmen selbst erfolgen muß, da die Erzeugnisse auf dem Markt oder von Konkurrenzunternehmen beschafft werden können, erfordert der Absatz an Konsumenten in jedem Fall die vorherige Eigenherstellung von Produktverkaufseinheiten.

Die zur Erzeugnisherstellung erforderlichen Basis- und Zusatzfaktoren sowie die zur Produktverkaufseinheitenherstellung notwendigen Erzeugnisse werden entweder durch innerbetrieblichen Transport aus dem Lager oder durch bedarfssynchrone Beschaffung bereitgestellt. Entsprechend werden die produzierten Erzeugnisse und Produktverkaufseinheiten innerbetrieblich in das Lager transportiert.[3] Die Betriebsstoffe werden bei der Nutzung von Produktionsanlagen bedarfssynchron ohne formelle Bestellung bereitgestellt; gleiches gilt für die Markierungsmittel bei der Herstellung von Produktverkaufseinheiten.[4]

---

[1] Vgl. Gutenberg, E.: (Grundlagen), S. 298; Blohm, H. et al.: (Produktionswirtschaft), S. 2 f. Zu engeren und weiteren Fassungen des Produktionsbegriffs vgl. z.B. Bloech, J.; Lücke, W.: (Produktionswirtschaft), S. 2 f.; Corsten, H.: (Produktionswirtschaft), S 1 f.

[2] Zur Definition des Begriffs Sortenfertigung siehe Abschnitt 3.2.

[3] Siehe hierzu Abschnitt 4.5.

[4] Zur Wahrung einer übersichtlichen Darstellung der Produktionsstruktur wird die Versorgung des Unternehmens mit Betriebsstoffen und Markierungsmitteln in Abbildung 5.1-1 nicht aufgezeigt.

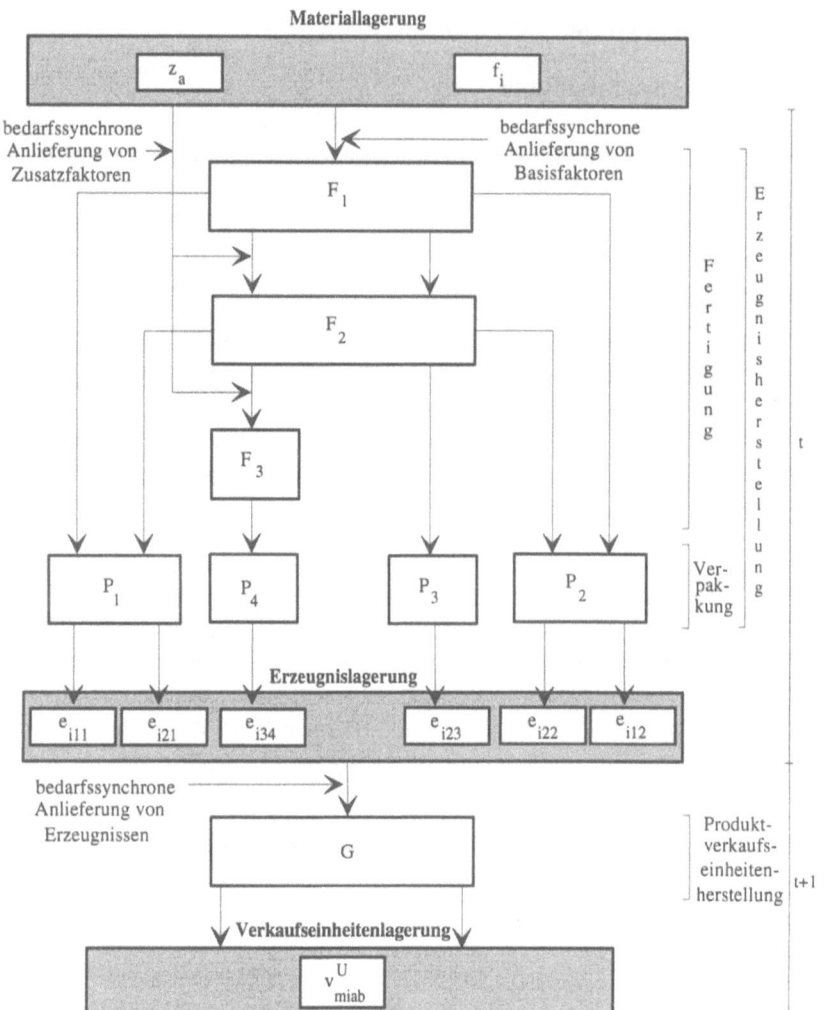

Abbildung 5.1-1: Struktur der Produktion

mit

F_j	=	Fertigungsanlage der Art j (j = 1, 2, 3)
P_j	=	Verpackungsanlage der Art j (j = 1, 2, 3, 4)
G	=	Anlage zur Herstellung von Produktverkaufseinheiten

Beide Produktionsteilprozesse erfordern neben Werkstoffen und Betriebsmitteln den Einsatz menschlicher Arbeit. Soweit es sich hierbei um objektbezogene Arbeit handelt, wird deren Einsatz im nächsten Abschnitt, gemeinsam mit der Darstellung der Betriebsmittel behandelt. Der dispositive Faktor im Unternehmensspiel wird dagegen nicht simuliert, sein Einfluß wird jedoch, entsprechend der Güte der Teilnehmerentscheidungen, an dem Grad der Erreichung gesetzter Ziele sichtbar.[5]

5.2 Betriebsmittel, objektbezogene Arbeit und Aufwendungen der Produktion

Die Produktionsaufwendungen im Unternehmensspiel setzen sich in jeder Periode - abgesehen von jenen, die aus dem Verbrauch von Basisfaktoren, Zusatzfaktoren und Erzeugnissen resultieren[6] - aus den Personalaufwendungen für objektbezogene Arbeit, den Markierungsmittelaufwendungen sowie den Aufwendungen, die aus der Nutzung der Betriebsmittel Produktionsgebäude und Produktionsanlagen entstehen, zusammen.

Jedem Unternehmen steht im Unternehmensspiel auf dem Betriebsgelände ein ausreichend dimensioniertes *Produktionsgebäude* zur Verfügung, das die Unterbringung und den Betrieb aller erforderlichen Anlagen zur Herstellung von Erzeugnissen und Produktverkaufseinheiten ermöglicht. Entscheidungen der Teilnehmer hinsichtlich einer Reduzierung oder Erweiterung der Gebäudefläche sowie einer anderweitigen Nutzung der Räumlichkeiten können nicht getroffen werden.

Für die Nutzungsmöglichkeit des Produktionsgebäudes fallen in jeder Periode - unabhängig von der tatsächlichen Inanspruchnahme dieser Nutzungsmöglichkeit - Aufwendungen an, die sich aus den Komponenten

- Abschreibung auf das Produktionsgebäude und
- sonstige Aufwendungen für die Erhaltung der Betriebsbereitschaft des Produktionsgebäudes

zusammensetzen.

---

[5] Zu den dispositiven Aufgaben der Teilnehmer im Produktionsbereich des Unternehmens siehe die Abschnitte 5.3 und 5.4.

[6] Die Darstellung der Produktionsaufwendungen schließt jene Aufwendungen aus, die aus dem Verbrauch von Basis- und Zusatzfaktoren sowie Erzeugnissen resultieren. Diese Güterverbräuche können auf der Grundlage der jeweiligen Lagerbestände bewertet werden. Siehe hierzu auch Abschnitt 7.2.1.

Zur Ermittlung der Höhe der *Abschreibung auf das Produktionsgebäude* wird der Gebäudean-schaffungswert linear über die geplante Nutzungsdauer verteilt.[7] Es gilt:

$$AfA_{PdG} = \frac{AW_{Pd}}{ND_{Pd}}$$

mit

AfA_{PdG} = Abschreibung auf das Produktionsgebäude pro Periode

AW_{Pd} = Anschaffungswert des Produktionsgebäudes (Parameter 1072)

ND_{Pd} = Nutzungsdauer des Produktionsgebäudes (Parameter 425)

Die *sonstigen Aufwendungen für die Erhaltung der Betriebsbereitschaft des Produktionsge-bäudes* beinhalten weitere, in jeder Periode anfallende, nutzungsunabhängige Aufwendungen für das Gebäude.[8]

Zur Güterherstellung stehen insgesamt acht verschiedene Arten von *Produktionsanlagen* be-reit, von denen drei in den Stufen der Erzeugnisfertigung und vier in der Stufe der Erzeugnis-verpackung eingesetzt werden können. Darüber hinaus wird eine Anlagenart zur Herstellung von Produktverkaufseinheiten verwandt. Jede Anlagenart darf maximal einmal im Produkti-onsgebäude des Unternehmens installiert sein, sie wird in drei verschiedenen Leistungsklassen angeboten.[9] Bei der Herstellung von Erzeugnissen, welche je nach Erzeugnisart, nur unter gleichzeitiger Einbeziehung von mindestens zwei und maximal vier Anlagenarten durchge-führt werden kann, besteht grundsätzlich die Möglichkeit, Anlagenarten unterschiedlicher Leistungsklassen miteinander zu kombinieren. Hierbei werden jedoch die jeweils in den Produktionsprozeß einbezogenen Anlagen auf das Leistungsniveau jener Anlagenart reduziert, die der niedrigsten Leistungsklasse angehört.

---

7   Der Anschaffungswert sowie die Nutzungsdauer des Produktionsgebäudes werden von der Spielleitung bei Spielbeginn festgelegt und können im Spielverlauf nicht verändert werden.

8   Die Höhe der sonstigen Aufwendungen für die Erhaltung der Betriebsbereitschaft des Produktionsgebäu-des wird in jeder Periode von der Spielleitung bestimmt.

9   Die Definition des Leistungsumfangs jeder der drei Leistungsklassen obliegt der Spielleitung. Lei-stungsklasse 1 beinhaltet dabei den geringsten, Leistungsklasse 3 den höchsten Leistungsumfang. Bei Anlagen zur Herstellung von Erzeugnissen wird der Leistungsumfang anhand der Menge der pro Zeit-einheit einzusetzenden und zu verarbeitenden Basisfaktoren bestimmt, bei Anlagen zur Herstellung von Produktverkaufseinheiten anhand der Menge an den Erzeugnissen zugrunde liegenden Basisfaktoren.

Für jede Anlagenart und Leistungsklasse legt die Spielleitung die Anschaffungsauszahlung, die technische Nutzungsdauer und den Verbrauch an Betriebsstoffen fest. Die *Anschaffungs-auszahlung* umfaßt dabei jenen Betrag, der für eine Anlage in der Anschaffungsperiode gezahlt werden muß, um diese zu beschaffen und in dem Produktionsgebäude zur Installation bereitzustellen. Es gilt:

$$AW^U_{A,L,t} = AGP_{A,L} \cdot APF$$

$$\text{für} \quad U = 0,...,9; \; A = F_1, F_2, F_3, P_1,...,P_4, G; \; L = 1, 2, 3$$

mit

$AW^U_{A,L,t}$ = Anschaffungsauszahlung des Unternehmens U für die Beschaffung einer Anlage der Art A und der Leistungsklasse L in der Periode t $(U = 0,...,9; \; A = F_1, F_2, F_3, P_1,...,P_4, G; \; L = 1, 2, 3)$

$AGP_{A,L}$ = Anlagengrundpreis einer Anlage der Art A und der Leistungsklasse L $(A = F_1, F_2, F_3, P_1,...,P_4, G; \; L = 1, 2, 3; \; \text{Parameter } 451 - 474)$

APF = Anlagenpreisfaktor (Parameter 422)

Die Beschaffung einer zu installierenden Anlage und entsprechend die Veräußerung einer installierten Anlage kann zu jedem Zeitpunkt innerhalb der Periode ausgeführt werden, sofern ausreichend Zeit zur Montage bzw. Demontage zur Verfügung steht.[10] Bei der Veräußerung von Anlagen orientiert sich der zu vergütende Liquidationswert an der Anschaffungs-auszahlung sowie der Dauer der Anlagennutzung, er fließt dem Unternehmen am Ende der Veräußerungsperiode zu.[11]

---

[10] Die Entscheidung zur Montage bzw. Demontage einer Anlage zu einem bestimmten Zeitpunkt innerhalb einer Periode erfolgt im Rahmen der Bestimmung der Aktionenfolge für einen Produktionsteilprozeß. Siehe hierzu Abschnitt 5.3. Je nach Parametergestaltung durch die Spielleitung und Inanspruchnahme der Anlage durch ein Unternehmen, kann der mehrmalige Anlagenersatz innerhalb einer Periode wirtschaftlich sein. Zu dem damit verbundenen Aspekt der Bestimmung optimaler Nutzungsdauern siehe Abschnitt 5.4.2.

[11] Verbleibt eine im Verlauf der Periode beschaffte Produktionsanlage am Periodenende in dem Unternehmen, wird die Abschreibung anhand der Differenz zwischen Anschaffungswert und Liquidationswert ermittelt. Der Liquidationswert stellt in diesem Fall, wie nachfolgend aufgezeigt wird, zugleich den Restwert der Anlage dar.

$$LW_{A,L,t}^{U} = AW_{A,L} \cdot V_{A,L,t}^{r,U}$$

mit

$$V_{A,L,t}^{r,U} = \begin{cases} (1 - ND_{A,L,t}^{r,U} \cdot 2,5) & \text{für} \quad 0,0 \leq ND_{A,L,t}^{r,U} \leq 0,1 \\ (0,75 - (ND_{A,L,t}^{r,U} - 0,1) \cdot 2,0) & \text{für} \quad 0,1 < ND_{A,L,t}^{r,U} \leq 0,2 \\ (0,55 - (ND_{A,L,t}^{r,U} - 0,2) \cdot 1,5) & \text{für} \quad 0,2 < ND_{A,L,t}^{r,U} \leq 0,3 \\ (0,40 - (ND_{A,L,t}^{r,U} - 0,3)) & \text{für} \quad 0,3 < ND_{A,L,t}^{r,U} \leq 0,4 \\ (0,30 - (ND_{A,L,t}^{r,U} - 0,4) \cdot 0,5) & \text{für} \quad 0,4 < ND_{A,L,t}^{r,U} \leq 1,0 \end{cases}$$

und $\quad ND_{A,L,t}^{r,U} = \dfrac{ND_{A,L,t}^{U}}{ND_{tch,A,L}}$

und $\quad 0 \leq ND_{A,L,t}^{r,U} \leq 1$

für $\quad U = 0,...,9; \; A = F_1, F_2, F_3, P_1,...,P_4, G; \; L = 1, 2, 3$

mit

$LW_{A,L,t}^{U}$ = Liquidationswert einer in Unternehmen U installierten Anlage der Art A und der Leistungsklasse L bei Veräußerung innerhalb der Periode t bzw. Restwert der Anlage bei Nicht-Veräußerung am Ende der Periode t
($U = 0,...,9; \; A = F_1, F_2, F_3, P_1,...,P_4, G; \; L = 1, 2, 3$)

$V_{A,L,t}^{r,U}$ = Relativer Veräußerungswert einer in Unternehmen U installierten Anlage der Art A und der Leistungsklasse L bei Veräußerung innerhalb der Periode t bzw. bei Nicht-Veräußerung der Anlage am Ende der Periode t
($U = 0,...,9; \; A = F_1, F_2, F_3, P_1,...,P_4, G; \; L = 1, 2, 3$)

$ND_{A,L,t}^{r,U}$ = Relative Nutzungsdauer einer in Unternehmen U installierten Anlage der Art A und der Leistungsklasse L bei Veräußerung innerhalb der Periode t bzw. bei Nicht-Veräußerung der Anlage am Ende der Periode t
($U = 0,...,9; \; A = F_1, F_2, F_3, P_1,...,P_4, G; \; L = 1, 2, 3$)

$ND_{A,L,t}^{U}$ = Absolute Dauer der Nutzung einer in Unternehmen U installierten Anlage der Art A und der Leistungsklasse L bei Veräußerung innerhalb der Periode t bzw. bei Nicht-Veräußerung der Anlage am Ende der Periode t
($U = 0,...,9; \; A = F_1, F_2, F_3, P_1,...,P_4, G; \; L = 1, 2, 3$)

$$ND_{tch,A,L} = \text{Technische Nutzungsdauer einer Anlage der Art A und der Leistungsklasse L}$$

$$(A = F_1, F_2, F_3, P_1,...,P_4, G; L = 1, 2, 3; \text{Parameter } 561 - 584)$$

Die *technische Nutzungsdauer* beschreibt die maximale Dauer der Nutzung einer Anlage durch ein Unternehmen.[12] Bis zum Erreichen der technischen Nutzungsdauer stellt eine Anlage ihre Leistung in gleichbleibender Menge und Güte zur Verfügung, jedoch steigt der Betriebsstoffverbrauch pro Zeiteinheit mit zunehmender Dauer der Nutzung. Werden darüber hinaus bei der Produktion eines Loses von Gütern Anlagen unterschiedlicher Leistungsklassen miteinander kombiniert, fällt der Betriebsstoffverbrauch pro Zeiteinheit der in ihrer Leistung zurückgeschalteten Anlagen höher aus als in einer Situation, in der die Leistung nicht gedrosselt wird.[13] Inwiefern die Kombination von Anlagen unterschiedlicher Leistungsklassen innerhalb eines Unternehmens wirtschaftlich sein kann, ist im Bedarfsfall näher zu untersuchen. Für den Betriebsstoffverbrauch einer Anlage in einer Zeiteinheit gilt:

$$B^U_{vbr,A,L,t,h} = \left(B_{abs,A,L,t} + B_{stg,A,L,t} \cdot ND^{\varnothing r,U}_{A,L,t,h}\right) \cdot \frac{LST_L + 2 \cdot x^U_{f_i,A,L,t,h}}{LF \cdot 3}$$

$$\text{mit} \quad LST_L = GLST_L \cdot LF$$

$$\text{für} \quad U = 0,...,9; A = F_1, F_2, F_3, P_1,...,P_4, G; L = 1, 2, 3$$

mit

$B^U_{vbr,A,L,t,h}$ = Betriebsstoffverbrauch einer in Unternehmen U installierten Anlage der Art A und der Leistungsklasse L in der betrachteten Zeiteinheit h in der Periode t $(U = 0,...,9; A = F_1, F_2, F_3, P_1,...,P_4, G; L = 1, 2, 3)$

$B_{abs,A,L,t}$ = Absolutes Glied der Betriebsstoffverbrauchsfunktion einer Anlage der Art A und der Leistungsklasse L in der Periode t $(A = F_1, F_2, F_3, P_1,...,P_4, G; L = 1, 2, 3; \text{Parameter } 481, 483, ..., 527)$

---

[12] Die Nutzungsdauer wird in Zeiteinheiten gemessen. Die Spielleitung kann für die verschiedenen Anlagen zur Fertigung und Verpackung von Erzeugnissen sowie zur Herstellung von Produktverkaufseinheiten darüber hinaus Mindestnutzungsdauern pro Periode (Parameter 588 - 590) vorsehen. Bei Nutzung einer Anlage in einem geringeren Umfang als der Mindestnutzungsdauer, wird die verbleibende Restnutzungsdauer insgesamt entsprechend der Mindestnutzungsdauer verkürzt.

[13] Der Verbrauch an Betriebsstoffen jeder Produktionsanlage ist zu 1/3 zeitabhängig und zu 2/3 leistungsabhängig.

$B_{stg,A,L,t}$ = Steigungsmaß der Betriebsstoffverbrauchsfunktion einer Anlage der Art A und der Leistungsklasse L in der Periode t

$(A = F_1, F_2, F_3, P_1,...,P_4, G; L = 1, 2, 3; Parameter 482, 484, ..., 528)$

$ND^{\varnothing r,U}_{A,L,t,h}$ = Relative Nutzungsdauer einer in Unternehmen U installierten Anlage der Art A und der Leistungsklasse L in der Mitte der betrachteten Zeiteinheit h der Periode t $(U = 0,...,9; A = F_1, F_2, F_3, P_1,...,P_4, G; L = 1, 2, 3)$

LST_L = Leistung pro Zeiteinheit einer Anlage der Leistungsklasse L $(L = 1, 2, 3)$

$x^U_{f_i,A,L,t,h}$ = Anzahl der in der betrachteten Zeiteinheit h innerhalb der Periode t auf einer in Unternehmen U installierten Anlage der Art A und der Leistungsklasse L verarbeiteten bzw. den verarbeiteten Erzeugnissen zugrunde liegenden Basisfaktoren der Basisfaktorart f_i

$(U = 0,...,9; i = 1,...,5; A = F_1, F_2, F_3, P_1,...,P_4, G; L = 1, 2, 3)$

LF = Leistungsfaktor der Produktionsanlagen (Parameter 421)

$GLST_L$ = Grundleistung pro Zeiteinheit einer Anlage der Leistungsklasse L $(L = 1, 2, 3; Parameter 478 - 480)$

Durch die Nutzung der Produktionsanlagen entstehen in jeder Periode Aufwendungen, die sich aus den Elementen

- Abschreibungen auf die Produktionsanlagen und
- Betriebsstoffaufwendungen

zusammensetzen. Desweiteren fallen bei der Herstellung von Produktverkaufseinheiten Aufwendungen für Markierungsmittel an.

Die *Abschreibungen auf die Produktionsanlagen* werden, je nach Installationsperiode, entweder anhand der Differenz der Restwerte am Beginn und am Ende der Periode bzw. den Liquidationswerten zum Veräußerungszeitpunkt innerhalb der Periode ermittelt oder aufgrund der Differenz zwischen den Anschaffungswerten und den Restwerten am Ende der Periode bzw. den Liquidationswerten zum Veräußerungszeitpunkt innerhalb der Periode.

$$AfA^U_{A,t} = \sum_{L=1}^{3} \left(LW^U_{A,L,t-1} - LW^U_{A,L,t,0} \right) \cdot u^U_{A,L,0,t}$$

$$+ \sum_{L=1}^{3} \sum_{c=1}^{C} \left(AW^U_{A,L,t,c} - LW^U_{A,L,t,c} \right) \cdot u^U_{A,L,c,t}$$

für $U = 0,...,9; A = F_1, F_2, F_3, P_1,...,P_4, G$

mit

$AfA^U_{A,t}$	=	Abschreibung auf alle Produktionsanlagen der Art A, die in Unternehmen U in der Periode t installiert waren bzw. sind $(U = 0,...,9;\ A = F_1, F_2, F_3, P_1,...,P_4, G)$
$LW^U_{A,L,t,0}$	=	Liquidationswert einer Anlage bei Veräußerung innerhalb der Periode t bzw. Restwert bei Nicht-Veräußerung der Anlage am Ende der Periode t einer in Unternehmen U bereits in einer der Vorperioden installierten Anlage der Art A und der Leistungsklasse L $(U = 0,...,9;\ A = F_1, F_2, F_3, P_1,...,P_4, G;\ L = 1, 2, 3)$
$AW^U_{A,L,t,c}$	=	Anschaffungsauszahlung des Unternehmens U für die c-te Beschaffung einer Anlage der Art A und der Leistungsklasse L in der Periode t $(U = 0,...,9;\ A = F_1, F_2, F_3, P_1,...,P_4, G;\ L = 1, 2, 3;\ c = 1,...,C^{14})$
$LW^U_{A,L,t,c}$	=	Liquidationswert bei Veräußerung innerhalb der Periode t bzw. Restwert bei Nicht-Veräußerung am Ende der Periode t der c-ten in Unternehmen U in der Periode t installierten Anlage der Art A und der Leistungsklasse L $(U = 0,...,9;\ A = F_1, F_2, F_3, P_1,...,P_4, G;\ L = 1, 2, 3;\ c = 1,...,C)$
$u^U_{A,L,0,t}$	=	Binärvariable, deren Wert angibt, ob zu Beginn der Periode t eine Anlage der Art A und der Leistungsklasse L in dem Unternehmen U installiert ist $(U = 0,...,9;\ A = F_1, F_2, F_3, P_1,...,P_4, G;\ L = 1, 2, 3)$
$u^U_{A,L,c,t}$	=	Binärvariable, deren Wert angibt, ob im Verlauf der Periode t die c-te Anlage der Art A und der Leistungsklasse L in dem Unternehmen U installiert worden ist $(U = 0,...,9;\ A = F_1, F_2, F_3, P_1,...,P_4, G;\ L = 1, 2, 3;\ c = 1,...,C)$

Die *Betriebsstoffaufwendungen* einer Periode setzen sich aus den mit dem Betriebsstoffpreis bewerteten Verbrauchsmengen der zur Herstellung von Erzeugnissen und Produktverkaufseinheiten in Produktionslosen genutzten Anlagen zusammen.

---

[14] Die Ausprägung des Parameters C resultiert aus der Aktionenfolge des Produktionsteilprozesses.

$$B_{Aufw,t}^{U} = \left(\sum_{\ell_{EH}=1}^{L_{EH}} \sum_{A=F_1}^{P_4} \sum_{L=1}^{3} B_{vbr,A,L,t,\ell_{EH}}^{U} \cdot u_{A,L,t,\ell_{EH}}^{U} \right.$$

$$\left. + \sum_{\ell_{PH}=1}^{L_{PH}} \sum_{L=1}^{3} B_{vbr,G,L,t,\ell_{PH}}^{U} \cdot u_{G,L,t,\ell_{PH}}^{U} \right) \cdot B_{Preis,t}$$

mit

$$B_{vbr,A,L,t,\ell_H}^{U} = \left(B_{abs,A,L,t} + B_{stg,A,L,t} \cdot ND_{A,L,t,\ell_H}^{\varnothing r,U} \right)$$

$$\cdot \left(\frac{1}{3} \cdot \frac{LST_L \cdot \left(ND_{A,L,t,\ell_H,E}^{U} - ND_{A,L,t,\ell_H,B}^{U} \right)}{LF} + \frac{2}{3} \cdot \frac{x_{f_i,A,L,t,\ell_H}^{U}}{LF} \right)$$

$$\text{für} \qquad \ell_H = \ell_{EH}, \ell_{PH}$$

$$ND_{A,L,t,\ell_H}^{\varnothing r,U} = \frac{ND_{A,L,t,\ell_H,B}^{U} + ND_{A,L,t,\ell_H,E}^{U}}{2 \cdot ND_{tch,A,L}} \qquad \text{für} \qquad \ell_H = \ell_{EH}, \ell_{PH}$$

für $U = 0,...,9$

mit

$B_{Aufw,t}^{U}$	=	Betriebsstoffaufwendungen des Unternehmens U in der Periode t ($U = 0,...,9$)
B_{vbr,A,L,t,ℓ_H}^{U}	=	Betriebsstoffverbrauch einer in Unternehmen U installierten Anlage der Art A und der Leistungsklasse L für das Herstellungslos ℓ_H in der Periode t ($U = 0,...,9$; $A = F_1, F_2, F_3, P_1,...,P_4, G$; $L = 1, 2, 3$; $\ell_H = \ell_{EH}, \ell_{PH}$; $\ell_{EH} = 1,...,L_{EH}$; $\ell_{PH} = 1,...,L_{PH}$)
$u_{A,L,t,\ell_{EH}}^{U}$	=	Binärvariable, deren Wert angibt, ob zur Produktion von Los ℓ_{EH} in der Periode t eine installierte Anlage der Art A und der Leistungsklasse L in dem Unternehmen U in Anspruch genommen worden ist ($U = 0,...,9$; $A = F_1, F_2, F_3, P_1,...,P_4$; $L = 1, 2, 3$; $\ell_{EH} = 1,...,L_{EH}$)
$u_{G,L,t,\ell_{PH}}^{U}$	=	Binärvariable, deren Wert angibt, ob zur Produktion von Los ℓ_{PH} in der Periode t eine installierte Anlage der Art G und der Leistungsklasse L in dem Unternehmen U in Anspruch genommen worden ist ($U = 0,...,9$; $L = 1, 2, 3$; $\ell_{PH} = 1,...,L_{PH}$)

$B_{Preis,t}$	=	Betriebsstoffpreis je Verbrauchsmengeneinheit (Parameter 430)

$ND^{\emptyset r,U}_{A,L,t,\ell_H}$ = Relative Nutzungsdauer einer in Unternehmen U installierten Anlage der Art A und der Leistungsklasse L in der Mitte der Produktionszeit von Los ℓ_H in der Periode t

$(U = 0,...,9;\ A = F_1, F_2, F_3, P_1,...,P_4, G;\ L = 1, 2, 3;\ \ell_H = \ell_{EH}, \ell_{PH};$
$\ell_{EH} = 1,...,L_{EH};\ \ell_{PH} = 1,...,L_{PH})$

$ND^{U}_{A,L,t,\ell_H,E}$ = Nutzungsdauer einer in Unternehmen U installierten Anlage der Art A und der Leistungsklasse L unmittelbar nach der Produktion von Los ℓ_H in der Periode t

$(U = 0,...,9;\ A = F_1, F_2, F_3, P_1,...,P_4, G;\ L = 1, 2, 3;\ \ell_H = \ell_{EH}, \ell_{PH};$
$\ell_{EH} = 1,...,L_{EH};\ \ell_{PH} = 1,...,L_{PH})$

$ND^{U}_{A,L,t,\ell_H,B}$ = Nutzungsdauer einer in Unternehmen U installierten Anlage der Art A und der Leistungsklasse L zu Beginn der Produktion von Los ℓ_H in der Periode t

$(U = 0,...,9;\ A = F_1, F_2, F_3, P_1,...,P_4, G;\ L = 1, 2, 3;\ \ell_H = \ell_{EH}, \ell_{PH};$
$\ell_{EH} = 1,...,L_{EH};\ \ell_{PH} = 1,...,L_{PH})$

$x^{U}_{f_i,A,L,t,\ell_H}$ = Anzahl der zur Produktion von Los ℓ_H innerhalb der Periode t auf einer in Unternehmen U installierten Anlage der Art A und der Leistungsklasse L verarbeiteten bzw. den verarbeiteten Erzeugnissen zugrunde liegenden Basisfaktoren der Basisfaktorart f_i

$(U = 0,...,9;\ i = 1,...,5;\ A = F_1, F_2, F_3, P_1,...,P_4, G;\ L = 1, 2, 3;$
$\ell_H = \ell_{EH}, \ell_{PH};\ \ell_{EH} = 1,...,L_{EH};\ \ell_{PH} = 1,...,L_{PH})$

Die *Aufwendungen für Markierungsmittel*, die im Rahmen der zur Herstellung von Produktverkaufseinheiten anfallen, setzen sich aus den Produktionsmengen an Produktverkaufseinheiten je Verpackungsart und dem mit dem Markierungsmittelpreis bewerteten Markierungsmittelverbrauch je Produktverkaufseinheit zusammen:

$$M^{U}_{Aufw,t} = M_{Preis,t} \cdot d^R \cdot \sum_{m=1}^{20}\sum_{i=1}^{5}\left(\sum_{a=1}^{2}\sum_{b=1}^{2} x^{U}_{v_{miab}} \cdot d^G_b + x^{U}_{v_{mi34}} \cdot d^G_4\right)$$

$$\text{für}\quad U = 0,...,9$$

mit

$M_{Aufw,t}^U$ = Markierungsmittelaufwendungen des Unternehmen U in der Periode t (U = 0,...,9)
$M_{Preis,t}$ = Markierungsmittelpreis je Verbrauchsmengeneinheit in der Periode t (Parameter 431)
d_b^G = Markierungsmittelverbrauch je eingesetzter Erzeugnisart der Verpackungsart b (Parameter 585, 586, 587)

Die *objektbezogene Arbeit* im Produktionsbereich des Unternehmensspiels wird auf der Grundlage von vergleichsweise wenigen zu treffenden Spielerentscheidungen[15] simuliert. Für jeden der beiden Produktionsteilprozesse legen die Spieler in jeder Periode ausschließlich die Anzahl der Schichten fest, in denen Erzeugnisse bzw. Produktverkaufseinheiten hergestellt werden sollen. Eine explizite Einstellung bzw. Entlassung von einzelnen Arbeitskräften wird nicht vorgenommen. Weiterhin wird auf die Berücksichtigung unterschiedlicher Qualifikationen der Arbeitskräfte sowie auf Einstellungs- und Entlassungsfristen zur Vereinfachung der Spielerentscheidungen verzichtet. Die Anzahl der Schichten kann von null bis drei Schichten variieren, der Umfang der Zeiteinheiten je Schicht wird von der Spielleitung determiniert. Mit der Bestimmung der Schichtenanzahl wird dem Unternehmen eine bestimmte Periodenarbeitszeit als Arbeitskapazität bereitgestellt, die lediglich bei ein- und zweischichtigem Betrieb in begrenztem Maß durch zusätzliche Zeiteinheiten in Form von Überstunden ausgeweitet werden kann.[16] Innerhalb der Periodenarbeitszeit werden neben der Produktion von Gütern neue Anlagen installiert, Altanlagen demontiert und die für das jeweils nächste Produktionslos erforderlichen Anlagen umgerüstet.[17]

Die *Personalaufwendungen* in den beiden Produktionsteilprozessen Erzeugnis- und Produktverkaufseinheitenherstellung richten sich nach der Anzahl der Schichten und dem Umfang der Überstunden. Bei Inanspruchnahme von Überstunden ist neben dem Lohnsatz der Mitarbeiter je Zeiteinheit ein Überstundenzuschlag zu berücksichtigen. Wird eine dritte Schicht (Nachtschicht) eingerichtet, ist ein Nachtzuschlag auf den Lohnsatz der Mitarbeiter je Zeiteinheit der Nachtschicht zu zahlen. Für die Personalaufwendungen gilt:

---

[15] Z.B. im Vergleich zum Materialwirtschaftsbereich.

[16] Die Kapazität an zusätzlichen Zeiteinheiten für Überstunden wird von dem Simulationsmodell automatisch bereitgestellt und genutzt, sofern die geplante Aktionenfolge eines Produktionsteilprozesses dies erfordert.

[17] Eine detaillierte Beschreibung des Produktionsprozesses folgt im nächsten Abschnitt.

$$Pd_{PersA,t}^{U} = Pd_{PersA,EH,t}^{U} + Pd_{PersA,PH,t}^{U}$$

mit

$$Pd_{PersA,EH,t}^{U} = 0 \qquad \text{falls} \quad EH_{Sch,t}^{U} = 0$$

$$Pd_{PersA,EH,t}^{U} = EH_{Sch,t}^{U} \cdot PAZ_{Pd} \cdot PFK_{LS,t} + EH_{\ddot{U}Zt}^{U} \cdot PFK_{LS,t} \cdot \left(1 + ZS_{P\ddot{U}Zt}\right)$$

$$\text{falls} \quad EH_{Sch,t}^{U} = 1;2$$

$$Pd_{PersA,EH,t}^{U} = EH_{Sch,t}^{U} \cdot PAZ_{Pd} \cdot PFK_{LS,t} + PAZ_{Pd} \cdot PFK_{LS,t} \cdot ZS_{PN,t}$$

$$\text{falls} \quad EH_{Sch,t}^{U} = 3$$

für $\quad U = 0,...,9$

$$Pd_{PersA,PH,t}^{U} = 0 \qquad \text{falls} \quad PH_{Sch,t}^{U} = 0$$

$$Pd_{PersA,PH,t}^{U} = PH_{Sch,t}^{U} \cdot PAZ_{Pd} \cdot PFK_{LS,t} + PH_{\ddot{U}Zt}^{U} \cdot PFK_{LS,t} \cdot \left(1 + ZS_{P\ddot{U}Zt}\right)$$

$$\text{falls} \quad PH_{Sch,t}^{U} = 1;2$$

$$Pd_{PersA,PH,t}^{U} = PH_{Sch,t}^{U} \cdot PAZ_{Pd} \cdot PFK_{LS,t} + PAZ_{Pd} \cdot PFK_{LS,t} \cdot ZS_{PN,t}$$

$$\text{falls} \quad PH_{Sch,t}^{U} = 3$$

für $\quad U = 0,...,9$

mit

$Pd_{PersA,t}^{U}$	=	Personalaufwendungen im Produktionsbereich des Unternehmens U in der Periode t (U = 0,...,9)
$Pd_{PersA,EH,t}^{U}$	=	Personalaufwendungen des Unternehmens U im Produktionsteilprozeß Erzeugnisherstellung in der Periode t (U = 0,...,9)
$Pd_{PersA,PH,t}^{U}$	=	Personalaufwendungen des Unternehmens U im Produktionsteilprozeß Produktverkaufseinheitenherstellung in der Periode t (U = 0,...,9)
$EH_{Sch,t}^{U}$	=	Anzahl der Schichten im Produktionsteilprozeß Erzeugnisherstellung in Unternehmen U in der Periode t (U = 0,...,9)

PAZ_{Pd} = Periodenarbeitszeit in Zeiteinheiten je Schicht im Bereich Produktion (Parameter 423)

$PFK_{LS,t}$ = Lohnsatz pro Zeiteinheit der Mitarbeiter im Produktionsbereich in der Periode t (Parameter 427)

$EH_{ÜZ,t}^{U}$ = Anzahl der Überstunden (in Zeiteinheiten) im Produktionsteilprozeß Erzeugnisherstellung in Unternehmen U in der Periode t (U = 0,...,9)

$ZS_{PÜZ,t}$ = Überstundenzuschlag im Produktionsbereich in der Periode t (Parameter 428)

$ZS_{PN,t}$ = Nachtzuschlag im Produktionsbereich in der Periode t (Parameter 429)

$PH_{Sch,t}^{U}$ = Anzahl der Schichten im Produktionsteilprozeß Produktverkaufseinheitenherstellung in Unternehmen U in der Periode t (U = 0,...,9)

$PH_{ÜZ,t}^{U}$ = Anzahl der Überstunden (in Zeiteinheiten) im Produktionsteilprozeß Produktverkaufseinheitenherstellung in Unternehmen U in der Periode t (U = 0,...,9)

Für die Produktionsaufwendungen einer Periode gilt:

$$Pd_{Aufw,t}^{U} = AfA_{PdG} + Pd_{soA,t} + \sum_{A=F_1}^{G} AfA_{A,t}^{U} + B_{Aufw,t}^{U} + M_{Aufw,t}^{U} + Pd_{PersA,t}^{U}$$

für   U = 0,...,9

mit

$Pd_{Aufw,t}^{U}$ = Produktionsaufwendungen des Unternehmens U in der Periode t (U = 0,...,9)

$Pd_{soA,t}$ = Sonstige Aufwendungen für das Produktionsgebäude in der Periode t (Parameter 426)

Die Produktionsaufwendungen führen, soweit es sich nicht um Abschreibungen auf das Produktionsgebäude und die Anlagen handelt, in der Periode zu Auszahlungen, in der sie entstehen.

5.3 Gestaltung des Produktionsprozesses

Die Möglichkeiten der Gestaltung des Produktionsprozesses[18] sollen in dem vorliegenden Unternehmensspiel (jeweils in den Produktionsteilprozessen Erzeugnisherstellung und Produktverkaufseinheitenherstellung) die

- Festlegung der Anlagenarten,
- Wahl der Anlagenleistungsklassen,
- Festlegung der Periodenarbeitszeiten und
- Bestimmung der Aktionenfolgen[19]

umfassen.

Bei der *Festlegung der Anlagenarten* und der *Wahl der Anlagenleistungsklassen* entscheiden die Teilnehmer, im allgemeinen auf der Grundlage der Produktionsprogrammplanung,[20] über die in ihren Unternehmen zu installierenden und ggf. zu demontierenden Anlagen. Die Beschaffung von neuen Anlagen und deren Montage kann entweder im Zusammenhang mit der noch darzustellenden Bestimmung der Aktionenfolgen vorgenommen oder automatisch für den Fall veranlaßt werden, in dem eine Anlage das Ende der technischen Nutzungsdauer erreicht hat, aber in der Periode noch weitere Kapazitäten dieser Anlagenart zur Herstellung geplanter Gütermengen erforderlich sind. Im letztgenannten Fall tragen die Teilnehmer im Entscheidungserfassungsprogramm *EingabeU* jene Anlagenarten, deren Installation automatisch ausgeführt werden soll, sowie die gewünschten Leistungsklassen der Anlagenarten ein.[21] Hat eine bereits installierte Anlage das Ende der technischen Nutzungsdauer erreicht und soll die Produktion eines Loses durchgeführt werden, das diese Anlagenart erfordert, wird der Anlagenersatz automatisch ausgeführt, sofern die verbleibende Arbeitszeit ausreicht, die Altanlage zu demontieren, die neue Anlage zu installieren und die Produktion des Loses - zumindest teilweise - in der Periode auszuführen. Bei automatischer Anlagenbeschaffung ohne Altanlagenersatz fallen keine Demontagezeiten an.

Die *Festlegung der Periodenarbeitszeiten* anhand der Zahl der Schichten, in denen Erzeugnisse und Produktverkaufseinheiten hergestellt werden können, ist unmittelbar mit der Wahl

---

18   In der betrieblichen Praxis existieren i.d.R. eine Vielzahl weiterer Gestaltungsmöglichkeiten. Vgl. hierzu z.B. Gutenberg, E.: (Grundlagen), S. 199 ff.; Bloech, J.; Lücke, W.: (Produktionswirtschaft), S. 38 f.; Bloech, J.; Lücke, W.: (Fertigungswirtschaft), S. 60 f.; Bloech, J. et al.: (Einführung), S. 236 ff.

19   Eine Aktion kann in dem Produktionsbereich des Unternehmensspiels die Produktion eines Güterloses, die Demontage einer Anlage, die Montage einer Anlage oder den Austausch einer Anlage, bestehend aus der Demontage der Altanlage und der Montage der neuen Anlage einer Anlagenart, beinhalten.

20   Vgl. hierzu Abschnitt 5.4.1.

21   Die Entscheidungen über automatischen Anlagenersatz werden in die Felder 252 - 258 und 452 eingetragen.

der Anlagenleistungsklassen verbunden, da längere Arbeitszeiten ggf. durch den Einsatz leistungsfähigerer Anlagen peripher substituiert[22] werden können. Die einem Unternehmen unter Berücksichtigung von Überstunden maximal zur Verfügung stehende Periodenarbeitszeit richtet sich nach der Anzahl der Schichten, die für den jeweiligen Produktionsteilprozeß von den Teilnehmern gewählt wird.[23] Es gilt:

$$PAZ^U_{EH,t,max} = 0 \qquad\qquad\qquad falls \quad EH^U_{Sch,t} = 0$$

$$PAZ^U_{EH,t,max} = EH^U_{Sch,t} \cdot \left(PAZ_{Pd} + PÜZ_{Pd,max}\right) \qquad falls \quad EH^U_{Sch,t} = 1;2$$

$$PAZ^U_{EH,t,max} = 3 \cdot PAZ_{Pd} \qquad\qquad falls \quad EH^U_{Sch,t} = 3$$

$$für \quad U = 0,...,9$$

$$PAZ^U_{PH,t,max} = 0 \qquad\qquad\qquad falls \quad PH^U_{Sch,t} = 0$$

$$PAZ^U_{PH,t,max} = PH^U_{Sch,t} \cdot \left(PAZ_{Pd} + PÜZ_{Pd,max}\right) \qquad falls \quad PH^U_{Sch,t} = 1;2$$

$$PAZ^U_{PH,t,max} = 3 \cdot PAZ_{Pd} \qquad\qquad falls \quad PH^U_{Sch,t} = 3$$

$$für \quad U = 0,...,9$$

mit

$PAZ^U_{EH,t,max}$ = Maximale Arbeitszeit im Produktionsteilprozeß Erzeugnisherstellung in Unternehmen U in der Periode t (U = 0,...,9)

$PAZ^U_{PH,t,max}$ = Maximale Arbeitszeit im Produktionsteilprozeß Produktverkaufseinheitenherstellung in Unternehmen U in der Periode t (U = 0,...,9)

$PÜZ_{Pd,max}$ = Maximale Anzahl Überstunden (in Zeiteinheiten) je Schicht bei ein- und zweischichtiger Produktion (Parameter 424)

---

[22]   Zu peripherer Substitution vgl. z.B. Gutenberg, E.: (Grundlagen), S. 312; Bloech, J.; Lücke, W.: (Produktionswirtschaft), S. 113; Bloech, J.; Lücke, W.: (Fertigungswirtschaft), S. 70.

[23]   Die Entscheidung hinsichtlich der Anzahl der Schichten im Produktionsteilprozeß Erzeugnisherstellung wird in Feld 251, jene im Produktionsteilprozeß Produktverkaufseinheitenherstellung in Feld 451 des Entscheidungserfassungsprogramms *EingabeU* erfaßt.

Die Periodenarbeitszeit kann, wie Abbildung 5.3-1 verdeutlicht, entweder produktiv zur Herstellung von Gütern, zur Installation von Anlagen sowie zur Umrüstung von Anlagen genutzt werden (Nutzzeit) oder ungenutzt als Leerzeit verbleiben.

Periodenarbeitszeit des Unternehmens U			
Leer-zeit	Nutzzeit		
	Installationszeit	Rüstzeit	Ausführungs-zeit
	Stillstandszeit		

Abbildung 5.3-1: Zeitbegriffe in der Produktion

Die Ausführungszeit umfaßt jene Zeitdauer, die in einem Produktionsteilprozeß unmittelbar zur Güterherstellung verwandt wird.[24] Es gilt:

$$ZA^U_{EH,t} = \sum_{\ell_{EH}=1}^{L_{EH}} ZA^U_{EH,\ell_{EH},t}$$

$$\text{mit} \quad ZA^U_{EH,\ell_{EH},t} = \left[\frac{x^U_{e_{iab}} \cdot d^f_{ab}}{LST_L} \right]^+ \quad \text{für} \quad U = 0,...,9$$

$$ZA^U_{PH,t} = \sum_{\ell_{PH}=1}^{L_{PH}} ZA^U_{PH,\ell_{PH},t}$$

$$\text{mit} \quad ZA^U_{PH,\ell_{PH},t} = \left[\frac{x^U_{v_{miab}} \cdot d^f_{ab} \cdot d^R}{LST_L} \right]^+ \quad \text{für} \quad U = 0,...,9$$

mit

$ZA^U_{EH,t}$ = Ausführungszeit im Rahmen der Erzeugnisherstellung von Unternehmen U in der Periode t (U = 0,...,9)

$ZA^U_{EH,\ell_{EH},t}$ = Ausführungszeit von Los ℓ_{EH} im Rahmen der Erzeugnisherstellung von Unternehmen U in der Periode t (U = 0,...,9; ℓ_{EH} = 1,...,L_{EH})

---

[24] Vgl. Lücke, W.: (Arbeitsleistung), S. 31.

d_{ab}^{f} = Einsatzmenge an Basisfaktoren zur Herstellung einer Mengeneinheit von Erzeugnis e_{iab} (i = 1,...,5; (a;b) ∈ {(1;1), (1;2), (2;1), (2;2), (2;3), (3;4)}; Parameter 31 - 36)

$ZA_{PH,t}^{U}$ = Ausführungszeit im Rahmen der Produktverkaufseinheitenherstellung von Unternehmen U in der Periode t (U = 0,...,9)

$ZA_{PH,\ell_{PH},t}^{U}$ = Ausführungszeit von Los ℓ_{PH} im Rahmen der Produktverkaufseinheiten-herstellung von Unternehmen U in der Periode t (U = 0,...,9; ℓ_{PH} = 1,...,L_{PH})

d^{R} = Repräsentanzfaktor (Parameter 21)

Da die Produktion der Güter in Sortenfertigung erfolgt und zwischen zwei Produktionslosen Anlagenumrüstungen unterschiedlichen Ausmaßes notwendig sind, wird die Rüstzeit unmittelbar durch die Güterreihenfolge eines Produktionsprogramms beeinflußt. Bei der Produktion zweier Erzeugnisarten, die nacheinander hergestellt werden, können sowohl unterschiedliche Basisfaktorarten in den Produktionsprozeß eingesetzt, eine größere oder geringere Anzahl Fertigungsstufen durchlaufen als auch verschiedene Verpackungsanlagen einbezogen werden. Dementsprechend werden im Unternehmensspiel die zur Reinigung und Herrichtung der Anlagen erforderlichen Rüstzeiten[25] in Abhängigkeit von der Unterschiedlichkeit der herzustellenden Erzeugnisarten zweier aufeinanderfolgender Produktionslose simuliert. Es gilt:

$$RZ_{iab_j/iab_{j+1},t}^{U} = RZ_{i_j/i_{j+1},t}^{U} + RZ_{a_j/a_{j+1},t}^{U} + RZ_{b_j/b_{j+1},t}^{U}$$

mit $\qquad RZ_{i_j/i_{j+1},t}^{U} = 0 \qquad$ falls $\quad i_j = i_{j+1}$

$$RZ_{i_j/i_{j+1},t}^{U} = d_1^{rz} \qquad falls \quad i_j \neq i_{j+1}$$

$$RZ_{a_j/a_{j+1},t}^{U} = |a_j - a_{j+1}| \cdot d_2^{rz}$$

$$RZ_{b_j/b_{j+1},t}^{U} = |b_j - b_{j+1}| \cdot d_3^{rz}$$

für $\quad$ U = 0,...,9; i = 1,...,5; (a;b) ∈ {(1;1), (1;2), (2;1), (2;2), (2;3), (3;4)}

---

[25] Zu einer allgemeinen Definition des Begriffs Rüstzeit vgl. z.B. Lücke, W.: (Arbeitsleistung), S. 31.

mit

$RZ^U_{iab_j/iab_{j+1},t}$ = Rüstzeit zwischen den Erzeugnisherstellungslosen j und j+1 in Unternehmen U in der Periode t
$(U = 0,...,9; i = 1,...,5; (a;b) \in \{(1;1), (1;2), (2;1), (2;2), (2;3), (3;4)\})$

$RZ^U_{i_j/i_{j+1},t}$ = Rüstzeit für Basisfaktorwechsel zwischen den Erzeugnisherstellungslosen j und j+1 in Unternehmen U in der Periode t $(U = 0,...,9; i = 1,...,5)$

i_j = Zur Erzeugnisherstellung eingesetzte Basisfaktorart i in Los j $(i = 1,...,5)$

d^{rz}_1 = Rüstzeit für Basisfaktorwechel bei Erzeugnisherstellung (Parameter 555)

$RZ^U_{a_j/a_{j+1},t}$ = Rüstzeit für Fertigungsstufenwechsel zwischen den Erzeugnisherstellungslosen j und j+1 in Unternehmen U in der Periode t $(U = 0,...,9; a = 1,...,3)$

a_j = Fertigungsart a bei der Herstellung von Erzeugnissen in Los j $(a = 1, 2, 3)$

d^{rz}_2 = Rüstzeit für Fertigungsstufenwechsel bei Erzeugnisherstellung (Parameter 556)

$RZ^U_{b_j/b_{j+1},t}$ = Rüstzeit für Verpackungsanlagenwechsel zwischen den Erzeugnisherstellungslosen j und j+1 in Unternehmen U in der Periode t $(U = 0,...,9; b = 1,...,4)$

b_j = Verpackungsart b bei der Herstellung von Erzeugnissen in Los j $(b = 1,...,4)$

d^{rz}_3 = Rüstzeit für Verpackungsanlagenwechsel bei Erzeugnisherstellung (Parameter 557)

Bei der Herstellung von Produktverkaufseinheiten wird unterstellt, daß ein Markenwechsel und/oder Verpackungsartenwechsel zwischen zwei Losen zu Anlagenumrüstungen führt. Es gilt:

$$RZ^U_{miab_j/miab_{j+1},t} = RZ^U_{m_j/m_{j+1},t} + RZ^U_{b_j/b_{j+1},t}$$

mit $\quad RZ^U_{m_j/m_{j+1},t} = 0 \quad$ falls $\quad m_j = m_{j+1}$

$$RZ^U_{m_j/m_{j+1},t} = d^{rz}_4 \quad \text{falls} \quad m_j \neq m_{j+1}$$

$$RZ^U_{b_j/b_{j+1},t} = |b_j - b_{j+1}| \cdot d^{rz}_5$$

für $U = 0,...,9; m = 1,...,20; i = 1,...,5; (a;b) \in \{(1;1), (1;2), (2;1), (2;2), (3;4)\}$

mit

$RZ^U_{miab_j/miab_{j+1},t}$ = Rüstzeit zwischen den Produktverkaufseinheitenherstellungslosen j und
j+1 in Unternehmen U in der Periode t (U = 0,...,9; m = 1,...,20; i = 1,...,5;
(a;b) ∈ {(1;1), (1;2), (2;1), (2;2), (3;4)})

$RZ^U_{m_j/m_{j+1},t}$ = Rüstzeit für Markenwechsel zwischen den Produktverkaufseinheitenherstellungslosen j und j+1 in Unternehmen U in der Periode t
(U = 0,...,9; m = 1,...,20)

m_j = Markennummer m bei der Herstellung von Produktverkaufseinheiten in
Los j (m = 1,...,20)

d_4^{rz} = Rüstzeit für Markenwechel bei Produktverkaufseinheitenherstellung
(Parameter 558)

d_5^{rz} = Rüstzeit für Verpackungsartenwechsel bei Produktverkaufseinheitenherstellung (Parameter 559)

In beiden Produktionsteilprozessen kann zwischen der Produktion zweier Lose eine Veränderung des Anlagenbestandes vorgenommen werden, die entweder in dem Austausch einer installierten Anlagenart oder lediglich in der Montage bzw. Demontage einer Anlagenart besteht. In diesen Fällen gilt für die Rüstzeit unabhängig von der zuvor produzierten Erzeugnis-
bzw. Produktverkaufseinheitenart:

$$RZ^U_{-/iab_{j+1},t} = d_6^{rz} \quad \text{für} \quad U = 0,...,9; i = 1,...,5;$$

$$(a;b) \in \{(1;1), (1;2), (2;1), (2;2), (2;3), (3;4)\}$$

$$RZ^U_{-/miab_{j+1},t} = d_7^{rz} \quad \text{für} \quad U = 0,...,9; i = 1,...,5; m = 1,...,20;$$

$$(a;b) \in \{(1;1), (1;2), (2;1), (2;2), (3;4)\}$$

mit

d_6^{rz} = Rüstzeit nach Anlagenwechsel bei Erzeugnisherstellung (Parameter 529)

d_7^{rz} = Rüstzeit nach Anlagenwechsel bei Produktverkaufseinheitenherstellung
(Parameter 530)

$RZ^U_{-/iab_{j+1},t}$ = Rüstzeit vor der Herstellung von Erzeugnissen des Loses j+1 nach unmittelbarer Veränderung des Anlagenbestandes im Produktionsteilprozeß Erzeugnisherstellung in Unternehmen U in der Periode t
(U = 0,...,9; i = 1,...,5; (a;b) ∈ {(1;1), (1;2), (2;1), (2;2), (2;3), (3;4)})

$RZ^U_{-/miab_{j+1},t}$ = Rüstzeit vor der Herstellung von Produktverkaufseinheiten des Loses j+1
nach unmittelbarer Veränderung des Anlagenbestandes im Produktions-
teilprozeß Produktverkaufseinheitenherstellung in Unternehmen U in der
Periode t (U = 0,...,9; m = 1,...,20; i = 1,...,5; (a;b) ∈ {(1;1), (1;2), (2;1),
(2;2), (2;3), (3;4)})

Für die Montage und Demontage von Anlagen fallen je nach Anlagenart und Leistungsklasse unterschiedliche Installationszeiten an.[26]

Die *Bestimmung der Aktionenfolge* schließt in dem Unternehmensspiel - über die Festlegung der Reihenfolge der zu produzierenden Erzeugnisse bzw. Produktverkaufseinheiten hinaus - die Terminierung der Demontage und Montage von Anlagen bei nicht-automatischem Anlagenersatz ein. Für eine Periode können im Rahmen der Erzeugnisherstellung bis zu 60 Aktionen, im Rahmen der Produktverkaufseinheitenherstellung maximal 100 Aktionen von den Teilnehmern geplant und in eine von ihnen gewünschte Reihenfolge gebracht werden.[27] Sofern im Rahmen einer Aktion die Produktion eines Güterloses erfolgen soll, sind drei Festlegungen vorzunehmen:

1. Bestimmen, ob die Produktion der Güter eines Loses ausschließlich unter Einsatz des Lagerbestandes an Basis- und Zusatzfaktoren bzw. Erzeugnissen erfolgen soll oder ob im Bedarfsfall fehlende Gütermengen bedarfssynchron beschafft werden sollen
2. Bezeichnung des zu produzierenden Gutes
3. Angabe der Produktionsmenge

Aktionen, die den Bestand an Produktionsanlagen betreffen, erfordern die Bezeichnung der Maßnahme (Montage, Demontage), der Anlagenart und der Anlagenleistungsklasse.

---

[26] Installationszeiten je Anlagenart und Leistungsklasse: Parameter 531 - 554.

[27] Die Entscheidungen über die Reihenfolgen der Aktionen im Produktionsteilprozeß Erzeugnisherstellung
werden in den Feldern 261 - 440, jene im Produktionsteilprozeß Produktverkaufseinheitenherstellung in
den Feldern 461 - 760 des Entscheidungserfassungsprogramms *EingabeU* erfaßt.

Aktionenfolge im Produktionsteilprozeß Erzeugnisherstellung			

Kennung: 10 Produktion ohne bedarfssynchrone Güterbeschaffung
　　　　 11 Produktion mit bedarfssynchroner Güterbeschaffung
　　　　 2 Anlagenmontage einschließlich ggf. vorheriger Altanlagendemontage
　　　　 3 Altanlagendemontage
Bezeichnung: Erzeugnisart bzw. Anlagenart mit Leistungsklasse (z.B. 11: $F_{1,1}$; 42: $P_{1,2}$)
Menge: nur bei Herstellung von Erzeugnissen erforderlich

Position	Kennung	Bezeichnung	Menge
1	2	11	
2	2	21	
3	2	41	
4	2	51	
5	10	122	300.000
6	11	421	500.000
7	2	61	
8	10	323	80.000
9	3	61	

Abbildung 5.3-2:　Beispiel einer Aktionenfolge im Produktionsteilprozeß Erzeugnisherstellung

Abbildung 5.3-2 verdeutlicht beispielhaft einen Ausschnitt aus der von den Teilnehmern festgelegten Aktionenreihenfolge für die Erzeugnisherstellung einer Periode in ihrem Unternehmen. Zunächst wird in den Positionen 1 - 4 die Beschaffung und die Montage der Fertigungsanlagen $F_{1,1}$ (11) und $F_{1,2}$ (12) sowie der Verpackungsanlagen $P_{1,1}$ (41) und $P_{2,1}$ (51) veranlaßt. Sofern Anlagen der gleichen Art bereits installiert sind, werden die Altanlagen durch neue Anlagen ersetzt. Mit der Eintragung in der Position 5 veranlassen die Teilnehmer die Herstellung von 300.000 Stück der Erzeugnisart e_{122}, soweit das Lager den erforderlichen Bestand an Basis- und Zusatzfaktoren ausweist. Sollte der Materialbestand im Lager zur Produktion der bezeichneten Menge von Erzeugnissen nicht ausreichen, wird die Produktionsmenge entsprechend gekürzt. In Position 6 wird dagegen die Herstellung von 500.000 Stück der Erzeugnisart e_{421} unter Einbeziehung der bedarfssynchronen Beschaffung für eventuell fehlende Basis- und Zusatzfaktormengen bestimmt. Aufgrund der Entscheidung in Position 7 wird die Verpackungsanlage $P_{3,1}$ (61) beschafft und montiert, die zur Herstellung der in Position 8 bezeichneten 80.000 Stück der Erzeugnisart e_{323} erforderlich ist. Anschließend (Position 9) werden die Demontage und der Verkauf der Verpackungsanlage $P_{3,1}$ (61) veranlaßt.

Sofern das Unternehmen in dem dargestellten Beispiel zu Beginn der Periode keinen Bestand an Anlagen zur Herstellung von Erzeugnissen aufweist, können die erforderlichen Fertigungs-

und Verpackungsanlagen auch durch automatischen Anlagenersatz bedarfsgerecht beschafft und montiert werden.[28]

Bevor die Teilnehmer über die Aktionenfolgen der Produktionsteilprozesse in den Unternehmen in detaillierter Form entscheiden können, sind i.d.R. einige vorbereitende Planungsaufgaben zu lösen, wobei deren Umfang maßgeblich durch die Parametergestaltung der Spielleitung bestimmt wird.[29] In den nachfolgenden Abschnitten werden

- die Planung der Produktionsprogramme,
- die Ermittlung der optimalen Nutzungsdauern und der optimalen Ersatzzeitpunkte von Produktionsanlagen und
- die Bestimmung der optimalen Aktionenfolgen bei der Produktion von Erzeugnissen und Produktverkaufseinheiten

ausführlich dargestellt. Darüber hinaus können sich die Teilnehmer zahlreichen weiteren Planungsaufgaben, wie z.B. der Ermittlung optimaler Anlagenleistungsklassen sowie der simultanen Planung von Aktionenfolgen und Anlagennutzungsdauern zuwenden.

5.4 Entscheidungen im Produktionsbereich und Instrumente zu ihrer Vorbereitung

5.4.1 Planung der Produktionsprogramme

Nach KERN beinhaltet ein Produktionsprogramm die Festlegung der zu produzierenden Güter im Hinblick auf deren Art, Menge und Zeitraum,[30] wobei die Planung eines Produktionsprogramms i.d.R. auf strategischer, taktischer und operativer Ebene durchgeführt wird.[31] Gegenstand der nachfolgenden Betrachtung ist ausschließlich die Erstellung der Produktionsprogramme auf operativer Ebene, Aspekte der strategischen und taktischen Programmplanung

---

28 In diesem Fall wäre jedoch die Reihenfolge der Aktionen eine andere als die zuvor dargestellte. Die Beschaffung und Montage der Verpackungsanlage $P_{1,1}$ (41) würde unmittelbar vor der Herstellung von Erzeugnis e_{421} erfolgen. Dementsprechend könnten andere Rüstzeiten auftreten.

29 Bereits in Abschnitt 4.6.1 wurde darauf hingewiesen, daß der Schwerpunkt des Unternehmensspiels auf dem Marketingbereich der Unternehmen liegen soll. Eine erhebliche Vereinfachung des Unternehmensspiels und zugleich eine drastische Reduzierung der Planungsaufgaben wird beispielsweise eintreten, wenn die Spielleitung die Herstellung von Erzeugnissen durch die Unternehmen ausschließt und nur deren Beschaffung vom Markt vorsieht.

30 Vgl. Kern, W.: (Produktionsprogramm), Sp. 1566.

31 Zur Definition und Abgrenzung von strategischer, taktischer und operativer Produktionsprogrammplanung vgl. z.B. Sabel, H.: (Programmplanung), Sp. 1686 ff.; Bloech J. et al.: (Einführung), S. 118 ff.

werden - insbesondere aufgrund der Besonderheiten im Unternehmensspiel[32] - im Zusammenhang mit produktpolitischen Entscheidungen im Marketingbereich[33] aufgegriffen.

Die Produktionsprogrammplanung für den Teilprozeß Produktverkaufseinheitenherstellung wird vorrangig durch das Absatzprogramm determiniert, da Produktverkaufseinheiten ausschließlich im eigenen Unternehmen hergestellt und nicht vom Markt bezogen werden können. Das Produktionsprogramm einer Periode legen die Teilnehmer demzufolge aufgrund der erwarteten Absatzmengen der verschiedenen Arten von Produktverkaufseinheiten unter Berücksichtigung von Lagerbeständen und ggf. optimal geplanten Losgrößen[34] fest.

Die Planung des Produktionsprogramms für den Teilprozeß Erzeugnisherstellung wird sowohl durch das Absatzprogramm für Erzeugnisse als auch durch das Produktionsprogramm für Produktverkaufseinheiten in der Folgeperiode bestimmt. Da die verschiedenen Erzeugnisarten i.d.R. nicht nur im Unternehmen hergestellt, sondern auch vom Markt beschafft werden können, ist die Frage der Eigenfertigung oder des Fremdbezugs im Rahmen der Programmplanung aufzugreifen und zu beantworten. Im Unternehmensspiel zählt die in der betrieblichen Praxis meist strategische Entscheidung über *make or buy*[35] zu den operativen Problemstellungen, da bei dieser Entscheidung

- ausschließlich kurzfristige wirtschaftliche Aspekte entscheidungsrelevant sind,
- keine qualitativen Unterschiede zwischen fremdbezogenen und eigenproduzierten Erzeugnissen auftreten,
- Versorgungssicherheit für Basisfaktoren, Zusatzfaktoren und Erzeugnisse durch die Spielleitung gewährleistet wird[36] und bei bedarfssynchroner Beschaffung die erforderlichen Güter kurzfristig bereitgestellt werden,
- jederzeit Räumlichkeiten zur Güterproduktion zur Verfügung stehen, die nicht anderweitig genutzt werden können,
- kurzfristig Anlagen zur Erzeugnisherstellung beschafft und installiert bzw. demontiert und verkauft werden können und

---

[32] Hierzu zählen u.a. die im Vergleich zur Praxis kurzfristige Veränderungsmöglichkeit des Produktionsprogramms und die weiteren nachfolgend im Zusammenhang mit der Frage make or buy erörterten Aspekte.

[33] Siehe hierzu insbesondere die Abschnitte 6.5.1 und 6.5.3.

[34] Darüberhinaus können von den Teilnehmern weitere Aspekte, wie z.B. optimale Reihenfolgeplanung der Produktverkaufseinheiten, Berücksichtigung der Mindestnutzungsdauern von Produktionsanlagen je Periode, ggf. simultan in die Planung einbezogen werden.

[35] Vgl. Berg, C. C.: (Beschaffung), S. 16; Männel, W.: (Wahl), S. 36; Coenenberg, A.: (Möglichkeiten), S. 268 f.

[36] Sofern die Spielleitung vorsieht, Erzeugnisse durch Unternehmen herstellen zu lassen, die weder durch bedarfssynchrone Beschaffung noch durch Vorratsbeschaffung bereitgestellt werden können, ist die Entscheidung make or buy obsolet.

- die Einstellung bzw. Entlassung des zur Güterproduktion erforderlichen Personals kurzfristig anhand der Festlegung der Schichtenanzahl zur Erzeugnisherstellung erfolgt.[37]

Die Beurteilung der Wirtschaftlichkeit der Alternativen setzt zunächst die Bestimmung des *Güterbereitstellungswertes bei Fremdbezug*[38] voraus, ehe diesem in einem weiteren Schritt die entscheidungsrelevanten Kosten eigengefertigter Erzeugnisse gegenübergestellt werden können.

Die relevanten Kosten selbsterstellter Güter werden in dem *Güterbereitstellungswert bei Eigenfertigung* zusammengefaßt, der neben den entscheidungsrelevanten Herstellkosten die Lager- und Kapitalbindungskosten beinhaltet, die bis zur weiteren Verwendung der Gütermenge zusätzlich entstehen werden. Die für die make or buy-Entscheidung relevanten Herstellkosten von Erzeugnissen bestehen aus

- dem Bereitstellungswert der zur Produktion erforderlichen Basis- und Zusatzfaktoren,[39]
- den relevanten Betriebsmittelkosten,
- den relevanten Personalkosten,
- den zusätzlichen Kapitalbindungskosten und
- den Opportunitätskosten.

Die *relevanten Betriebsmittelkosten* setzen sich aus den relevanten Abschreibungen auf Produktionsanlagen und den Betriebsstoffkosten zusammen. Unter der Annahme, daß in den Unternehmen die Nutzungsdauern der Produktionsanlagen kostenoptimal geplant werden,[40] kann für die beiden Kostenkomponenten von (minimalen) durchschnittlichen Kosten je Zeiteinheit ausgegangen werden.[41] Die Abschreibung auf das Produktionsgebäude und die sonstigen Aufwendungen für die Unterhaltung des Produktionsgebäudes sind für die Betrachtung irrelevant, da sie unabhängig von der Herstellung der Güter anfallen.

---

37 Zu weiteren Faktoren, die eine Entscheidung über Eigenfertigung oder Fremdbezug beeinflussen können, vgl. Bloech, J.; Rottenbacher, S.: (Materialwirtschaft), S. 24 f.; Berg, C. C.: (Beschaffung), S. 16 f.; Männel, W.: (Wahl), S. 41 ff.; Lücke, W.: (Selbstanfertigung), S. 69 f.; Everling, W.: (Eigenfertigung), S. 1490 f.

38 Siehe hierzu Abschnitt 4.6.2.

39 Im Unternehmensspiel können Basis- und Zusatzfaktoren nur fremdbezogen werden. Zur Ermittlung der Bereitstellungswerte siehe, wie zuvor erwähnt, Abschnitt 6.5.2.

40 Die Ermittlung der optimalen Nutzungsdauer von Produktionsanlagen wird nachfolgend in Abschnitt 5.4.2 dargestellt. Die durchschnittlichen Kosten beinhalten die Installationskosten der Anlagen.

41 Hierbei und im folgenden wird unterstellt, daß die Produktionsanlagen regelmäßig zur Herstellung von Gütern eingesetzt werden. Sofern die Eigenfertigung den Ausnahmefall darstellen sollte, ist eine Grenzbetrachtung hinsichtlich der anfallenden Betriebsmittelkosten anzustellen, da die erforderlichen Produktionsanlagen speziell für die ausnahmsweise herzustellenden Güterarten zu beschaffen, zu installieren und nach der Güterherstellung zu demontieren sind. Desweiteren werden die erforderlichen Nutzungsdauern der Anlagen i.d.R. nicht mit den optimalen Nutzungsdauern übereinstimmen.

Zur Bestimmung der *relevanten Personalkosten* sind zunächst die Herstellzeit[42] des zur Disposition stehenden Produktionsloses und die erforderlichen Rüstzeiten[43] zu erfassen. Anschließend können durch eine Grenzbetrachtung die zusätzlichen Personalkosten ermittelt werden, die bei der Produktion des Loses entsprechend der erforderlichen Zeit entstehen. Je nach geplanter Aktionenfolge für den Produktionsteilprozeß kann entweder auf bislang verbleibende Leerzeiten, die keine relevanten Kosten verursachen, zurückgegriffen werden und/oder eine Erhöhung der Arbeitszeit bei unveränderter Schichtenzahl durch Überstunden vorgenommen werden.[44] Sofern beide Maßnahmen nicht die Bereitstellung der erforderlichen Herstell- und Rüstzeiten gewährleisten können, ist die Anzahl der Schichten zu erhöhen.[45]

Von untergeordneter Bedeutung im Rahmen der Ermittlung relevanter Herstellkosten sind die *zusätzlichen Kapitalbindungskosten*, da diese nur zu berücksichtigen sind, wenn Zahlungen aufgrund der Herstellung zusätzlicher Gütermengen um mindestens eine Periode vorgezogen werden. Dieser Fall tritt beispielsweise ein, wenn durch die zusätzliche Nutzung einer Produktionsanlage deren Ersatz in eine andere Periode fällt als in der Situation, in der diese zusätzliche Nutzung unterbleibt.[46]

Bei Vorliegen eines Engpasses kann dieser im Unternehmensspiel entweder - wie zuvor dargestellt - durch zeitliche Anpassung oder durch Reduzierung der geplanten Produktionsmenge und die ersatzweise Beschaffung der Erzeugnismenge am Markt beseitigt werden. Da der Güterbereitstellungswert der verdrängten Erzeugnismenge bei Fremdbezug ein anderes Ausmaß aufweisen wird als bei Eigenfertigung, ist die Differenz in Form von *Opportunitätskosten*[47] zu ermitteln und der zur Disposition stehenden Güterart zuzurechnen.[48]

---

[42] Es wird darüber hinaus hier und im folgenden vereinfachend angenommen, daß die bislang von dem Unternehmen gewählte Anlagenleistungsklasse beibehalten wird und sich demzufolge keine Änderungen der Herstell- und Rüstzeiten anderer Produktionslose ergeben.

[43] Die relevanten Rüstzeiten umfassen die Dauer der Anlagenumrüstung zur Durchführung des Produktionsloses sowie die Veränderung der Rüstzeit für das Folgelos aufgrund der Produktion der zur Disposition stehenden Güterart.

[44] Weiterhin kann eine Kombination aus der Nutzung von Leerzeiten und Überstunden erforderlich werden.

[45] Eine Erhöhung der Schichtenzahl ist jedoch nur möglich, sofern in der betrachteten Periode bislang weniger als drei Schichten zur Erzeugnisherstellung vorgesehen werden.

[46] Für eine exakte Berechnung der zusätzlichen Kapitalkosten sind Informationen über die Veränderung der Ersatzzeitpunkte aller Nachfolgeanlagen erforderlich.

[47] Zu dem Begriff Opportunitätskosten vgl. Kilger, W.: (Einführung), S. 23 f.

[48] Übersteigt der Güterbereitstellungswert bei Eigenfertigung jenen bei Fremdbezug, stellt die Differenz einen zu berücksichtigenden Opportunitätserlös dar.

Die Entscheidung über Eigenfertigung oder Fremdbezug von Erzeugnissen werden die Teilnehmer unter der Prämisse *Beibehaltung der gewählten Anlagenleistungsklasse* im wesentlichen im Rahmen der operativen Planung vorbereiten, während die Wahl der Anlagenleistungsklasse der taktischen Planung[49] zuzuordnen ist. Die einmalige Herstellung einer zusätzlichen Gütermenge wird die erforderliche Desinvestition der bestehenden Anlagen und die Investition in Anlagen der nächsthöheren Leistungsklasse für die Dauer einer Periode und - sofern die bisherige Anlagenleistungsklasse für die herzustellenden Erzeugnismengen im Unternehmen kostenminimal ist - die anschließende Desinvestition dieser Anlagen und Investition in Anlagen der vorherigen Leistungsklasse nur in Ausnahmefällen rechtfertigen. Wird dagegen die Entscheidung über Eigenfertigung oder Fremdbezug im Rahmen der taktischen Planung vorbereitet und eine mittelfristige Ausweitung der Erzeugnisherstellungsmengen in Erwägung gezogen, können die erforderlichen Anlagendesinvestitionen und -investitionen vorteilhaft sein. In dieser Planungssituation ist die Bestimmung der relevanten Kosten explizit auf den mittelfristigen Zeitraum auszurichten.[50] Bei dem nachfolgend dargestellten Fallbeispiel zur Erstellung eines Produktionsprogramms wird die Fragestellung make or buy der operativen Planung zugeordnet.

Die Herstellmengen von Erzeugnissen und Produktverkaufseinheiten in einer Periode können entweder unmittelbar an den Bedarfsmengen in der Folgeperiode ausgerichtet werden oder es werden die Bedarfsmengen einer Güterart für mehrere aufeinanderfolgende Perioden gebündelt und in einem einzigen Produktionslos hergestellt.[51] Da die Güter im Unternehmensspiel im Rahmen einer Sortenfertigung produziert werden, führt jede Anlagenumrüstung - wie bereits ausführlich dargestellt - zu Rüstkosten und reduziert die bereitstehende Arbeitskapazität entsprechend der benötigten Rüstzeit.[52] Werden dagegen die Güterbedarfsmengen mehrerer Perioden gebündelt, können zwar die Rüstkosten verringert werden, es entstehen aber zusätzliche Lager- und Kapitalbindungskosten. Die Kostenkomponenten verhalten sich somit in Abhängigkeit von der Losgröße gegenläufig; optimal ist jene Losgröße, bei der die Summe der Kostenkomponenten minimal wird.[53] Die Teilnehmer des Unternehmensspiels werden zur Ermittlung der optimalen Losgrößen jeweils die relevanten Kosten unter Berücksichtigung des Vorliegens von Engpaßsituationen oder unausgelasteten Kapazitäten be-

---

49 Die operative Planung basiert im Unternehmensspiel auf einem einperiodigen Planungshorizont, während die taktische Planung i.d.R zwei bis drei Perioden umfaßt.

50 Die Bestimmung der relevanten Kosten für einen mittelfristigen Zeitraum setzt eine entsprechende Planung der Güterbedarfe voraus, sodaß für die potentiellen Produktionsprogramme eine mittelfristige Planung der Aktionenfolgen und der Nutzzeiten durchgeführt werden kann.

51 Die Bündelung der Bedarfsmengen mehrerer Perioden kann auch in der Weise erfolgen, daß z.B. der Bedarf von drei Perioden im Rahmen von zwei Produktionslosen erstellt wird.

52 Vgl. Gutenberg, E.: (Grundlagen), S. 203 f.; Bloech, J. et al.: (Einführung), S. 244 ff.; Kistner, K.-P.; Steven, M.: (Produktionsplanung), S. 166.

53 Vgl. Bloech, J. et al.: (Einführung), S. 244.

stimmen und ggf. die Produktionsprogramme der aufeinanderfolgenden Perioden entsprechend anpassen müssen.[54]

Fallbeispiel 5.4.1 - Problemstellung

In Unternehmen 1 ist zu Beginn der 6. Periode festgestellt worden, daß aufgrund großer Nachfrage zusätzlich 200 Produktverkaufseinheiten v_{07212} in der Folgeperiode hergestellt werden sollen. Die Beschaffung oder Produktion der erforderlichen 200.000 Stück e_{212} ist in der bisherigen Planung noch nicht berücksichtigt worden.

Ein Controller hat bereits wesentliche Informationen als Entscheidungsgrundlage gesammelt:

- Der Bereitstellungswert bei Vorratsbeschaffung von 200.000 Stück e_{212} in t=6 beträgt 2.010.000 DM.
- Die Einlagerung von 200.000 Stück e_{212} in t=6 verursacht 140.000 DM, die Auslagerung in der Folgeperiode 130.000 DM relevante Lagerkosten, die in den jeweiligen Perioden zu Auszahlungen führen.
- Die Restnutzungsdauern der erforderlichen Produktionsanlagen, die alle der Leistungsklasse 1 angehören, betragen jeweils 200 Zeiteinheiten (ZE).
- Die minimalen durchschnittlichen Betriebsmittelkosten betragen für
  -- Anlage $F_{1,1}$: 680 DM/ZE., davon 560 DM/ZE Betriebsstoffkosten,
  -- Anlage $P_{2,1}$: 240 DM/ZE., davon 180 DM/ZE Betriebsstoffkosten.
- Die zusätzlichen Rüstarbeiten bei Herstellung der Erzeugnisart e_{212} erfordern 3 Zeiteinheiten.
- Der Preis bei bedarfssynchroner Beschaffung von Basisfaktorart f_2 in t=6 wird auf 3,10 DM/Stück geschätzt.
- Der Preis bei bedarfssynchroner Beschaffung von Erzeugnisart e_{212} in t=7 wird auf 8,60 DM/Stück geschätzt.

---

[54] Hierbei können sich für die betrachteten Perioden eventuell veränderte Summen der Produktionsmengen einzelner Güterarten ergeben, die eine Anpassung des Absatzprogrammes zur Folge haben können.

128

Es sind folgende weitere Parameter zugrunde zu legen:

bestellmengenunabhängige TE je bedarfssynchroner Lieferung	
- von Basisfaktoren	4 TE
- von Erzeugnissen der Verpackungsart 2	10 TE
bestellmengenabhängige TE je bedarfssynchroner Lieferung	
- von Basisfaktoren	12 TE
- von Erzeugnissen der Verpackungsart 2	32 TE
Transportkostensatz	
- je bestellmengenunabhängiger TE	5.000 DM/TE
- je bestellmengenabhängiger TE	0,02 DM/TE
Repräsentanzfaktor	1.000
Basisfaktoreinsatzmenge je Mengeneinheit von Erzeugnis e_{212}	2
Grundleistung pro Zeiteinheit einer Anlage der Leistungsklasse 1	7
Leistungsfaktor der Produktionsanlagen	1.000
Periodenarbeitszeit je Schicht	180 ZE
maximale Anzahl Überstunden je Schicht	30 ZE
Lohnsatz pro Zeiteinheit aller Mitarbeiter eines Produktionsteilprozesses	1.400 DM/ZE
Zuschlag für Überstunden im Produktionsbereich	20%
Nachtzuschlag im Produktionsbereich	25%
Kalkulationszinssatz	8%

Die Entscheidung über Eigenfertigung oder Fremdbezug ist für Unternehmen 1 unter der Annahme zu treffen, daß die Ausführung des bisher geplanten und 8 Lose umfassenden Produktionsprogramms

a) 295 Zeiteinheiten

b) 350 Zeiteinheiten

c) 420 Zeiteinheiten

erfordert und die Anlagenleistungsklasse nicht geändert wird.

Unabhängig von dem zeitlichen Umfang des bisherigen Produktionsprogramms in den einzelnen Aufgabenteilen können die Bereitstellungswerte der zur Produktion erforderlichen Basisfaktoren und Erzeugnisse, die Herstellzeit des Loses sowie die relevanten Betriebsmittelkosten bestimmt werden.

Die Beschaffung der Basisfaktoren kann zur termingerechten Erzeugnisproduktion lediglich bedarfssynchron erfolgen. Bei bedarfssynchroner Beschaffung sind außer dem Einstandswert der Basisfaktoren keine weiteren relevanten Kosten bei der Bestimmung des Bereitstellungswertes der Basisfaktoren zu berücksichtigen. Es gilt:

$$EW^1_{f_2,syn,9,6} = 200.000 \cdot 2 \cdot (3,1 + 0,02 \cdot 12) + 5.000 \cdot 4$$

$$BWF^{1,rel}_{f_2,9,6} = EW^1_{f_2,syn,9,6} = 1.356.000$$

mit

$EW^U_{f_i,syn,\ell_{EH},t} =$ Einstandswert der von Unternehmen U bedarfssynchron beschafften Basisfaktoren f_i zur Produktion der Erzeugnisse von Los ℓ_{EH} in Periode t ($U = 0,...,9$; $i = 1,...,5$; $\ell_{EH} = 1,...,L_{EH}$)

$BWF^{U,rel}_{f_i,\ell_{EH},t} =$ Relevanter Bereitstellungswert bei Fremdbezug der in Unternehmen U erforderlichen Basisfaktoren f_i zur Produktion der Erzeugnisse von Los ℓ_{EH} in Periode t ($U = 0,...,9$; $i = 1,...,5$; $\ell_{EH} = 1,...,L_{EH}$)

Für den Einstandswert der Erzeugnisse bei bedarfssynchroner Beschaffung in Periode 7 gilt:

$$EW^1_{e_{212},syn,\ell_{PH},7} = 200.000 \cdot (8,6 + 0,02 \cdot 32) + 5.000 \cdot 10 = 1.898.000$$

mit

$EW^U_{e_{iab},syn,\ell_{PH},t} =$ Einstandswert der von Unternehmen U bedarfssynchron beschafften Erzeugnisse e_{iab} zur Produktion der Produktverkaufseinheiten von Los ℓ_{PH} in Periode t ($U = 0,...,9$; $i = 1,...,5$; $(a;b) \in \{(1;1), (1;2), (2;1), (2;2), (2;3), (3;4)\}$; $\ell_{PH} = 1,...,L_{PH}$)

Der Bereitstellungswert der Erzeugnisse bei Vorratsbeschaffung beträgt, wie bereits bestimmt, 2.010.000 DM, dagegen entspricht der Bereitstellungswert der Erzeugnisse bei bedarfssynchroner Beschaffung dem Einstandswert, da keine weiteren relevanten Kosten zu berücksichtigen sind. Für den relevanten Bereitstellungswert der Erzeugnisse gilt demzufolge:

$$BWF^{1,rel}_{e_{212},\ell_{PH},7} = EW^1_{e_{212},syn,\ell_{PH},7} = 1.898.000$$

mit

$BWF^{U,rel}_{e_{iab},\ell_{PH},t}$ = Relevanter Bereitstellungswert bei Fremdbezug der in Unternehmen U erforderlichen Erzeugnisse e_{iab} zur Produktion der Produktverkaufseinheiten von Los ℓ_{PH} in Periode t
($U = 0,...,9$; $i = 1,...,5$; $(a;b) \in \{(1;1), (1;2), (2;1), (2;2), (2;3), (3;4)\}$;
$\ell_{PH} = 1,...,L_{PH}$)

Die Bereitstellung der Erzeugnisse durch bedarfssynchrone Beschaffung ist um 112.000 DM vorteilhafter als durch Vorratsbeschaffung.

Bei Eigenfertigung von 200.000 e_{212} und einer Basisfaktoreinsatzmenge von 2 Mengeneinheiten je Erzeugnis e_{212} beträgt die Ausführungszeit (in Zeiteinheiten):

$$ZA^1_{EH,9,6} = \left\lceil \frac{200.000 \cdot 2}{7 \cdot 1.000} \right\rceil^+ = 58$$

mit

$ZA^U_{EH,\ell_{EH},t}$ = Ausführungszeit von Los ℓ_{EH} im Rahmen der Erzeugnisherstellung von Unternehmen U in Periode t ($U = 0,...,9$; $\ell_{EH} = 1,...,L_{EH}$)

Für die relevanten Betriebsmittelkosten gilt:

$$BMK^{1,rel}_{EH,9,6} = (680 + 240) \cdot 58 = 53.360$$

mit

$BMK^{U,rel}_{EH,\ell_{EH},t}$ = Relevante Betriebsmittelkosten in Unternehmen U bei Herstellung der Erzeugnisse von Los ℓ_{EH} in Periode t ($U = 0,...,9$; $\ell_{EH} = 1,...,L_{EH}$)

a) Bei einem bisherigen Umfang des Produktionsprogramms von 295 Zeiteinheiten verbleibt bei zweischichtiger Erzeugnisherstellung eine Leerzeit von $(2 \cdot 180 - 295) = 65$ Zeiteinheiten. Zur Produktion von Erzeugnisherstellungslos 9 sind lediglich 58 Zeiteinheiten und zur Anlagenumrüstung 3 Zeiteinheiten erforderlich, so daß auch bei zusätzlicher Fertigung dieses Loses die Periodenarbeitszeit nicht verändert wird. Es gilt für die relevanten Personalkosten:

$$PK^{1,rel}_{EH,9,6} = 0$$

mit

$PK^{U,rel}_{EH,\ell_{EH},t}$ = Relevante Personalkosten in Unternehmen U bei Herstellung der Erzeugnisse von Los ℓ_{EH} in Periode t (U = 0,...,9; ℓ_{EH} = 1,...,L_{EH})

Zusätzliche Kapital- und Opportunitätskosten sind in diesem Fall nicht zu berücksichtigen, da einerseits keine Hinweise gegeben werden, daß durch die Herstellung dieser Erzeugnismengen Zahlungen vorgezogen werden und andererseits kein Engpaß vorliegt. Für die relevanten Herstellkosten gilt:

$$HK^{1,rel}_{EH,9,6} = BWF^{1,rel}_{f_2,9,6} + BMK^{1,rel}_{EH,9,6} + PK^{1,rel}_{EH,9,6} = 1.409.360$$

mit

$HK^{U,rel}_{EH,\ell_{EH},t}$ = Relevante Herstellkosten in Unternehmen U bei Herstellung der Erzeugnisse von Los ℓ_{EH} in Periode t (U = 0,...,9; ℓ_{EH} = 1,...,L_{EH})

Zur Bestimmung des Güterbereitstellungswertes bei Eigenfertigung sind den relevanten Herstellkosten die relevanten Lager- und Kapitalbindungskosten[55] zuzurechnen. Es gilt:[56]

$$LK^{1,rel}_{e_{212},\ell_{PH},7} = 140.000 + 130.000 = 270.000$$

---

[55] Eine exakte Berechnung der relevanten Kapitalbindungskosten erforderte die Kenntnis über die tatsächlich zu zahlenden Betriebsstoffaufwendungen. Zur Vereinfachung wird hier auf die Betriebsstoffkosten bei minimalen durchschnittlichen Betriebsmittelkosten zurückgegriffen und die dadurch entstehende geringe Ungenauigkeit akzeptiert.

[56] Zur Bestimmung der relevanten Kapitalbindungskosten werden von den minimalen durchschnittlichen Betriebsmittelkosten lediglich jene Kostenkomponenten herangezogen, die in der entsprechenden Nutzungsperiode der Anlagen zu Auszahlungen führen. Hierbei sind ausschließlich die Betriebsstoffkosten zu berücksichtigen.

$$KK^{l,rel}_{e_{212},\ell_{PH},7} = \left(1.356.000 + (560 + 180) \cdot 58 + 140.000\right) \cdot 0,08$$

$$KK^{l,rel}_{e_{212},\ell_{PH},7} = 123.113,6$$

$$BWE^{l,rel}_{e_{212},\ell_{PH},7} = 1.409.360 + 270.000 + 123.113,6 = 1.802.473,6$$

mit

$LK^{U,rel}_{e_{iab},\ell_{PH},t}$	=	Relevante Lagerkosten bei Bereitstellung der Erzeugnisart e_{iab} in Unternehmen U zur Herstellung der Produktverkaufseinheiten von Los ℓ_{PH} in Periode t (U = 0,...,9; i = 1,...,5; (a;b) $\in$ {(1;1), (1;2), (2;1), (2;2), (2;3), (3;4)}; ℓ_{PH} = 1,...,L_{PH})
$KK^{U,rel}_{e_{iab},\ell_{PH},t}$	=	Relevante Kapitalbindungskosten bei Bereitstellung der Erzeugnisart e_{iab} in Unternehmen U zur Herstellung der Produktverkaufseinheiten von Los ℓ_{PH} in Periode t (U = 0,...,9; i = 1,...,5; (a;b) $\in$ {(1;1), (1;2), (2;1), (2;2), (2;3), (3;4)}; ℓ_{PH} = 1,...,L_{PH})
$BWE^{U,rel}_{e_{iab},\ell_{PH},t}$	=	Relevanter Bereitstellungswert bei Eigenfertigung der Erzeugnisse e_{iab} in Unternehmen U zur Produktion der Produktverkaufseinheiten von Los ℓ_{PH} in Periode t (U = 0,...,9; i = 1,...,5; (a;b) $\in$ {(1;1), (1;2), (2;1), (2;2), (2;3), (3;4)}; ℓ_{PH} = 1,...,L_{PH})

Der Vergleich der Bereitstellungswerte der Erzeugnisart e_{212} bei Eigenfertigung und bei Fremdbezug zeigt einen Kostenvorteil in Höhe von 95.526,40 DM zugunsten der Selbstherstellung der Erzeugnisse auf.

b) Für ein 350 Zeiteinheiten umfassendes Produktionsprogramm ist eine zweischichtige Erzeugnisherstellung erforderlich. Dabei verbleibt eine Leerzeit von $(2 \cdot 180 - 350 =)$ 10 Zeiteinheiten. Weiterhin können je Schicht bis zu 30 Zeiteinheiten als Überstunden zur Ausführung von Erzeugnisherstellungslosen vorgesehen werden. Es gilt für die relevanten Personalkosten:

$$PK^{l,rel}_{EH,9,6} = (58 + 3 - 10) \cdot 1.400 \cdot 1,2 = 85.680$$

Zusätzliche Kapital- und Opportunitätskosten fallen nicht an, es gilt für die relevanten Herstellkosten:

$$HK^{l,rel}_{EH,9,6} = 1.495.040$$

Weiterhin gilt für die relevanten Lager- und Kapitalbindungskosten:

$$LK^{1,rel}_{e_{212},\ell_{PH},7} = 270.000$$

$$KK^{1,rel}_{e_{212},\ell_{PH},7} = \left(1.356.000 + (560 + 180) \cdot 58 + 85.680 + 140.000\right) \cdot 0,08$$

$$KK^{1,rel}_{e_{212},\ell_{PH},7} = 129.968$$

Der Bereitstellungswert der Erzeugnisse bei Eigenfertigung beträgt:

$$BWE^{1,rel}_{e_{212},\ell_{PH},7} = 1.495.040 + 270.000 + 129.968 = 1.895.008$$

Der Vorteil der relevanten Kosten bei Eigenfertigung, gegenüber der Möglichkeit, die Erzeugnisse durch Fremdbezug zu beschaffen, vermindert sich auf 2.992,00 DM.

c) Ein Produktionsprogramm von 420 Zeiteinheiten Dauer zur Herstellung von Erzeugnissen wird in zwei Schichten unter Einbeziehung von 60 Zeiteinheiten Überstunden ausgeführt werden können. Eine Ausdehnung des bestehenden Produktionsprogramms ist nur möglich, wenn eine dritte Schicht (Nachtschicht) eingeführt wird. Es gilt für die relevanten Personalkosten:

$$PK^{1,rel}_{EH,9,6} = 180 \cdot 1.400 \cdot 1,25 - 60 \cdot 1400 \cdot 1,2 = 214.200$$

Zusätzliche Kapitalbindungs- und Opportunitätskosten fallen nicht an, es gilt für die relevanten Herstellkosten:

$$HK^{1,rel}_{EH,9,6} = 1.623.560$$

Weiterhin gilt für die relevanten Lager- und Kapitalkosten:

$$LK^{1,rel}_{e_{212},\ell_{PH},7} = 270.000$$

$$KK^{1,rel}_{e_{212},\ell_{PH},7} = \left(1.356.000 + (560 + 180) \cdot 58 + 214.200 + 140.000\right) \cdot 0,08$$

$$KK^{1,rel}_{e_{212},\ell_{PH},7} = 140.249,6$$

Der Bereitstellungswert der Erzeugnisse bei Eigenfertigung beträgt:

$$BWE^{1,rel}_{e_{212},\ell_{PH},7} = 1.623.560 + 270.000 + 140.249,6 = 2.033.809,6$$

Die bedarfssynchrone Beschaffung der Erzeugnisse weist einen Vorteil der relevanten Kosten in Höhe von 135.809,60 DM gegenüber der Möglichkeit auf, die Erzeugnisse durch Eigenfertigung bereitzustellen.

5.4.2 Ermittlung optimaler Nutzungsdauern und Ersatzzeitpunkte von Produktionsanlagen

Die Produktionsanlagen, welche in den Unternehmen zur Herstellung von Erzeugnissen und Produktverkaufseinheiten eingesetzt werden können, weisen je nach Anlagenart und Leistungsklasse unterschiedliche, fest vorgegebene technische Nutzungsdauern auf. Es bleibt den Teilnehmern jedoch überlassen, insbesondere unter Berücksichtigung wirtschaftlicher Aspekte, andere als die technischen Nutzungsdauern für zukünftig zu installierende Anlagen zu planen oder für bereits installierte Anlagen Ersatzzeitpunkte zu bestimmen, die vor dem Ende der jeweiligen technischen Nutzungsdauer liegen.[57]

Mit zunehmender Nutzungsdauer der Produktionsanlagen bleiben zwar die Veränderungen der Anlagenveräußerungswerte pro Zeiteinheit konstant oder sinken, jedoch steigt der Betriebsstoffverbrauch pro Zeiteinheit in gleichem Ausmaß an. Somit stellt sich für die Teilnehmer die Frage, ob Produktionsanlagen bis zum Ende ihrer technischen Nutzungsdauer oder nur während einer noch zu bestimmenden optimalen Nutzungsdauer in Anspruch genommen und anschließend ersetzt werden sollen. Als Ersatzobjekte stehen im Unternehmensspiel für jede Anlagenart sowohl identische als auch nicht identische Anlagen zur Verfügung, wobei ein nicht identischer Ersatz zwangsläufig mit der Wahl einer anderen Leistungsklasse und demzufolge mit einer geringeren oder höheren Kapazität[58] verbunden ist. Die Wahl der Anlagenleistungsklasse wird im Rahmen der Produktverkaufseinheitenherstellung nicht nur von Kostenaspekten, sondern vorrangig durch das Absatzprogramm bestimmt. Bei der Erzeug-

---

[57] Erfolgt die Nutzungsdauerplanung zu einem Zeitpunkt vor dem Beginn der Anlagennutzung und führt der geplante Nutzungszeitraum zu einem optimalen Erreichungsgrad der Unternehmensziele, so liegt die *optimale, d.h. wirtschaftliche Nutzungsdauer* für die Anlage vor. Die wirtschaftliche Nutzungsdauer ist meist kürzer als die technische. Wird dagegen für eine im Planungszeitpunkt bereits genutzte Anlage ermittelt, ob und ggf. wann diese durch ein Nachfolgeobjekt zu ersetzen ist und wird hierbei der optimalen Erfüllung der Unternehmensziele Rechnung getragen, stellt der berechnete Ersatzzeitpunkt den *optimalen Ersatzzeitpunkt* dar. Vgl. Götze, U.; Bloech, J.: (Investitionsrechnung), S. 192 f.; Seelbach, H.: (Ersatztheorie), S. 106, S. 119; Lücke, W.: (Investitionslexikon), S. 294; Kruschwitz, L.: (Investitionsrechnung), S. 143 f.; Busse von Colbe, W.; Laßmann, G.: (Betriebswirtschaftstheorie), S. 131 f.; Schierenbeck, H.: (Betriebswirtschaftslehre), S. 331.

[58] I.d.R. wird die Anlagenkapazität der nächsthöheren Leistungsklasse das zwei- bis dreifache der bisherigen Kapazität betragen, um den Teilnehmern unter Berücksichtigung eines bis zu dreischichtigen Betriebs ein umfassendes Kapazitätsspektrum zu bieten.

nisherstellung liegt zudem ein mehrstufiger Produktionsprozeß vor, sodaß die Leistungs-
klassenwahl für eine Anlagenart die Kosten und Kapazitäten der anderen Anlagenarten beeinflußt. Aus diesen Gründen wird hier die Wahl der Anlagenleistungsklasse von den Fragen
der optimalen Nutzungsdauer und des optimalen Ersatzzeitpunktes losgelöst betrachtet und es
werden nachfolgend ausschließlich identische Anlagen als Ersatzobjekte vorgesehen.

Sofern unterstellt wird, daß einerseits die Erlöse der Güter, die auf den Anlagen produziert
werden, diesen nicht unmittelbar zugerechnet werden können, andererseits die Qualität der
hergestellten Güter unabhängig von dem Anlagenalter ist, kann auf die Einbeziehung von Er-
lösen verzichtet und die Bestimmung der optimalen Nutzungsdauer auf der Basis von Kosten
durchgeführt werden.[59],[60] Die relevanten Kosten setzen sich hierbei aus den Betriebsstoffkosten, den Abschreibungen sowie den Zinsen auf das gebundene Kapital zusammen. Im Hinblick auf die relevanten Zinskosten ist im Unternehmensspiel zu berücksichtigen, daß nicht
nur alle Zahlungen am Periodenende anfallen, sondern daß bei einer Anlagennutzung, die in
der gleichen Periode endet, in der sie beginnt, die Anschaffungsauszahlung mit der Einzahlung des Veräußerungswertes zusammenfällt und somit erst bei mehrperiodiger Anlagennutzung Zinskosten einzubeziehen sind. Je nach Parametergestaltung, Umfang des Produktionsprogramms und demzufolge erwarteter Anlagennutzung in einer Periode wird die optimale
Nutzungsdauer einer Anlage eine Anzahl von Zeiteinheiten aufweisen, die eine bis zu ein-
periodige oder eine mehrperiodige Nutzung nach sich zieht.[61] Aus diesem Grund werden zwei
verschiedene Ansätze zur Bestimmung der optimalen Nutzungsdauer vorgestellt, die beide auf
einem Modell mit der Zielsetzung *Kostenminimierung* beruhen, welches zunächst kurz
allgemein dargestellt wird.[62]

Die optimale Nutzungsdauer wird in dem Modell für Anlagen einer unendlichen Kette identischer Objekte auf der Grundlage der in jeder Periode anfallenden und die Nutzungsdauer

---

[59] Vgl. Bloech, J.: (Investitions-Strategien), S. 246.

[60] An der Stelle von Kosten können auch Auszahlungen betrachtet werden. Hierbei ist auf ein Modell zur
      Nutzungsdauerbestimmung anhand von Auszahlungsbarwerten analog der Nutzungsdauerbestimmung im
      Kapitalwertmodell zurückzugreifen. Vgl. zur Nutzungsdauerbestimmung im Kapitalwertmodell z.B.
      Götze, U.; Bloech, J.: (Investitionsrechnung), S. 194 ff.

[61] Optimale Nutzungsdauern von Anlagen, die kürzer als eine Periode sind, werden selbst bei einer Simula-
      tionszeit - siehe hierzu Abschnitt 2.3 - von einem Jahr selten in der Praxis anzutreffen sein. Zur Simulati-
      on des Problems der Ermittlung optimaler Nutzungsdauern (und optimaler Ersatzzeitpunkte) bei einer
      u.U. geringen Anzahl Spielperioden, erscheint es zweckmäßig, Anlagenparameter so gestalten zu können,
      daß sich ggf. eine optimale Nutzungsdauer von unter einer Periode einstellt.

[62] Zu einer ausführlichen Darstellung des Modells und einiger Varianten vgl. Churchman, C. W.; Ackoff, R.
      L.; Arnoff, E. L.: (Operations), S. 440 ff.; Bloech, J.: (Investitions-Strategien), S. 245 ff.; Bloech, J.:
      (Varianten), S. 114 ff.; Götze, U.; Bloech, J.: (Investitionsrechnung), S. 212 ff. In Anbetracht der kon-
      stanten und somit nicht entscheidungsrelevanten Erträge entspricht die Zielsetzung *Kostenminimierung*
      der im Unternehmensspiel zugrunde gelegten Zielsetzung *Gewinnmaximierung (bzw. Maximierung der
      bis zum Ende der letzten Spielperiode kumulierten Periodenüberschüsse vor Steuern).* Vgl. Götze, U.;
      Bloech, J.: (Investitionsrechnung), S. 213; Bloech, J.: (Investitions-Strategien) S. 246.

beeinflussenden Kosten bestimmt. Diese sog. *zeitlichen Grenzkosten* setzen sich aus den Kapitalkosten (Abschreibung, Zinsen auf das gebundene Kapital) und den Betriebskosten (Kosten des Anlageneinsatzes und der laufenden Instandhaltung) zusammen; sie werden jeweils dem Beginn einer Periode zugerechnet. Hinsichtlich des zeitlichen Verlaufs der Kosten wird angenommen, daß diese zunächst sinken und nach Erreichen eines Minimums monoton steigen. Die optimale Nutzungsdauer liegt am Ende der Periode (t), wenn in der darauffolgenden Periode (t+1) erstmals die zeitlichen Grenzkosten die Durchschnittskosten übersteigen, d.h. es gilt:

$$K_t \leq \underbrace{\frac{\sum\limits_{\tau=1}^{t} K_\tau \cdot (1+i)^{-\tau+1}}{\sum\limits_{\tau=1}^{t} (1+i)^{-\tau+1}}}_{K_t^{\varnothing}} \leq K_{t+1}$$

mit

i = Kalkulationszinssatz

K_t = Zeitliche Grenzkosten der Periode t

$K_t^{\varnothing}$ = Durchschnittskosten der ersten t Perioden

Auf der Grundlage dieses Modells können die optimalen Nutzungsdauern bzw. optimalen Ersatzzeitpunkte der im Unternehmensspiel simulierten Produktionsanlagen bestimmt werden. Zwar ist der Planungshorizont der Teilnehmer auf eine endliche Anzahl Perioden ausgerichtet und demzufolge wird jede Anlage nur eine endliche Zahl von Nachfolgern aufweisen, während in dem Nutzungsdauermodell von einer unendlichen Kette identischer Investitionsobjekte ausgegangen wird. Jedoch werden i.d.R. exakte Informationen über den gesamten zukünftigen Planungszeitraum fehlen, so daß die vereinfachende Annahme einer unendlichen Kette identischer Investitionsobjekte vertretbar und sinnvoll erscheint.[63] Darüber hinaus verringert sich die Veränderung der optimalen Nutzungsdauer der jeweils ersten installierten Anlage einer endlichen Investitionskette bei zunehmender Anzahl identischer Nachfolger.[64]

---

[63] In den letzten Perioden vor dem Ende des Unternehmensspiels können die Teilnehmer die optimalen Nutzungsdauern der Anlagen ggf. durch Sonderrechnungen unter Berücksichtigung der erwarteten Nutzungszeiten in der Produktion ermitteln. Die Ermittlung der optimalen Nutzungsdauern der Anlagen für einen begrenzten Planungszeitraum ist z.B. durch vollständige Enumeration möglich. Vgl. Kruschwitz, L.: (Investitionsrechnung), S. 156; Götze, U.; Bloech, J.: (Investitionsrechnung), S. 209 ff.

[64] Vgl. Seelbach, H.: (Ersatztheorie), S. 116 f.

In der *Variante A* wird davon ausgegangen, daß Zinsen nicht zu berücksichtigen sind, da eine optimale Nutzungsdauer erwartet wird, die eine Periode nicht überschreiten wird. Weiterhin wird unterstellt, daß die jeweilige Anlagenkapazität pro Zeiteinheit vollständig ausgelastet wird. Die relevante Installationszeit zur Demontage der Altanlage und zur Montage des Ersatzobjektes,[65] bewertet mit dem relevanten Lohnsatz pro Zeiteinheit der Mitarbeiter im Produktionsbereich,[66] wird dem Anschaffungswert der Anlage hinzugerechnet. Die zeitlichen Grenzkosten können für jede einzelne Zeiteinheit der Anlagennutzung ermittelt werden. Es gilt:

$$K^U_{A,L,t,h} = AfA^U_{A,L,t,h} + B^U_{vbr,A,L,t,h} \cdot B_{Preis,t}$$

$$\text{mit} \quad AfA^U_{A,L,t,h} = LW^U_{A,L,t,h-1} - LW^U_{A,L,t,h}{}^{67}$$

$$B^U_{vbr,A,L,t,h} = GLST_L \cdot \left(B_{abs,A,L,t} + B_{stg,A,L,t} \cdot ND^{\varnothing,r,U}_{A,L,t,h} \right)$$

$$\text{mit} \quad ND^{\varnothing,r,U}_{A,L,t,h} = \frac{2 \cdot h - 1}{2 \cdot ND_{tch,A,L}}$$

$$LW^U_{A,L,t,0} = AW_{A,L} + IZ^{U,rel}_{A,L,t} \cdot PFK^{U,rel}_{LS,t}$$

$$LW^U_{A,L,t,h} = AW_{A,L} \cdot V^{r,U}_{A,L,t,h}$$

$$\text{falls} \quad 1 \leq h \leq ND_{tch,A,L}$$

$$V^{r,U}_{A,L,t,h} = \begin{cases} (1 - ND^{r,U}_{A,L,t,h} \cdot 2,5) & \text{für} \quad 0,0 \leq ND^{r,U}_{A,L,t,h} \leq 0,1 \\ (0,75 - (ND^{r,U}_{A,L,t,h} - 0,1) \cdot 2,0) & \text{für} \quad 0,1 < ND^{r,U}_{A,L,t,h} \leq 0,2 \\ (0,55 - (ND^{r,U}_{A,L,t,h} - 0,2) \cdot 1,5) & \text{für} \quad 0,2 < ND^{r,U}_{A,L,t,h} \leq 0,3 \\ (0,40 - (ND^{r,U}_{A,L,t,h} - 0,3)) & \text{für} \quad 0,3 < ND^{r,U}_{A,L,t,h} \leq 0,4 \\ (0,30 - (ND^{r,U}_{A,L,t,h} - 0,4) \cdot 0,5) & \text{für} \quad 0,4 < ND^{r,U}_{A,L,t,h} \leq 1,0 \end{cases}$$

---

[65] Die relevanten Installationszeiten zur Demontage der Altanlagen und Montage der neuen Anlagen werden unter Berücksichtigung evtl. Rüstzeitveränderungen der Folgelose (für alle zukünfigen Anlagen) geschätzt.

[66] Der relevante Lohnsatz pro Zeiteinheit der Mitarbeiter im Produktionsbereich muß nicht notwendigerweise mit dem von der Spielleitung festgelegten Lohnsatz pro Zeiteinheit der Mitarbeiter im Produktionsbereich übereinstimmen, da der relevante Lohnsatz von dem geplanten Produktionsprogramm abhängt. Sofern z.B. in der Planungsperiode Leerzeiten in dem betreffenden Produktionsteilprozeß zu erwarten sind, kann der relevante Lohnsatz pro Zeiteinheit den Wert null annehmen.

[67] Der Abschreibungsbetrag der ersten Zeiteinheit beinhaltet die Kosten der Installation.

$$\text{und} \quad ND^{r,U}_{A,L,t,h} = \frac{h}{ND_{tch,A,L}}$$

$$\text{für} \quad 0 \leq h \leq ND_{tch,A,L}$$

mit

$K^{U}_{A,L,t,h}$	=	Zeitliche Grenzkosten der h-ten Zeiteinheit der von Unternehmen U in Periode t zu installierenden Anlagenart A der Leistungsklasse L ($U = 0,...,9$; $A = F_1, F_2, F_3, P_1,...,P_4, G$; $L = 1, 2, 3$)
$AfA^{U}_{A,L,t,h}$	=	Abschreibung auf eine in Unternehmen U in der Periode t zu installierende Anlage der Art A und der Leistungsklasse L für die Nutzung in der h-ten Zeiteinheit ($U = 0,...,9$; $A = F_1, F_2, F_3, P_1,...,P_4, G$; $L = 1, 2, 3$)
$LW^{U}_{A,L,t,h}$	=	Liquidationswert einer in Unternehmen U in der Periode t zu installierenden Anlage der Art A und der Leistungsklasse L nach einer Nutzung von h Zeiteinheiten ($U = 0,...,9$; $A = F_1, F_2, F_3, P_1,...,P_4, G$; $L = 1, 2, 3$)
$ND^{\varnothing,r,U}_{A,L,t,h}$	=	Relative Nutzungsdauer einer in Unternehmen U installierten Anlage der Art A und der Leistungsklasse L in der Mitte der betrachteten Zeiteinheit h der Periode t ($U = 0,...,9$; $A = F_1, F_2, F_3, P_1,...,P_4, G$; $L = 1, 2, 3$)
$IZ^{U,rel}_{A,L,t}$	=	Relevante Installationszeit zur Demontage einer Altanlage und Montage einer neuen Anlage der Art A und der Leistungsklasse L in Unternehmen U in der Periode t ($U = 0,...,9$; $A = F_1, F_2, F_3, P_1,...,P_4, G$; $L = 1, 2, 3$)
$PFK^{U,rel}_{LS,t}$	=	Relevanter Lohnsatz pro Zeiteinheit der Mitarbeiter im Produktionsbereich von Unternehmen U in der Periode t ($U = 0,...,9$)
$V^{r,U}_{A,L,t,h}$	=	Relativer Veräußerungswert einer in Unternehmen U in der Periode t zu installierenden Anlage der Art A und der Leistungsklasse L nach einer Nutzung von h Zeiteinheiten ($U = 0,...,9$; $A = F_1, F_2, F_3, P_1,...,P_4, G$; $L = 1, 2, 3$)
$ND^{r,U}_{A,L,t,h}$	=	Relative Nutzungsdauer einer in Unternehmen U in der Periode t zu installierenden Anlage der Art A und der Leistungsklasse L nach einer Nutzung von h Zeiteinheiten ($U = 0,...,9$; $A = F_1, F_2, F_3, P_1,...,P_4, G$; $L = 1, 2, 3$)
h	=	Anzahl der Nutzungszeiteinheiten der zu betrachtenden Anlage

Der Verlauf der zeitlichen Grenzkosten entspricht in dem vorliegenden Fall nicht notwendigerweise der in dem Modell getroffenen Annahme eines monotonen Anstiegs der Grenzkosten nach Erreichen eines Minimums;[68] vielmehr können mehrere lokale Minima auftreten. Dieses Phänomen ist in dem Unternehmensspiel darauf zurückzuführen, daß die Abschreibungsbeträge je Zeiteinheit der Anlagennutzung innerhalb bestimmter Intervalle relativer Nutzungsdauern konstant bleiben und lediglich unmittelbar nach Überschreiten der Intervallgrenzen sinken. Die Kosten für Betriebsstoffe steigen zwar beständig an, dieser Anstieg kompensiert jedoch ggf. nicht die Veränderungen der Abschreibungsbeträge unmittelbar bei der Überschreitung einer Intervallgrenze relativer Nutzungsdauern. Hieraus folgt, daß auch der Verlauf der Durchschnittskosten mehrere lokale Minima aufweisen kann und somit zur Bestimmung der optimalen Nutzungsdauer das absolute Minimum der Durchschnittskosten zu ermitteln ist.[69] Für die Durchschnittskosten gilt:

$$K^{\varnothing,U}_{A,L,t,h} = \frac{\sum\limits_{\gamma=1}^{h} K^{U}_{A,L,t,\gamma}}{h}$$

mit

$K^{\varnothing,U}_{A,L,t,h}$ = Durchschnittskosten bei einer Nutzung von h Zeiteinheiten der von Unternehmen U in Periode t zu installierenden Anlagenart A in der Leistungsklasse L (U = 0,...,9; A = F_1, F_2, F_3, P_1,...,P_4, G; L = 1, 2, 3)

Die dargestellte Nutzungsdauerproblematik wird nachfolgend in einem Fallbeispiel verdeutlicht.[70]

---

[68]   Siehe auch Abbildung 5.4.2-1 im Zusammenhang mit der Lösung von Fallbeispiel 5.4.2-1.

[69]   Vgl. Bloech, J.: (Varianten), S. 116.

[70]   Die Ermittlung des optimalen Ersatzzeitpunktes einer Anlage kann in analoger Weise vorgenommen werden. Entsprechendes gilt für die nachfolgend dargestellte Variante B.

Fallbeispiel 5.4.2-1 - Problemstellung

Unternehmen 1 plant zu Beginn des Unternehmensspiels (Periode 1) die optimale Nutzungsdauer der Verpackungsanlage 1 (P_1) in der Leistungsklasse 3. Es liegen folgende Parameter vor:

Anlagengrundpreis der Anlage P_1 in der Leistungsklasse 3	110 DM
Anlagenpreisfaktor	1.000
Technische Nutzungsdauer der Anlage P_1 in der Leistungsklasse 3	1.000 ZE
$B_{abs,P_1,3,1}$	1
$B_{stg,P_1,3,1}$	2
Betriebsstoffpreis je Verbrauchsmengeneinheit	10 DM
Grundleistung pro Zeiteinheit einer Anlage der Leistungsklasse 3	50
relevanter Lohnsatz pro Zeiteinheit aller Mitarbeiter eines Produktionsteilprozesses	1.400 DM/ZE

Die relevante Installationszeit der Anlage schätzt die Unternehmensleitung auf 14 Zeiteinheiten.

Die Bestimmung der optimalen Nutzungsdauer soll entsprechend der Variante A erfolgen.

Fallbeispiel 5.4.2-1 - Lösung

Zur Ermittlung der Grenz- und Durchschnittskosten wird zunächst der um die Installationskosten ergänzte Anschaffungswert bestimmt.

$$LW_{P_1,3,1,0}^1 = 110 \cdot 1.000 + 14 \cdot 1.400 = 129.600$$

In der nachfolgenden Tabelle wird auszugsweise für die ersten Zeiteinheiten und die Zeiteinheiten im Bereich der optimalen Nutzungsdauer die Bestimmung der Grenz- und Durchschnittskosten dargestellt.

h	$LW^1_{P_1,3,1,h}$	$AfA^1_{P_1,3,1,h}$	$B^1_{vbr.P_1.3.1.h}$ $\cdot B_{Preis,1}$	$K^1_{P_1,3,1,h}$	$\sum\limits_{\gamma=1}^{h} K^1_{P_1,3,1,\gamma}$	$K^{\varnothing,1}_{P_1,3,1,h}$
1	109.725	19.875	500,50	20.375,5	20.375,50	20.375.5
2	109.450	275	501,50	776,50	21.152,00	10.576,0
3	109.175	275	502,50	777,50	21.929,50	7.309,8
4	108.900	275	503,50	778,50	22.708,00	5.677,0
⋮	⋮	⋮	⋮	⋮	⋮	⋮
199	60.720	220	598,50	918,50	188.180,50	945,63
200	60.500	220	599,50	919,50	189.100,00	945,50
201	60.335	165	600,50	865,50	189.965,50	945,10
⋮	⋮	⋮	⋮	⋮	⋮	⋮
268	49.280	165	767,50	932,50	250.232,00	933,70
269	49.115	165	768,50	*933,5*[71]	251.165,50	*933,70*
270	48.950	165	769,50	*934,50*	252.100,00	933,70
271	48.785	165	770,50	935,50	253.035,50	933,71
⋮	⋮	⋮	⋮	⋮	⋮	⋮
323	41.470	110	822,50	932,50	301.794,50	934,35
324	41.360	110	823,50	**933,50**	302.728,00	**934,35**
325	41.250	110	824,50	**934,50**	303.662,50	934,35
326	41.140	110	825,50	935,50	304.598,00	934,35
⋮	⋮	⋮	⋮	⋮	⋮	⋮
399	33.110	110	898,50	1.008,50	375.590,50	941,33
400	33.000	110	899,50	1.009,50	376.600,00	941,50
401	32.945	55	900,50	955,50	377.555,50	941,53

---

[71] Das absolute und das lokale Minimum der Durchschnittskosten sind in der Tabelle hervorgehoben.

Den Verlauf der Grenz- und Durchschnittskosten bei Variation der Nutzungsdauer spiegelt Abbildung 5.4.2-1 wider. Das absolute Minimum der Durchschnittskosten und dementsprechend die optimale Nutzungsdauer der Verpackungsanlage 1 stellt sich bei 269 Zeiteinheiten ein, ein lokales Minimum befindet sich bei einer Nutzungsdauer von 324 Zeiteinheiten.

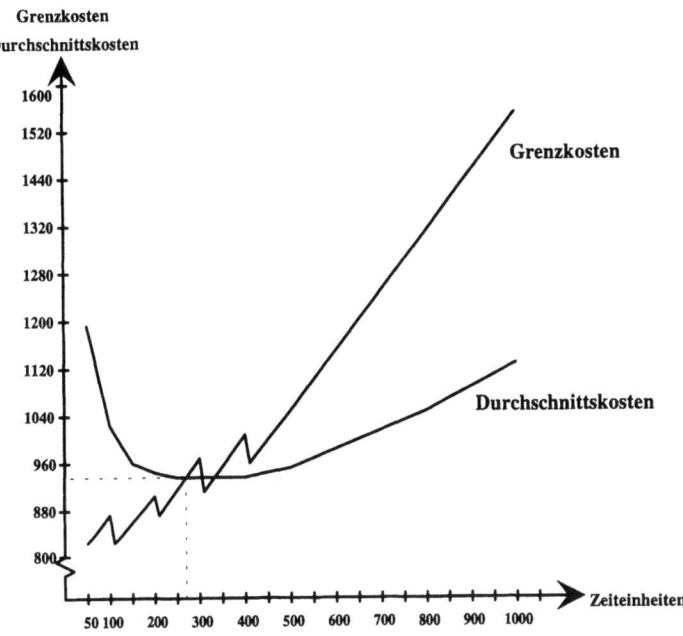

Abbildung 5.4.2-1: Kostenverläufe und optimale Nutzungsdauer

In der *Variante B* wird unterstellt, daß die Anlage in den einzelnen Perioden jeweils nur während einer geringen Anzahl von Zeiteinheiten - gemessen an der technischen Nutzungsdauer und der maximal möglichen Periodenarbeitszeit - genutzt wird und demzufolge zunächst vermutet werden kann, daß die optimale Nutzungsdauer länger als eine Periode sein wird. Dementsprechend wird unterstellt, daß

- Zinsen zu berücksichtigen sind und
- die Zeiteinheiten der Nutzung der Anlage für die einzelnen Perioden feststehen.

Es wird weiterhin davon ausgegangen, daß die jeweilige Anlagenkapazität pro Zeiteinheit vollständig ausgeschöpft wird.

143

Für die zeitlichen Grenzkosten jeder Periode gilt:

$$K^{U,\#}_{A,L,t,\tau} = AfA^{U,\#}_{A,L,t,\tau} + B^{U,\#}_{vbr,A,L,t,\tau} \cdot B_{Preis,t} + KK^{U,\#}_{A,L,t,\tau}$$

$$\text{mit} \quad AfA^{U,\#}_{A,L,t,\tau} = LW^{U,\#}_{A,L,t,\tau-1} - LW^{U,\#}_{A,L,t,\tau}$$

$$B^{U,\#}_{vbr,A,L,t,\tau} = GLST_L \cdot \left(B_{abs,A,L,t} + B_{stg,A,L,t} \cdot ND^{\varnothing,r,U,\#}_{A,L,t,\tau} \right)$$

$$\text{mit} \quad ND^{\varnothing,r,U,\#}_{A,L,t,\tau} = \frac{\sum\limits_{\gamma=0}^{\tau-1} h_\gamma + \sum\limits_{\gamma=1}^{\tau} h_\gamma}{2 \cdot ND_{tch,A,L}} \quad \text{und} \quad h_0 = 0$$

$$KK^{U,\#}_{A,L,t,\tau} = 0 \qquad\qquad\qquad \text{für} \quad \tau = 1$$

$$KK^{U,\#}_{A,L,t,\tau} = LW^{U,\#}_{A,L,t,\tau-1} \cdot zs^U_\tau \qquad \text{für} \quad \tau > 1$$

$$LW^{U,\#}_{A,L,t,0} = AGP_{A,L} \cdot APF + IZ^{U,rel}_{A,L,t} \cdot PFK_{LS,t}$$

$$LW^{U,\#}_{A,L,t,\tau} = AGP_{A,L} \cdot V^{r,U,\#}_{A,L,t,\tau} \cdot APF \qquad \text{für} \quad \tau \geq 1$$

$$V^{r,U,\#}_{A,L,t,\tau} = \begin{cases} (1 - ND^{r,U,\#}_{A,L,t,\tau} \cdot 2,5) & \text{für} \quad 0,0 \leq ND^{r,U,\#}_{A,L,t,\tau} \leq 0,1 \\ (0,75 - (ND^{r,U,\#}_{A,L,t,\tau} - 0,1) \cdot 2,0) & \text{für} \quad 0,1 < ND^{r,U,\#}_{A,L,t,\tau} \leq 0,2 \\ (0,55 - (ND^{r,U,\#}_{A,L,t,\tau} - 0,2) \cdot 1,5) & \text{für} \quad 0,2 < ND^{r,U,\#}_{A,L,t,\tau} \leq 0,3 \\ (0,40 - (ND^{r,U,\#}_{A,L,t,\tau} - 0,3)) & \text{für} \quad 0,3 < ND^{r,U,\#}_{A,L,t,\tau} \leq 0,4 \\ (0,30 - (ND^{r,U,\#}_{A,L,t,\tau} - 0,4) \cdot 0,5) & \text{für} \quad 0,4 < ND^{r,U,\#}_{A,L,t,\tau} \leq 1,0 \end{cases}$$

$$ND^{r,U,\#}_{A,L,t,\tau} = \frac{\sum\limits_{\gamma=1}^{\tau} h_\gamma}{ND_{tch,A,L}}$$

$$\text{für} \quad \tau \geq 1 \quad \text{und} \quad \sum_{\gamma=1}^{\tau} h_\gamma \leq ND_{tch,A,L}$$

mit

$K_{A,L,t,\tau}^{U,\#}$ = Zeitliche Grenzkosten der Periode τ für die von Unternehmen U in Periode t zu installierende Anlagenart A in der Leistungsklasse L
$(U = 0,...,9; A = F_1, F_2, F_3, P_1,...,P_4, G; L = 1, 2, 3)$

$AfA_{A,L,t,\tau}^{U,\#}$ = Abschreibung der Periode τ auf eine in Unternehmen U in der Periode t zu installierende Anlage der Art A und der Leistungsklasse L
$(U = 0,...,9; A = F_1, F_2, F_3, P_1,...,P_4, G; L = 1, 2, 3)$

$ND_{A,L,t,\tau}^{\varnothing,r,U,\#}$ = Relative Nutzungsdauer in der Mitte der Periode τ einer in Unternehmen U in der Periode t installierten Anlage der Art A und der Leistungsklasse L
$(U = 0,...,9; A = F_1, F_2, F_3, P_1,...,P_4, G; L = 1, 2, 3)$

$KK_{A,L,t,\tau}^{U,\#}$ = Kapitalbindungskosten der Periode τ für eine in Unternehmen U in der Periode t zu installierende Anlage der Art A und der Leistungsklasse L
$(U = 0,...,9; A = F_1, F_2, F_3, P_1,...,P_4, G; L = 1, 2, 3)$

zs_{τ}^{U} = Kalkulationszinssatz in Unternehmen U für Periode τ

$LW_{A,L,t,\tau}^{U,\#}$ = Liquidationswert am Ende der Periode τ einer in Unternehmen U in der Periode t zu installierenden Anlage der Art A und der Leistungsklasse L
$(U = 0,...,9; A = F_1, F_2, F_3, P_1,...,P_4, G; L = 1, 2, 3)$

$V_{A,L,t,\tau}^{r,U,\#}$ = Relativer Veräußerungswert am Ende der Periode τ einer in Unternehmen U in der Periode t zu installierenden Anlage der Art A und der Leistungsklasse L $(U = 0,...,9; A = F_1, F_2, F_3, P_1,...,P_4, G; L = 1, 2, 3)$

$ND_{A,L,t,\tau}^{r,U,\#}$ = Relative Nutzungsdauer am Ende der Periode τ einer in Unternehmen U in der Periode t zu installierenden Anlage der Art A und der Leistungsklasse L
$(U = 0,...,9; A = F_1, F_2, F_3, P_1,...,P_4, G; L = 1, 2, 3)$

h_{τ} = Anzahl der genutzten Zeiteinheiten der zu betrachtenden Anlage in der Periode τ

Für die Durchschnittskosten gilt:

$$K_{A,L,t,\tau}^{\varnothing,U,\#} = \frac{\displaystyle\sum_{\gamma=1}^{\tau} K_{A,L,t,\gamma}^{U} \cdot \left(1 + zs_{\gamma}^{U}\right)^{-\gamma+1}}{\displaystyle\sum_{\gamma=1}^{\tau} \left(1 + zs_{\gamma}^{U}\right)^{-\gamma+1}}$$

mit

$K_{A,L,t,\tau}^{\varnothing,U,\#}$ = Durchschnittskosten bei τ-periodiger Nutzung der von Unternehmen U in Periode t zu installierenden Anlagenart A in der Leistungsklasse L ($U = 0,...,9$; $A = F_1, F_2, F_3, P_1,...,P_4, G$; $L = 1, 2, 3$)

Die optimale Nutzungsdauer der Anlage befindet sich am Ende der letzten genutzten Zeiteinheit jener Periode, in der die Durchschnittskosten ihr absolutes Minimum erreichen.

Zur Verdeutlichung der Variante B wird nachfolgend ein Fallbeispiel vorgestellt.

Fallbeispiel 5.4.2-2 - Problemstellung

Unternehmen 2 plant zu Beginn des Unternehmensspiels (Periode 1) die optimale Nutzungsdauer der Verpackungsanlage 1 (P_1) in der Leistungsklasse 3. Es gelten die bereits in Fallbeispiel 5.4.2-1 zugrunde gelegten Parameter. Darüber hinaus wird die relevante Installationszeit der Anlage von der Unternehmensleitung weiterhin auf 14 Zeiteinheiten geschätzt.

Die optimale Nutzungsdauer soll entsprechend der Variante B alternativ für 50 und 100 Nutzungszeiteinheiten pro Periode und bei einem Kalkulationszinssatz von 8% bestimmt werden.

Der um die Installationskosten ergänzte Anschaffungswert beträgt, wie bereits in Fallbeispiel 5.4.2-1 ermittelt, 129.600 DM.

Die nachfolgende Tabelle enthält die Liquidationswerte, die Abschreibungsbeträge, die Kapitalbindungskosten, die mit Preisen bewerteten Betriebsstoffverbräuche, die Grenzkosten und die Durchschnittskosten der Anlage für die relevanten Perioden der Nutzungsdauer bei einer Periodennutzung von 50 Zeiteinheiten.

τ	$LW^{2,\#}_{P_1,3,1,\tau}$	$AfA^{2,\#}_{P_1,3,1,\tau}$	$KK^{2,\#}_{P_1,3,1,\tau}$	$B^{2,\#}_{vbr,P_1,3,1,\tau}$ $\cdot B_{Preis,1}$	$K^{2,\#}_{P_1,3,1,\tau}$	$K^{\varnothing,2,\#}_{P_1,3,1,\tau}$
1	96.250	33.350	-	26.250	59.600	59.600
2	82.500	13.750	7.700	28.750	50.200	55.081
3	71.500	11.000	6.600	31.250	48.850	53.161
4	60.500	11.000	5.720	33.750	50.470	52.564
5	52.250	8.250	4.840	36.250	49.340	52.015
6	44.000	8.250	4.180	38.750	51.180	51.901
7	38.500	5.500	3.520	41.250	*50.270*	*51.718*
8	33.000	5.500	3.080	43.750	*52.330*	51.776
9	30.250	2.750	2.640	46.250	**51.640**	**51.765**
10	27.500	2.750	2.420	48.750	**53.920**	51.914
11	24.750	2.750	2.200	51.250	56.200	52.171
12	22.000	2.750	1.980	53.750	58.480	52.503

Den Verlauf der Grenz- und Durchschnittskosten bei Variation der Nutzungsperioden und 50 Nutzungszeiteinheiten pro Periode stellt Abbildung 5.4.2-2 dar. Hierbei weist die Durchschnittskostenfunktion zwei Minima auf. Die optimale Nutzungsdauer liegt bei 7 Perioden.

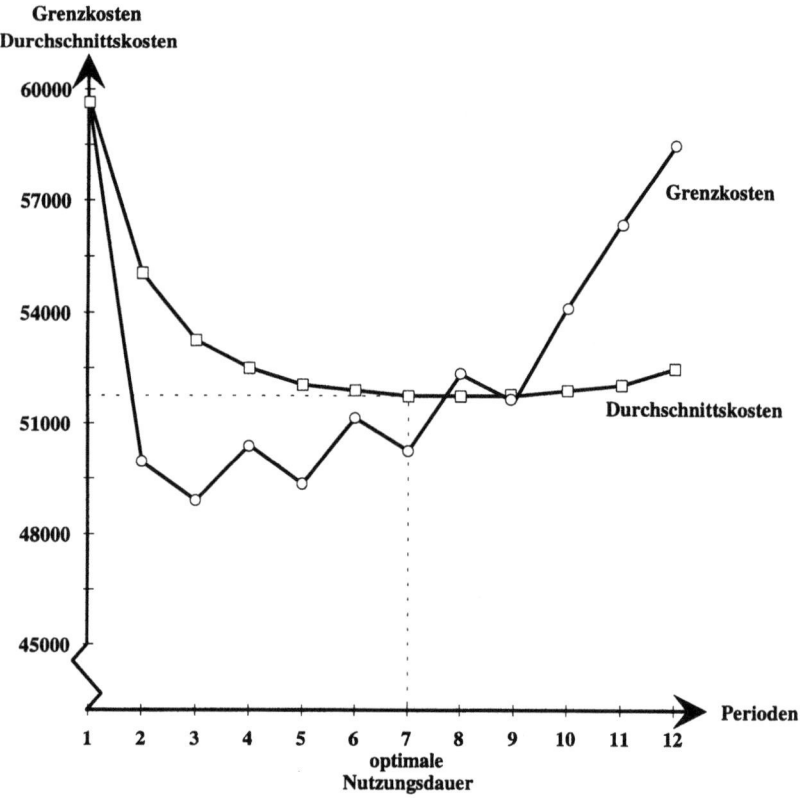

Abbildung 5.4.2-2: Kostenverläufe und optimale Nutzungsdauer bei einer Periodennutzung von 50 Zeiteinheiten

Bei einer Anlagennutzung von 100 Zeiteinheiten pro Periode sind folgende in der Tabelle wiedergegebene Liquidationswerte, Abschreibungsbeträge, Kapitalbindungskosten, mit Preisen bewertete Betriebsstoffverbräuche, Grenzkosten und Durchschnittskosten der Anlage für die relevanten Perioden der Nutzungsdauer zu erwarten.

τ	$LW^{U,\#}_{A,L,t,\tau}$	$AfA^{U,\#}_{A,L,t,\tau}$	$KK^{U,\#}_{A,L,t,\tau}$	$B^{U,\#}_{vbr,A,L,t,\tau}$ $\cdot B_{Preis,t}$	$K^{1,\#}_{P_1,3,l,\tau}$	$K^{\emptyset,1,\#}_{P_1,3,l,\tau}$
1	82.500	47.100	-	55.000	102.100	102.100
2	60.500	22.000	6.600	65.000	93.600	98.013
3	44.000	16.500	4.840	75.000	*96.340*	*97.498*
4	33.000	11.000	3.520	85.000	*99.520*	97.947
5	27.500	5.500	2.640	95.000	103.140	98.832
6	22.000	5.500	2.200	105.000	112.700	100.722

Abbildung 5.4.2-3 verdeutlicht die Kostenverläufe in Abhängigkeit von der Anzahl der Nutzungsperioden bei 100 Nutzungszeiteinheiten pro Periode. Die optimale Nutzungsdauer beträgt 3 Perioden.

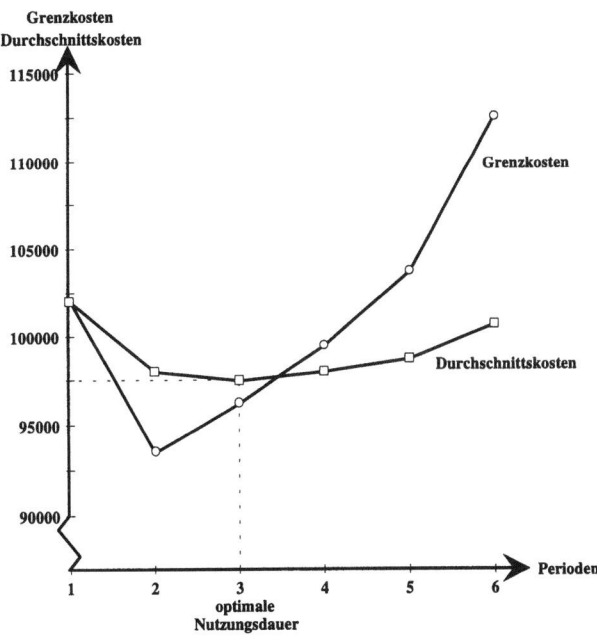

Abbildung 5.4.2-3: Kostenverläufe und optimale Nutzungsdauer bei einer Periodennutzung von 100 Zeiteinheiten

Bei einer zusammenfassenden Betrachtung der Ergebnisse aus Fallbeispiel 5.4.2-1 und aus Fallbeispiel 5.4.2-2 zeigt sich, daß die optimale Nutzungsdauer mit sinkender Anzahl genutzter Zeiteinheiten pro Periode steigt. Während sich bei der maximal einperiodigen Anlagennutzung noch eine optimale Nutzungsdauer von 269 Zeiteinheiten einstellt, wird der Anlagenersatz bei 100 genutzten Zeiteinheiten pro Periode nach drei Perioden, d.h. nach 300 Zeiteinheiten vorgenommen und bei 50 genutzten Zeiteinheiten pro Periode erfolgt der Anlagenersatz nach 7 Perioden und dementsprechend 350 Zeiteinheiten.[72]

5.4.3 Bestimmung optimaler Aktionenfolgen

Die Bestimmung von Aktionenfolgen beinhaltet im Unternehmensspiel MARKUS, wie bereits in Abschnitt 5.3 dargestellt, die Planung der Reihenfolgen der herzustellenden Erzeugnisse und Produktverkaufseinheiten unter Berücksichtigung von ggf. im Verlauf der Periode erforderlichen Anlagendemontagen und -montagen. Da vor der Produktion jedes Loses die einzusetzenden Anlagen umzurüsten sind und hierbei Rüstzeiten anfallen, deren Ausmaß von der zeitlichen Abfolge der herzustellenden Güterarten abhängt, liegt eine optimale Aktionenfolge vor, wenn die Summe der Rüstzeiten und somit auch der Rüstkosten für ein gegebenes Produktionsprogramm mit vorgegebenen Anlagendemontagen und -montagen minimal ist.

Eine mit der Bestimmung optimaler Güterreihenfolgen vergleichbare Problemstellung stellt das *Traveling Salesman Problem*[73] dar, bei dem ein optimaler Rundreiseweg[74] für eine bestimmte Anzahl Orte bei anschließender Rückkehr an den Ausgangsort gesucht wird. Für jeden einzelnen Ort, der genau einmal zu besuchen ist, liegen die Bezugsdaten (z.B. Entfernung, Reisezeit, Reisekosten etc.) zu jedem anderen Besuchsort vor.

Bei der Reihenfolgeplanung im Unternehmensspiel treten die Güterlose an die Stelle der Besuchsorte und die Rüstzeiten zwischen jeweils zwei Losen an die Stelle der Bezugsdaten zu

---

[72] Der hier dargestellte Effekt tritt nur bei verhältnismäßig niedrigen Kapitalbindungskosten ein. Bei entsprechend hohen Anschaffungspreisen der Anlagen und/oder hohem Kalkulationszinssatz kann die optimale Nutzungsdauer aufgrund der im Unternehmensspiel in der ersten Nutzungsperiode nicht anfallenden Kapitalbindungskosten - unabhängig von der Zahl der genutzten Zeiteinheiten pro Periode - eine Periode betragen. Die im Verlauf der Periode montierte Anlage wird demzufolge am Periodenende demontiert und das Nachfolgeobjekt in der Folgeperiode montiert.

[73] Zu einer ausführlichen Darstellung des Traveling Salesman Problems vgl. z.B. Delfmann, W.: (Traveling-Salesman-Problem), S. 395; Bloech, J.; Ihde, G. B.: (Distributionsplanung), S. 109 ff.; Bloech, J. et al.: (Einführung), S. 272 f.

[74] Es können mehrere Rundreisewege existieren, die den gleichen minimalen Zielfunktionswert aufweisen. Aus diesem Grund wird nicht von *dem* optimalen Rundreiseweg, sondern von *einem* optimalen Rundreiseweg gesprochen. Vgl. Delfmann, W.: (Traveling-Salesman-Problem), S. 395 ff.

den anderen Orten.[75] Im Unterschied zu dem Traveling Salesman Problem wird bei der Reihenfolgeplanung nach der Herstellung aller gewünschter Güterarten keine Umrüstung der Anlagen auf die Ausgangskonfiguration vorgesehen. Die ermittelte Reihenfolge wird beim Fehlen eines Startloses[76] in der Weise modifiziert, daß jene Losfolge bzw. eine jener Losfolgen unterbrochen wird, welche die maximale Rüstzeit zwischen zwei Produktionslosen aufweist. Sofern bei der Reihenfolgeplanung ein Startlos einzubeziehen ist, wird die ermittelte Losreihenfolge zwischen jenen zwei Losen aufgelöst, bei denen die Rüstzeitenersparnis, unter Berücksichtigung jener zwischen Startlos und erstem Folgelos, maximal wird.[77]

Veränderungen der Anlagenkonfiguration werden im Unternehmensspiel oft zu Beginn und am Ende der Periode vorgenommen,[78] wobei neue Anlagen zu Beginn der Periode beschafft und installiert und ggf. am Periodenende demontiert und verkauft werden. Die Berücksichtigung der am Periodenbeginn nach einer Veränderung der Anlagenkonfiguration anfallenden Rüstzeit vor der Herstellung des ersten Loses kann entsprechend der Vorgehensweise bei Vorliegen eines Startloses erfolgen. Sollen dagegen Veränderungen der Anlagenkonfiguration im Verlauf der Periode, d.h. nach der Produktion des ersten Loses, jedoch vor der Produktion des letzten Loses, berücksichtigt werden, sind die Zeitpunkte der Veränderung der Anlagenkonfiguration auf der Grundlage entscheidungsrelevanter Kosten zu bestimmen.[79]

Zur Lösung des Traveling Salesman Problems sind eine Vielzahl von Ansätzen konzipiert worden,[80] von denen hier zur Lösung des Reihenfolgeproblems im Unternehmensspiel das von LITTLE, MURTY, SWEENEY und KAREL entwickelte *Branch-and-Bound-Verfahren*[81] angewandt wird.

---

75   Vgl. Bloech, J. et al.: (Einführung), S. 272; Knödel, W.: (Methoden), S. 61 f.

76   Ein Startlos liegt im Unternehmensspiel für einen Produktionsteilprozeß genau dann vor, wenn zwischen der Produktion des letzten Güterloses in der Vorperiode und des ersten Güterloses in der aktuellen Periode keine Veränderung an der Anlagenkonfiguration vorgenommen wird.

77   Siehe hierzu Fallbeispiel 5.4.1.

78   Dies gilt insbesondere, falls Mindestnutzungsdauern für jede Anlagenart, bezogen auf eine Periode, von der Spielleitung festgelegt werden.

79   Beispielsweise kann eine Abwägung stattfinden, ob die optimale Nutzungsdauer einer Anlage überschritten werden soll, wenn dadurch Einsparungen bei den Rüstzeiten möglich werden.

80   Eine Übersicht über verschiedene Lösungsansätze findet sich in Müller-Merbach, H.: (Reihenfolgen), S. 66 ff; Domschke, W.; Drexl, A.: (Einführung), S. 112 ff.

81   Vgl. Little, J. D. C.; Murty, K. G.; Sweeney, D. W.; Karel, C.: (Algorithm). Eine ausführliche Darstellung des Branch-and-Bound-Verfahrens befindet sich z.B. auch in Bloech, J.; Ihde, G.B. (Distributionsplanung), S. 111 ff.; Bloech, J. et al.: (Einführung), S. 274 ff.; Müller-Merbach, H.: (Reihenfolgen), S. 96 ff.; Domschke, W.; Drexl, A.: (Einführung), S. 114 ff.; Zimmermann, W.: (Operations), S. 156 ff.

Fallbeispiel 5.4.3-1 - Problemstellung

Unternehmen 2 beabsichtigt in der 4. Periode die Erzeugnisarten e_{123}, e_{234}, e_{311}, e_{412}, e_{521} und e_{522} herzustellen. Es kann davon ausgegangen werden, daß die Abfolge der Lose nicht durch die Demontage oder Montage von Anlagen unterbrochen wird und alle erforderlichen Anlagen bereits - in der gleichen Leistungsklasse - installiert sind. Die letzte Aktion in der 3. Periode bestand in der Herstellung von Erzeugnissen der Art e_{322}. Zur Berechnung der Rüstzeiten zwischen 2 Erzeugnislosen sind folgende Parameter gegeben:

Rüstzeit für Basisfaktorwechsel $\left(b_1^{rz}\right)$	2 Zeiteinheiten
Rüstzeit für Fertigungsstufenwechsel $\left(b_2^{rz}\right)$	1 Zeiteinheit
Rüstzeit für Verpackungsanlagenwechsel $\left(b_3^{rz}\right)$	2 Zeiteinheiten

Die Reihenfolge der Produktionslose ist so zu wählen, daß die Summe der Rüstzeiten bei Ausführung des Produktionsprogramms minimal ist.

Fallbeispiel 5.4.3-1 - Lösung

Zunächst sind die Rüstzeiten, die zwischen den Erzeugnislosen bei dem Wechsel von einer Erzeugnisart zu einer anderen anfallen, in einer Matrix zusammenzustellen.

nach von	123	234	311	412	521	522
123	∞	5	7	5	6	4
234	5	∞	10	8	9	7
311	7	10	∞	4	3	5
412	5	8	4	∞	5	3
521	6	9	3	5	∞	2
522	4	7	5	3	2	∞

Zur Bestimmung der Rüstzeit, die von keiner Reihenfolge der zu produzierenden Erzeugnisse unterschritten werden kann, wird eine Zeilen- und Spaltenreduktion vorgenommen, durch die eine reduzierte Matrix entsteht:

nach von	123	234	311	412	521	522
123	∞	0	2	0	2	0
234	0	∞	4	2	4	2
311	4	6	∞	0	0	2
412	2	4	0	∞	2	0
521	4	6	0	2	∞	0
522	2	4	2	0	0	∞

Die Summe der Reduktionskonstanten beträgt 22 (Zeiteinheiten).

Zur Anwendung der Branch-and-Bound-Methode auf die obige Matrix und somit zunächst zur Aufspaltung der Lösungsmenge in zwei disjunkte Mengen, werden alle Nullen der Matrix mit der Summe des nächstkleineren Spalten- und Zeilenelementes bewertet:

nach von	123	234	311	412	521	522
123	∞	$\boxed{0^4}$	2	0^0	2	0^0
234	0^4	∞	4	2	4	2
311	4	6	∞	0^0	0^0	2
412	2	4	0^0	∞	2	0^0
521	4	6	0^0	2	∞	0^0
522	2	4	2	0^0	0^0	∞

Es wird die Losfolge (123, 234) ausgewählt. Die Rüstzeitenuntergrenze für jene Teilmenge, die die Losfolge (123, 234) nicht enthält, steigt von 22 auf 26 Zeiteinheiten. Anschließend werden die Zeile 123 und die Spalte 234 gestrichen, die Rüstzeit der Folge (234, 123) wird auf den Wert ∞ gesetzt und die Restmatrix reduziert:

nach von	123	311	412	521	522
234	∞	2	0	2	0
311	2	∞	0	0	2
412	0	0	∞	2	0
521	2	0	2	∞	0
522	0	2	0	0	∞

Die Rüstzeitenuntergrenze der Lösungsmenge, die die Losfolge (123, 234) beinhaltet, beträgt 26 Zeiteinheiten. Das Verfahren wird fortgesetzt bis eine vollständige Zuordnung von Losvorgängern und Losnachfolgern vorliegt. Die mit diesem Vorgehen ermittelte Folge von Lösungsmengen zeigt der Entscheidungsbaum in Abbildung 5.4.3-1.

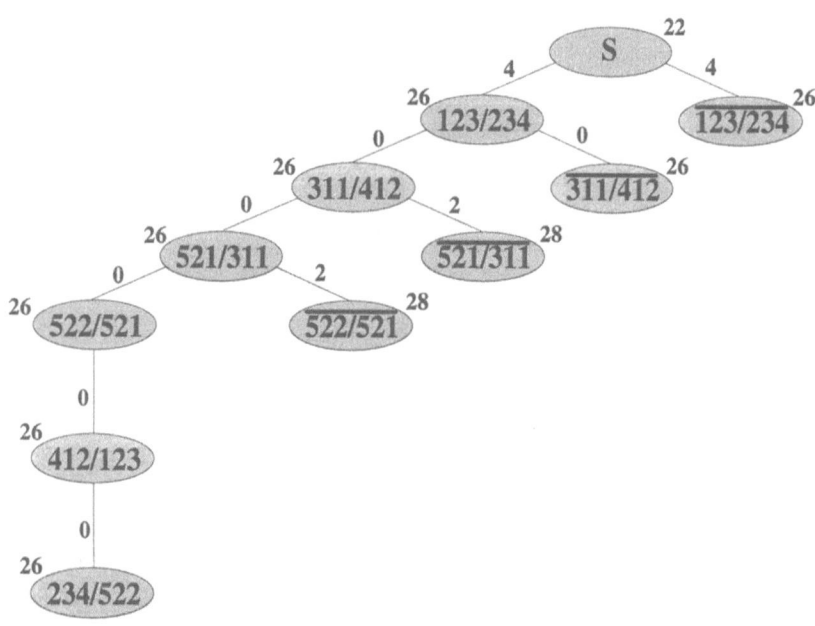

Abbildung 5.4.3-1: Entscheidungsbaum zur Planung optimaler Losfolgen

Die Herstellung der Erzeugnisarten in der Reihenfolge

$$e_{123} - e_{234} - e_{522} - e_{521} - e_{311} - e_{412} - (e_{123})$$

führt zu einer Summe an Rüstzeiten, die durch keine andere Losreihenfolge unterschritten werden kann, die Reihenfolge ist demzufolge optimal. Da bei der vorliegenden Problemstellung keine geschlossene Losfolge zu bilden ist, wird diese zwischen zwei Erzeugnisarten aufgelöst. Die Auswahl der beiden Erzeugnisarten erfolgt so, daß unter Berücksichtigung des letzten, in der Vorperiode produzierten Loses keine andere Losfolgenauflösung eine größere Rüstzeitenreduzierung ergibt.

Reihenfolge der Lose	e_{123} -	e_{234} -	e_{522} -	e_{521} -	e_{311} -	e_{412} -	e_{123}
Rüstzeit	5	7	2	3	4	5	
Rüstzeit nach Los e_{322}	7	2	4	3	3	4	
Rüstzeitendifferenz	+2	-5	+2	0	-1	-1	

$$\Uparrow$$

Die Erzeugnislose von Unternehmen 2 sollten in der 4. Periode in folgender Reihenfolge produziert werden:

$$e_{322} - e_{522} - e_{521} - e_{311} - e_{412} - e_{123} - e_{234}$$

Die Summe der Rüstzeiten beträgt hierbei 21 Zeiteinheiten.

6 Marketing im Unternehmensspiel MARKUS

6.1 Darstellung der Absatzmarktsituation

Der Begriff des *Marketing* hat seit Beginn des 20. Jahrhunderts eine Vielzahl von unterschiedlichen Bestimmungen erfahren,[1] von denen für die vorliegende Arbeit die Definition von BIDLINGMAIER zugrunde gelegt wird. "*Marketing ist eine Konzeption der Unternehmensführung, bei der im Interesse der Erreichung der Unternehmensziele alle betrieblichen Aktivitäten konsequent auf die gegenwärtigen und zukünftigen Erfordernisse der Märkte ausgerichtet werden.*"[2] Entsprechend dieser Definition wird es eine vorrangige Aufgabe der Teilnehmer des Unternehmensspiels sein, auf der Grundlage eines Marketing-Informationssystems[3] Absatzmärkte zu analysieren, lukrative Teilmärkte abzugrenzen und diese - bei ständiger Beobachtung des Konkurrenzverhaltens - mit einem geeigneten Produktprogramm, unter Einsatz von distributions-, entgelt- und kommunikationspolitischen Maßnahmen zielorientiert zu bearbeiten.[4]

Auf dem Absatzmarkt begegnen sich, wie Abbildung 6.1-1 verdeutlicht, neben den Konkurrenzunternehmen zahlreiche Marktpartner. Die *Unternehmen* sind bestrebt, einerseits Erzeugnisse an gewerbliche Großabnehmer abzusetzen,[5] andererseits die Konsumenten an die in unternehmenseigenen Verkaufsstätten (Versandabteilung, Filialen) oder in unternehmensunabhängigen Einzelhandelsbetrieben angebotenen Produktarten heranzuführen und zum Kauf zu motivieren. Zugleich versuchen die Unternehmen, eine ständig ausreichende Bevorratung der von ihnen angebotenen Produktarten in den Einkaufsstätten zu erzielen, damit kaufbereite Konsumenten ihre Nachfrage befriedigen können.

---

[1]   Zu verschiedenen Definitionen des Marketingbegriffs vgl. z.B. Kotler, P.; Bliemel, F.: (Marketing-Management), S. 19 ff.; Meffert, H.: (Marketing), S. 31 ff.; Nieschlag, R.; Dichtl, E.; Hörschgen, H.: (Marketing), S. 8 ff.; Hill, W.; Rieser, I.: (Marketing-Management), S. 8 f.

[2]   Bidlingmaier, J.: (Marketing 1), S. 15.

[3]   Vgl. Abschnitt 6.9.2.

[4]   Auf die hierzu erforderliche Entwicklung von Marketingzielen durch die Teilnehmer und die daraus abzuleitenden Strategien kann - um den Rahmen der Arbeit nicht zu sprengen - nur vereinzelt eingegangen werden. Zu einer ausführlichen Abhandlung über die Festlegung von Marketingzielen und Marketingstrategien vgl. z.B. Becker, J.: (Marketing-Konzeption), S. 47 ff., S. 111 ff.; Meffert, H.: (Marketing), S. 81 ff.; Nieschlag, R.; Dichtl, E.; Hörschgen, H.: (Marketing), S. 828 ff.; Kotler, P.; Bliemel, F.: (Marketing-Management), S. 95 ff.; Bidlingmaier, J.: (Marketing 1), S. 24 ff.

[5]   Vgl. hierzu Abschnitt 6.2.

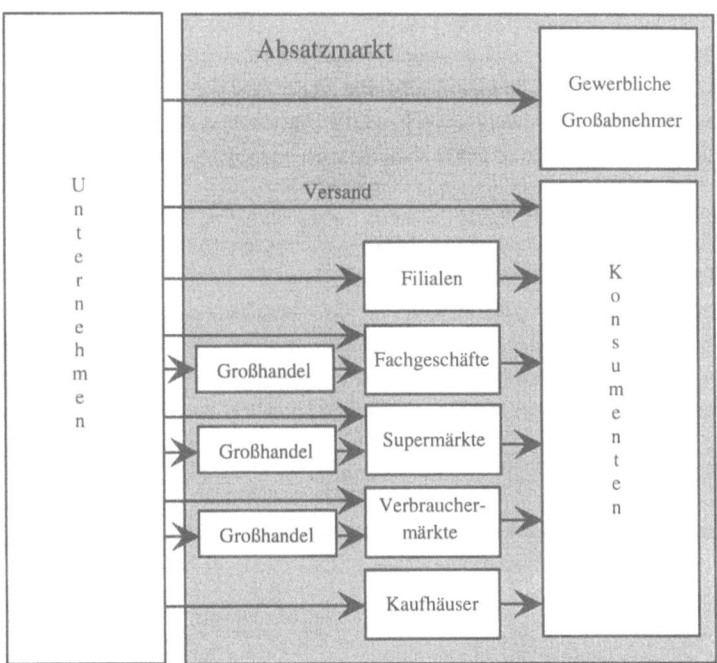

Abb. 6.1-1: Absatzmarktteilnehmer im Unternehmensspiel

Für den *direkten Absatz* von Produkten an Konsumenten kann jedes Unternehmen bis zu zwei verschiedene Filialen errichten, die unterschiedliche regionale Teilmärkte abdecken,[6] sowie eine Versandabteilung im Unternehmen aufbauen. Den Umfang des Produktangebotes in den Betriebsstätten hinsichtlich Art und Menge bestimmt ausschließlich die Unternehmensleitung.

Der *indirekte Absatz* von Produkten an Konsumenten wird über Einzelhandelsunternehmen vorgenommen, die vier verschiedenen Einkaufsstättenarten (Fachgeschäfte, Supermärkte, Verbrauchermärkte und Kaufhäuser) angehören. Von jeder Einkaufsstättenart existieren jeweils mehrere Einkaufsstätten, die insgesamt alle auf dem Absatzmarkt vorhandenen unternehmensunabhängigen Einzelhandelsunternehmen abbilden.[7] Das in den unternehmensunabhängigen Einkaufsstätten angebotene Spektrum von Produktarten wird sich i.d.R. aus dem

---

6   Jede der zwei verschiedenen Filialen repräsentiert die Gesamtheit aller auf dem Markt errichteten Filialen gleichen Typs.

7   In dem Unternehmensspiel werden zwei Kaufhäuser, drei Verbrauchermärkte, fünf Supermärkte und fünf Fachgeschäfte mit jeweils unterschiedlichem Konsumentenkreis für den Absatz von Produkten zugrunde gelegt. Jede dieser fünfzehn Einkaufsstätten repräsentiert die Gesamtheit aller auf dem Markt errichteten Einkaufsstätten gleichen Typs.

Angebot aller am Unternehmensspiel beteiligten Unternehmen zusammensetzen, wobei das konkrete Produktangebot in den Einzelhandelsunternehmen im Hinblick auf Art und Menge durch das Simulationsmodell bestimmt wird. Die Versorgung der Einzelhandelsunternehmen mit Produkten kann entweder unmittelbar durch die Unternehmen oder - zumindest teilweise - durch zwischengeschaltete Großhändler vorgenommen werden.

Die Gesamtheit der *Konsumenten* wird in dem Unternehmensspiel, wie bereits in Abschnitt 3.2 erwähnt, durch eine Stichprobe von 1.000 Konsumenten repräsentiert,[8] von denen jeder mehrere Einkaufsstätten zur Deckung seines Bedarfs an Produkten erreichen kann. Darüber hinaus wird jeder Konsument durch zahlreiche Merkmale, die u.a. sein Kaufverhalten determinieren, detailliert beschrieben, so daß die Unternehmen aus der Stichprobe Anhaltspunkte zur Segmentierung des Marktes, zur Positionierung von Produkten im Markt und zum zielgruppenorientierten Einsatz der Marketinginstrumente erhalten.

Im Gegensatz zu den Konsumenten, welche im Unternehmensspiel lediglich Produkte kaufen, fragen die *gewerblichen Großabnehmer* ausschließlich Erzeugnisse nach. Wie nachfolgend ausführlich beschrieben wird, können sie hierzu entweder Anfragen an verschiedene Unternehmen richten und diese zur Angebotsabgabe auffordern oder selbst Kaufangebote an Unternehmen abgeben.

6.2 Erzeugnisabsatz an gewerbliche Großabnehmer

Unter gewerblichen Großabnehmern werden im Unternehmensspiel jene Nachfrager zusammengefaßt, die zur Durchführung ihrer gewerblichen Tätigkeit Erzeugnisse benötigen, die sie in gering veränderter Form an Endverbraucher verkaufen.[9] Es wird unterstellt, daß die gewerblichen Großabnehmer einerseits keine unmittelbaren Konkurrenten auf dem Produktabsatzmarkt darstellen, andererseits keinen Zugang zu dem Beschaffungsmarkt der Unternehmen haben und demzufolge ihren Bedarf an Erzeugnissen bei den am Spiel beteiligten Unternehmen decken. Dieser setzt sich vorwiegend - je nach Festlegung durch die Spielleitung - aus

---

8 An dieser Stelle sei noch einmal darauf hingewiesen, daß der Kauf einer Mengeneinheit einer Produktart durch einen Konsumenten der Stichprobe einer Absatzmenge auf dem Gesamtmarkt im Umfang einer Produktverkaufseinheit dieser Produktart entspricht. Das Verhältnis zwischen Grundgesamtheit und Stichprobe ist gleich der Zahl der Mengeneinheiten einer Produktart, die in einer Produktverkaufseinheit zusammengefaßt werden. Im Unternehmensspiel wird diese Zahl als Repräsentanzfaktor bezeichnet. Siehe hierzu Abschnitt 4.1.

9 Stehen in dem Unternehmensspiel beispielsweise die verschiedenen Erzeugnisarten stellvertretend für unterschiedliche Sorten von geröstetem Kaffee, dann werden sich gewerbliche Großabnehmer aus Kantinen, Restaurants etc. zusammensetzen, die im Rahmen ihrer Geschäftstätigkeit frisch zubereiteten Kaffee an Konsumenten servieren.

den speziell für gewerbliche Großabnehmer vorgesehenen fünf Erzeugnisarten[10] e_{i23} ($i = 1,...,5$) zusammen. Die Nachfrage nach Erzeugnissen wird - wie bereits erwähnt - von den gewerblichen Großabnehmern in Form von Anfragen und Angeboten zum Ausdruck gebracht.

In jeder Periode können mehrere *Anfragen* von gewerblichen Großabnehmern an einzelne, mehrere oder alle Unternehmen gerichtet werden.[11] Jede Anfrage enthält, wie Abbildung 6.2-1 veranschaulicht, die Bezeichnung der gewünschten Erzeugnisart, die potentielle Erzeugnis-bestellmenge, den im Fall der Auftragserteilung verbindlichen Liefertermin sowie die Angabe der Periode, in welcher der Auftrag an ein Unternehmen erteilt werden soll. Außerdem wird der Adressat in der Anfrage aufgefordert, bis zu dem spätesten Angebotsabgabetermin ein Preisangebot zu unterbreiten.

Periode 3	Nr.: 153

Anfrage

Erzeugnisart:	e_{423}
Menge:	72.000 Stück
Liefertermin:	6. Periode
Angebotsabgabe:	4. Periode
Auftragserteilung:	4. Periode[12]
Bei Angebotsabgabe Stückpreis angeben!	

Abb. 6.2-1: Großabnehmeranfrage

Es bleibt jedem Unternehmen überlassen, auf eine Anfrage innerhalb des vorgegebenen zeit-lichen Rahmens ein Preisangebot[13] zu den in der Anfrage bezeichneten Konditionen abzuge-ben.[14] Nach Ablauf der Angebotsabgabefrist für eine Anfrage werden alle vorliegenden und auf diese Anfrage bezogenen Angebote der verschiedenen Unternehmen einander gegenüber-

---

[10] Bei entsprechender Gestaltung der Stücklistenparameter für Erzeugnisse (Parameter 31 - 40) durch die Spielleitung, können die Erzeugnisarten e_{i23} als *Großpackungen* definiert werden. Jede Großpackung kann beispielsweise ein Vielfaches an Basisfaktoren enthalten, das zur Herstellung einer Mengeneinheit der Erzeugnisart e_{i22} erforderlich ist.

[11] Die Anzahl der verschiedenen Anfragen, die Auswahl der Anfragen aus einem Pool von 100 potentiellen Anfragen (Nr. 101 - 200) sowie den Adressatenkreis jeder Anfrage legt die Spielleitung in jeder Periode fest.

[12] Die Auftragserteilung kann bereits in der Periode der spätesten Angebotsabgabe erfolgen. Die Lieferung der Erzeugnisse wird frühestens eine Periode nach Auftragserteilung vorgenommen.

[13] Die Abgabe eines Angebots erfolgt durch Angabe der Anfragenummer und des Angebotspreises in den Feldern 781 - 800 des Entscheidungserfassungsprogramms *EingabeU*.

[14] Ein Preisangebot kann in jeder Periode innerhalb der Angebotsfrist verändert oder widerrufen werden. Nach Ablauf der Angebotsfrist ist das Angebot verbindlich.

gestellt. Der Auftrag wird i.d.R. jenem Unternehmen erteilt, welches den niedrigsten Stück-preis fordert. Überschreitet das niedrigste Preisangebot jedoch einen von der Spielleitung speziell für die Anfrage festgelegten maximalen Stückpreis, wird kein Auftrag erteilt. Sofern mehrere Unternehmen den gleichen niedrigsten Stückpreis fordern und dieser den maximalen Stückpreis nicht übersteigt, wählt das Simulationsmodell ein Unternehmen "zufällig"[15] aus, welches den Auftrag erhält. Für jede Anfrage wird allen Unternehmen in der Periode der Auftragserteilung mitgeteilt, zu welchem Stückpreis der Auftrag von welchem Unternehmen ausgeführt wird.

Gewerbliche Großabnehmer können darüber hinaus mit *Angeboten* an die Unternehmen her-antreten,[16] in denen sie, wie Abbildung 6.2-2 verdeutlicht, ihre Bereitschaft erklären, eine bestimmte Erzeugnisart in einem festgelegten Umfang zu einem vorbestimmten Zeitpunkt zu dem spezifizierten Stückpreis zu kaufen. Sofern der Adressat das Angebot ohne inhaltliche Änderungen bis zu dem spätesten Angebotsannahmetermin annimmt,[17] kommt ein Auftrag zustande. Die Erteilung des Auftrages an ein Unternehmen wird zu dem festgelegten Termin bestätigt.

Periode 5	Nr.: 72
Angebot	
Erzeugnisart:	e_{323}
Menge:	60.000 Stück
Stückpreis:	119,80 DM
Liefertermin:	7. Periode
Angebotsannahme:	6. Periode
Auftragsbestätigung:	6. Periode

Abb. 6.2-2: Großabnehmerangebot

---

[15] Da es sich bei MARKUS um ein deterministisches Unternehmensspiel handelt, wird die Auswahl jenes Unternehmens, welchem der Auftrag erteilt wird, von dem Simulationsmodell nach einem den Spielern nicht bekannten Algorithmus berechnet. Aus der Sicht der Teilnehmer erscheint die Auswahl des Unternehmens zufällig.

[16] Der Spielleitung steht ein Pool von 100 potentiellen Großabnehmerangeboten (Nr. 1 - 100) zur Verfü-gung, aus dem in jeder Periode eine Auswahl getroffen werden kann.

[17] Die Auftragsannahme erfolgt analog zu der Abgabe von Angeboten in den bezeichneten Feldern des Ent-scheidungserfassungsprogramms.

In der Lieferperiode werden die auf der Grundlage von Anfragen und Angeboten vertraglich vereinbarten Erzeugnismengen den gewerblichen Großabnehmern automatisch durch das Simulationsmodell bereitgestellt. Sofern der Lagerbestand einer betreffenden Erzeugnisart nicht ausreicht, der Lieferverpflichtung nachzukommen, werden die Fehlmengen bedarfssynchron beschafft.[18] Der Umsatz des Unternehmens mit gewerblichen Großabnehmern wird in der Lieferperiode als Forderung und in der Folgeperiode als Einzahlung gebucht. Die eventuell notwendige bedarfssynchrone Beschaffung von Erzeugnissen führt in der Lieferperiode zu einer Auszahlung in der Höhe des Einstandswertes der bedarfssynchron beschafften Erzeugnisse.

Der Absatz von Erzeugnissen an gewerbliche Großabnehmer wird in dem Unternehmensspiel i.d.R. nur dann von großer Bedeutung sein, wenn entweder der Schwerpunkt der zu treffenden Entscheidungen nicht in dem Marketingbereich liegt und demzufolge auf den Produktabsatz verzichtet wird oder innerhalb der ersten Spielperioden den Konsumenten noch keine Produkte angeboten werden können, da diese erst von den Teilnehmern des Unternehmensspiels zu entwickeln sind.

6.3 Kaufentscheidungsprozeß der Konsumenten

6.3.1 Einführung

Während in der Literatur zahlreiche Modelle beschrieben werden, die das Kaufverhalten von Konsumenten zu erklären versuchen,[19] wird in Unternehmensspielen i.d.R. lediglich das Ergebnis des Kaufverhaltens aller am Markt befindlichen simulierten Konsumenten in Form der Absatzmengen, die auf verschiedene Produktarten entfallen, dargestellt. Diese Absatzmengen werden meist anhand mathematischer Funktionen[20] auf der Grundlage aufgewendeter finanzieller Mittel zum Einsatz ggf. unterschiedlicher Marketinginstrumente (z.B. Werbung, Verkaufsförderung, Service etc.) und unter Berücksichtigung von Stückverkaufspreisen bestimmt.[21]

---

18 Zu bedarfssynchroner Erzeugnisbeschaffung siehe Abschnitt 4.3.

19 Zu Kaufverhaltensmodellen vgl. z.B. Howard, J. A.; Sheth, J. N.: (Theory); Engel, J. F.; Kollat, D. T.; Blackwell, R. D.: (Consumer); Amstutz, A. E.: (Computer) S. 153 ff.; Klenger, F.; Krautter, J.: (Simulation); Lavington, M. R.: (Microsimulation); Lavington, M. R.: (Mikrosimulationsmodell).

20 Die Parameter der mathematischen Funktionen können i.d.R. von der Spielleitung modifiziert werden.

21 Vgl. hierzu exemplarisch Bloech, J.; Rüscher, H.: (PUMA), S. 95 ff.; Curth, M.: (Planspieltechnik), S. 159 ff.; Elgood, Chr.: (Management Games), S. 24 ff.; Bloech, J.; Rüscher, H.: (PIUS), S. 95 ff.; Bloech, J.; Rüscher, H.: (BAP), S. 36 ff.; Bloech, J.; Rüscher, H.: (PENTA), S. 31 f.; Bloech, J.; Rüscher, H.: (EpUS), S. 14 ff.; Högsdal, B.: (Entwicklung), S. 87 ff.; Puck, G.: (Absatzmärkte), S. 19 ff.

In dem Unternehmensspiel MARKUS wird dagegen der Kaufentscheidungsprozeß eines jeden in der Stichprobe abgebildeten Konsumenten im Detail simuliert und hierzu in folgende drei Phasen gegliedert:

Phase 1: Bestimmung der einkaufsstättenunabhängig höchstpräferierten Produktarten

Phase 2: Wahl der Einkaufsstätte und Bestimmung der einkaufsstättenorientierten Präferenzrangfolge der Produktarten

Phase 3: Kaufentscheidung und Kaufdurchführung

Während die Phase 1 des Kaufentscheidungsprozesses von jedem Konsumenten genau einmal in einer Periode durchlaufen wird, kann die Anzahl der Eintritte in die Phasen 2 und 3 variieren. Verspricht beispielsweise am Ende der Phase 1 die höchstpräferierte Produktart keine ausreichende Bedürfnisbefriedigung, werden die nachfolgenden Phasen nicht durchlaufen. Andererseits können die Phasen 2 und 3 mehrfach durchlaufen werden, wenn z.B. die bevorzugte Produktart zwischenzeitlich in der Einkaufsstätte nicht verfügbar ist und deshalb eine andere Einkaufsstätte gewählt wird.[22]

Das Kaufverhalten einzelner Konsumenten wird im Unternehmensspiel im wesentlichen durch einen Vergleich präferierter quantitativer Ausprägungen von Produkteigenschaften mit den perzipierten Ausprägungen dieser Eigenschaften bei verschiedenen Produktarten bestimmt. Es wird unterstellt, daß jene Produktart, deren perzipierte Eigenschaftsausprägungen die geringsten Abweichungen zu den präferierten Eigenschaftsausprägungen aufweist, den größten Nutzen bzw. die höchste Bedürfnisbefriedigung für den Konsumenten verspricht. Diese Vorgehensweise, die auf dem Idealpunktmodell zur Positionierung von Produktarten hinsichtlich deren präferierten und perzipierten Eigenschaften beruht,[23] wird nachfolgend ausführlich im Hinblick auf das Konsumentenverhalten im Unternehmensspiel dargestellt.

---

[22]   Im Unternehmensspiel wird vereinfachend angenommen, daß jeder Konsument seinen Bedarf an Produkten in einer Periode durch (maximal) *eine Produktart* deckt. Sofern die nachgefragte Menge in einer Einkaufsstätte nur zum Teil verfügbar ist, wird lediglich der Restbestand gekauft. Den Versuch, eine andere Produktart zu kaufen oder in eine andere Einkaufsstätte zu wechseln, um dort den verbliebenen Bedarf zu decken, wird nicht unternommen.

[23]   Zu einer allgemeinen Darstellung des Idealpunktmodells vgl. z.B. Green, P. E.; Carmone, F. J.: (Scaling), S. 4 f., S. 72 ff.; Lehmann, D. R.: (Strategy), S. 15 ff.; Schobert, R.: (Positionierungsmodelle), S. 147 ff.; Dichtl, E.; Schobert, R.: (Skalierung), S. 59 ff.; Green, P. E.; Tull, D. S.: (Methoden), S. 439 ff.; Backhaus, K. et al.: (Analysemethoden), S. 337 ff.; Freter, H.: (Marktsegmentierung), S. 33 ff.; Müller, W.: (Planung), S. 98 ff. Zur Kritik an dem Idealpunktmodell vgl. insbes. Mayer, R. U.: (Produktpositionierung), S. 222 ff. und die dort angegebene Literatur.

Die Positionierung von realen und idealen Produktarten in einem mehrdimensionalen Eigenschaftsraum basiert auf mehreren Elementen[24] und Prämissen.

- Es werden aus der Sicht der Konsumenten *Eigenschaften* benannt, die für die Beurteilung von Produktarten relevant und darüber hinaus als Kriterien zur Marktsegmentierung[25] geeignet sind.[26] Es wird des weiteren davon ausgegangen, daß alle Konsumenten dieselben Eigenschaften bei den zu betrachtenden Produktarten wahrnehmen. Jede Ausprägung einer Eigenschaftswahrnehmung wird auf einer zweipoligen von null bis neun verlaufenden Skala durch direkte Intervallskalierung[27] zum Ausdruck gebracht.

- Für jeden Konsumenten kann eine *Konsumentenposition* ermittelt werden, die sich nach den Anforderungen an die relevanten Eigenschaften eines idealen Produktes ausrichtet. Hierbei wird unterstellt, daß jeder Konsument seine individuellen Anforderungen an die Produkteigenschaften durch direkte Intervallskalierung formulieren kann.

- Jede Produktart wird durch eine *Produktposition* gekennzeichnet, die sich entsprechend der Wahrnehmung der relevanten Produkteigenschaften durch die Konsumenten ermitteln läßt. Es wird davon ausgegangen, daß alle Konsumenten die Eigenschaftsausprägungen der Produktarten in gleicher Weise wahrnehmen.

- Die relevanten Eigenschaften müssen von den Konsumenten nicht in gleichem Maße gewichtet werden, sie können vielmehr mit individuellen *Bedeutungsgewichten* versehen werden. Die Bedeutungsgewichte der Eigenschaften werden analog zu den Ausprägungen der Eigenschaftswahrnehmungen auf einer zweipoligen von null bis neun verlaufenden Skala durch direkte Intervallskalierung von den Konsumenten festgelegt.

- Für jeden Konsumenten können die *Distanzen* zwischen dessen Konsumentenposition und allen Produktpositionen unter Berücksichtigung der konsumentenindividuellen Bedeutungsgewichte der relevanten Eigenschaften berechnet werden. Der Konsument präferiert, wie Abbildung 6.3.1-1 veranschaulicht, jene Produktart, welche die geringste richtungsunabhängige Distanz zu seiner Konsumentenposition aufweist.[28]

---

24   Vgl. Freter, H.: (Marktsegmentierung), S. 34 f.

25   Siehe hierzu Abschnitt 6.4.

26   Vgl. Freter, H.: (Marktsegmentierung), S. 41.

27   Vgl. hierzu z.B. Zangemeister, Ch.: (Nutzwertanalyse), S. 162 ff.; Green, P. E.; Tull, D. S.: (Methoden), S. 155 ff., S. 165 ff.

28   Vgl. Dichtl, E.; Schobert, R.: (Skalierung), S. 59; Green, P. E.; Tull, D. S.: (Methoden), S. 439 f.; Green, P. E.; Carmone, F. J.: (Scaling), S. 72.

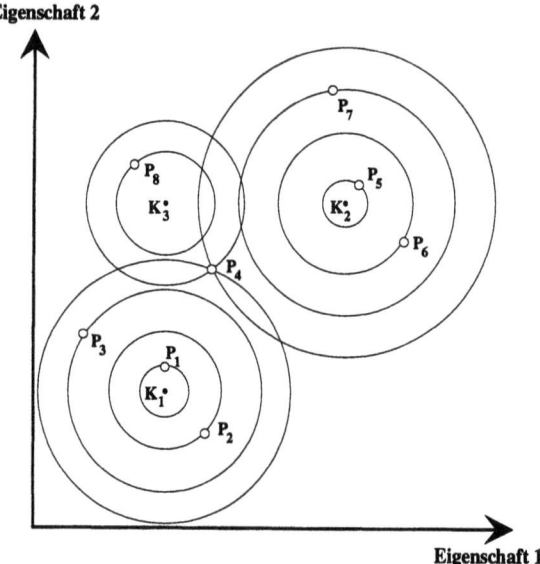

Eigenschaft 1

Abb. 6.3.1-1: Positionierung von Produktarten und Konsumentenpräferenzen im zweidimensionalen Eigenschaftsraum[29]

Zur Bestimmung der einkaufsstättenunabhängig höchstpräferierten Produktarten in der ersten Phase des Kaufentscheidungsprozesses der Konsumenten werden im nächsten Abschnitt die Positionierungselemente insbesondere in ihrem Zusammenwirken dargestellt.

6.3.2 Bestimmung der einkaufsstättenunabhängig höchstpräferierten Produktarten

In dem Unternehmensspiel werden zunächst 14 Eigenschaften für die Bestimmung von Konsumenten- und Produktpositionen zugrunde gelegt, hiervon beziehen sich 11 Eigenschaften auf alle Produktarten einer Marke und drei Eigenschaften speziell auf die jeweilige Produktart:

- Die fünf *Markengrundeigenschaften* entsprechen den bereits in Abschnitt 4.1 erwähnten Basisfaktoreigenschaften.[30] Sie umfassen jene Charakteristika, anhand deren

---

29 In der Abbildung wird vereinfachend unterstellt, daß die Eigenschaften aus der Sicht der Konsumenten gleichgewichtig sind. Die um die Idealpunkte der Konsumenten verlaufenden Kreise stellen Isopräferenzkurven dar. Vgl. Dichtl, E.; Schobert, R.: (Skalierung), S. 61.

30 Da die Produktarten einer Marke auf den Erzeugnisarten einer Erzeugnisgruppe beruhen, basieren alle Produktarten einer Marke auf der gleichen Basisfaktorart. Sowohl die Eigenschaftsbezeichnungen als

Ausprägungen verschiedene Basisfaktorarten voneinander unterschieden werden können.[31]

- Die fünf *Markenzusatzeigenschaften* sind Merkmale, deren Ausprägungen, im Gegensatz zu jenen der Markengrundeigenschaften, von den Unternehmen bei der Markenbildung festgelegt werden.[32] Sie ermöglichen es, verschiedene Marken - vor allem mit gleichen Markengrundeigenschaften - voneinander abzugrenzen und somit unterschiedliche Konsumentenkreise anzusprechen. Zur Bezeichnung der Markenzusatzeigenschaften können bevorzugt Einstellungen und Life-Style-Kriterien herangezogen werden.[33]

- Das *Markenalter* wird anhand der Periodenzahl seit Einführung der Marke in den Markt bestimmt, wobei das von den Konsumenten perzipierte Markenalter von dem tatsächlichen abweichen kann.[34] Das Markenalter kann u.a. zur Simulation eines Markenlebenszyklus[35] herangezogen werden.

- Die *Produktpreislage* umfaßt jenen Preisbereich, in dem der Preis einer Produktart aus der Sicht des Unternehmens festgelegt werden soll,[36] bzw. von den Konsumenten präferiert wird.

---

auch die Eigenschaftsausprägungen der Basisfaktorarten werden vor Spielbeginn von der Spielleitung festgelegt.

31   Dabei handelt es sich z.B. um den Zuckergehalt einer Kaltgetränkesorte oder den Koffeingehalt einer Kaffeesorte. Hierbei sind die Eigenschaftsausprägungen auf eine zuvor beschriebene Intervallskala zu transformieren.

32   Siehe hierzu Abschnitt 6.5.1.

33   Zur Definition und Abgrenzung von Einstellungen und Life-Style-Kriterien vgl. z.B. Freter, H.: (Marktsegmentierung), S. 64 ff. und die dort angegebene weiterführende Literatur.

34   Siehe hierzu Abschnitt 6.5.2.

35   In der vorliegenden Betrachtung wird lediglich auf den Marktzyklus im Rahmen des Produktlebenszykluskonzeptes abgestellt, der mit dem Markteintritt der ersten Produktart einer Marke beginnt und mit der Elimination der letzten am Markt angebotenen Produktart dieser Marke endet. Zum Produktlebenszykluskonzept vgl. z.B. Götze, U.; Rudolph, F.: (Instrumente), S. 28 ff.; Nieschlag, R.; Dichtl, E.; Hörschgen, H.: (Marketing), S. 170 ff.; Becker, J.: (Marketing-Konzeption), S. 514 ff.; Bidlingmaier, J.: (Marketing 2), S. 257 ff.; Bramsemann, R.: (Handbuch), S. 207 ff.; Welge, M. K.; Al-Laham, A.: (Planung), S. 118 ff.

36   Vgl. Bidlingmaier, J.: (Marketing 2); S. 279. Die von dem Unternehmen gewählte Preislage einer Produktart wird in dem Unternehmensspiel in die Werbekonzeption aufgenommen und den Konsumenten durch Absatzwerbung bekanntgegeben; vgl. hierzu die Abschnitte 6.5.1 und 6.5.2. Der tatsächliche, in einer Einkaufsstätte geforderte Preis kann ggf. einer anderen Preislage entsprechen, die Auswirkungen einer Preislagenabweichung werden in der Phase 3 des Kaufentscheidungsprozesses festgestellt.

- Die *Fertigungsart* einer Produktart wird durch die jeweils der Produktart zugrunde liegenden Erzeugnisart determiniert.[37] Die Konsumenten fragen lediglich die in der Produktionsstruktur der Unternehmen vorgesehenen Fertigungsarten nach.[38]

- Die *Verpackungsart* bzw. Packungsgröße der Produktart entspricht jener der Erzeugnisart. Analog zu der Fertigungsart werden von den Konsumenten nur die Verpackungsar-
ten nachgefragt, die in der Produktionsstruktur der Unternehmen vorgesehen sind.

Zur Bestimmung der Konsumentenposition kann als weitere Eigenschaft der *Markentreuegrad*
berücksichtigt werden, der das Ausmaß der Treue eines Konsumenten zu einer Marke zum
Ausdruck bringt, von der er in der Vorperiode mindestens eine Mengeneinheit einer Produktart gekauft hat. Hierbei wird unterstellt, daß jeder Konsument die Produktarten der in der
vorherigen Periode gekauften Marke entsprechend des Markentreuegrades und dessen Bedeutungsgewichtes im Vergleich zu Produktarten anderer Marken bevorzugt.

Die Eigenschaftsausprägungen der Produktarten können, wie im wesentlichen bereits aufgezeigt, mittelbar (Markengrundeigenschaften, Fertigungs- und Verpackungsart, Markenalter)
oder unmittelbar (Markenzusatzeigenschaften, Produktpreislage) von den Unternehmen bestimmt werden. Dagegen werden die Ausprägungen der Präferenzen und des Markentreuegrades sowie die Bedeutungsgewichte der Eigenschaften für jeden einzelnen Konsumenten der
Stichprobe auf einer von null bis neun verlaufenden Intervallskala von der Spielleitung festgelegt. Die Spielleitung kann darüber hinaus die Bedeutungsgewichte der Eigenschaften
Markenalter, Fertigungsart und Verpackungsart - für alle Konsumenten gemeinsam - durch
zusätzliche *Bedeutungsgewichtungsfaktoren* in ihrer Wirkung erhöhen, um z.B. eine höhere
Trennschärfe zwischen Marktsegmenten zu erzielen.

Zur Bestimmung der Distanz zwischen einer Konsumentenposition und einer Marken- bzw.
Produktposition werden die Differenzen zwischen den idealen und realen Eigenschaftsauspra-
gungen jeweils mit einem *Distanzfaktor* potenziert[39] und anschließend mit den Bedeutungsgewichten und ggf. Bedeutungsgewichtungsfaktoren multipliziert. Die Summe der gewichteten Differenzen der Markengrundeigenschaften (M = 1,..,5), der Markenzusatzeigenschaften

---

[37] Den Fertigungsarten 1, 2 und 3 werden von der Spielleitung Ausprägungen auf der von 0 bis 9 verlaufenden Intervallskala zugewiesen.

[38] Es wird vereinfachend unterstellt, daß andere als in der Produktionsstruktur vorgesehene Fertigungsarten
nicht existieren und aus Sicht der Konsumenten nicht vorstellbar sind. Angenommen den Fertigungsarten
1, 2 und 3 würden auf der Intervallskala die Ausprägungen 0, 4 und 9 zugeordnet, dann werden die
Konsumentenpräferenzen genau diese Ausprägungen aufweisen.

[39] Dadurch soll der Unterschied zwischen idealer und realer Eigenschaftsausprägung stärker (für den Distanzfaktor d_t^D gilt: $d_t^D > 1$) oder schwächer (für den Distanzfaktor d_t^D gilt: $d_t^D < 1$) betont werden.

(M = 6,...,10) und des Markenalters (M = 11), zuzüglich des gewichteten Markentreuegrades (M = 12) bei Kauf einer Produktart der Marke, ergibt zunächst die Markendistanz:

$$DM_{U,m,t}^K = \sum_{M=1}^{10} \left(\left| REAL_{M,t}^{U,m} - IDEAL_{M,t}^K \right|^{d_t^D} \cdot BG_{M,t}^K \right)$$

$$+ \left| REAL_{11,t}^{U,m} - IDEAL_{11,t}^K \right|^{d_t^D} \cdot BG_{11,t}^K \cdot BGF_{11,t}$$

$$- \left(KAUF_{U,m,t-1}^K \cdot MTG_t^K \right)^{d_t^D} \cdot BG_{12,t}^K$$

für   K = 1,...,1000; U = 0,...,9; m = 1,..., 20

mit

$DM_{U,m,t}^K$	=	Markendistanz zwischen der Marke m von Unternehmen U und Konsument K in der Periode t (U = 0,...,9; m = 1,..., 20; K = 1,...,1.000)
$REAL_{M,t}^{U,m}$	=	Reale Ausprägung der Produkteigenschaft M der Marke m von Unternehmen U in der Periode t (U = 0,...,9; m = 1,..., 20; M = 1,...,11)
$IDEAL_{M,t}^K$	=	Ideale Ausprägung der Produkteigenschaft M aus der Sicht von Konsument K in der Periode t (M = 1,...,11; K = 1,...,1.000)
d_t^D	=	Distanzfaktor (Parameter 911)
$BG_{M,t}^K$	=	Bedeutungsgewicht der Produkteigenschaft M für den Konsumenten K in der Periode t (M = 1,...,12; K = 1,...,1.000)
$BGF_{M,t}$	=	Bedeutungsgewichtungsfaktor der Produkteigenschaft M für alle Konsumenten in der Periode t (M = 11; Parameter 760)
$KAUF_{U,m,t}^K$	=	Binärvariable, deren Wert angibt, ob Konsument K mindestens eine Mengeneinheit einer Produktart der Marke m von Unternehmen U in der Periode t gekauft hat $\left(KAUF_{U,m,t}^K = 1 \right)$, oder ob er keine Mengeneinheit hiervon gekauft hat $\left(KAUF_{U,m,t}^K = 0 \right)$ (U = 0,...,9; m = 1,..., 20; K = 1,...,1.000)
MTG_t^K	=	Markentreuegrad von Konsument K in der Periode t (K = 1,...,1.000)

Ergänzend zu der Markendistanz kann unter Einbeziehung der gewichteten Differenzen der Produktpreislage (M = 13), der Fertigungsart (M = 14) und der Verpackungsart (M = 15) für jede Produktart die Produktteildistanz ermittelt werden. Es gilt:

$$DPt^K_{U,g_{miab},t} = \left| REAL^{U,g_{miab}}_{13,t} - IDEAL^K_{13,t} \right|^{d^D_t} \cdot BG^K_{13,t}$$

$$+ \sum_{M=14}^{15} \left(\left| REAL^{U,g_{miab}}_{M,t} - IDEAL^K_{M,t} \right|^{d^D_t} \cdot BG^K_{M,t} \cdot BGF_{M,t} \right)$$

für $K = 1,...,1.000$; $U = 0,...,9$; $m = 1,...,20$; $i = 1,...,5$;

$(a;b) \in \{(1;1), (1;2), (2;1), (2;2), (2;3), (3;4)\}$;

mit

$DPt^K_{U,miab,t}$ = Produktteildistanz zwischen Produktart g_{miab} von Unternehmen U und Konsument K in der Periode t
($U = 0,...,9$; $m = 1,..., 20$; $i = 1,...,5$; $(a;b) \in \{(1;1), (1;2), (2;1), (2;2), (2;3), (3;4)\}$; $K = 1,...,1.000$)

$REAL^{U,g_{miab}}_{M,t}$ = Reale Ausprägung der Produkteigenschaft M der Produktart g_{miab} von Unternehmen U in der Periode t
($U = 0,...,9$; $m = 1,..., 20$; $i = 1,...,5$; $(a;b) \in \{(1;1), (1;2), (2;1), (2;2), (2;3), (3;4)\}$; $M = 13, 14, 15$)

$IDEAL^K_{M,t}$ = Ideale Ausprägung der Produkteigenschaft M aus der Sicht von Konsument K in der Periode t ($M = 13, 14$ 15; $K = 1,...,1.000$)

$BG^K_{M,t}$ = Bedeutungsgewicht der Produkteigenschaft M für den Konsumenten K in der Periode t ($M = 13, 14, 15$; $K = 1,...,1.000$)

$BGF_{M,t}$ = Bedeutungsgewichtungsfaktor der Produkteigenschaft M für alle Konsumenten in der Periode t ($M = 14, 15$; Parameter 762, 763)

Die Bestimmung einer Markendistanz sowie der Produktteildistanzen der Produktarten einer Marke kann - aus Konsumentensicht - nur dann durchgeführt und in den Kaufentscheidungsprozeß einbezogen werden, wenn die zu beurteilende Marke mit den dazugehörigen Produktarten dem Konsumenten bekannt ist. In dem Unternehmensspiel ist für einen Konsumenten die *Bekanntheit einer Marke* gegeben, wenn diesem in der aktuellen Periode in einer von ihm aufgesuchten Einkaufsstätte mindestens eine Produktart der Marke zum Kauf angeboten wird. Darüber hinaus ist dem Konsumenten eine Marke bekannt, wenn er in der Vorperiode entweder mindestens eine Mengeneinheit einer Produktart der Marke gekauft hat oder durch Berührung mit Werbeträgern[40] einen ausreichenden Markenwerbekontakt erfährt.

Der Markenwerbekontakt eines Konsumenten basiert auf der Absatzwerbung[41] des Unternehmens für eine Marke und der dabei erreichten Werbewirkung der Werbemittel in den einzelnen eingesetzten Werbeträgern. Die Werbewirkung wird von den Konsumenten - je nach individueller Berührungsintensität mit den Werbeträgern - in unterschiedlichem Maß wahrgenommen. Für den Markenwerbekontakt eines Konsumenten gilt:

$$KWAW_{U,m,t}^{K} = \sum_{w=1}^{20}\left[WW_{w,t-1}^{U,m} \cdot BGAW_{w,t}^{K} \cdot \frac{BGF_{AW,t}}{100} \right]$$

$$\text{für} \quad K = 1,...,1000; \ U = 0,...,9; \ m = 1,..., 20$$

mit

$KWAW_{U,m,t}^{K}$ = Markenwerbekontakt zum Konsumenten K mit der Marke m von Unternehmen U in der Periode t (U = 0,...,9; m = 1,..., 20; K = 1,...,1.000)

$WW_{w,t}^{U,m}$ = Konsumentenunabhängige Werbewirkung von Werbeträger w für die Marke m von Unternehmen U in der Periode t (U = 0,...,9; m = 1,..., 20; w = 1,...,20)

$BGAW_{w,t}^{K}$ = Bedeutungsgewicht des Werbeträgers w für den Konsumenten K in der Periode t (w = 1,...,20; K = 1,...,1.000)

$BGF_{AW,t}$ = Bedeutungsgewichtungsfaktor der Absatzwerbung für alle Konsumenten in der Periode t (Parameter 768)

Ein ausreichender Markenwerbekontakt zu einem Konsumenten und somit die Bekanntheit der Marke liegen vor, wenn der Mindestkontaktwert[42] bei dem Konsumenten erreicht oder überschritten wird. Die Absatzwerbung kann in dem Unternehmensspiel nicht nur zur Bekanntheit von Marken führen, sondern beeinflußt darüber hinaus - wie nachfolgend dargestellt wird - die Präferenz eines Konsumenten zu der beworbenen Marke in ausschließlich positiver Weise.

---

[40] Zum Begriff Werbeträger siehe Abschnitt 6.8.1.

[41] Eine ausführliche Darstellung der Absatzwerbung mit den im Unternehmensspiel einsetzbaren Werbeträgern und Werbemitteln sowie der Bestimmung der Werbewirkung erfolgt in Abschnitt 6.8.1.

[42] Der Mindestkontaktwert wird in jeder Periode von der Spielleitung festgelegt (Parameter 913).

Die Ermittlung der einkaufsstättenunabhängig höchstpräferierten Produktart beruht auf einer für jeden Konsumenten zu bestimmenden Rangfolge der präferierten und zugleich bekannten Produktarten. Hierfür wird für jede auf dem Markt angebotene Produktart ein richtungsunabhängiger gewichteter Abstand zwischen der Idealposition des Konsumenten und der perzipierten Position der Produktart unter Berücksichtigung der Absatzwerbung ermittelt. Für diese sog. Produktdistanz 1 gilt:

$$D1_{U,g_{miab},t}^{K} = DM_{U,m,t}^{K} + DP_{U,g_{miab},t}^{K} - KWAW_{U,m,t}^{K}$$

$$\text{für} \quad K = 1,...,1.000; \ U = 0,...,9; \ m = 1,...,20; \ i = 1,...,5;$$

$$(a;b) \in \{(1;1), (1;2), (2;1), (2;2), (2;3), (3;4)\};$$

mit

$D1_{U,g_{miab},t}^{K}$ = Produktdistanz 1 zwischen Produktart g_{miab} von Unternehmen U und Konsument K in der Periode t
($U = 0,...,9; \ m = 1,...,20; \ i = 1,...,5; \ (a;b) \in \{(1;1), (1;2), (2;1), (2;2), (2;3), (3;4)\}; \ K = 1,...,1.000$)

Die bis zu fünfzig höchstpräferierten und bekannten[43] Produktarten werden - entsprechend der Produktdistanz 1 - in eine Rangfolge gebracht.[44] Sofern diese Distanz nicht größer als eine von der Spielleitung zu bestimmende Maximaldistanz ist,[45] tritt der Konsument in die Phase 2 ein, anderenfalls wird der Kaufentscheidungsprozeß abgebrochen.

Die Abbildung 6.3.2-1 faßt den Ablauf der ersten Phasen des Kaufentscheidungsprozesses aus der Sicht des Unternehmensspielmodells stichwortartig in Form eines Struktogrammes zusammen und zeigt die Einbindung der nachfolgend dargestellten Phasen zwei und drei auf.

---

[43] Die Bekanntheit einer Produktart bzw. Marke kann zu diesem Zeitpunkt im Rahmen des Kaufentscheidungsprozesses nur aus einem Produktartkauf in der Vorperiode oder aus einem ausreichend hohen Markenwerbekontakt resultieren.

[44] Sofern verschiedene Produktarten die gleiche Produktdistanz 1 aufweisen, wird durch einen geeigneten - hier nicht näher dargestellten - Algorithmus eine eindeutige Rangfolge der Produktarten ermittelt. Dabei werden u.a. die Produktteildistanz, die Markendistanz und das Image des die Marke anbietenden Unternehmens isoliert berücksichtigt.

[45] Die Maximaldistanz drückt den Grenzwert aus, bei dessen Überschreitung aus der Sicht des Konsumenten keine Bedürfnisbefriedigung gegeben ist. Die Maximaldistanz (Parameter 912) weist für alle Konsumenten der Stichprobe den gleichen Wert auf.

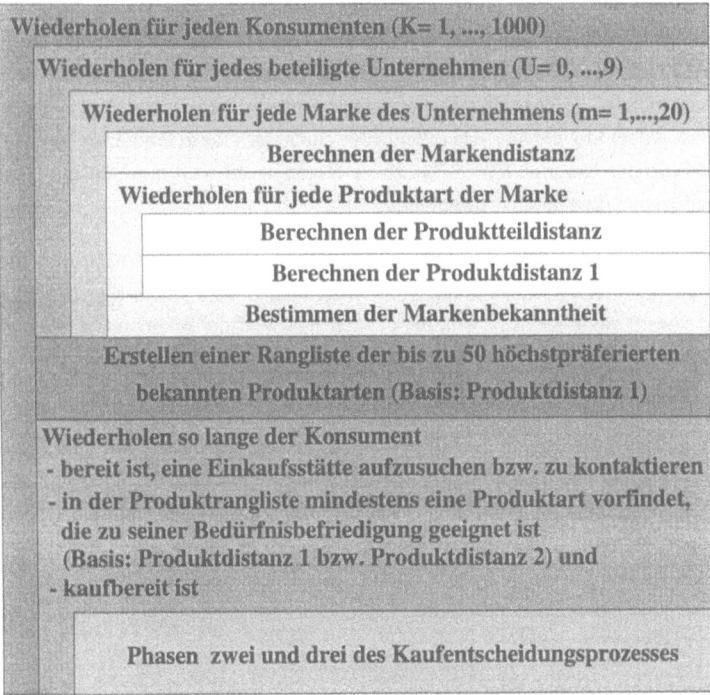

Abb. 6.3.2-1: Ablauf des Kaufentscheidungsprozesses

6.3.3 Einkaufsstättenwahl, Kaufentscheidung und Durchführung des Kaufs

Ein Konsument, der im Unternehmensspiel in die zweite Phase des Kaufentscheidungsprozesses eintritt, versucht zunächst eine Einkaufsstätte zu finden, in deren Sortiment seine einkaufsstättenunabhängig höchstpräferierte Produktart zum Kauf angeboten werden soll. Es wird unterstellt, daß er für seine Einkäufe drei verschiedene Einkaufsstätten bevorzugt,[46] die für ihn *erreichbar*[47] sind und die er ggf. im Verlauf der Periode alle aufsucht, um von einer präferierten bedürfnisbefriedigenden Produktart mindestens eine Mengeneinheit zu kaufen.

---

[46] In der Regel werden die Einkaufsstätten unterschiedlichen Einkaufsstättenarten angehören, um in dem Unternehmensspiel eine selektive Absatz(wege)politik simulieren zu können. Siehe hierzu Abschnitt 6.9.3. Darüber hinaus werden die Einkaufsstätten in unterschiedlichem Maß bevorzugt.

[47] Eine Einkaufsstätte ist für einen Konsumenten nur dann *erreichbar*, wenn er sie in den Kreis der drei präferierten Einkaufsstätten aufgenommen hat. Dies gilt insbesondere auch für die Versandabteilungen der Unternehmen, die nicht automatisch für jeden Konsumenten erreichbar sind. Die Erreichbarkeit

Sofern die höchstpräferierte Produktart in mindestens einer der für den Konsumenten erreichbaren Einkaufsstätten angeboten wird,[48] wählt er eine Einkaufsstätte entsprechend seiner diesbezüglichen Priorität aus. Sollte die höchstpräferierte Produktart in keiner der von dem Konsumenten erreichbaren Einkaufsstätten angeboten werden, führt er die Einkaufsstättenwahl mit der an zweiter Stelle präferierten Produktart durch, falls diese Produktart eine Befriedigung der Bedürfnisse erwarten läßt.[49] Die Einkaufsstättenwahl wird maximal mit allen fünfzig höchstpräferierten Produktarten ausgeführt.

Nach der Einkaufsstättenwahl ist dem Konsumenten entweder eine erreichbare Einkaufsstätte bekannt, in der eine präferierte Produktart angeboten wird, oder er wird seinen Kaufentscheidungsprozeß für diese Periode abbrechen. In dem ersten Fall wird die bevorzugte Einkaufsstätte entweder eine Versandabteilung eines Unternehmens oder eine Einzelhandlung[50] in räumlicher Nähe zu dem Konsumenten sein.

Wird die präferierte Produktart in einer *Einzelhandlung* angeboten, sucht der Konsument diese ausgewählte Einkaufsstätte auf. Dort nimmt er alle angebotenen Produktarten wahr, mit der Folge, daß ihm einerseits dort angebotene und bislang nicht bekannte Produktarten für die verbleibende Dauer der Periode bekannt sein werden. Andererseits führen die Warenpräsentation in der Einkaufsstätte durch den Einsatz von Verkaufsförderungsmaßnahmen[51] und die konkreten Produktpreisforderungen des Einzelhandelsbetriebs zu eventuell veränderten Präferenzen für einzelne Produktarten.

Eine *Verkaufsförderungsmaßnahme* für eine Produktart in einer Einzelhandlung beeinflußt den Konsumenten in zweifacher Weise. Zum einen steigert die Wirkung der Verkaufsförderung kurzfristig die Präferenz für diese Produktart in der Einkaufsstätte und zum anderen wird

---

drückt in diesem Fall aus, daß der Konsument grundsätzlich bereit ist, die damit verbundenen Besonderheiten, wie z.B. Übernahme von Versandkosten, zeitliche Diskrepanz zwischen Bestellung und Lieferung der Waren, zu akzeptieren.

[48]   Wenn eine Marke einem Konsumenten bekannt ist, dann ist dieser zugleich über die Einkaufsstättenarten informiert, in denen die Produktarten der Marken - nach der Intention der anbietenden Unternehmen - zum Verkauf angeboten werden sollen. Siehe hierzu Abschnitt 6.5.1.

[49]   Zugleich wird die präferierte Produktart, die in keiner der erreichbaren Einkaufsstätten angeboten wird, für die aktuelle Periode aus der Präferenzliste gestrichen, damit nicht ggf. zu späteren Zeitpunkten innerhalb der Periode der Versuch wiederholt wird, diese Produktart zu kaufen. Hiermit wird unterstellt, daß sich der Konsument innerhalb der Periode daran erinnern kann, welche präferierten Produktarten in den für den Konsumenten erreichbaren Einkaufsstätten nicht angeboten werden.

[50]   Unter dem Begriff *Einzelhandlung* werden sowohl die unternehmensunabhängigen Einzelhandelsunternehmen als auch die Filialen der Unternehmen zusammengefaßt.

[51]   Zur Verkaufsförderung siehe Abschnitt 6.8.2. Verkaufsförderungsmaßnahmen können ausschließlich in Einzelhandelsbetrieben eingesetzt werden. Darüber hinausgehende Aspekte der Warenpräsentation im Einzelhandel, z.B. die Regalfläche, die Präsentationsebene, die Ladengestaltung, finden im Unternehmensspiel keine Berücksichtigung. Vgl. hierzu z.B. Nieschlag, R.; Dichtl, E.; Hörschgen, H.: (Marketing), S. 402 ff.

sich der Konsument für die Dauer der aktuellen Periode in anderen, ggf. nachfolgend aufgesuchten Einkaufsstätten an zuvor wahrgenommene Verkaufsförderungsmaßnahmen erinnern.[52] Den letztgenannten Aspekt berücksichtigt die sog. Produktdistanz 2 für alle Produktarten. Es gilt:

$$D2_{U,g_{miab},t}^{K,s} = D2_{U,g_{miab},t}^{K,s-1} - VFI_{j,t}^{U,g_{miab}} \cdot BGVF_t^K \cdot BGF_{Vf,t} \cdot KEF_t$$

$$\text{mit} \quad D2_{U,g_{miab},t}^{K,0} = D1_{U,g_{miab},t}^K$$

$$\text{für} \quad K = 1,...,1000; \ s = 1,...,S; \ U = 0,...,9; \ m = 1,...,20;$$

$$i = 1,...,5; \ (a;b) \in \{(1;1), (1;2), (2;1), (2;2), (2;3), (3;4)\}$$

mit

$D2_{U,g_{miab},t}^{K,s}$ = Produktdistanz 2 zwischen Produktart g_{miab} von Unternehmen U und Konsument K in der s-ten von dem Konsumenten aufgesuchten Einkaufsstätte in der Periode t
(U = 0,...,9; m = 1,..., 20; i = 1,...,5; (a;b) ∈ {(1;1), (1;2), (2;1), (2;2), (3;4)}; K = 1,...,1.000, s = 1,...,S[53])

$VFI_{j,t}^{U,g_{miab}}$ = Ausmaß der Verkaufsförderungsmaßnahme für Produktart g_{miab} von Unternehmen U in Einkaufsstätten der Art j in Periode t
(U = 0,...,9; m = 1,...,20; i = 1,...,5; (a;b) ∈ {(1;1), (1;2), (2;1), (2;2), (3;4)}; j = Kh, Vm, Sm, Fg, Fl, F2)

$BGVF_t^K$ = Bedeutungsgewicht der Verkaufsförderungsmaßnahmen für den Konsumenten K in der Periode t (K = 1,...,1.000)

$BGF_{Vf,t}$ = Bedeutungsgewichtungsfaktor der Verkaufsförderungsmaßnahmen für alle Konsumenten in der Periode t (Parameter 769)

KEF_t = Konsumentenerinnerungsfaktor an Verkaufsförderungsmaßnahmen in der Periode t (Parameter 914)

---

52 Dieser Aspekt wird nur dann von Bedeutung sein, wenn der Konsument in der aufgesuchten Einkaufsstätte keine Mengeneinheit einer Produktart kauft und deshalb eine andere Einkaufsstätte aufsucht.

53 Die maximale Anzahl des Aufsuchens einer Einkaufsstätte (S) durch einen Konsumenten innerhalb einer Periode bestimmt die Spielleitung (Parameter 900). Jede der drei bevorzugten Einkaufsstätten wird allerdings nur einmal innerhalb einer Periode von dem Konsumenten aufgesucht.

Die *Preisforderung* für eine Produktart in einer Einkaufsstätte muß nicht jener Preislage entsprechen, welche das Unternehmen in der Werbekonzeption bestimmt hat. Etwaige Unterschiede sind insbesondere bei unternehmensunabhängigen Einzelhandelsunternehmen darauf zurückzuführen, daß der in der aktuellen Periode in der Einkaufsstätte geforderte Stückpreis von dem Handelsunternehmen und nicht von dem Produkthersteller festgelegt wird.[54] Der Konsument wird - im Vergleich zu der in der Werbekonzeption fixierten Preislage - niedrigere (höhere) Preisforderungen in der Einkaufsstätte präferenzsteigernd (präferenzmindernd) honorieren.

Die Wirkungen einer Verkaufsförderungsmaßnahme und der Preisforderung führen in der Einkaufsstätte - unter Berücksichtigung der Erinnerung an Verkaufsförderungsmaßnahmen in ggf. zuvor aufgesuchten Einkaufsstätten - für die Produktart zu der sog. Produktdistanz 3. Es gilt:

$$
D3_{U,g_{miab},t}^{K,Eks,s} = D2_{U,g_{miab},t}^{K,s-1} + \left(PL_{g_{miab},t}^{U,Eks} - REAL_{13,t}^{U,g_{miab}} \right) \cdot BGP_t^K \cdot BGF_{P,t}
$$

$$
- VFI_{j,t}^{U,g_{miab}} \cdot BGVF_t^K \cdot BGF_{Vf,t}
$$

mit[55]

$$
j = \begin{cases} Kh & \text{für } Eks = 1,2 \\ Vm & \text{für } Eks = 3,4,5 \\ Sm & \text{für } Eks = 6,...,10 \\ Fg & \text{für } Eks = 11,...,15 \\ Fl & \text{für } Eks = 16 \\ F2 & \text{für } Eks = 17 \end{cases}
$$

für $K = 1,...,1000$; $Eks = 1,...,17$; $s = 1,...,S$; $U = 0,...,9$;

$m = 1,..., 20$; $i = 1,...,5$; $(a;b) \in \{(1;1), (1;2), (2;1), (2;2), (2;3), (3;4)\}$

---

[54]   Zur Preisfestsetzung in den verschiedenen Einkaufsstätten und zu den diesbezüglichen Einflußmöglichkeiten der Unternehmen siehe die Abschnitte 6.7.1 und 6.7.2. Die Preislagenabweichung wird insbesondere bei Sonderangebotspreisen auftreten.

[55]   Im Unternehmensspiel werden Verkaufsförderungsmaßnahmen einkaufsstättenartspezifisch vorgenommen, während die Produktdistanz 3 einkaufsstättenspezifisch ermittelt wird. Demzufolge wird an dieser Stelle die Zuordnung von Einkaufsstätten zu den Einkaufsstättenarten Kaufhäuser (Kh), Verbrauchermärkte (Vm), Supermärkte (Sm), Fachgeschäfte (Fg) und Filialen (Fl, F2) erforderlich.

mit

$D3_{U,g_{miab},t}^{K,Eks,s}$ = Produktdistanz 3 zwischen Produktart g_{miab} von Unternehmen U und Konsument K in der an s-ter Stelle von dem Konsumenten aufgesuchten Einkaufsstätte Eks in der Periode t
(U = 0,...,9; m = 1,..., 20; i = 1,...,5; (a;b) ∈ {(1;1), (1;2), (2;1), (2;2), (2;3), (3;4)}; K = 1,...,1.000; Eks = 1,...,17; s = 1,...,S)

$PL_{g_{miab},t}^{U,Eks}$ = Preislage des in der Einkaufsstätte Eks geforderten Produktpreises der Produktart g_{miab} von Unternehmen U in der Periode t
(U = 0,...,9; m = 1,..., 20; i = 1,...,5; (a;b) ∈ {(1;1), (1;2), (2;1), (2;2), (2;3), (3;4)}; Eks = 1,...,17)

BGP_t^K = Bedeutungsgewicht der Preislage des in einer Einkaufsstätte geforderten Produktpreises für den Konsumenten K in der Periode t (K = 1,...,1.000)

$BGF_{P,t}$ = Bedeutungsgewichtungsfaktor der Preislage des in einer Einkaufsstätte geforderten Produktpreises für alle Konsumenten in der Periode t
(Parameter 770)

Das Produktangebot der *Versandabteilung* eines Unternehmens kann der Konsument vor dem Kauf nicht persönlich in Augenschein nehmen, so daß die bestehenden Produktpräferenzen sich lediglich durch die Preisforderungen des Anbieters ändern können. Für die dem Konsumenten bekannten Produktarten, die in der Versandabteilung des Unternehmens angeboten werden, ermittelt der Konsument die diesbezügliche Produktdistanz 3. Hierfür gilt:

$$D3_{U,g_{miab},t}^{K,18,s} = D2_{U,g_{miab},t}^{K,s-1} + \left(PL_{g_{miab},t}^{U,18} - REAL_{13,t}^{U,g_{miab}} \right) \cdot BGP_t^K \cdot BGF_{P,t}$$

für   K = 1,...,1000; s = 1,...,S; U = 0,...,9; m = 1,..., 20;

i = 1,...,5; (a;b) ∈ {(1;1), (1;2), (2;1), (2;2), (2;3), (3;4)}

mit

$D3_{U,g_{miab},t}^{K,18,s}$ = Produktdistanz 3 zwischen Produktart g_{miab} von Unternehmen U und Konsument K in der an s-ter Stelle von dem Konsumenten als Einkaufsstätte (Eks = 18) kontaktierten Versandabteilung in der Periode t
(U = 0,...,9; m = 1,..., 20; i = 1,...,5; (a;b) ∈ {(1;1), (1;2), (2;1), (2;2), (2;3), (3;4)}; K = 1,...,1.000; Eks = 18; s = 1,...,S)

Die Produktdistanz 2 ändert sich - für den Fall, daß ggf. weitere Einkaufsstätten aufgesucht werden - wertmäßig nicht, da in der Versandabteilung keine Verkaufsförderungsmaßnahmen vorgenommen werden können. Es wird lediglich die Bezeichnung der Produktdistanz 2 im Hinblick auf die Anzahl der bislang aufgesuchten/kontaktierten Einkaufsstätten aktualisiert. Es gilt:

$$D2^{K,s}_{U,g_{miab},t} = D2^{K,s-1}_{U,g_{miab},t}$$

$$\text{für} \quad K = 1,...,1000; \ s = 1,...,S; \ U = 0,...,9; \ m = 1,..., 20;$$

$$i = 1,...,5; \ (a;b) \in \{(1;1), (1;2), (2;1), (2;2), (2;3), (3;4)\}$$

Analog zu der am Ende der Phase 1 gebildeten Rangfolge der Produktarten, werden die bis zu fünfzig höchstpräferierten und bekannten Produktarten auf der Basis der Produktdistanzen 3 in eine Rangfolge transformiert, an deren erster Stelle jene Produktart plaziert ist, deren Produktdistanz 3 den geringsten Wert aufweist.[56] Übersteigt die Distanz der höchstpräferierten Produktart die Maximaldistanz, wird der Konsument entweder die Einkaufstättenwahl auf der Grundlage der Produktdistanzen 2 fortsetzen und die Phase 2 des Kaufentscheidungsprozesses noch einmal durchlaufen[57] oder den Kaufentscheidungsprozeß abbrechen. Wird dagegen die Maximaldistanz zu der bevorzugten Produktart nicht überschritten, tritt der Konsument in die Phase 3 des Kaufentscheidungsprozesses ein.

Der Konsument prüft hierbei zunächst, ob die höchstpräferierte bekannte Produktart in der Einkaufsstätte noch mit mindestens einer Mengeneinheit bevorratet ist. Sofern zur Zeit kein Bestand dieser Produktart in der Einkaufsstätte vorgehalten wird, bestimmt er trotzdem seine potentielle Nachfrage an dieser Produktart und informiert hierüber das Verkaufspersonal in der Einkaufsstätte.[58] Anschließend wählt der Konsument die nächstpräferierte bekannte Produktart, sofern die Distanz zu dieser Produktart die Maximaldistanz nicht überschreitet und

---

[56] Sofern verschiedene Produktarten die gleiche niedrige Produktdistanz 3 aufweisen, wird - analog zu der Vorgehensweise bei der Produktdistanz 1 - eine eindeutige Rangfolge der Produktarten erstellt.

[57] Die Einkaufsstättenwahl des Konsumenten wird nur dann fortgesetzt werden, wenn die maximale Anzahl der Auswahlvorgänge nicht überschritten worden ist.

[58] Der eigentlich simultane Vorgang der Präferenzbestimmung für eine Produktart in einer Einkaufsstätte und die Überprüfung, ob z. Zt. zumindest ein begrenzter Vorrat dieser Produktart in der Einkaufsstätte vorgehalten wird, wird im Unternehmensspiel in zwei Einzelvorgänge zerlegt, um ggf. die potentielle Nachfragemenge bestimmen zu können. Die unternehmensunabhängigen Einzelhandelsunternehmen berücksichtigen die potentiellen Nachfragemengen der Konsumenten bei der Bestimmung ihrer Bevorratungsmengen der Folgeperiode. Siehe hierzu Abschnitt 6.6.2.

der Konsument weiterhin *kaufbereit*[59] ist. Übersteigt dagegen die Produktdistanz 3 der nächstpräferierten Produktart die Maximaldistanz, obwohl der Konsument kaufbereit ist, tritt dieser wieder in die Phase 3 des Kaufentscheidungsprozesses ein und wählt eine andere geeignete Einkaufsstätte. Ist der Konsument jedoch nicht mehr kaufbereit, bricht er den Kaufentscheidungsprozeß für die aktuelle Periode ab.

Wenn die präferierte Produktart in der Einkaufsstätte bevorratet ist, entscheidet sich der Konsument, diese Produktart zu kaufen. Die Anzahl der Mengeneinheiten, die der Konsument nachzufragen beabsichtigt, hängt von dessen individueller Basisbedarfsmenge,[60] von der Packungsgröße der Produktart und von der Preislagendifferenz zwischen der präferierten Preislage und der Lage des in der Einkaufsstätte für die Produktart geforderten Stückpreises ab.[61] Darüber hinaus kann die Spielleitung durch einen Absatzmengenfaktor die Nachfragemenge beeinflussen. Für die Nachfrage nach einer Produktart in einer Einkaufsstätte durch einen Konsumenten gilt:

$$
x^{K,Eks,plan}_{U,g_{miab},t} = \left[\frac{x^K_{basis,t}}{d^f_{ab}} \cdot \frac{AMF_t}{\left(IDEAL^K_{13,t} - PL^{U,Eks}_{g_{miab},t}\right)^2} \right]^+
$$

$$
\text{falls} \quad PL^{U,Eks}_{g_{miab},t} > IDEAL^K_{13,t}
$$

$$
x^{K,Eks,plan}_{U,g_{miab},t} = \left[\frac{x^K_{basis,t}}{d^f_{ab}} \cdot AMF_t \right]^+
$$

$$
\text{falls} \quad PL^{U,Eks}_{g_{miab},t} = IDEAL^K_{13,t}
$$

---

59   Die *Kaufbereitschaft* eines Konsumenten liegt vor, solange dieser eine von der Spielleitung zu bestimmende maximale Anzahl von Kaufversuchen nicht überschritten hat (Parameter 915) und noch keine Mengeneinheit einer Produktart gekauft hat.

60   Die Basisbedarfsmenge umfaßt die preisunabhängige Periodenbedarfsmenge eines Konsumenten an der betreffenden Güterart, bezogen auf eine Einsatzmengeneinheit an Basisfaktoren der der Produktart zugrundeliegenden Erzeugnisart.

61   Der Konsument wird eine im Vergleich zu seiner Präferenz als preisgünstig erachtete Produktart in größerer Menge nachfragen als bei einer Übereinstimmung von präferierter und tatsächlicher Preislage. Übersteigt dagegen die Preislage der gewählten Produktart die präferierte Preislage, reduziert der Konsument die Nachfragemenge.

177

$$x_{U,g_{miab},t}^{K,Eks,plan} = \left[\frac{x_{basis,t}^{K}}{d_{ab}^{f}} \cdot AMF_t \cdot \sqrt{IDEAL_{13,t}^{K} - PL_{g_{miab},t}^{U,Eks}} \right]^{+}$$

falls $\quad PL_{g_{miab},t}^{U,Eks} < IDEAL_{13,t}^{K}$

für $\quad K = 1,...,1.000; Eks = 1,...,18; U = 0,...,9; m = 1,...,20;$

$i = 1,...,5; (a;b) \in \{(1;1), (1;2), (2;1), (2;2), (2;3), (3;4)\}$

mit

$x_{U,g_{miab},t}^{K,Eks,plan}$ = Nachfragemenge des Konsumenten K in der Einkaufsstätte Eks nach Produktart g_{miab} von Unternehmen U in der Periode t
$(U = 0,...,9; m = 1,..., 20; i = 1,...,5; (a;b) \in \{(1;1), (1;2), (2;1), (2;2), (2;3), (3;4)\}; K = 1,...,1.000; Eks = 1,...,18)$

$x_{basis,t}^{K}$ = Verpackungsart- bzw. packungsgrößenunabhängige Basisnachfragemenge des Konsumenten K in der Periode t $(K = 1,...,1.000)$

d_{ab}^{f} = Einsatzmenge an Basisfaktoren zur Herstellung einer Mengeneinheit der Erzeugnisart e_{iab} $(i = 1,...,5; (a;b) \in \{(1;1), (1;2), (2;1), (2;2), (2;3), (3;4)\};$ Parameter 31 - 36)

AMF_t = Absatzmengenfaktor in der Periode t (Parameter 761)

Die von dem Konsumenten präferierte Produktart wird - sofern in der Einkaufsstätte vorrätig - in der nachgefragten Menge gekauft; zugleich ist der Kaufentscheidungsprozeß des Konsumenten für diese Periode abgeschlossen. Kann die Konsumentennachfrage nur zum Teil befriedigt werden, kauft der Konsument den Restbestand der präferierten Produktart auf, teilt dem Verkaufspersonal die verbleibende potentielle Nachfragemenge mit und bricht den Kaufentscheidungsprozeß ab.

Die Phasen 2 und 3 des Kaufentscheidungsprozesses sind in Abbildung 6.3.3-1 zusammengefaßt.

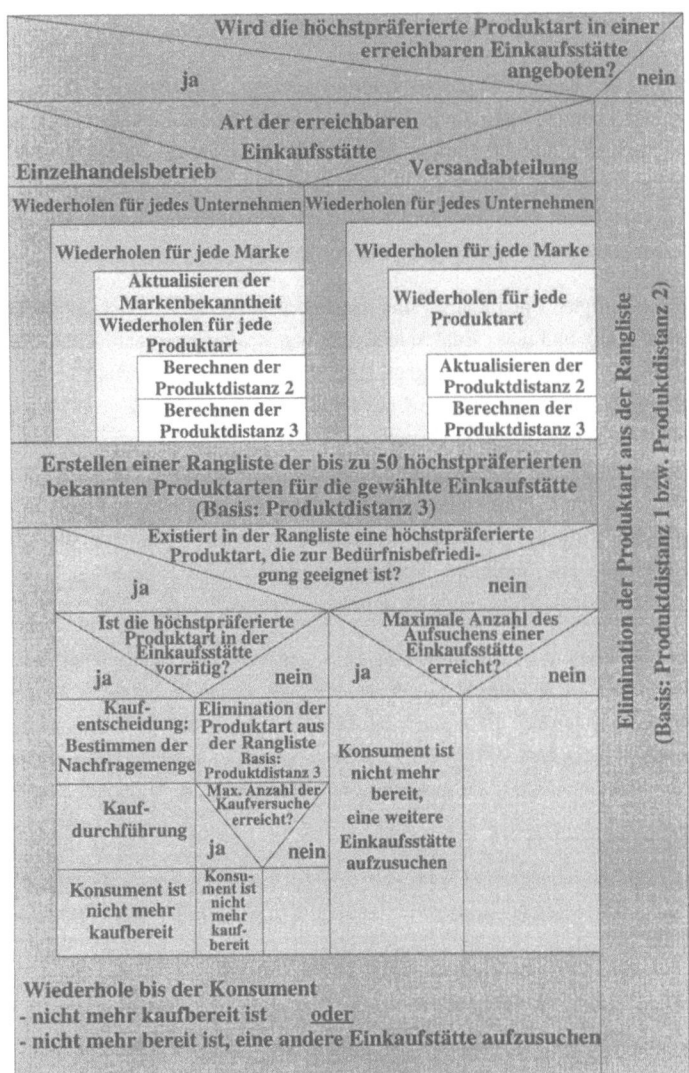

Abb. 6.3.3-1: Phasen 2 und 3 des Kaufentscheidungsprozesses

Die potentiellen Nachfragemengen jeder Produktart werden den Teilnehmern im Ergebnisbericht für jede Einkaufsstätte mitgeteilt. Auf der Grundlage der Kenntnis des Konsumentenkaufverhaltens im Unternehmensspiel können die Teilnehmer die Segmentierung des Absatzmarktes vornehmen und die Positionierung von Produktarten und Marken vorbereiten.

6.4 Marktsegmentierung und Produktpositionierung

Die Darstellung des Kaufverhaltens der Konsumenten im Unternehmensspiel zeigt, daß jeder Konsument eine konkrete Vorstellung von *einem Idealprodukt* hat, das den höchsten Grad an Bedürfnisbefriedigung bietet.[62] Darüber hinaus mißt jeder Konsument den einzelnen Eigenschaften, anhand derer die ideale Vorstellung konkretisiert wird, eine unterschiedliche Bedeutung bei und er ist bereit, eine Produktart zu kaufen, die von der Idealvorstellung abweicht, jedoch zur individuellen Bedürfnisbefriedigung geeignet ist.

Die am Spiel beteiligten Unternehmen sind ihrerseits bestrebt, im Hinblick auf die Zielsetzung *Gewinnmaximierung* und unter Berücksichtigung von Konkurrenzproduktarten, Produktpositionen in dem mehrdimensionalen Eigenschaftsraum zu lokalisieren, die für eine möglichst große Konsumentenzahl einen höheren Grad der Bedürfnisbefriedigung gewährleisten als jede andere am Markt anzutreffende Produktart.[63] Diese Produktpositionen können von neuen, in den Markt einzuführenden Produktarten und/oder durch Variation bestehender Produktarten eingenommen werden.[64] Hinsichtlich der Verteilung der Konsumentenpositionen in dem Eigenschaftsraum wird allgemein unterstellt, daß Klumpeneffekte auftreten, die Anhäufungen von Konsumenten mit ähnlichen Präferenzen widerspiegeln. Derartige Gruppen von Konsumenten können als Marktsegmente angesehen werden.[65]

Die *Marktsegmentierung* ist die Aufteilung eines gegebenen oder gedachten Marktes in homogene Teilmärkte (Segmente),[66] von denen jeder als Zielmarkt betrachtet und mit einem bestimmten Marketingmix[67] erfolgreich bearbeitet werden kann.[68] Die segmentspezifische Marktbearbeitung erfordert, daß einerseits jedes Segment eine ausreichende Segmentstärke aufweist, für die es sich lohnt, ein spezielles Marketingprogramm zu konzipieren[69] und ande-

---

[62]   Von der präferenzbeeinflussenden Werbewirkung wird an dieser Stelle vereinfachend abgesehen.

[63]   Vgl. Bauer, E.: (Markt-Strategie), S. 59 f.; Schiffman, L. G.; Kanuk, L. L.: (Consumer Behavior), S. 21.

[64]   Vgl. Albers, S.: (Neuproduktpositionierung), S. 186.

[65]   Vgl. Freter, H.: (Strategien), S. 460.

[66]   Vgl. Meffert, H.: (Marketing), S. 243.

[67]   Zum Marketing-Mix vgl. z.B. Meffert, H.: (Marketing), S. 116; Kotler, P.; Bliemel, F.: (Marketing-Management), S. 98; Becker, J.: (Marketing-Konzeption), S. 439 ff.

[68]   Vgl. Kotler, P.; Bliemel, F.: (Marketing-Management), S. 409 ff.; Schiffman, L. G.; Kanuk, L. L.: (Consumer Behavior), S. 32; Freter, H.: (Marktsegmentierung), S. 18; Sheth, J. N.: (Marktsegmentierung), S. 130 f.; Groh, G.: (Marktsegmentierung), Sp. 1409; Hammann, P.; Erichson, B.: (Marktforschung), S. 294. Eine Übersicht über ähnliche, aber auch unterschiedliche Definitionen des Begriffs *Marktsegmentierung* geben z.B. Kaiser, A.: (Identifikation), S. 11 ff.; Böhler, H.: (Methoden), S. 10 ff.; Bauer, E.: (Markt-Segmentierung),˙S. 11 ff.

[69]   Der zusätzliche Gewinn, der durch die segmentspezifische Marktbearbeitung erzielt wird, muß die Kosten der Marktsegmentierung (Gewinnung der Informationen, Marktbearbeitung) übersteigen. Vgl. Meffert, H.: (Marketing), S. 245; Kotler, P.: (Marketing-Management), S. 214.

rerseits jedes Segment anhand geeigneter kaufverhaltensrelevanter Kriterien[70] beschrieben und von anderen Segmenten in der Weise abgegrenzt werden kann, daß die Segmente untereinander heterogen, in sich jedoch weitgehend homogen sind.[71]

Die in dem Unternehmensspiel zur Verfügung stehenden Segmentierungskriterien können in die Gruppen

- demographische Kriterien,
- psychographische Kriterien und
- Kriterien des beobachtbaren Konsumentenverhaltens

eingeteilt werden.[72]

In der Gruppe der *demographischen Kriterien* werden im Unternehmensspiel Geschlecht, Alter, Haushaltsgröße, Haushaltseinkommen, Schulbildung, (berufliche) Tätigkeit, berufliche Stellung und Wohngebiet der Konsumenten erfaßt.[73]

Die *psychographischen Kriterien* setzen sich im Unternehmensspiel aus bis zu zwanzig allgemeinen Einstellungsmerkmalen, fünfzehn produktspezifischen Einstellungsmerkmalen,[74] den Bedeutungsgewichten der produktspezifischen Einstellungsmerkmale sowie bis zu zwanzig Lebensstilmerkmalen zusammen.

Die Gruppe der *Kriterien des beobachtbaren Konsumentenverhaltens* läßt sich in produktbezogene, kommunikationsbezogene und einkaufsstättenbezogene Kriterien unterteilen. Die produktbezogenen Kriterien setzen sich aus der Markenwahl, der Verbrauchsintensität, der

---

70 Über die ausreichende Segmentstärke und die Kaufverhaltensrelevanz hinaus werden an die Segmentierungskriterien weitere Anforderungen, wie insbesondere Meßbarkeit, Zugänglichkeit und Stabilität gestellt. Vgl hierzu z.B. Freter, H.: (Marktsegmentierung), S. 43 f.; Freter, H.: (Strategien), S. 455; Meffert, H.: (Marketing), S. 244 f.; Kaiser, A.: (Identifikation), S. 35 f; Schiffman, L. G.; Kanuk, L. L.: (Consumer Behavior), S. 54 f.; Kotler, P.; Bliemel, F.: (Marketing-Management), S. 435.

71 Vgl. Meffert, H.: (Marketing), S. 243; Freter, H.: (Strategien), S. 454; Becker, J.: (Marketing-Konzeption), S. 222 f. *Homogen* bedeutet in diesem Zusammenhang, daß die lokalisierte Zielgruppe im Hinblick auf die zur Segmentierung herangezogenen Kriterien untereinander ähnlichere Merkmalsausprägungen aufweisen als der Gesamtmarkt. Vgl. Langner, H.: (Segmentierungsstrategien), S. 26.

72 Vgl. Freter, H.: (Marktsegmentierung), S 46, S. 49 ff.; Nieschlag, R.; Dichtl, E.; Hörschgen, H.: (Marketing), S. 835 ff. Zu weiteren Ansätzen zur Klassifizierung und Darstellung von Segmentierungskriterien vgl. auch Meffert, H.: (Marketing), S. 245 ff.; Kotler, P.; Bliemel, F.: (Marketing-Management), 418 ff.; Frank, R. E.; Massy, W. F.; Wind, Y.: (Segmentation), S. 26 ff.; Schiffman, L. G.; Kanuk, L. L.: (Consumer Behavior), S. 37 ff.; Böhler, H.: (Methoden), S. 62 ff.

73 Die Spielleitung kann bei Bedarf weitere demographische Kriterien vorsehen. Das Kriterium *Wohngebiet* darf jedoch nicht verändert werden und kann lediglich zwei Ausprägungen umfassen, die den Einsatzgebieten der beiden Filialtypen entsprechen. Siehe hierzu Abschnitt 6.6.1.2.

74 Die produktspezifischen Einstellungsmerkmale entsprechen den in Abschnitt 6.3.2 dargestellten Konsumentenpräferenzen hinsichtlich der Markengrundeigenschaften, der Markenzusatzeigenschaften, dem Markenalter, dem Markentreuegrad, der Produktpreislage, der Fertigungs- und der Verpackungsart.

Kaufmenge und der gewählten Fertigungs- sowie Verpackungsart zusammen. Die kommunikationsbezogenen Kriterien spiegeln die Bedeutungsgewichte der Konsumenten hinsichtlich der im Unternehmensspiel vorgesehenen zwanzig Werbeträger und der Verkaufsförderungsmaßnahmen wider. Die einkaufsstättenbezogenen Kriterien umfassen die Präferenzen eines jeden Konsumenten, welche drei Einkaufsstätten in welcher Rangfolge erreichbar sind.[75]

Inwiefern die einzelnen Kriterien die Anforderungen erfüllen, die an sie zu stellen sind, wird für die jeweils zugrundeliegende Konsumentenstichprobe - ggf. von den Teilnehmern - zu prüfen sein.[76] Für die Lokalisierung und Beschreibung von Segmenten wird den Unternehmensspielteilnehmern ein computergestütztes Marketing-Informationssystem zur Verfügung gestellt,[77] das die Daten der tausendköpfigen Konsumentenstichprobe enthält und in jeder Periode - zumindest im Hinblick auf die produktbezogenen Kriterien des beobachtbaren Konsumentenverhaltens - aktualisiert wird.[78] Die Spielleitung wird zu Beginn des Unternehmensspiels festlegen, anhand welcher Kriterien die Stichprobe ausgewertet werden kann und wie fein die Kriterienausprägungen zur Auswertung durch die Teilnehmer strukturiert sein sollen.[79] Es wird beispielsweise vorzugeben sein, ob die Spieler unmittelbar auf die produktspezifischen Einstellungsmerkmale und deren Bedeutungsgewichte als zu analysierende Kriterien zurückgreifen können. Verweigert die Spielleitung den direkten Zugriff hierauf, sollten allerdings andere psychographische Kriterien vorgesehen werden, die in hohem Maß mit den produktspezifischen Einstellungsmerkmalen und deren Bedeutungsgewichten korrelieren, um Segmentlokalisierungen und anschließende Produktpositionierungen durch die Teilnehmer zu ermöglichen.

Auf der Grundlage der Marktsegmentierung kann jedes Unternehmen geeignete Strategien zur Marktbearbeitung entwickeln,[80] neue Produkte segmentspezifisch - entsprechend der Kon-

---

75 Vgl. hierzu auch Abschnitt 6.3.3.

76 Eine umfassende Beurteilung verschiedener Segmentierungskriterien hinsichtlich der zu erwartenden Erfüllung der an sie gestellten Anforderungen gibt z.B. Freter, H.: (Marktsegmentierung).

77 Siehe hierzu Abschnitt 6.9.2.

78 Darüber hinaus kann die Spielleitung Veränderungen in der Beschreibung der Konsumenten im Zeitablauf vornehmen und z.B. Einstellungs- und Produktanforderungsänderungen simulieren.

79 Die Ausprägungen der Lebensstilmerkmale, der produktspezifischen Einstellungsmerkmale und der kommunikationsbezogenen Kriterien des beobachtbaren Konsumentenverhaltens werden beispielsweise anhand einer von null bis neun verlaufenden Intervallskala erfaßt. Die Auswertung der Kriterienausprägungen kann entweder in dieser feinen oder in einer groben Strukturierung vorgenommen werden. Im letztgenannten Fall werden mehrere Einzelausprägungen zu einer neuen Ausprägung zusammengefaßt (z.B. 0, 1, 2 zu 0 - 2).

80 Zu Marktbearbeitungsstrategien vgl. Meffert, H.: (Marketing), S. 253 ff.; Kotler, P.; Bliemel, F.: (Marketing-Management), S. 439 ff.; Becker, J.: (Marketing-Konzeption), S. 214 ff.; Böcker, F.: (Marketing), S. 24 ff.; Müller, W.: (Planung), S. 180 ff.; Porter, M. E.: (Wettbewerbsstrategien), S. 62 ff. ROSENBERG weist im Zusammenhang mit den Marktbearbeitungsstrategien auf die Gefahren der Oversegmentation

sumentenpräferenzen sowie unter Berücksichtigung von existierenden Produktarten der Konkurrenzunternehmen - positionieren bzw. bestehende Produktarten umpositionieren[81] und insgesamt ein zielgruppenorientiertes Marketing-Mix gestalten.

6.5 Produktpolitik

6.5.1 Einführung neuer Produktarten

Im Vordergrund der Produktpolitik im Unternehmensspiel steht die Gestaltung des Produktprogramms, d.h. der Gesamtheit aller Produktarten, die den Konsumenten am Markt durch das Unternehmen angeboten werden. Die Einführung einer neuen Produktart wird im Unternehmensspiel grundsätzlich entweder für eine neu zu gestaltende oder eine bereits bestehende Marke[82] des Unternehmens vorgenommen. Hierbei sind alle Produktarten, die unter einer Marke zusammengefaßt werden, durch gleiche Ausprägungen der produktspezifischen Eigenschaften und gemeinsame Werbeaktivitäten gekennzeichnet.

Bei der *Einführung einer Produktart im Zusammenhang mit der Gestaltung einer neuen Marke* sind von den Teilnehmern des Unternehmensspiels - auf der Basis der Analyse der Konsumentenstichprobe - zahlreiche Einzelentscheidungen zu treffen:

- Bestimmung der Erzeugnisgruppe für alle Produktarten der Marke und damit mittelbar der Ausprägungen der Markengrundeigenschaften
- Bestimmung der Ausprägungen der Markenzusatzeigenschaften,[83]

---

und der Overconcentration hin, die bei einer Marktsegmentierung auftreten können. Vgl. hierzu Rosenberg, L. J.: (Marketing), S. 167.

[81] Die Produktpositionierung umfaßt im Unternehmensspiel neben der Gestaltung der marken- und produktartspezifischen Eigenschaften auch die Auswahl geeigneter Absatzwege und den adäquaten Einsatz segmentspezifischer Werbeträger.

[82] Unter einer Marke wird in dem Unternehmensspiel eine eindeutige Bezeichnung von Produkten zur Identifikation unterschiedlicher Produktarten und Hersteller verstanden. Zu einer allgemeinen Definition des Begriffs *Marke* vgl. z.B. Böcker, F.: (Marketing), S. 15; Kotler, P.; Bliemel, F.: (Marketing-Management), S. 641; Hansen, U.; Leitherer, E.: (Produktpolitik), S. 105 f.; Steffenhagen, H.: (Marketing), S. 132 ff.

[83] Durch die Festlegung der Ausprägungen der Markenzusatzeigenschaften werden in dem Unternehmensspiel homogene Produktarten heterogenisiert. Diese Produktdifferenzierung wird den Konsumenten vor allem durch den Einsatz der Absatzwerbung vermittelt, in der ihnen die Ausprägungen der Marken- und Produkteigenschaften mitgeteilt werden.
In der Praxis werden Produkte im technisch-physikalischen Sinn nicht völlig identisch sein, jedoch auch ein hohes Maß an Übereinstimmung in der stofflichen Zusammensetzung und in der Erfüllung eines funktionalen Nutzens aufweisen. In diesem Fall, z.B. bei Waschmitteln, Seifen, Röstkaffees, Benzin, Haushaltsreinigern, Cremes, Tafelschokoladen etc., wird von *quasi-homogenen Produkten* gesprochen, die Produktdifferenzierung erfolgt im wesentlichen durch Werbung. Vgl. Winkelgrund, R.: (Produktdifferenzierung), S. 38 ff., S. 84 ff.

- Wahl eines Markennamens,[84]
- Bestimmung der Einführungsperiode in den Markt,[85]
- Festlegung der Einkaufsstättenarten, in denen die Produktarten der Marke angeboten werden sollen,[86]
- Auswahl der Werbemittel, die für den potentiellen Einsatz in Werbeträgern von einer Werbeagentur konzipiert und bereitgestellt werden sollen,
- Bestimmung der Produktarten der Marke und
- Festlegung der Produktpreislage für jede Produktart der Marke.

Es wird unterstellt, daß auf der Basis dieser Entscheidungen eine geeignete Werbekonzeption,[87] die gewünschten Werbemittel und die Packungsgestaltung (einschließlich Markierungsmittel) von einer Werbeagentur entworfen und zu Beginn der Folgeperiode bereitgestellt werden.[88] Dementsprechend können ab der folgenden Periode die Produktarten der Marke markiert und Produktverkaufseinheiten hergestellt werden.

Von der Werbeagentur werden im Unternehmensspiel für die Werbekonzeption sowie die Packungs- und Werbemittelgestaltung in Abhängigkeit von der Anzahl der einzuführenden Produktarten und der einzusetzenden Werbemittelarten folgende Vergütungen gefordert:

$$WAGM_{Aufw,t}^{U,m} = WKzptM_t + PckgM_t + AnzP_t^{U,m} \cdot PckgP_t$$

$$+ WM_t + \sum_{j=1}^{5} WMA_{j,t} \cdot u_{WMA_{j,t}}^{U,m}$$

für U = 0,...,9; m = 1,...,20

---

84 Der Markenname hat im Unternehmensspiel ausschließlich identifizierende Bedeutung und ist immer mit der Unternehmensnummer verknüpft.

85 Ausgehend von der Entscheidungsperiode t ist der früheste Einführungszeitpunkt der Beginn der übernächsten Periode (t+2) und der späteste Zeitpunkt der Beginn von t+5. Das Produktprogramm, die Markeneigenschaften, die gewählten Absatzwege und die Produktpreislagen können den Konsumenten durch Absatzwerbung eine Periode vor der Einführung der Produktart(en) bekanntgegeben werden.

86 Die gewählten Einkaufsstättenarten werden zur Information der Konsumenten bei der Gestaltung der Werbemittel konkret bezeichnet.

87 Die Entscheidung über die Beauftragung einer Werbeagentur, eine Werbekonzeption und Werbemittel zu entwerfen, ist eigentlich der Kommunikationspolitik zuzurechnen, diese Entscheidung wird im Unternehmensspiel jedoch unmittelbar zusammen mit produktpolitischen Entscheidungen getroffen.

88 In dem Unternehmensspiel wird davon ausgegangen, daß die Leistungen der Werbeagentur(en) keine Qualitätsunterschiede in der Perzeption der Konsumenten aufweisen und aufgrund dessen die Werbekonzeption, die Werbemittelgestaltung und die Packungsgestaltung die Präferenzen der Nachfrager nicht beeinflussen werden.

mit

$WAGM_{Aufw,t}^{U,m}$ = Aufwand für Werbeagenturleistungen bei der Konzeption der Marke m
(einschließlich Packungs- und Werbemittelgestaltung) für Unternehmen U
in Periode t (U = 0,...,9; m = 1,...,20)

$WKzptM_t$ = Werbeagenturpreis für die Werbekonzeption einer Marke in der Periode t
(Parameter 764)

$PckgM_t$ = Werbeagenturpreis für die Packungsgestaltung aller Produktarten einer
Marke in der Periode t (Parameter 765)

$AnzP_t^{U,m}$ = Anzahl der in den Markt einzuführenden Produktarten der Marke m von
Unternehmen U in der Periode t (U = 0,...,9; m = 1,...,20)

$PckgP_t$ = Werbeagenturpreis je Produktart für die produktartspezifische Packungsgestaltung in der Periode t (Parameter 766)

WM_t = Werbeagenturpreis für die Werbemittelgestaltung aller Werbemittel einer
Marke in der Periode t (Parameter 767)

$WMA_{j,t}$ = Werbeagenturpreis für die Gestaltung der Werbemittelart j für eine Marke in
der Periode t (j = 1,...,5; Parameter 771 - 775)

$u_{WMA_{j,t}}^{U,m}$ = Binärvariable, deren Wert angibt, ob die Werbemittelart j für die Marke m
von Unternehmen U in der Periode t von einer Werbeagentur konzipiert und
bereitgestellt werden soll (U = 0,...,9; m = 1,...,20)

Die Leistungen der Werbeagentur führen in der Entscheidungsperiode zu Aufwendungen und
Verbindlichkeiten, in der darauffolgenden Periode zu Auszahlungen.

In jeder Periode kann ein Unternehmen die Einführung von bis zu drei neuen Marken mit jeweils maximal fünf Produktarten beschließen, wobei die Gesamtzahl der Marken eines Unternehmens nicht mehr als zwanzig betragen darf.[89]

---

[89] Die Entscheidungen über die Einführung neuer Produktarten im Zusammenhang mit der Gestaltung einer
neuen Marke können in den Feldern 1001 - 1090 des Eingabeerfassungsprogramms *EingabeU* eingetragen werden.

Bei der *Einführung einer neuen Produktart für eine bereits bestehende Marke* wird das bislang vorhandene Produktprogramm erweitert. Die von den Teilnehmern hierbei zu treffenden Einzelentscheidungen setzen sich wie folgt zusammen:

- Auswahl von mindestens einer in den Markt einzuführenden neuen Produktart der bestehenden Marke,
- Festlegung der Einführungsperiode der neuen Produktart(en) in den Markt,[90]
- Auswahl der Einkaufsstättenarten, in denen *alle* Produktarten der Marke ab der Einführungsperiode der neuen Produktart(en) angeboten werden sollen,
- Auswahl der Werbemittel, die für den potentiellen Einsatz in Werbeträgern von einer Werbeagentur konzipiert und bereitgestellt werden sollen und
- Festlegung der Produktpreislagen für alle Produktarten der Marke.

Eine Veränderung der Ausprägungen der Markengrundeigenschaften und der Markenzusatzeigenschaften kann in diesem Zusammenhang nicht vorgenommen werden.[91] Aufbauend auf der bestehenden Werbekonzeption erstellt die Werbeagentur die gewünschten Werbemittel und entwirft für die neuen Produktarten die Packungsgestaltungen. Ab der nachfolgenden Periode stehen die Markierungsmittel bereit, um auch die neuen Produktarten der Marke markieren und Produktverkaufseinheiten herstellen zu können. Hinsichtlich des für Werbeagenturleistungen anfallenden Aufwandes gilt:

$$WAGP_{Aufw,t}^{U,m,} = 0,5 \cdot PckgM_t + AnzP_t^{U,m} \cdot PckgP_t$$

$$+ 0,5 \cdot WM_t + \sum_{j=1}^{5} WMA_{j,t} \cdot u_{WMA_{j,t}}^{U,m}$$

für $U = 0,...,9; m = 1,...,20$

mit

$WAGP_{Aufw,t}^{U,m}$ = Aufwand für Werbeagenturleistungen bei der Einführung neuer Produktarten der bestehenden Marke m (einschließlich Packungs- und Werbemittelgestaltung) für Unternehmen U in Periode t ($U = 0,...,9; m = 1,...,20$)

---

90   Ausgehend von der Entscheidungsperiode t ist der früheste Einführungszeitpunkt der Beginn der übernächsten Periode (t+2) und der späteste Zeitpunkt der Beginn von t+5. Die Veränderungen des Produktprogramms können den Konsumenten eine Periode vor der Einführung der neuen Produktart(en) bekanntgegeben werden, dagegen kann die Information über die gewählten Absatzwege und Produktpreislagen erst in der Einführungsperiode erfolgen.

91   Siehe hierzu Abschnitt 6.5.2.

Die Entscheidungen über die Einführung neuer Produktarten bestehender Marken können in jeder Periode - im Zusammenhang mit den Entscheidungen bezüglich der Elimination von bereits am Markt eingeführten Produktarten[92] - für maximal fünf Marken getroffen werden, jedoch darf bei keiner dieser Marken bereits in einer der Vorperioden eine noch nicht wirksame Veränderung des Produktprogramms vorgenommen worden sein.[93]

6.5.2 Variation bestehender Produktarten

Der Begriff der *Produktvariation* wird in der Literatur unterschiedlich definiert. Im folgenden wird unter Produktvariation die Veränderung von Eigenschaften bereits am Markt befindlicher Produkte verstanden.[94] Im Unternehmensspiel erfolgt die Produktvariation nicht für eine einzelne Produktart, sondern für alle Produktarten einer Marke, da die meisten Produkteigenschaften auf der Markenebene festgelegt werden. Darüber hinaus kann mit der Produktvariation eine Veränderung der Absatzwege und der einzusetzenden Werbemittelarten verbunden werden. Die Teilnehmer werden bei einer Variation bestehender Produktarten folgende Einzelentscheidungen treffen:

- Bestimmung der Ausprägungen der Markenzusatzeigenschaften,
- Festlegung der Produktpreislage für jede Produktart der Marke,
- Auswahl der Einkaufsstättenarten, in denen die Produktarten der Marke angeboten werden sollen,
- Auswahl der Werbemittel, die für den potentiellen Einsatz in Werbeträgern von einer Werbeagentur konzipiert und bereitgestellt werden sollen und
- Bestimmung der Periode, in der die Entscheidungen zur Produktvariation am Markt wirksam werden.[95]

Eine Veränderung der Ausprägungen der Markengrundeigenschaften durch die Wahl einer anderen Erzeugnisgruppe zur Herstellung der Produktarten der Marke kann nicht vorgenommen werden.[96] Dagegen kann eine Produktvariation zu einem veränderten perzipierten Mar-

---

[92] Siehe hierzu Abschnitt 6.5.3.

[93] Die Entscheidungen über die Einführung neuer Produktarten für bestehende Marken können in den Feldern 1091 - 1113, 1121 - 1143, 1151 - 1173, 1181 - 1203 und 1211 - 1233 des Eingabeerfassungsprogramms *EingabeU* eingetragen werden.

[94] Vgl. Brockhoff, K.: (Produktpolitik), S. 227; Meffert, H.: (Marketing), S. 365 f., S. 396 f.; Nieschlag, R.; Dichtl, E.; Hörschgen, H.: (Marketing), S. 203 f.; Bidlingmaier, J.: (Marketing 2), S. 231. Dagegen wird der hier zugrunde gelegte Bedeutungsinhalt der *Produktvariation* z.B. von BECKER und KOTLER als *Produktmodifikation* bezeichnet; vgl. hierzu Becker, J.: (Marketing-Konzeption), S. 134 f.; Kotler, P.; Bliemel, F.: (Marketing-Management), S. 557 f.

[95] Ausgehend von der Entscheidungsperiode t ist der früheste Veränderungszeitpunkt der Beginn der übernächsten Periode (t+2) und der späteste Zeitpunkt der Beginn von t+5.

[96] Eine Veränderung der Markengrundeigenschaften bestehender Produktarten wird aus konzeptioneller Sicht nicht zugelassen, da evtl. Lagerbestände an Produktarten respektive Produktverkaufseinheiten, die

kenalter aus Konsumentensicht führen. Hierbei wird das *neue* perzipierte Markenalter in Abhängigkeit von dem - im Zeitpunkt des Wirkungseintritts der Produktvariation - bisherigen perzipierten Markenalter und der Anzahl der insgesamt durchgeführten Produktvariationen der Marke ggf. reduziert. Es gilt:

$$
REAL_{11,t^*}^{U,m} = \begin{cases} REAL_{11,t}^{U,m} & \text{für} & 1 \le REAL_{11,t}^{U,m} \le 2 \\[2mm] REAL_{11,t}^{U,m} + PV_{t^*}^{U,m} & \text{für} & 3 \le REAL_{11,t}^{U,m} \le 4 \\[2mm] 3 + PV_{t^*}^{U,m} & \text{für} & 5 \le REAL_{11,t}^{U,m} \le 8 \\[2mm] 5 + PV_{t^*}^{U,m} & \text{für} & 9 \le REAL_{11,t}^{U,m} \le 12 \\[2mm] 7 + PV_{t^*}^{U,m} & \text{für} & 13 \le REAL_{11,t}^{U,m} \end{cases}
$$

für U = 0,...,9; m = 1,...,20

mit

$REAL_{11,t^*}^{U,m}$ = Reale Ausprägung der Produkteigenschaft 11 (perzipiertes Markenalter) der Marke m von Unternehmen U in Periode t unmittelbar nach Eintritt der Wirkung der Produktvariation (U = 0,...,9; m = 1,...,20)

$REAL_{11,t}^{U,m}$ = Reale Ausprägung der Produkteigenschaft 11 (perzipiertes Markenalter) der Marke m von Unternehmen U in Periode t im Fall des Unterlassens der Produktvariation (U = 0,...,9; m = 1,...,20)

$PV_{t^*}^{U,m}$ = Anzahl der Produktvariationen der Marke m von Unternehmen U, deren Wirkung bis zur Periode t eingetreten ist (U = 0,...,9; m = 1,...,20)

Die Reduzierung des perzipierten Markenalters durch eine Produktvariation kann den Produktlebenszyklus der Produktarten einer Marke verlängern.

---

vor Eintritt der Wirkung der Produktvariation hergestellt werden, vereinfachend ohne Veränderung (z.B. Vornahme einer Markierung mit neuen Markierungsmitteln) als variierte Produktarten verkauft werden können. Die Veränderungen der Ausprägungen der Markenzusatzeigenschaften und der Preislagen der Produktarten sowie die ggf. damit verbundene Reduzierung des perzipierten Markenalters stellt eine Neupositionierung der Marke mit deren Produktarten dar.

Entscheidungen über die Variation bestehender Produktarten können in jeder Periode für bis zu fünf Marken getroffen werden.[97] Eine Werbeagentur entwickelt für jede zu variierende Marke eine neue Werbekonzeption und gestaltet neue Werbemittel. Hinsichtlich des Aufwandes für Werbeagenturleistungen bei der Variation der Produktarten einer Marke gilt:

$$
WAGV_{Aufw,t}^{U,m} = WKzptM_t + AnzP_t^{U,m} \cdot PckgP_t + WM_t + \sum_{j=1}^{5} WMA_{j,t} \cdot u_{WMA_{j,t}}^{U,m}
$$

$$
\text{für } U = 0,...,9; \; m = 1,...,20
$$

mit

$WAGV_{Aufw,t}^{U,m}$ = Aufwand für Werbeagenturleistungen bei der Variation der Produktarten der Marke m für Unternehmen U in Periode t (U = 0,...,9; m = 1,...,20)

Die Werbeagenturleistungen führen in der Entscheidungsperiode zu Aufwendungen und Verbindlichkeiten, in der darauffolgenden Periode zu Auszahlungen.

6.5.3 Elimination von Produktarten

Das Produktprogramm eines Unternehmens ist regelmäßig darauf zu überprüfen, inwiefern die verschiedenen am Markt angebotenen Produktarten, auf absehbare Zeit weiterhin dazu beitragen werden, daß die Unternehmensziele erreicht werden.[98] Jene Produktarten, die in Zukunft keinen positiven Beitrag zur Unternehmenszielerreichung erwarten lassen, sind aus dem Produktprogramm zu eliminieren. Im Unternehmensspiel können hierbei entweder einzelne oder alle Produktarten einer Marke eliminiert werden. Die Teilnehmer werden bei einer Elimination von einzelnen Produktarten einer Marke, sofern die Marke mit mindestens einer Produktart bestehen bleibt, folgende Einzelentscheidungen treffen:[99]

- Bestimmung von mindestens einer zu eliminierenden Produktart der Marke,
- Festlegung der Einkaufsstättenarten, in denen *alle* verbleibenden Produktarten der Marke ab der Eliminationsperiode der Produktart(en) angeboten werden sollen,

---

[97] Die Entscheidungen über die Variation bestehender Produktarten können in den Feldern 1241 - 1263, 1271 - 1293, 1301 - 1323, 1331 - 1353 und 1361 - 1383 des Eingabeerfassungsprogramms *EingabeU* erfaßt werden.

[98] Vgl. Nieschlag, R.; Dichtl, E.; Hörschgen, H.: (Marketing), S. 205.

[99] Die Elimination einer Produktart kann mit der Einführung einer neuen Produktart derselben Marke kombiniert werden. In diesem Fall werden die Aufwendungen für die Leistungen der Werbeagentur entsprechend der Darstellung in Abschnitt 6.5.1 anfallen.

- Festlegung der Produktpreislagen für *alle* Produktarten der Marke,
- Auswahl der Werbemittel, die für den potentiellen Einsatz in Werbeträgern von einer Werbeagentur konzipiert und für zukünftige Werbemaßnahmen bereitgestellt werden sollen[100] und
- Bestimmung der Periode, ab deren Beginn die Produktart(en) aus dem Markt genommen wird/werden.[101]

Die Werbeagentur greift bei der Elimination von Produktarten einer Marke auf die bereits vorliegende Werbekonzeption der Marke zurück und gestaltet lediglich die gewünschten Werbemittel. Hinsichtlich des anfallenden Aufwandes für Werbeagenturleistungen gilt:

$$WAGE_{Aufw,t}^{U,m,} = 0,5 \cdot WM_t + \sum_{j=1}^{5} WMA_{j,t} \cdot u_{WMA_{j,t}}^{U,m}$$

$$\text{für } U = 0,...,9; m = 1,...,20$$

mit

$WAGE_{Aufw,t}^{U,m}$ = Aufwand für Werbeagenturleistungen bei der Elimination von Produktarten der Marke m für Unternehmen U in Periode t (U = 0,...,9; m = 1,...,20)

Sofern alle Produktarten einer Marke eliminiert werden sollen, werden die Teilnehmer lediglich diese Produktarten bezeichnen und die Eliminationsperiode, ab deren Beginn die Produktart(en) aus dem Markt genommen wird (werden), bestimmen. Entscheidungen über die Elimination von Produktarten können in jeder Periode - im Zusammenhang mit den Entscheidungen bezüglich der Einführung neuer Produktarten bestehender Marken[102] - für maximal fünf Marken gefällt werden.[103]

Die zu eliminierenden Produktarten können bis eine Periode vor ihrer Elimination verkauft und bis zwei Perioden davor produziert werden. In der Eliminationsperiode werden eventuell im Lager vorrätige Produktverkaufseinheiten dieser Produktarten ohne weitere Entscheidun-

---

[100] Die Gestaltung der Werbemittel zielt darauf ab, den Konsumenten und den Absatzmittlern die Veränderung des Produktprogramms mitzuteilen.

[101] Ausgehend von der Entscheidungsperiode t ist der früheste Eliminationszeitpunkt der Beginn der nächsten Periode (t+1) und der späteste Zeitpunkt der Beginn von t+5.

[102] Siehe hierzu Abschnitt 6.5.1.

[103] Die Entscheidungen über die Elimination von Produktarten können in den Feldern 1091 - 1113, 1121 - 1143, 1151 - 1173, 1181 - 1203 und 1211 - 1233 des Eingabeerfassungsprogramms *EingabeU* eingetragen werden.

gen der Teilnehmer *entmarkiert*,[104] dabei in die ursprünglichen Erzeugnisarten zurücktransformiert und dem Erzeugnisbestand der entsprechenden Erzeugnisarten im Lager hinzugefügt. Die Aufwendungen für das Entmarkieren von Produktverkaufseinheiten einer Produktart betragen:[105]

$$EM_{Aufw,t}^{U,miab} = x_{v_{miab},LAB,t}^{U} \cdot EM_{Preis,t}$$

$$\text{für} \quad U = 0,...,9; \ m = 1,...,20; \ i = 1,...,5;$$

$$(a;b) \in \{(1;1), (1;2), (2;1), (2;2), (3;4)\}$$

mit

$EM_{Aufw,t}^{U,miab}$ = Aufwand für das Entmarkieren von Produktverkaufseinheiten der Art v_{miab} von Unternehmen U in Periode t
($U = 0,...,9; \ m = 1,...,20; \ i = 1,...,5; \ (a;b) \in \{(1;1), (1;2), (2;1), (2;2), (3;4)\}$)

$x_{v_{miab},LAB,t}^{U}$ = Lageranfangsbestand in Unternehmen U an Produktverkaufseinheit v_{miab} in der Periode t ($U = 0,...,9; \ m = 1,...,20; \ i = 1,...,5; \ (a;b) \in \{(1;1), (1;2), (2;1), (2;2), (3;4)\}$)

$EM_{Preis,t}$ = Entmarkierungspreis je Produktverkaufseinheit in der Periode t (Parameter 396)

Das Entmarkieren von Produktverkaufseinheiten führt in der Entstehungsperiode zu Aufwendungen und Auszahlungen.

Um die Produktarten des Produktprogramms an die Konsumenten heranführen zu können, sind im Unternehmensspiel geeignete Absatzwege, Absatzorgane sowie ggf. ein physisches Distributionssystem einzurichten. Die hierbei zu treffenden Entscheidungen fallen in den Bereich der Distributionspolitik des Unternehmens.

---

[104] Das Entmarkieren von Produktverkaufseinheiten beansprucht aus Vereinfachungsgründen keine Kapazitäten im Produktionsbereich.

[105] Darüber hinaus fallen Lageraufwendungen für die Auslagerung der Produktverkaufseinheiten und die Einlagerung der Erzeugnisse sowie Aufwendungen aufgrund veränderter Bestandsbewertungen an.

6.6 Distributionspolitik

6.6.1 Absatzwege und Absatzorgane

6.6.1.1 Einführung

Gegenstand der Distributionspolitik im Unternehmensspiel ist die Frage, auf welche Weise die jeweiligen Produktarten von dem produzierenden Unternehmen zu den Konsumenten gelangen und diesen zur richtigen Zeit in der erforderlichen Menge am gewünschten Ort zum Kauf zur Verfügung stehen können.[106] Diese distributionspolitische Aufgabenstellung läßt sich in die Entscheidungsbereiche

- Wahl der Absatzwege und Absatzorgane sowie
- Entscheidungen im Rahmen der physischen Distribution

gliedern.[107]

Ein *Absatzweg* beschreibt eine Folge von Absatzorganen, die insgesamt alle Aktivitäten ausführen, um ein Produkt vom Hersteller an den Konsumenten abzusetzen.[108] Je nachdem, ob zwischen Hersteller und Konsumenten unternehmensfremde, rechtlich und wirtschaftlich selbständige Organe eingeschaltet werden oder nicht, wird zwischen

- direktem Absatz und
- indirektem Absatz

unterschieden.[109]

Bei *direktem Absatz* an Konsumenten werden keine unternehmensfremden, rechtlich und wirtschaftlich selbständigen Organe in den Absatzweg einbezogen.[110] Im Unternehmensspiel erfolgt der direkte Absatz von Produkten an Konsumenten über die Versandabteilung des Unternehmens und über unternehmenseigene Filialen, die gemeinsam die *unternehmenseigenen Verkaufsstätten* darstellen.

Indirekter Absatz von Produkten an Konsumenten liegt vor, wenn in den Absatzweg mindestens ein unternehmensfremdes, rechtlich und wirtschaftlich selbständiges Absatzorgan einge-

---

[106] Vgl. Bidlingmaier, J.: (Marketing 2), S. 328; Marr, R.; Picot, A.: (Absatzwirtschaft), S. 692.

[107] Vgl. Bidlingmaier, J.: (Marketing 2), S. 328; Tietz, B.: (Marketing), S. 283; Meffert, H.: (Marketing), S. 422 f.

[108] Vgl. Bucklin, L. P.: (Theory), S. 5; Tietz, B.: (Marketing), S. 284; Steffenhagen, H.: (Marketing), S. 35.

[109] Vgl. Bidlingmaier, J.: (Marketing 2), S. 330; Marr, R.; Picot, A.: (Absatzwirtschaft), S. 693.

[110] Vgl. Marr, R.; Picot, A.: (Absatzwirtschaft), S. 693.

schaltet wird.[111] Im Unternehmensspiel ist ein indirekter Absatz gegeben, wenn der Verkauf von Produkten unter Einsatz von Absatzmittlern (Einzelhandels- und Großhandelsunternehmen) vorgenommen wird.[112]

Die *Absatzorgane* setzen sich im Unternehmensspiel aus den bereits dargestellten unternehmenseigenen Verkaufsstätten sowie

- Absatzmittlern,
- Reisenden und Handelsvertretern

zusammen.

Ein *Absatzmittler* ist ein unternehmensfremdes, rechtlich und wirtschaftlich selbständiges Handelsunternehmen in der Form eines Groß- oder Einzelhandelsunternehmens.[113] In dem Unternehmensspiel werden, wie Abbildung 6.6.1.1-1 veranschaulicht, vier verschiedene Arten von Einzelhandelsunternehmen (z.B. Fachgeschäfte, Supermärkte, Verbrauchermärkte, Kaufhäuser)[114] und drei verschiedene Arten von Großhandelsunternehmen abgebildet. Eine Großhandelsart betreut dabei jeweils eine Art von Einzelhandelsunternehmen.

Ein *Reisender* ist ein festangestellter Mitarbeiter des Unternehmens (Handlungsgehilfe), der gegen eine vorwiegend fixe Vergütung Kunden in weitgehend regelmäßigen zeitlichen Abständen aufsucht; er ist an die Weisungen des Unternehmens gebunden.[115] Dagegen sind *Handelsvertreter* selbständige Gewerbetreibende, die ständig betraut sind, für ein oder mehrere Unternehmen Geschäfte zu vermitteln und/oder abzuschließen.[116] Die Vergütung von Handelsvertretern ist i.d.R. überwiegend erfolgsabhängig.[117] Im Unternehmensspiel können alternativ Reisende oder Handelsvertreter zur Betreuung der Handelsunternehmen und zum Verkauf der Produktarten eingesetzt werden.

---

[111]   Vgl. Marr, R.; Picot, A.: (Absatzwirtschaft), S. 693.

[112]   Siehe hierzu auch Abschnitt 6.1.

[113]   Vgl. Meffert, H.: (Marketing), S. 421; Böcker, F.: (Marketing), S. 301.

[114]   Zur Abgrenzung der verschiedenen Arten von Einzelhandelsunternehmen vgl. Ausschuß für Begriffsdefinitionen: (Katalog E); Nieschlag, R.; Dichtl, E.; Hörschgen, H.: (Marketing), S. 408 ff.

[115]   Vgl. Bidlingmaier, J.: (Marketing 2), S. 333; Nieschlag, R.; Dichtl, E.; Hörschgen, H.: (Marketing), S. 384; Böcker, F.: (Marketing), S. 316; Meffert, H.: (Marketing), S. 430.

[116]   Vgl. Bidlingmaier, J.: (Marketing 2), S. 338; Nieschlag, R.; Dichtl, E.; Hörschgen, H.: (Marketing), S. 385 f.; Meffert, H.: (Marketing), S. 430.

[117]   Vgl. Nieschlag, R.; Dichtl, E.; Hörschgen, H.: (Marketing), S. 386; Meffert, H.: (Marketing), S. 430.

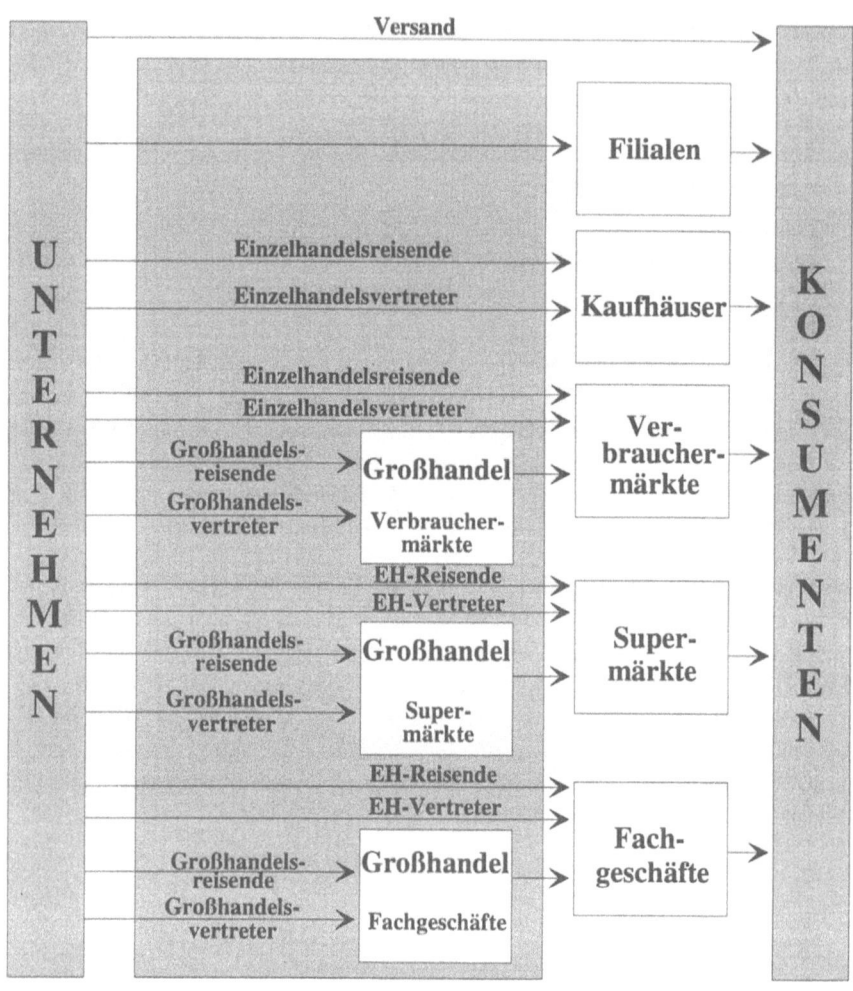

Abb. 6.6.1.1-1:   Absatzwege und Absatzorgane im Unternehmensspiel

6.6.1.2 Direkter Absatz

Der direkte Absatz von Produkten im Unternehmensspiel setzt die Errichtung einer Versandabteilung und/oder von bis zu zwei Filialen unterschiedlichen Typs[118] als Verkaufsstätten voraus. Hierbei treffen die Spieler folgende Einzelentscheidungen:[119]

- Festlegung der zu errichtenden Verkaufsstätten,
- Bestimmung der maximalen Anzahl verschiedener Produktarten, die in einer Verkaufsstätte angeboten werden kann (Sortimentpotential[120]) und
- Festlegung der maximalen Bevorratungsmenge je Produktart (Bevorratungsmengenpotential).

Die *Errichtung* einer unternehmenseigenen Verkaufsstätte dauert eine Periode, so daß in ihr zum Beginn der auf die Entscheidung folgenden Periode ein Produktverkauf erfolgen kann. Für die bei der Errichtung unternehmenseigener Verkaufsstätten einmalig anfallenden Aufwendungen gilt:

$$UVE_{Aufw,t}^{U,Eks} = EksE_t^{Eks} + EksEP_t^{Eks} \cdot AnzP_{t+1}^{U,Eks}$$

$$+ EksEB_t^{Eks} \cdot BvmP_{t+1}^{U,Eks} \cdot AnzP_{t+1}^{U,Eks}$$

$$\text{für } U = 0,...,9; \text{ Eks} = 16,17,18$$

mit

$UVE_{Aufw,t}^{U,Eks}$ = Aufwand, der bei der Errichtung einer unternehmenseigenen Verkaufsstätte Eks von Unternehmen U in Periode t entsteht
($U = 0,...,9$; Eks $= 16,17,18$[121])

$EksE_t^{Eks}$ = Aufwand, der bei der Errichtung einer Verkaufsstätte Eks in der Periode t unabhängig von deren Größe anfällt[122]
(Eks $= 16,17,18$; Parameter 931 (Filialen), 941 (Versandabt.))

---

[118] Jeder Filialtyp deckt - wie bereits erwähnt - einen regionalen Teilmarkt ab.

[119] Die Entscheidungen der Teilnehmer werden in die Felder 2151 - 2159 des Entscheidungserfassungsprogramm *EingabeU* eingetragen.

[120] Das Sortiment einer unternehmenseigenen Verkaufsstätte oder eines Handelsunternehmens wird in dem Unternehmensspiel durch die Anzahl der verschiedenen Produktarten, die in der Einkaufsstätte angeboten werden, beschrieben. Zu der allgemeinen Definition des Begriffs *Sortiment* vgl. z.B. Böcker, F.: (Marketing), S. 200; Steffenhagen, H.: (Marketing), S. 91.

[121] Filiale 1 (Eks = 16), Filiale 2 (Eks = 17), Versandabteilung (Eks = 18).

[122] Die Größe einer unternehmenseigenen Verkaufsstätte wird durch das Produkt aus Sortimentpotential und Bevorratungsmengenpotential je Produktart determiniert.

$EksEP_t^{Eks}$	=	Aufwand, der bei der Errichtung einer Verkaufsstätte Eks in der Periode t pro Produktart entsteht (Eks = 16,17,18; Parameter 932, 942)
$AnzP_t^{U,Eks}$	=	Sortimentpotential in der Verkaufsstätte Eks von Unternehmen U in der Periode t (U = 0,...,9; Eks = 16,17,18)
$EksEB_t^{Eks}$	=	Aufwand, der bei der Errichtung einer Verkaufsstätte Eks in der Periode t je Produktart und Bevorratungsmengeneinheit anfällt (Eks = 16,17,18; Parameter 933, 943)
$BvmP_t^{U,Eks}$	=	Bevorratungsmengenpotential je Produktart in der Verkaufsstätte Eks von Unternehmen U in der Periode t (U = 0,...,9; Eks = 16,17,18)

Für die laufende Unterhaltung jeder unternehmenseigenen Verkaufsstätte fallen regelmäßig in jeder Periode folgende Aufwendungen an:

$$UVL_{Aufw,t}^{U,Eks} = EksL_t^{Eks} + EksLP_t^{Eks} \cdot BvmP_t^{U,Eks} \cdot AnzP_t^{U,Eks}$$

für $U = 0,...,9$; Eks = 16,17,18

mit

$UVL_{Aufw,t}^{U,Eks}$	=	Aufwand für die laufende Unterhaltung einer unternehmenseigenen Verkaufsstätte Eks von Unternehmen U in Periode t (U = 0,...,9; Eks = 16,17,18)
$EksL_t^{Eks}$	=	Aufwand für die laufende Unterhaltung einer unternehmenseigenen Verkaufsstätte Eks in der Periode t unabhängig von der Größe der Verkaufsstätte (Eks = 16,17,18; Parameter 939 (Filialen), 949 (Versandabt.))
$EksLP_t^{Eks}$	=	Aufwand der laufenden Unterhaltung einer unternehmenseigenen Verkaufsstätte Eks in der Periode t je Produktart und Bevorratungsmengeneinheit (Eks = 16,17,18; Parameter 940, 950)

Eine unternehmenseigene Verkaufsstätte kann im Verlauf des Spieles in ihrer Größe verändert und ggf. auch aufgelöst werden. Bei einer Erweiterung des Sortimentpotentials und/oder des Bevorratungsmengenpotentials einer unternehmenseigenen Verkaufsstätte fallen folgende einmalige Aufwendungen an:

$$UVV_{Aufw,t}^{U,Eks} = EksA_t^{Eks} + \begin{cases} EksAPS_t^{U,Eks} + EksABS_t^{U,Eks} \\ \quad falls \ AnzP_{t+1}^{U,Eks} > AnzP_t^{U,Eks} \\ \quad und \ G_{t+1}^{Eks,U} > G_t^{Eks,U} \\ EksAPS_t^{U,Eks} \ falls \ AnzP_{t+1}^{U,Eks} > AnzP_t^{U,Eks} \\ \quad und \ G_{t+1}^{Eks,U} \leq G_t^{Eks,U} \\ EksABS_t^{U,Eks} \ falls \ AnzP_{t+1}^{U,Eks} \leq AnzP_t^{U,Eks} \\ \quad und \ G_{t+1}^{Eks,U} > G_t^{Eks,U} \end{cases}$$

mit

$$EksAPS_t^{U,Eks} = EksAP_t^{Eks} \cdot \left(AnzP_{t+1}^{U,Eks} - AnzP_t^{U,Eks} \right)$$

$$EksABS_t^{U,Eks} = EksAB_t^{Eks} \cdot \left(AnzP_{t+1}^{U,Eks} \cdot BvmP_{t+1}^{U,Eks} \right.$$

$$\left. - AnzP_t^{U,Eks} \cdot BvmP_t^{U,Eks} \right)$$

$$G_t^{Eks,U} = AnzP_t^{U,Eks} \cdot BvmP_t^{U,Eks}$$

für $U = 0,...,9; \ Eks = 16,17,18$

mit

$UVV_{Aufw,t}^{U,Eks}$ = Aufwand für die Erweiterung, Verkleinerung oder Auflösung einer unternehmenseigenen Verkaufsstätte Eks von Unternehmen U in Periode t ($U = 0,...,9; Eks = 16,17,18$)

$EksA_t^{Eks}$ = Aufwand, der bei der Erweiterung einer unternehmenseigenen Verkaufsstätte Eks in der Periode t unabhängig von ihrer Größe und des Sortimentpotentials anfällt ($Eks = 16,17,18$; Parameter 934, 944)

$EksAPS_t^{U,Eks}$ = Aufwand, der bei der Erweiterung einer Verkaufsstätte Eks von Unternehmen U in der Periode t für alle zusätzlichen Produktarten entsteht ($U = 0,...,9; Eks = 16,17,18$)

$EksABS_t^{U,Eks}$ = Aufwand, der bei der Erweiterung einer Verkaufsstätte Eks von Unternehmen U in der Periode t für die gesamte zusätzliche Größe anfällt ($U = 0,...,9; Eks = 16,17,18$)

$EksAP_t^{Eks}$ = Aufwand, der bei der Erweiterung einer Verkaufsstätte Eks in der Periode t je Produktart entsteht (Eks = 16,17,18; Parameter 935, 945)

$EksAB_t^{Eks}$ = Aufwand, der bei der Erweiterung einer Verkaufsstätte Eks in der Periode t je Produktart und Bevorratungsmengeneinheit anfällt (Eks = 16,17,18; Parameter 936, 946)

$G_t^{Eks,U}$ = Größe einer Verkaufsstätte Eks von Unternehmen U in der Periode t (U = 0,...,9; Eks = 16,17,18)

Bei einer Reduzierung des Sortimentpotentials und/oder des Bevorratungsmengenpotentials einer unternehmenseigenen Verkaufsstätte bzw. der Auflösung der Verkaufsstätte fallen folgende einmalige Aufwendungen an:

$$UVV_{Aufw,t}^{U,Eks} = \begin{cases} EksR_t^{Eks} & \text{falls } AnzP_{t+1}^{U,Eks} \leq AnzP_t^{U,Eks} \\ & \text{und } G_{t+1}^{Eks,U} < G_t^{Eks,U} \\ & \text{und } G_{t+1}^{Eks,U} > 0 \\ EksS_t^{Eks} & \text{falls } G_{t+1}^{Eks,U} = 0 \end{cases}$$

für U = 0,...,9; Eks = 16,17,18

mit

$EksR_t^{Eks}$ = Aufwand, der bei der Verkleinerung einer unternehmenseigenen Verkaufsstätte Eks in der Periode t unabhängig von der Größe und der Zahl der Produktarten anfällt (Eks = 16,17,18; Parameter 937, 947)

$EksS_t^{Eks}$ = Aufwand, der bei der Auflösung einer unternehmenseigenen Verkaufsstätte Eks in der Periode t entsteht (Eks = 16,17,18; Parameter 938, 948)

Die Errichtung, Erweiterung, Verkleinerung oder Auflösung von unternehmenseigenen Verkaufsstätten führen in der Entscheidungsperiode zu Aufwendungen und Verbindlichkeiten, in der darauffolgenden Periode zu Auszahlungen. Dagegen führt die laufende Unterhaltung der Verkaufsstätten in der Entstehungsperiode zu Aufwendungen und Auszahlungen.

6.6.1.3 Indirekter Absatz

Der indirekte Absatz von Produkten erfordert von dem jeweiligen Unternehmen zum einen die Festlegung der zu betreuenden unternehmensfremden Handelsunternehmen (Groß- oder Einzelhandelsunternehmen) und die Entscheidung über das physischen Distributionssystem des Unternehmens.[123] Zum anderen ist über den Einsatz von Reisenden und/oder Handelsvertretern zu entscheiden, welche die Groß- und/oder Einzelhandelsunternehmen in regelmäßigen zeitlichen Abständen aufsuchen. Dabei werden die Handelsunternehmen über das Produktprogramm des Unternehmens informiert, insbesondere um die Listung[124] aller Produktarten zu erreichen,[125] und es werden Verträge über die Lieferung von Produktarten abgeschlossen.

Fachgeschäfte, Supermärkte und Verbrauchermärkte können, wie Abbildung 6.6.1.1-1 veranschaulicht, entweder direkt von Einzelhandelsreisenden oder Einzelhandelsvertretern betreut[126] oder lediglich über den Großhandel mit Produkten versorgt werden. Im letztgenannten Fall betreut das Unternehmen durch den Einsatz von Großhandelsreisenden oder Großhandelsvertretern ausschließlich die entsprechenden Großhandelsunternehmen. Kaufhäuser können nur von Einzelhandelsreisenden oder Einzelhandelsvertretern besucht werden.[127] Die Auswahl der Absatzmittler für den Produktverkauf an Konsumenten und der entsprechenden Reisenden bzw. Handelsvertreter zur Betreuung der Handelsunternehmen führt aus der Sicht des Unternehmens im Unternehmensspiel zu verschiedenen, gegeneinander abzuwägenden Einzelwirkungen, die nachfolgend kurz charakterisiert werden.[128]

---

[123] Siehe hierzu Abschnitt 6.6.2.

[124] Unter dem Begriff *Listung* wird die Aufnahme einer Produktart in das Sortiment eines Handelsunternehmens verstanden. Vgl. Steffenhagen, H.: (Marketing), S. 79, S. 126.

[125] Siehe hierzu Abschnitt 6.6.2.

[126] Die Produktarten werden im Unternehmensspiel grundsätzlich nur an jene Handelsunternehmen geliefert, welche die Reisenden oder die vom Unternehmen eingesetzten Handelsvertreter betreuen.

[127] Die Kaufhäuser werden im Unternehmensspiel als Großkunden betrachtet, die unmittelbar von den Produktherstellern durch den Einsatz von Einzelhandelsreisenden oder -vertretern als Key-Account-Manager betreut werden. Zu Key-Account-Manager vgl. z.B. Tietz, B.: (Marketing), S. 404; Diller, H.: (Key-Account-Management), S. 530.

[128] Die konkreten Wirkungen der Entscheidungen werden durch die Ausprägungen der entsprechenden Parameter determiniert.

Es wird unterstellt, daß die *Qualität der Betreuung*[129] der Einzelhandelsunternehmen in Abhängigkeit von den eingesetzten Absatzorganen variiert und folgende absteigende Qualitätsrangfolge zugrunde gelegt wird:

- Einzelhandelsreisende,
- Einzelhandelsvertreter,
- Großhandelsunternehmen.

Die Absatzmittler erhalten für die Wahrnehmung der Handelsaufgabe einen *Funktionsrabatt*, welcher sich auf die Verkaufspreisempfehlung des Unternehmens an die Konsumenten bezieht. Der Funktionsrabatt kann je nach Art des Einzelhandels- und Großhandelsunternehmen unterschiedlich hoch ausfallen.[130]

Desweiteren fallen für die Einstellung und Schulung sowie für die laufende Fortbildung und die Vergütung von Reisenden und Handelsvertretern Aufwendungen an, die - je nach Parametergestaltung - erhebliche Unterschiede aufweisen können. Die Vergütung der Reisenden besteht in dem Unternehmensspiel ausschließlich aus einem Periodenfixum, während Handelsvertreter außer einem (verhältnismäßig niedrigem) Periodenfixum eine umsatzabhängige Provision erhalten. Die Durchführung von Fortbildungsmaßnahmen für Reisende und Handelsvertreter kann von den Unternehmen veranlaßt werden, wobei die Höhe der Fortbildungsaufwendungen[131] das Fortbildungsniveau und somit die Betreuungsqualität der Mitarbeiter bestimmt.[132]

Für die Aufwendungen bei der Einstellung und Schulung von Reisenden und Handelsvertretern gilt:[133]

---

[129] Die Betreuungsqualität beeinflußt die Bevorratungsmengen in den Einzelhandelsunternehmen; siehe hierzu Abschnitt 6.6.2.

[130] Siehe hierzu Abschnitt 6.7.2.

[131] Die Höhe der Fortbildungsaufwendungen ist von jedem Unternehmen getrennt für Reisende und Handelsvertreter in jeder Periode zu bestimmen. Die Entscheidungen über die Höhe der Fortbildungsaufwendungen können in den Feldern 2164 - 2165 des Eingabeerfassungsprogramms *EingabeU* eingetragen werden.

[132] Siehe hierzu Abschnitt 6.6.2.

[133] Die Entscheidungen über die Einstellungen und Schulung von Reisenden und Handelsvertretern können in den Feldern 2160 - 2163 des Eingabeerfassungsprogramms *EingabeU* eingetragen werden. Die neuen Mitarbeiter stehen in der Folgeperiode zur Kundenbetreuung zur Verfügung. Sofern zur Betreuung einer Absatzmittlerart bereits ein anderes Absatzorgan von dem Unternehmen eingesetzt wird, werden die entsprechenden Mitarbeiter mit Wirkung zum Ende der laufenden Periode entlassen. Auf die Aufwendungen, die bei der Entlassung der Mitarbeiter anfallen werden, wird im weiteren Verlauf dieses Abschnitts noch eingegangen.

$$AE_{Aufw,t}^{U} = \begin{cases} AER_t^{U,Eh,Kh} & \text{falls } u_{ER,t}^{U,Eh,Kh} = 1 \\ AEH_t^{U,Eh,Kh} & \text{falls } u_{EH,t}^{U,Eh,Kh} = 1 \end{cases}$$

$$+ \sum_{\alpha=Eh}^{Gh} \sum_{\beta=Vm}^{Fg} AER_t^{U,\alpha,\beta} \cdot u_{ER,t}^{U,\alpha,\beta} + \sum_{\alpha=Eh}^{Gh} \sum_{\beta=Vm}^{Fg} AEH_t^{U,\alpha,\beta} \cdot u_{EH,t}^{U,\alpha,\beta}$$

mit $\alpha \in \{Eh, Gh\}$ und $\beta \in \{Vm, Sm, Fg\}$

und $u_{ER,t}^{U,Eh,Kh} \cdot u_{EH,t}^{U,Eh,Kh} = 0$

und $\displaystyle\sum_{\alpha=Eh}^{Gh} u_{ER,t}^{U,\alpha,Vm} + \sum_{\alpha=Eh}^{Gh} u_{EH,t}^{U,\alpha,Vm} \leq 1$

und $\displaystyle\sum_{\alpha=Eh}^{Gh} u_{ER,t}^{U,\alpha,Sm} + \sum_{\alpha=Eh}^{Gh} u_{EH,t}^{U,\alpha,Sm} \leq 1$

und $\displaystyle\sum_{\alpha=Eh}^{Gh} u_{ER,t}^{U,\alpha,Fg} + \sum_{\alpha=Eh}^{Gh} u_{EH,t}^{U,\alpha,Fg} \leq 1$

für $U = 0,...,9$

mit

$AE_{Aufw,t}^{U}$ = Aufwand für die Einstellung und Schulung von Reisenden und/oder Handelsvertretern zur Betreuung von Absatzmittlern durch Unternehmen U in Periode t (U = 0,...,9)

$AER_t^{U,\alpha,\beta}$ = Aufwand, der bei der Einstellung und Schulung von Reisenden der Art α zur Betreuung von Absatzmittlern der Einkaufsstättenart β durch Unternehmen U in Periode t anfällt (U = 0,...,9; $\alpha \in \{Eh, Gh\}$; $\beta \in \{Kh, Vm, Sm, Fg\}$; Parameter 951, 961, 963, 971, 973, 981, 983)

$AEH_t^{U,Eh,j}$ = Aufwand, der bei der Einstellung und Schulung von Vertretern der Art α zur Betreuung von Absatzmittlern der Einkaufsstättenart β durch Unternehmen U in Periode t entsteht (U = 0,...,9; $\alpha \in \{Eh, Gh\}$; $\beta \in \{Kh, Vm, Sm, Fg\}$; Parameter 955, 965, 968, 975, 978, 985, 988)

$u_{ER,t}^{U,\alpha,\beta}$ = Binärvariable, deren Wert angibt, ob Unternehmen U in der Periode t Reisende der Art α zur Betreuung von Absatzmittlern der Einkaufsstättenart β einstellt $\left(u_{ER,t}^{U,\alpha,\beta} = 1\right)$ oder nicht $\left(u_{ER,t}^{U,\alpha,\beta} = 0\right)$

(U = 0,...,9; $\alpha \in \{Eh, Gh\}$; $\beta \in \{Kh, Vm, Sm, Fg\}$)

$u_{EH,t}^{U,\alpha,\beta}$ = Binärvariable, deren Wert angibt, ob Unternehmen U in der Periode t Vertreter der Art α zur Betreuung von Absatzmittlern der Einkaufsstättenart β einstellt $\left(u_{EH,t}^{U,\alpha,\beta} = 1\right)$ oder nicht $\left(u_{EH,t}^{U,\alpha,\beta} = 0\right)$

(U = 0,...,9; $\alpha \in \{Eh, Gh\}$; $\beta \in \{Kh, Vm, Sm, Fg\}$)

Die Einstellung und Schulung von Reisenden und Handelsvertretern führen in der Entscheidungsperiode zu Aufwendungen und Verbindlichkeiten, in der darauffolgenden Periode zu Auszahlungen.

Für die laufende Vergütung und die Fortbildung der Reisenden und Handelsvertreter fallen in jeder Periode folgende Aufwendungen an:

$$AL_{Aufw,t}^{U} = \begin{cases} ALR_t^{U,Eh,Kh} & \text{falls } u_{R,t}^{U,Eh,Kh} = 1 \\ ALH_t^{U,Eh,Kh} + UMS_t^{U,Eh,Kh} \cdot PROV_t^{Eh,Kh} & \\ & \text{falls } u_{H,t}^{U,Eh,Kh} = 1 \end{cases}$$

$$+ \sum_{\alpha=Eh}^{Gh} \sum_{\beta=Vm}^{Fg} ALR_t^{U,\alpha,\beta} \cdot u_{R,t}^{U,\alpha,\beta}$$

$$+ \sum_{\alpha=Eh}^{Gh} \sum_{\beta=Vm}^{Fg} \left(ALH_t^{U,\alpha,\beta} + UMS_t^{U,\alpha,\beta} \cdot PROV_t^{\alpha,\beta}\right) \cdot u_{H,t}^{U,\alpha,\beta} + \sum_{\alpha=Eh}^{Gh} FB_{Aufw,t}^{U,\alpha}$$

mit $\alpha \in \{Eh, Gh\}$ und $\beta \in \{Vm, Sm, Fg\}$

und $u_{R,t}^{U,Eh,Kh} \cdot u_{H,t}^{U,Eh,Kh} = 0$

und $\sum_{\alpha=Eh}^{Gh} u_{R,t}^{U,\alpha,Vm} + \sum_{\alpha=Eh}^{Gh} u_{H,t}^{U,\alpha,Vm} \leq 1$

und $\sum_{\alpha=Eh}^{Gh} u_{R,t}^{U,\alpha,Sm} + \sum_{\alpha=Eh}^{Gh} u_{H,t}^{U,\alpha,Sm} \leq 1$

$$\text{und} \quad \sum_{\alpha=Eh}^{Gh} u_{R,t}^{U,\alpha,Fg} + \sum_{\alpha=Eh}^{Gh} u_{H,t}^{U,\alpha,Fg} \leq 1$$

$$\text{für} \quad U = 0,...,9$$

mit

$AL_{Aufw,t}^{U}$ = Aufwand für die laufende Vergütung und Fortbildung von Reisenden und/oder Handelsvertretern des Unternehmens U in Periode t (U = 0,...,9)

$ALR_t^{U,\alpha,\beta}$ = Periodenvergütung von Reisenden der Art α zur Betreuung von Absatzmittlern der Einkaufsstättenart β durch Unternehmen U in Periode t (U = 0,...,9; $\alpha \in \{Eh, Gh\}$; $\beta \in \{Kh, Vm, Sm, Fg\}$; Parameter 952, 962, 964, 972, 974, 982, 984)

$ALH_t^{U,\alpha,\beta}$ = Periodenfixum von Vertretern der Art α zur Betreuung von Absatzmittlern der Einkaufsstättenart β durch Unternehmen U in Periode t (U = 0,...,9; $\alpha \in \{Eh, Gh\}$; $\beta \in \{Kh, Vm, Sm, Fg\}$; Parameter 956, 966, 969, 976, 979, 986, 989)

$UMS_t^{U,\alpha,\beta}$ = Umsatz von Unternehmen U in der Periode t mit den Handelsunternehmen der Art α der Einkaufsstättenart β (U = 0,...,9; $\alpha \in \{Eh, Gh\}$; $\beta \in \{Kh, Vm, Sm, Fg\}$)

$PROV_t^{\alpha,\beta}$ = Provisionssatz (in %) für Vertreter der Art α bei Betreuung von Einzelhandelsunternehmen der Einkaufsstättenart β bzw. von Großhandelsunternehmen, welche Einzelhandelsunternehmen der Einkaufsstättenart β versorgen (U = 0,...,9; $\alpha \in \{Eh, Gh\}$; $\beta \in \{Kh, Vm, Sm, Fg\}$; Parameter 957, 967, 970, 977, 980, 987, 990)

$u_{R,t}^{U,\alpha,\beta}$ = Binärvariable, deren Wert angibt, ob Unternehmen U in der Periode t Reisende der Art α zur Betreuung von Absatzmittlern der Einkaufsstättenart β einsetzt $\left(u_{R,t}^{U,\alpha,\beta} = 1\right)$ oder nicht $\left(u_{R,t}^{U,\alpha,\beta} = 0\right)$ (U = 0,...,9; $\alpha \in \{Eh, Gh\}$; $\beta \in \{Kh, Vm, Sm, Fg\}$)

$u_{H,t}^{U,\alpha,\beta}$ = Binärvariable, deren Wert angibt, ob Unternehmen U in der Periode t Vertreter der Art α zur Betreuung von Absatzmittlern der Einkaufsstättenart β einsetzt $\left(u_{H,t}^{U,\alpha,\beta} = 1\right)$ oder nicht $\left(u_{H,t}^{U,\alpha,\beta} = 0\right)$ (U = 0,...,9; $\alpha \in \{Eh, Gh\}$; $\beta \in \{Kh, Vm, Sm, Fg\}$)

$FB_{Aufw,t}^{U,\alpha}$ = Aufwendungen zur Fortbildung von Reisenden und -vertretern der Art α des Unternehmens U in der Periode t (U = 0,...,9; $\alpha \in \{Eh, Gh\}$)

Die laufenden Vergütungen und die Maßnahmen zur Fortbildung von Reisenden und Handelsvertretern führen in der Entscheidungsperiode zu Aufwendungen und Verbindlichkeiten, in der Folgeperiode zu Auszahlungen.

Die Festlegung eines Unternehmens auf bestimmte einkaufsstättenartspezifische Absatzmittler, die mit Produkten beliefert werden sollen, und die Wahl von Reisenden und/oder Handelsvertretern zur Betreuung dieser Absatzmittler kann in jeder Periode verändert werden.[134] Hierzu sind, wie bereits erwähnt, die bislang eingesetzten Reisenden bzw. Handelsvertreter zu entlassen und ggf. andere einzustellen. Bei der Entlassung von Reisenden und Handelsvertretern fallen 50% der Aufwendungen an, die bei einer Einstellung dieser Mitarbeiter berechnet werden.

6.6.2 Physische Distribution

6.6.2.1 Physische Distributionssysteme

Die physische Distribution umfaßt allgemein die Verteilung und Zustellung der Güter eines Unternehmens vom Fertigwarenlager bis zum ersten unternehmensfremden Abnehmer.[135] Im Unternehmensspiel wird unter *physischer Distribution* die Versorgung von Absatzmittlern und Filialen mit Produkten aus dem Lager des Unternehmens verstanden, mit dem Zweck, in den Einzelhandelsunternehmen und Filialen ständig ausreichende Mengen an Produkten bevorraten und die Nachfrage von Konsumenten befriedigen zu können. Hierzu kann jedes Unternehmen eines von drei alternativen *physischen Distributionssystemen* (PD-1 - PD-3) aufbauen und damit die Versorgung eines ausgewählten Kreises von Absatzmittlern und/oder Filialen ermöglichen. Einzig zur Durchführung des Produktversandes ist die Einrichtung eines physischen Distributionssystems im Unternehmensspiel nicht erforderlich.

Wie Abbildung 6.6.2.1-1 verdeutlicht, wird mit dem Aufbau des *PD-1* lediglich die Voraussetzung geschaffen, an Großhandelsunternehmen Produkte absetzen zu können. Die Belieferung der Großhändler erfolgt dreimal in jeder Periode, diese versorgen ihrerseits die Einzelhandelsunternehmen ebenfalls dreimal in jeder Periode.

---

[134] Die Veränderung wirkt mit dem Beginn der Folgeperiode. Eine Änderung der zu beliefernden Absatzmittler kann eine Modifikation des bisherigen physischen Distributionssystems voraussetzen oder zumindest sinnvoll erscheinen lassen. Siehe hierzu Abschnitt 6.6.2 und Abbildung 6.6.2-1.

[135] Vgl. Hartmann, H.: (Materialwirtschaft), S. 25; Bloech, J.; Ihde, G. B.: (Distributionsplanung), S. 108. Einige Autoren verstehen unter *physischer Distribution* bereits die Güterverteilung ab dem Endpunkt der Produktion; vgl. hierzu z.B. Kotler, P.: (Marketing-Management), S. 467; Hanssmann, F.: (Betriebswirtschaftslehre), S. 92. Der Begriff Marketinglogistik wird von verschiedenen Autoren synonym zu physischer Distribution verwandt, vgl. z.B. Bidlingmaier, J.: (Marketing 2), S. 328; Diller, H.: (Distributionspolitik), S. 221; Delfmann, W.; Darr, W.; Simon, R.-P.: (Marketing-Logistik), S. 673.

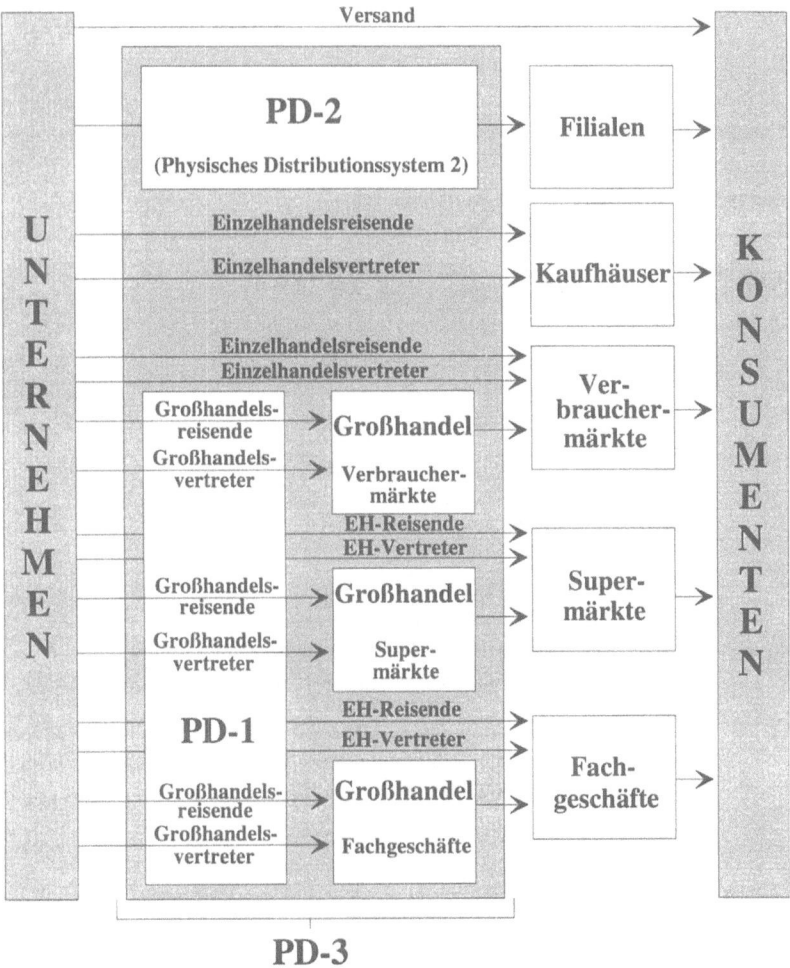

Abb. 6.6.2.1-1: Physische Distributionssysteme im Unternehmensspiel

Mit dem *PD-2* werden ausschließlich die Filialen des Unternehmens, repräsentiert durch bis zu zwei regional unterschiedliche Filialarten, mit dessen Produktarten versorgt. Die Belieferung der Filialen mit Produkten wird auch dreimal in jeder Periode vorgenommen. Die Möglichkeit, alle Absatzmittler und eigenen Filialen mit Produkten zu beliefern, bietet lediglich das *PD-3*. Hierbei wird für jede Einkaufsstättenart nach der Wahl des Unternehmens eine bis zu dreimalige Belieferung pro Periode festgelegt,[136] sofern diese Einkaufsstättenart nicht über Großhändler versorgt werden soll.

Bei dem Aufbau, der Veränderung oder der Auflösung eines physischen Distributionssystems wird die Maßnahme zum Beginn der auf die Entscheidung[137] folgenden Periode wirksam. Sie führt in der Entscheidungsperiode zu Aufwendungen und Verbindlichkeiten, in der Folgeperiode zu Auszahlungen. Für diese Aufwendungen gilt:

$$PDE_{Aufw,t}^{U} = \sum_{\chi=0}^{3} \sum_{\delta=0}^{3} PDE_{t}^{\chi,\delta} \cdot u_{PDE,t}^{U,\chi,\delta} \qquad \forall \ \chi,\delta \ (\chi \neq \delta)$$

und

$$\sum_{\chi=0}^{3} \sum_{\delta=0}^{3} u_{PDE,t}^{U,\chi,\delta} \leq 1 \qquad \forall \ \chi,\delta \ (\chi \neq \delta)$$

für $U = 0,...,9$

mit

$PDE_{Aufw,t}^{U}$ = Aufwand für den Aufbau, die Veränderung bzw. die Auflösung eines physischen Distributionssystems durch Unternehmen U in Periode t (U = 0,...,9)

$PDE_{t}^{\chi,\delta}$ = Aufwendungen, die für den Aufbau eines physischen Distributionssystems der Art χ auf der Grundlage des bestehenden physischen Distributionssystems der Art δ ($\delta = 0$: kein physisches Distributionssystem vorhanden) in der Periode t anfallen ($\chi = 1,2,3$; $\delta = 0,...,3$; Parameter 991 - 993, 1003 - 1008)

$u_{PDE,t}^{U,\chi,\delta}$ = Binärvariable, deren Wert angibt, ob ein physisches Distributionssystem der Art χ auf der Grundlage eines bestehenden physischen Distributionssystems der Art δ in der Periode t von Unternehmen U aufgebaut werden soll $\left(u_{PDE,t}^{U,\chi,\delta} = 1\right)$ oder nicht $\left(u_{PDE,t}^{U,\chi,\delta} = 0\right)$ (U = 0,...,9; $\chi = 1,2,3$; $\delta = 0,...,3$)

---

[136] Die Entscheidungen über die Belieferungshäufigkeiten pro Periode für jede Einkaufsstättenart können in den Feldern 2167 - 2170 des Entscheidungserfassungsprogramms *EingabeU* eingetragen werden.

[137] Die Entscheidung über den Aufbau oder die Veränderung (Erweiterung, Reduzierung, Auflösung) eines physischen Distributionssystems kann in dem Feld 2166 des Entscheidungserfassungsprogramms *EingabeU* eingetragen werden.

$PDE_t^{0,\delta}$	= Aufwendungen, die bei der Auflösung des bestehenden physischen Distributionssystems in der Periode t anfallen ($\delta = 1,...,3$; Parameter 1009)
$u_{PDE,t}^{U,0,\delta}$	= Binärvariable, deren Wert angibt, ob ein bestehendes physisches Distributionssystem in der Periode t von Unternehmen U aufgelöst werden soll $\left(u_{PDE,t}^{U,0,\delta} = 1\right)$ oder nicht $\left(u_{PDE,t}^{U,0,\delta} = 0\right)$ ($\delta = 1,...,3$; U = 0,...,9)

Die Aufwendungen für die laufende Unterhaltung eines physischen Distributionssystems setzen sich im Unternehmensspiel in jeder Periode aus

- vom Nutzungsumfang unabhängigen Aufwendungen,
- umsatzabhängigen Aufwendungen und
- von der Belieferungshäufigkeit abhängigen Aufwendungen

zusammen. Es gilt je nach aufgebautem physischen Distributionssystem:

$$
PDL_{Aufw,t}^{U} = \begin{cases} PDL_{Aufw,t}^{U,1} & \text{für} \quad u_{PD,t}^{U,1} = 1 \\ PDL_{Aufw,t}^{U,2} & \text{für} \quad u_{PD,t}^{U,2} = 1 \\ PDL_{Aufw,t}^{U,3} & \text{für} \quad u_{PD,t}^{U,3} = 1 \\ 0 & \text{für} \quad u_{PD,t}^{U,1} + u_{PD,t}^{U,2} + u_{PD,t}^{U,3} = 0 \end{cases}
$$

$$
PDL_{Aufw,t}^{U,1} = PDL_t^1 + \frac{PDL_t^{1,Ums}}{100} \cdot \sum_{\beta=Vm}^{Fg} UMS_t^{U,Gh,\beta} + PDL_t^{1,Bh} \cdot \sum_{\beta=Vm}^{Fg} BH_t^{U,\beta}
$$

$$
PDL_{Aufw,t}^{U,2} = PDL_t^2 + \frac{PDL_t^{2,Ums}}{100} \cdot UMS_t^{U,Fil} + PDL_t^{2,Bh} \cdot \left(BH_t^{U,F1} + BH_t^{U,F2}\right)
$$

$$
PDL_{Aufw,t}^{U,3} = PDL_t^3 + \frac{PDL_t^{3,Ums}}{100} \cdot \left(UMS_t^{U,Fil} + \sum_{\beta=Vm}^{Fg} UMS_t^{U,Gh,\beta} \right.
$$

$$
\left. + \sum_{\beta=Kh}^{Fg} UMS_t^{U,Eh,\beta} \right) + PDL_t^{3,Bh} \cdot \sum_{\beta=Kh}^{F2} BH_t^{U,\beta}
$$

$$
\text{für} \quad U = 0,...,9
$$

mit

$PDL^U_{Aufw,t}$ = Aufwand für die laufende Unterhaltung eines physischen Distributionssystems durch Unternehmen U in Periode t (U = 0,...,9)

$PDL^{U,\chi}_{Aufw,t}$ = Aufwand für die laufende Unterhaltung eines physischen Distributionssystems der Art χ durch Unternehmen U in Periode t (U = 0,...,9; $\chi = 1,2,3$)

$u^{U,\chi}_{PD,t}$ = Binärvariable, deren Wert abgibt, ob ein physisches Distributionssystem der Art χ von Unternehmen U in der Periode t besteht (U = 0,...,9; $\chi = 1,2,3$)

PDL^{χ}_t = Aufwand, der bei der Inanspruchnahme eines physischen Distributionssystems der Art χ in der Periode t unabhängig vom Nutzungsumfang anfällt ($\chi = 1,2,3$; Parameter 994, 997, 1000)

$PDL^{\chi,Ums}_t$ = Aufwand, der bei der Inanspruchnahme eines physischen Distributionssystems der Art χ in der Periode t in Abhängigkeit von der Höhe des Umsatzes mit dem Kunden entsteht ($\chi = 1,2,3$; Parameter 995, 998, 1001)

$PDL^{\chi,Bh}_t$ = Aufwand, der bei der Inanspruchnahme eines physischen Distributionssystems der Art χ in der Periode t in Abhängigkeit von der Belieferungshäufigkeit der Einkaufsstätten entsteht ($\chi = 1,2,3$; Parameter 996, 999, 1002)

$BH^{U,\beta}_t$ = Belieferungshäufigkeit der Einkaufsstätten der Art β durch Unternehmen U bzw. im Auftrag von Unternehmen U durch Großhandelsunternehmen in der Periode t (U = 0,...,9; β = Kh, Vm, Sm, Fg, Fl, F2)

$UMS^{U,Fil}_t$ = Umsatz von Unternehmen U in der Periode t in allen Filialen des Unternehmens (U = 0,...,9)

Die laufende Unterhaltung eines physischen Distributionssystems führt in der Nutzungsperiode zu Aufwendungen und Verbindlichkeiten, in der Folgeperiode zu Auszahlungen.

6.6.2.2 Listung und Bevorratungsumfang der Produktarten

Die Listung und der geplante Bevorratungsumfang von Produktarten können in unternehmenseigenen Verkaufsstätten von jedem Unternehmen unter Berücksichtigung der Raumgrößen autonom festgelegt werden. Die 15 unternehmensfremden Einzelhandlungen sind dagegen von den Unternehmen unabhängig und entscheiden eigenständig über die Listung jeder

Produktart und den Umfang der Bevorratung der gelisteten Produktarten.[138] Die Groß-handelsunternehmen im Unternehmensspiel nehmen grundsätzlich alle Produktarten in die Listung auf, halten jedoch keine Lagerbestände, die die Bestellmengen aller Einzelhandels-unternehmen in der jeweiligen Periode überschreiten. Sie können daher in der nachfolgenden Betrachtung unberücksichtigt bleiben.

Jedes Einzelhandelsunternehmen kann maximal 100 verschiedene Produktarten in das Sorti-ment aufnehmen und den Konsumenten zum Kauf anbieten. Die Voraussetzungen der Listung einer Produktart durch ein Einzelhandelsunternehmen sind:

1. Die Einkaufsstättenart, der das Einzelhandelsunternehmen zugerechnet wird, ist in der Werbekonzeption für die Marke, der die Produktart angehört, als potentieller Ange-botsort vorgesehen worden.

2. Das die Produktart anbietende Unternehmen hat Reisende oder Handelsvertreter zur Betreuung der Einzelhandelsunternehmen der Einkaufsstättenart oder ggf. des entspre-chenden Großhandelsunternehmens eingestellt.

3. Das physische Distributionssystem des die Produktart anbietenden Unternehmens kann die Versorgung des Einzel- bzw. Großhandelsunternehmens gewährleisten.

4. Das anbietende Unternehmen wünscht die Listung der Produktart in Einzelhandelsun-ternehmen der betreffenden Einkaufsstättenart.[139]

5. Die Anzahl der bei dem Einzelhandelsunternehmen bereits gelisteten Produktarten des anbietenden Unternehmens übersteigt nicht eine für dieses Unternehmen vorgesehene Obergrenze.[140]

Sofern jede dieser fünf Voraussetzungen erfüllt ist, kann die Produktart durch das Einzelhan-delsunternehmen gelistet werden. Je nach der Anzahl der am Spiel beteiligten Unternehmen wird die Summe der von diesen Unternehmen für eine Einkaufsstättenart angebotenen Pro-duktarten und damit der gewünschten Listungen im Verlauf des Spiels ggf. die Zahl der Pro-duktarten übersteigen, die in einem Einzelhandelsunternehmen gelistet werden können. Bei

---

138 In dem Unternehmensspiel werden die verschiedenen Unternehmen bei der Produktlistung und der Fest-legung des Bevorratungsumfangs der gelisteten Produktarten gleich behandelt, ihnen stehen ausschließ-lich die gleichen Instrumente zur Beeinflussung der Absatzmittler bei der Festlegung der Produktbevorra-tungsmengen zur Verfügung.

139 Die Bereitschaft eines Unternehmens, eine Produktart in einer Periode in allen Einzelhandelsunternehmen einer Einkaufsstättenart anzubieten, dokumentiert dieses Unternehmen durch die Fixierung einer einkaufsstättenartspezifischen Verkaufspreisempfehlung für diese Produktart. Siehe hierzu Abschnitt 6.7.1.

140 Die maximale Anzahl der Produktarten eines Unternehmens, die in einer unternehmensunabhängigen Einzelhandlung gelistet werden, wird unter Berücksichtigung des Unternehmensimages in dem Simula-tionsmodell so festgelegt, daß möglichst in jeder Periode Produktarten von Unternehmen mit einer ge-ringen Zahl bereits gelisteter Produktarten in das Sortiment der Einzelhandlung aufgenommen werden können.

dem Auftreten eines derartigen Engpasses werden die noch möglichen Listungen[141] entsprechend der Rangfolge des Unternehmensimages[142] und unter Berücksichtigung der Anzahl der bereits in der Einzelhandlung gelisteten Produktarten vorgenommen.

Die einmal vorgenommene Listung einer Produktart durch ein Einzelhandelsunternehmen wird solange aufrecht erhalten, wie über die zuvor genannten Voraussetzungen 1 - 4 hinaus folgende weitere Prämissen gegeben sind:

6. Die Produktart ist von dem anbietenden Unternehmen zwischenzeitlich nicht eliminiert worden.
7. Die durchschnittliche Absatzmenge der Produktart pro Periode in der Einkaufsstätte übersteigt eine von der Spielleitung für jede Einkaufsstättenart des unternehmensunabhängigen Einzelhandels vorgesehene Mindestabsatzmenge.[143]
8. Der durchschnittliche Verkaufspreis aller in der vorherigen Periode in allen Einkaufsstätten an die Konsumenten abgesetzten Mengen der Produktart übersteigt nicht die in der Werbekonzeption festgelegte Preislage.

Die Auslistung einer Produktart wird in der Periode vorgenommen, in der erstmals mindestens eine der genannten Voraussetzungen fehlt. Ab dieser Periode werden keine weiteren Mengen der Produktart von der Einzelhandlung beschafft und eventuelle Restbestände dieser Produktart für eine von der Spielleitung zu bestimmende Anzahl von Perioden zum Preis der Vorperiode angeboten.[144]

Der in einem Einzelhandelsunternehmen *geplante Bevorratungsumfang* einer jeden gelisteten Produktart wird am Beginn jeder Periode in der Einkaufsstätte auf der Grundlage folgender Komponenten durch das Simulationsmodell bestimmt:

- Einkaufsstättenspezifische Nachfragemenge nach der Produktart in der Vorperiode,
- Einkaufsstättenspezifische Basisbevorratungsmenge der Produktart,
- Fortbildungsniveau von Reisenden und Handelsvertretern des die Produktart anbietenden Unternehmens,

---

[141] Unter Umständen kann auch die Situation auftreten, daß keine Listungen mehr vorgenommen werden können.

[142] Siehe hierzu Abschnitt 6.8.3.

[143] Der Vergleich der durchschnittlichen Absatzmenge pro Periode mit der Mindestabsatzmenge (Parameter 1081 - 1084) kann in den ersten Perioden der Listung in einer unternehmensfremden Einzelhandlung unterbleiben. Die Spielleitung bestimmt die Periodenzahl (Parameter 1085 - 1088), ab der - seit Vornahme der Listung - die durchschnittliche Absatzmenge mit der Mindestabsatzmenge pro Periode verglichen wird.

[144] Die maximale Dauer des Verkaufs von Restbeständen ausgelisteter Produktarten ab dem Auslistungszeitpunkt legt die Spielleitung in den Parametern 1089 - 1092 fest. Erfolgt die Auslistung wegen zu geringer Absatzmengen und/oder im Vergleich zur Werbekonzeption zu hoher Absatzpreise, führt die Auslistung darüber hinaus zu einer Verschlechterung des Unternehmensimages. Siehe hierzu Abschnitt 6.8.3.

- Durchführung und Intensität von Verkaufsförderungsmaßnahmen für die Produktart in der Einkaufsstätte durch das anbietende Unternehmen,
- Ausmaß der Werbung für die Marke, der die Produktart angehört, in der Vorperiode,
- Art und somit Qualitat des die Einkaufsstättenart betreuenden Absatzorgans,
- Bevorratungsmengenrabatt,
- Belieferungshäufigkeit in der Periode und
- Image des die Produktart anbietenden Unternehmens.

Die *einkaufsstättenspezifische Nachfragemenge nach der Produktart in der Vorperiode* setzt sich aus der abgesetzten Menge und der darüber hinaus möglichen Absatzmenge, die jedoch aufgrund fehlender Bestände in der Einkaufsstätte von den Konsumenten nicht gekauft werden konnte, zusammen.

Die *einkaufsstättenspezifische Basisbevorratungsmenge der Produktart* bestimmt die Spielleitung in jeder Periode für jede Einkaufsstättenart unter Berücksichtigung der Fertigungs- und Verpackungsart.

Das *Fortbildungsniveau von Reisenden und Handelsvertretern des die Produktart anbietenden Unternehmens* wird, ausgehend von einem Basisniveau, auf der Grundlage der in der aktuellen Periode aufgewendeten finanziellen Mittel zur Fortbildung von Großhandelsreisenden und Großhandelsvertretern einerseits, sowie Einzelhandelsreisenden und Einzelhandelsvertretern andererseits, bestimmt.[145] Bei der Betreuung von Einzelhandlungen werden im Vergleich zur Betreuung von Großhandlungen vergleichsweise mehr Mitarbeiter erforderlich, so daß zur Erreichung eines gleichen Fortbildungsniveaus bei beiden Mitarbeitergruppen die Aufwendungen zur Fortbildung von Einzelhandelsreisenden und -vertretern ein Vielfaches[146] des Betrages ausmachen, der zur Fortbildung von Großhandelsreisenden und -vertretern erforderlich ist. Für die Fortbildungsniveaus gilt:

$$FBN_t^{U,Eh} = \ln_e \left(\frac{FB_{Aufw,t}^{U,Eh}}{100.000 \cdot FEH_t} + 1 \right) \cdot FRV_t + FBNB_t$$

$$FBN_t^{U,Gh} = \ln_e \left(\frac{FB_{Aufw,t}^{U,Gh}}{100.000} + 1 \right) \cdot FRV_t + FBNB_t$$

für $U = 0,...,9$

---

[145] Im Unternehmensspiel wird unterstellt, daß Reisende und Handelsvertreter unmittelbar im Anschluß an die Einstellung im Unternehmen geschult werden und hierbei ein von der Spielleitung zu bestimmendes Basisniveau der Fortbildung erreichen werden. Die in einer Periode vorgenommenen Fortbildungsmaßnahmen erhöhen das Fortbildungsniveau der Mitarbeiter nur in dieser Periode.

[146] Der entsprechende Faktor wird von der Spielleitung festgelegt.

mit

$FBN_t^{U,Eh}$	= Fortbildungsniveau der Einzelhandelsreisenden und/oder der Einzelhandelsvertreter von Unternehmen U in Periode t (U = 0,...,9)
$FB_{Aufw,t}^{U,Eh}$	= Aufwendungen zur Fortbildung der Einzelhandelsreisenden und/oder der Einzelhandelsvertreter von Unternehmen U in Periode t (U = 0,...,9)
FEH_t	= Faktor, der das Verhältnis der Außendienstmitarbeiter zur Betreuung von Großhandlungen einerseits und Einzelhandlungen andererseits in der Periode t widerspiegelt (Parameter 958)
FRV_t	= Gewichtungsfaktor der Fortbildungsaufwendungen für Reisende und Handelsvertreter hinsichtlich der Ermittlung der Bevorratungsmenge in der Periode t (Parameter 959)
$FBNB_t$	= Basisniveau der Fortbildung von Reisenden und Handelsvertretern in der Periode t (Parameter 960)
$FBN_t^{U,Gh}$	= Fortbildungsniveau der Großhandelsreisenden und/oder der Großhandelsvertreter von Unternehmen U in Periode t (U = 0,...,9)
$FB_{Aufw,t}^{U,Gh}$	= Aufwendungen zur Fortbildung der Großhandelsreisenden und/oder der Großhandelsvertreter von Unternehmen U in Periode t (U = 0,...,9)

Auf der Grundlage des Fortbildungsniveaus der Reisenden und/oder Handelsvertreter eines Unternehmens kann für jede unternehmensunabhängige Einkaufsstättenart der für alle Produktarten des Unternehmens geltende Bevorratungsmengenfaktor hinsichtlich des Fortbildungsniveaus der Außendienstmitarbeiter ermittelt werden. Es gilt:

$$BMF_{Fbn,t}^{U,\beta} = \begin{cases} FBN_t^{U,Gh} & \text{für } u_{R,t}^{U,Gh,\beta} + u_{H,t}^{U,Gh,\beta} = 1 \\ FBN_t^{U,Eh} & \text{für } u_{R,t}^{U,Eh,\beta} + u_{H,t}^{U,Eh,\beta} = 1 \end{cases}$$

$$\text{für} \quad U = 0,...,9; \; \beta = Kh, Vm, Sm, Fg$$

mit

$BMF_{Fbn,t}^{U,\beta}$	= Bevorratungsmengenfaktor hinsichtlich des Fortbildungsniveaus der Außendienstmitarbeiter von Unternehmen U für alle Produktarten, die in Periode t in Einkaufsstätten der Art β bevorratet werden sollen (U = 0,...,9; β = Kh, Vm, Sm, Fg)

Durch die *Durchführung einer Verkaufsförderungsmaßnahme*[147] für eine Produktart wird der Umfang der Bevorratung dieser Produktart durch die Einzelhandelsunternehmen[148] gesteigert, wobei das Ausmaß der Erhöhung von der Intensität der Maßnahme abhängig ist. Für den Bevorratungsmengenfaktor hinsichtlich der Durchführung einer Verkaufsförderungsmaßnahme gilt:

$$
BMF_{Vf,t}^{U,g_{miab},\beta} = \begin{cases} \left(FVFB_t + \dfrac{VFI_{\beta,t}^{U,g_{miab}}}{10} \right) \cdot FVF_t + 1 & \text{für } 0 < VFI_{\beta,t}^{U,g_{miab}} \leq 9 \\[3mm] 1 & \text{für } VFI_{\beta,t}^{U,g_{miab}} = 0 \end{cases}
$$

für $U = 0,...,9$; $m = 1,...,20$; $i = 1,...,5$;

$(a;b) \in \{(1;1), (1;2), (2;1), (2;2), (3;4)\}$; $\beta = Kh, Vm, Sm, Fg$

mit

$BMF_{Vf,t}^{U,g_{miab},\beta}$ = Bevorratungsmengenfaktor hinsichtlich der Durchführung einer Verkaufsförderungsmaßnahme für die Produktart g_{miab} von Unternehmen U in Einkaufsstätten der Art β in Periode t ($U = 0,...,9$; $m = 1,...,20$; $i = 1,...,5$; $(a;b) \in \{(1;1), (1;2), (2;1), (2;2), (3;4)\}$; $\beta = Kh, Vm, Sm, Fg$)

$FVFB_t$ = Basisniveau der Wirkung einer Verkaufsförderungsmaßnahme hinsichtlich der Ermittlung der Bevorratungsmenge in der Periode t (Parameter 899)

$VFI_{\beta,t}^{U,g_{miab}}$ = Intensität der Verkaufsförderungsmaßnahme für Produktart g_{miab} von Unternehmen U in Einkaufsstätten der Art β in Periode t ($U = 0,...,9$; $m = 1,...,20$; $i = 1,...,5$; $(a;b) \in \{(1;1), (1;2), (2;1), (2;2), (3;4)\}$; $\beta = Kh, Vm, Sm, Fg$)

FVF_t = Gewichtungsfaktor für Verkaufsförderungsmaßnahmen hinsichtlich der Ermittlung der Bevorratungsmenge in der Periode t (Parameter 877)

Eine weitere Einflußkomponente auf den Umfang der Bevorratungsmenge einer Produktart stellt das *Ausmaß der Werbung für die Marke, der die Produktart angehört,* in der Vergan-

---

[147] Zu einer ausführlichen Darstellung der Durchführung von Verkaufsförderungsmaßnahmen im Unternehmensspiel und den dabei anfallenden Aufwendungen siehe Abschnitt 6.8.2.

[148] Eine Verkaufsförderungsmaßnahme wird in allen Einkaufsstätten gleicher Art für eine Produktart durchgeführt. Die Intensität einer Verkaufsförderungsmaßnahme kann von den Teilnehmern im Bereich von 1 bis 9 festgelegt werden.

genheit dar. Zur Berechnung des Bevorratungsmengenfaktors hinsichtlich der Durchführung von Absatzwerbung wird die konsumentenunabhängige Werbewirkung der Werbeträger für die betreffende Marke des Unternehmens in der Vorperiode zugrunde gelegt.[149] Es gilt:[150]

$$
BMF_{Aw,t}^{U,g_{miab},\beta} = \left(1 + \frac{\sum\limits_{w=1}^{18} WW_{w,t-1}^{U,m}}{1.000} \right) \cdot FAW_t
$$

für $U = 0,...,9$; $m = 1,...,20$; $i = 1,...,5$;

$(a;b) \in \{(1;1), (1;2), (2;1), (2;2), (3;4)\}$; β = Kh, Vm, Sm, Fg

mit

$BMF_{Aw,t}^{U,g_{miab},j}$ = Bevorratungsmengenfaktor hinsichtlich der Durchführung von Absatzwerbung für die Produktart g_{miab} von Unternehmen U in Einkaufsstätten der Art β in Periode t ($U = 0,...,9$; $m = 1,...,20$; $i = 1,...,5$; $(a;b) \in \{(1;1), (1;2), (2;1), (2;2), (3;4)\}$; β = Kh, Vm, Sm, Fg)

$WW_{w,t}^{U,m}$ = Konsumentenunabhängige Werbewirkung von Werbeträger w für die Marke m von Unternehmen U in der Periode t ($U = 0,...,9$; $m = 1,...,20$; $w = 1,...,18$)

FAW_t = Gewichtungsfaktor für Absatzwerbung hinsichtlich der Ermittlung der Bevorratungsmenge in der Periode t (Parameter 876)

Die *Art des* die Einkaufsstättenart betreuenden *Absatzorganes* beeinflußt, wie bereits in Abschnitt 6.6.1.3 dargestellt, die Qualität der Betreuung der Einzelhändler. Es gilt für den Bevorratungsmengenfaktor bezüglich des eingesetzten Absatzorgans:

$$
BMF_{AO,t}^{U,Kh} = \begin{cases} FAOB_t^R & \text{für } u_{R,t}^{U,Eh,Kh} = 1 \\ FAOB_t^H & \text{für } u_{H,t}^{U,Eh,Kh} = 1 \\ 0 & \text{sonst} \end{cases} \quad \text{für} \quad U = 0,...,9
$$

---

[149] Zur Ermittlung der Werbewirkungen siehe Abschnitt 6.8.1.

[150] Die Werbewirkungen von Fensterdekorationen in den Filialen (w = 19, 20) bleiben bei der Ermittlung der Bevorratungsmengenfaktoren-Absatzwerbung für unternehmensunabhängige Einzelhandelsunternehmen unberücksichtigt.

$$
BMF_{AO,t}^{U,\beta} = \begin{cases} FAOB_t^R & \text{für } u_{R,t}^{U,Eh,\beta} = 1 \\ FAOB_t^H & \text{für } u_{H,t}^{U,Eh,\beta} = 1 \\ FAOB_t^{Gh} & \text{für } u_{R,t}^{U,Gh,\beta} + u_{H,t}^{U,Gh,\beta} = 1 \\ 0 & \text{sonst} \end{cases}
$$

$$
\text{für } U = 0,...,9; \ \beta = Vm, Sm, Fg
$$

mit

$BMF_{AO,t}^{U,\beta}$ = Bevorratungsmengenfaktor bezüglich des eingesetzten Absatzorgans für Unternehmen U in Einkaufsstätten der Art β in Periode t ($U = 0,...,9; \ \beta = Kh, Vm, Sm, Fg$)

$FAOB_t^R$ = Faktor bei Einsatz von Einzelhandelsreisenden zur Betreuung von Einkaufsstätten hinsichtlich der Ermittlung der Bevorratungsmenge in der Periode t (Parameter 1093)

$FAOB_t^H$ = Faktor bei Einsatz von Einzelhandelsvertretern zur Betreuung von Einkaufsstätten hinsichtlich der Ermittlung der Bevorratungsmenge in der Periode t (Parameter 1094)

$FAOB_t^{Gh}$ = Faktor bei Einsatz von Großhandelsreisenden oder Großhandelsvertretern zur Betreuung von Großhandelsunternehmen hinsichtlich der Ermittlung der Bevorratungsmenge in der Periode t (Parameter 1095)

Die Einzelhandelsunternehmen sind bei der Gewährung eines *Bevorratungsmengenrabattes*[151] bereit, die bislang geplante Bevorratungsmenge einer Produktart in Abhängigkeit von der Höhe des gewährten Rabattes und der Elastizität der Nachfrage[152] der Einkaufsstättenart hinsichtlich der Rabattgewährung zu erhöhen. Es gilt:

---

[151] Siehe hierzu Abschnitt 6.7.2.

[152] Die Elastizität der Nachfrage hinsichtlich der Rabattgewährung entspricht hier dem Verhältnis der relativen Veränderung der Bevorratungsmenge und der Höhe des Bevorratungsmengenrabattes. Vgl. Gutenberg, E.: (Grundlagen 2), S. 42.

$$
BMF_{MR,t}^{U,g_{miab},\beta} = \begin{cases} 1 + \dfrac{ELAST_t^{\beta} \cdot MR_{\beta,t}^{U,g_{miab}}}{10.000} & \text{für } 0 < MR_{\beta,t}^{U,g_{miab}} < MRX_t \\[4mm] 1 + \dfrac{ELAST_t^{\beta} \cdot MRX_t}{10.000} & \text{für } MR_{\beta,t}^{U,g_{miab}} \geq MRX_t \\[4mm] 1 & \text{für } MR_{\beta,t}^{U,g_{miab}} = 0 \end{cases}
$$

$$
\text{für} \quad U = 0,...,9;\ m = 1,...,20;\ i = 1,...,5;\ (a;b) \in \{(1;1),
$$

$$
(1;2),\ (2;1),\ (2;2),\ (3;4)\};\ \beta = Kh,\ Vm,\ Sm,\ Fg
$$

mit

$BMF_{MR,t}^{U,g_{miab},\beta}$ = Bevorratungsmengenfaktor bei Gewährung von Mengenrabatt für die Produktart g_{miab} von Unternehmen U in Einkaufsstätten der Art β in Periode t ($U = 0,...,9$; $m = 1,...,20$; $i = 1,...,5$; $(a;b) \in \{(1;1), (1;2), (2;1), (2;2), (3;4)\}$; $\beta = Kh, Vm, Sm, Fg$)

$ELAST_t^{\beta}$ = Nachfrageelastizität (in %) von Einkaufsstätten der Art β in der Periode t bei Gewährung eines Mengenrabattes (Parameter 878 - 881)

$MR_{\beta,t}^{U,g_{miab}}$ = Gewährter Mengenrabatt bei Kauf der Produktart g_{miab} von Unternehmen U für Einkaufsstätten der Art β in der Periode t ($U = 0,...,9$; $m = 1,...,20$; $i = 1,...,5$; $(a;b) \in \{(1;1), (1;2), (2;1), (2;2), (3;4)\}$; $\beta = Kh, Vm, Sm, Fg$)

MRX_t = Maximal zulässiger Mengenrabatt in der Periode t (Parameter 882)

Die *Belieferungshäufigkeit* von Einzelhandelsunternehmen durch Großhändler ist in dem Unternehmensspiel auf dreimal in jeder Periode festgelegt worden,[153] so daß die in einer Einkaufsstätte geplante Bevorratungsmenge einer Produktart für jedes Periodendrittel ein Drittel der gesamten für die Periode geplanten Bevorratungsmenge dieser Produktart beträgt. Erfolgt dagegen die Belieferung der Einzelhandelsunternehmen direkt durch die Unternehmen, die die Produktarten anbieten, kann die Lieferung der Güter nach Wahl dieser Unternehmen einmal, zweimal oder dreimal je Periode erfolgen. Bei einem analogen Verhalten der Einzelhandels-

---

[153] Die erste Teillieferung erfolgt zu Beginn der Periode, die zweite Lieferung wird nach dem Ablauf eines Drittels der Periode, d.h. nach dem Kauf bzw. Kaufversuch des 333. Konsumenten der Stichprobe vorgenommen, und die dritte Teillieferung erfolgt nach dem Ablauf des zweiten Drittels der Periode, d.h. nach dem Kauf bzw. Kaufversuch des 667. Konsumenten der Stichprobe.

unternehmen würde bei zweimaliger Belieferung je Periode[154] für jede Periodenhälfte die Hälfte der Menge bevorratet, die für die gesamte Periode vorgesehen ist. Bei einmaliger Belieferung innerhalb einer Periode würde die gesamte geplante Bevorratungsmenge auf einmal in den Bestand der Einzelhandlung aufgenommen.[155] Die Spielleitung kann jedoch hiervon abweichen und insbesondere bei lediglich einmaliger Belieferung pro Periode eine vergleichsweise geringere Bevorratungsmenge vorsehen, um dem Bemühen der Einzelhändler, das Absatzrisiko zu begrenzen, Rechnung zu tragen.[156] Für den Bevorratungsmengenfaktor im Hinblick auf die Belieferungshäufigkeit gilt:

$$BMF_{BH,t}^{U,\beta} = \begin{cases} FBHR_t^1 & \text{für } BH_t^{U,\beta} = 1 \\ FBHR_t^2 & \text{für } BH_t^{U,\beta} = 2 \\ FBHR_t^3 & \text{für } BH_t^{U,\beta} = 3 \\ 0 & \text{für } BH_t^{U,\beta} = 0 \end{cases}$$

$$\text{mit} \quad FBHR_t^1 > FBHR_t^2 > FBHR_t^3$$

$$\text{und} \quad BH_t^{U,\beta} \in \{0;1;2;3\}$$

$$\text{für } U = 0,...,9; \ \beta = Kh, Vm, Sm, Fg$$

mit

$BMF_{BH,t}^{U,\beta}$ = Bevorratungsmengenfaktor im Hinblick auf die Belieferungshäufigkeit von Einkaufsstätten der Art β in der Periode t mit Produktarten von Unternehmen U (U = 0,...,9; β = Kh, Vm, Sm, Fg)

$FBHR_t^j$ = Faktor, der die Risikobereitschaft der Einzelhandelsunternehmen in Abhängigkeit von der Belieferungshäufigkeit j in der Periode t widerspiegelt (j = 1,2,3; Parameter 1096 - 1098)

---

154 Die erste Teillieferung erfolgt hierbei ebenfalls zu Beginn der Periode, während die zweite Lieferung nach dem Ablauf der Hälfte der Periode, d.h. nach dem Kauf bzw. Kaufversuch des 500. Konsumenten der Stichprobe, vorgenommen wird.

155 Die Lieferung wird zu Beginn der Periode vorgenommen.

156 Bei lediglich einmaliger Belieferung pro Periode durch das eine Produktart anbietende Unternehmen trägt das Einzelhandelsunternehmen ein, im Vergleich zu zwei- bzw. dreimaliger Belieferung pro Periode, hohes Risiko, bevorratete Produktartenbestände nicht absetzen zu können.

$$BH_t^{U,\beta} \quad = \quad \text{Belieferungshäufigkeit der Einkaufsstätten der Art } \beta \text{ in der Periode t mit}$$
$$\text{Produktarten von Unternehmen U (U = 0,...,9; } \beta = Kh, Vm, Sm, Fg)$$

Für den Bevorratungsmengenfaktor hinsichtlich des Unternehmensimages[157] gilt:

$$BMF_{IM,t}^{U} = IMAGE_t^{U} \cdot FIM_t \qquad \text{für} \quad U = 0,...,9$$

mit

$$BMF_{IM,t}^{U} \quad = \quad \text{Bevorratungsmengenfaktor-Image von Unternehmen U in Periode t}$$
$$(U = 0,...,9)$$

$$IMAGE_t^{U} \quad = \quad \text{Image von Unternehmen U in der Periode t (U = 0,...,9)}$$

$$FIM_t \quad = \quad \text{Imagegewichtungsfaktor zur Bestimmung der Bevorratungsmenge in Einzelhandelsunternehmen in der Periode t (Parameter 1099)}$$

Unter Berücksichtigung aller Bevorratungsmengenfaktoren ergibt sich für den Bevorratungsumfang einer jeden in einem Einzelhandelsunternehmen gelisteten Produktart in einer Periode:

$$x_{U,miab,t}^{Eks,Bm} = \left[\frac{x_{ab,basis,t}^{\beta} + 2 \cdot \left(x_{U,miab,t-1}^{Eks,abs} + x_{U,miab,t-1}^{Eks,pot} \right)}{3} \right]^{+} \cdot BMF_{Fbn,t}^{U,\beta} \cdot BMF_{Vf,t}^{U,g_{miab},\beta}$$

$$\cdot BMF_{Aw,t}^{U,g_{miab},\beta} \cdot BMF_{AO,t}^{U,\beta} \cdot BMF_{MR,t}^{U,g_{miab},\beta} \cdot BMF_{BH,t}^{U,\beta} \cdot BMF_{IM,t}^{U}$$

mit $\quad \beta = \begin{cases} Kh & \text{für} \quad Eks \in \{1;2\} \\ Vm & \text{für} \quad Eks \in \{3;4;5\} \\ Sm & \text{für} \quad Eks \in \{6;7;8;9;10\} \\ Fg & \text{für} \quad Eks \in \{11;12;13;14;15\} \end{cases}$

für $\quad Eks = 1,...,15; U = 0,...,9; m = 1,...,20; i = 1,...,5;$

$(a;b) \in \{(1;1), (1;2), (2;1), (2;2), (3;4)\}$

---

[157] Siehe hierzu Abschnitt 6.8.3.

mit

$x_{U,miab,t}^{Eks,Bm}$ = Bevorratungsmenge der Produktart g_{miab} von Unternehmen U in Periode t in Einkaufsstätte Eks (Eks = 1,...,15; U = 0,...,9; m = 1,...,20; i = 1,...,5; (a;b) ∈ {(1;1), (1;2), (2;1), (2;2), (3;4)})

$x_{ab,basis,t}^{\beta}$ = Basisbevorratungsmenge der Einkaufsstättenart β für Produkte der Fertigungsart a und der Verpackungsart b in der Periode t (β = Kh, Vm, Sm, Fg; (a;b) ∈ {(1;1), (1;2), (2;1), (2;2), (3;4)}; Parameter 801 - 875)

$x_{U,miab,t}^{Eks,abs}$ = Absatzmenge der Produktart g_{miab} von Unternehmen U in Periode t in Einkaufsstätte Eks (Eks = 1,...,15; U = 0,...,9; m = 1,...,20; i = 1,...,5; (a;b) ∈ {(1;1), (1;2), (2;1), (2;2), (3;4)})

$x_{U,miab,t}^{Eks,pot}$ = Potentielle Absatzmenge der Produktart g_{miab} von Unternehmen U in Periode t in Einkaufsstätte Eks, die über die Absatzmenge hinaus, bei ausreichendem Bestand in der Einkaufsstätte zu verkaufen gewesen wäre (Eks = 1,...,15; U = 0,...,9; m = 1,...,20; i = 1,...,5; (a;b) ∈ {(1;1), (1;2), (2;1), (2;2), (3;4)})

Der Bestand einer Produktart wird bei jeder Belieferung im Normalfall bis zum Umfang der Bevorratungsmenge ergänzt. Die Belieferung der Einkaufstätten wird dabei zu Beginn und innerhalb der Periode durch jedes Unternehmen jeweils in folgender Reihenfolge vorgenommen:

- Filialen des Unternehmens,
- Versandabteilung des Unternehmens,
- Kaufhäuser,
- Verbrauchermärkte bzw. entsprechende Großhandelsunternehmen,
- Supermärkte bzw. entsprechende Großhandelsunternehmen,
- Fachgeschäfte bzw. entsprechende Großhandelsunternehmen.

Sofern die Lagerbestände einer Produktart in dem liefernden Unternehmen nicht ausreichen, um alle Einkaufsstätten entsprechend ihres Bedarfs mit dieser Produktart zu versorgen, werden die Einkaufsstätten entsprechend dieser Reihenfolge solange bedarfsgerecht beliefert, wie das Unternehmen über Lagerbestände verfügt. Unter Umständen werden daher Einkaufsstätten nicht oder nicht im gewünschten Umfang mit Produktarten versorgt.

6.7 Entgeltpolitik

6.7.1 Preislage, Preisempfehlung und Preisfixierung

Die Entgeltpolitik umfaßt nach NIESCHLAG/DICHTL/HÖRSCHGEN insbesondere die Fixierung von Preisen und Preisempfehlungen, die Festlegung von Rabatten sowie die Ausgestaltung der Liefer-, Zahlungs- und Kreditbedingungen.[158] Im Unternehmensspiel beschränkt sich die Entgeltpolitik auf die Entscheidungen über die Preislagen von Produktarten, die Fixierung von Produktpreisen in den unternehmenseigenen Verkaufsstätten, die Abgabe von Produktpreisempfehlungen für in Einzelhandelsunternehmen gelistete Produktarten sowie den Einsatz von Mengenrabatten zur Beeinflussung der Bevorratungsmengen in Einzelhandelsunternehmen. Die Funktionsrabatte für Groß- und Einzelhändler sowie die Lieferungs- und Zahlungsbedingungen werden von der Spielleitung festgelegt und stellen demzufolge keine Gestaltungskomponente der Unternehmen dar. Eine Vergabe von Krediten durch Unternehmen an Einzel- oder Großhändler kann in dem Unternehmenspiel nicht vorgenommen werden.

Im Rahmen der Einführung und der Variation von Produktarten treffen die Teilnehmer die Entscheidung, in welcher Preislage eine Produktart positioniert wird und geben den Konsumenten diese gewählte Preislage durch Werbung bekannt.[159] Eine *Preislage* stellt in dem Unternehmensspiel ein Preisintervall dar, innerhalb dessen objektiv unterschiedliche Preise verschiedener Produktarten aus subjektiver Sicht der Konsumenten nicht wahrgenommen werden bzw. keinen unterschiedlichen Einfluß auf die Präferenzbildung nehmen.[160] In Abhängigkeit von der Fertigungs- und der Verpackungsart der Produkte werden zehn mögliche Preislagen von der Spielleitung definiert, wobei keine Produktart die Untergrenze der niedrigsten Preislage unterschreiten und die Obergrenze der höchsten Preislage überschreiten kann. Für die Preislagen gilt:

$$
PLG_j^{ab} = \begin{cases} \left[PLUG_0^{ab}, \ PLOG_j^{ab} \right] & \text{für } j = 0 \\ \left] PLOG_{j-1}^{ab}, \ PLOG_j^{ab} \right] & \text{für } 1 \leq j \leq 9 \end{cases}
$$

$$
\text{für} \quad (a;b) \in \{(1;1), (1;2), (2;1), (2;2), (3;4)\}
$$

---

[158] Vgl. Nieschlag, R.; Dichtl, E.; Hörschgen, H.: (Marketing), S. 15, S. 238. MEFFERT spricht an Stelle von *Entgeltpolitik* von *Kontrahierungspolitik;* vgl. Meffert, H.: (Marketing), S. 260, während DILLER lediglich die Bezeichnung *Preispolitik* verwendet. Vgl. Diller, H.: (Preispolitik), S. 20 f.

[159] Siehe hierzu auch die Abschnitte 6.3.1, 6.5.1 und 6.5.2.

[160] Zu allgemeinen Definitionen des Begriffs *Preislage* vgl. z.B. Gutenberg, E.: (Grundlagen 2), S. 239 ff.; Gümbel, R.: (Sortimentspolitik), S. 184 ff.; Hansen, U.: (Beschaffungsmarketing), S. 340 ff.

mit

$$PLOG_j^{ab} = PLUG_0^{ab} + PLBR^{ab} \cdot (j+1)$$

für $\quad j = 0,...,9;\ (a;b) \in \{(1;1), (1;2), (2;1), (2;2), (3;4)\}$

mit

PLG_j^{ab}	= Preisintervall einer Produktart der Fertigungsart a, der Verpackungsart b und der Preislage j $(j = 0,...,9;\ (a;b) \in \{(1;1), (1;2), (2;1), (2;2), (3;4)\})$
$PLUG_0^{ab}$	= Mindestverkaufspreis einer Produktart der Fertigungsart a und der Verpackungsart b $((a;b) \in \{(1;1), (1;2), (2;1), (2;2), (3;4)\}$; Parameter 901, 903, 905, 907, 909)
$PLOG_j^{ab}$	= Preisobergrenze der Preislage j für Produktarten der Fertigungsart a und der Verpackungsart b $(j = 0,...,9;\ (a;b) \in \{(1;1), (1;2), (2;1), (2;2), (3;4)\})$
$PLBR^{ab}$	= Intervallbreite der Preislagen für Produktarten der Fertigungsart a und der Verpackungsart b $((a;b) \in \{(1;1), (1;2), (2;1), (2;2), (3;4)\}$; Parameter 902, 904, 906, 908, 910)

Für die unternehmenseigenen Verkaufsstätten Versandabteilung und Filialen bestimmen die Teilnehmer in jeder Periode für jede Einkaufsstättenart und für alle in diesen Einkaufsstätten anzubietenden Produktarten die von den Konsumenten zu fordernden Stückverkaufspreise[161] unter Berücksichtigung der in der Produkt- und Werbekonzeption zugrunde gelegten Preislage. Die in den unternehmenseigenen Verkaufsstätten mit Konsumenten erzielten Umsätze führen in der Periode des Verkaufs der Produktarten zu Einzahlungen.

Bei indirektem Absatz an Großhandels- und/oder Einzelhandelsunternehmen können die Stückpreise beim Verkauf an Konsumenten in den Einkaufsstätten nicht von den Unternehmen verbindlich fixiert werden. Jedoch wird jedes Unternehmen, analog zu der Vorgehensweise bei unternehmenseigenen Verkaufsstätten, in jeder Periode für jede unternehmensunabhängige Einkaufsstättenart und für alle in diesen Einkaufsstätten anzubietenden Produktar-

---

[161] Die Entscheidungen über die einkaufsstättenartspezifischen Stückverkaufspreise der Produktarten werden in den Feldern 1801 - 2000 des Entscheidungserfassungsprogramms *EingabeU* eingetragen.

ten des Unternehmens[162] - unter Berücksichtigung der in der Produkt- und Werbekonzeption zugrunde gelegten Preislage - *Preisempfehlungen* für die von den Konsumenten zu fordernden Stückpreise abgeben.[163] Die *Preisfixierung* in den Einzelhandelsunternehmen basiert auf den von den Unternehmen abgegebenen Verkaufspreisempfehlungen, wird aber i.d.R. in einem von der Spielleitung zu bestimmenden Maß davon abweichen.[164] Die Abweichungen von den Preisempfehlungen werden jedoch innerhalb einer Einkaufsstätte für alle anzubietenden Produktarten das gleiche relative Ausmaß aufweisen.[165]

6.7.2 Rabatte

Rabatte sind an bestimmte Bedingungen gebundene Preisnachlässe von Normal- oder Listenpreisen, die den Abnehmern einer Ware in Form von Geld- oder Naturalrabatten eingeräumt werden.[166] In dem Unternehmensspiel treten in den Handelsbeziehungen zwischen den Unternehmen und den Absatzmittlern Funktionsrabatte und Bevorratungsmengenrabatte auf, die beide als Geldrabatte gewährt werden.[167]

Die Einzelhandelsunternehmen erhalten je nach Einkaufsstättenart einen von der Spielleitung zu bestimmenden und auf die Stückverkaufspreisempfehlung der Produktart bezogenen *Funktionsrabatt* für die Wahrnehmung allgemeiner Einzelhandelsfunktionen.[168] Sofern in den Absatzweg Großhandelsunternehmen einbezogen sind, wird diesen ebenfalls ein einkaufsstät-

---

162 Die Abgabe einer Preisempfehlung für eine Produktart, bezogen auf eine Einkaufsstättenart, stellt die Voraussetzung zur Listung bzw. zur Beibehaltung der Listung in allen Einkaufsstätten der Einkaufsstättenart dar. Wird die Abgabe der einkaufsstättenartspezifischen Stückverkaufspreisempfehlung für eine Produktart in einer Periode nicht vorgenommen, erfolgt die Auslistung dieser Produktart in allen Einkaufsstätten der Einkaufsstättenart. Siehe hierzu auch Abschnitt 6.6.2.2.

163 Die Entscheidungen über die einkaufsstättenartspezifischen Stückverkaufspreisempfehlungen für die Produktarten eines Unternehmens werden in den Feldern 1401 - 1800 des Entscheidungserfassungsprogramms *EingabeU* eingetragen.

164 Siehe hierzu auch den folgenden Abschnitt.

165 Die Berechnung der durchschnittlichen Stückverkaufspreise für alle - in einer Periode in allen Einkaufsstätten an Konsumenten - abgesetzten Mengen einer Produktart beruht auf dem gewogenen arithmetischen Mittel der bei einem Verkauf an Konsumenten realisierten Stückverkaufspreise für diese Produktart. Je nach Ausmaß und Richtung der Preisabweichungen in den Einkaufsstätten kann sich ggf. ein Durchschnittspreis einstellen, der in eine Preislage einzuordnen ist, die von jener abweicht, die der Stückpreisempfehlung zugrunde liegt. Sofern die dem Durchschnittspreis zuzurechnende Preislage die in der Werbung ausgelobte Preislage der Produktart übersteigt, führt dies zur Auslistung in den Einzelhandelsunternehmen. Siehe hierzu Abschnitt 6.6.2.2.

166 Vgl. Hansen, U.: (Beschaffungsmarketing), S. 510; Diller, H.: (Preispolitik), S. 226. Zur Unterscheidung zwischen Geld- und Naturalrabatt vgl. z.B. Tietz, B.: (Marketing), S. 207 f.; Steffenhagen, H.: (Rabatte), S. 992.

167 Zu einer allgemeinen Darstellung von Rabattarten vgl. z.B. Tietz, B.: (Marketing), S. 208 f.; Meffert, H.: (Marketing), S. 347 ff.; Diller, H.: (Preispolitik), S. 226 f.; Bidlingmaier, J.: (Marketing 2), S. 350 ff.

168 Vgl. Bidlingmaier, J.: (Marketing 2), S. 350 f.

tenartspezifischer Funktionsrabatt, bezogen auf den Einstandspreis der Einzelhandelsunternehmen, als Entgelt für die Großhandelsfunktion eingeräumt.

Ein *Bevorratungsmengenrabatt* stellt eine speziell für das Unternehmensspiel MARKUS konzipierte Rabattart dar, die den Einzelhandelsunternehmen als Anreiz dienen soll, einerseits größere Mengen einer Produktart zu bevorraten als bei Verzicht auf die Gewährung des Rabattes und andererseits einen Teil des Rabattes an die Konsumenten weiterzugeben, um deren Nachfragemenge zu erhöhen.[169] Der Bevorratungsmengenrabatt wird dem im Absatzweg nächstfolgenden Absatzmittler lediglich in der Erwartung eingeräumt, daß er - in Abhängigkeit von seiner einkaufsstättenartspezifischen Elastizität der Nachfrage hinsichtlich der Rabattgewährung[170] - in der laufenden Periode eine größere Menge einer bestimmten Produktart bevorratet. Dabei wird der Rabatt auf den Einstandspreis der Produktart für den Absatzmittler bezogen und unabhängig vom Ausmaß der Kaufmenge gewährt. Jedes Unternehmen kann in einer Periode für maximal 50 Produktarten einen einkaufsstättenartenbezogenen Bevorratungsmengenrabatt vorsehen, der jedoch einen von der Spielleitung zu bestimmenden Höchstrabatt nicht überschreiten darf.[171]

Die Berücksichtigung von Funktions- und Bevorratungsmengenrabatten bei dem Absatz von Produkten an Absatzmittler führt bei diesen zu den nachfolgend dargestellten Einstandspreisen. Für die Einstandspreise von Produktarten in Einzelhandelsunternehmen gilt:

$$p_{g_{miab},t}^{U,Eh,\beta} = p_{g_{miab},t}^{U,\beta,Empf} \cdot \left(1 - FR_{Eh,t}^{\beta}\right) \cdot \left(1 - MR_{Eh,\beta,t}^{U,g_{miab}}\right)$$

mit

$$MR_{Eh,\beta,t}^{U,g_{miab}} = \begin{cases} MR_{\beta,t}^{U,g_{miab}} & \text{für } \beta = Kh, Vm, Sm, Fg \\ & \text{und } u_{R,t}^{U,Eh,\beta} + u_{H,t}^{U,Eh,\beta} = 1 \\ MR_{\beta,t}^{U,g_{miab}} \cdot RWH_t & \text{für } \beta = Vm, Sm, Fg \\ & \text{und } u_{R,t}^{U,Gh,\beta} + u_{H,t}^{U,Gh,\beta} = 1 \end{cases}$$

---

169 Siehe hierzu auch Abschnitt 6.3.3.

170 Siehe hierzu Abschnitt 6.6.2.2.

171 Die Entscheidungen über die einkaufsstättenart- und produktartspezifischen Bevorratungsmengenrabatte eines Unternehmens werden in den Feldern 2001 - 2150 des Entscheidungserfassungsprogramms *Eingabe U* eingetragen.

$$MR_{\beta,t}^{U,g_{miab}} \leq MRX_t$$

für $U = 0,...,9; \beta = Kh, Vm, Sm, Fg; m = 1,...,20; i = 1,...,5;$

$(a;b) \in \{(1;1), (1;2), (2;1), (2;2), (3;4)\}$

mit

$p_{g_{miab},t}^{U,Eh,\beta}$ = Einstandspreis für Produktart g_{miab} von Unternehmen U in der Periode t in Einzelhandelsunternehmen der Einkaufsstättenart β
$(U = 0,...,9; \beta = Kh, Vm, Sm, Fg; m = 1,...,20; i = 1,...,5; (a;b) \in \{(1;1), (1;2), (2;1), (2;2), (3;4)\})$

$p_{g_{miab},t}^{U,\beta,Empf}$ = Unverbindliche Preisempfehlung für Produktart g_{miab} von Unternehmen U in der Periode t in Einzelhandelsunternehmen der Einkaufsstättenart β
$(U = 0,...,9; \beta = Kh, Vm, Sm, Fg; m = 1,...,20; i = 1,...,5; (a;b) \in \{(1;1), (1;2), (2;1), (2;2), (3;4)\})$

$FR_{Eh,t}^{\beta}$ = Funktionsrabatt (in %) für Einzelhandelsunternehmen der Einkaufsstättenart β in der Periode t (β = Kh, Vm, Sm, Fg; Parameter 892, 893, 895, 897)

$MR_{Eh,\beta,t}^{U,g_{miab}}$ = Bevorratungsmengenrabatt (in %) für Einzelhandelsunternehmen der Einkaufsstättenart β bei Kauf der Produktart g_{miab} von Unternehmen U in der Periode t
$(U = 0,...,9; \beta = Kh, Vm, Sm, Fg; m = 1,...,20; i = 1,...,5; (a;b) \in \{(1;1), (1;2), (2;1), (2;2), (3;4)\})$

$MR_{\beta,t}^{U,g_{miab}}$ = Bevorratungsmengenrabatt (in %) für den nächsten in den Absatzweg einbezogenen Absatzmittler der Einkaufsstättenart β bei Kauf der Produktart g_{miab} von Unternehmen U in der Periode t
$(U = 0,...,9; \beta = Kh, Vm, Sm, Fg; m = 1,...,20; i = 1,...,5; (a;b) \in \{(1;1), (1;2), (2;1), (2;2), (3;4)\})$

RWH_t = Anteil des Bevorratungsmengenrabattes, den Großhändler an Einzelhändler bei Gewährung dieses Rabattes in der Periode t weitergeben (Parameter 883)

MRX_t = Maximal zulässiger Bevorratungsmengenrabatt (in %) in der Periode t (Parameter 882)

Für die Einstandspreise von Produktarten in Großhandelsunternehmen gilt:

$$p_{g_{miab},t}^{U,Gh,\beta} = p_{g_{miab},t}^{U,\beta,Empf} \cdot \left(1 - FR_{Eh,t}^{\beta}\right) \cdot \left(1 - MR_{\beta,t}^{U,g_{miab}}\right) \cdot \left(1 - FR_{Gh,t}^{\beta}\right)$$

mit

$$MR_{\beta,t}^{U,g_{miab}} \leq MRX_t$$

für $U = 0,...,9$; $\beta = $ Vm, Sm, Fg; $m = 1,...,20$; $i = 1,...,5$;

$$(a;b) \in \{(1;1), (1;2), (2;1), (2;2), (3;4)\}$$

mit

$p_{g_{miab},t}^{U,Gh,\beta}$ = Einstandspreis für Produktart g_{miab} von Unternehmen U in der Periode t in Groß-handelsunternehmen, welche die Einzelhandelsunternehmen der Einkaufsstät-tenart β versorgen
($U = 0,...,9$; $\beta = $ Kh, Vm, Sm, Fg; $m = 1,...,20$; $i = 1,...,5$; $(a;b) \in \{(1;1), (1;2),$ $(2;1), (2;2), (3;4)\}$)

$FR_{Gh,t}^{\beta}$ = Funktionsrabatt (in %) für Großhandelsunternehmen, welche die Einzelhandels-unternehmen der Einkaufsstättenart β in der Periode t versorgen
($\beta = $ Vm, Sm, Fg; Parameter 894, 896, 898)

Für die Preisfixierung jeder gelisteten Produktart in den Einzelhandelsunternehmen gilt unter Berücksichtigung der Weitergabe eines Teiles des Bevorratungsmengenrabattes und der ein-kaufsstättenspezifischen Preisabweichung von Preisempfehlungen:

$$p_{g_{miab},t}^{U,Eks} = p_{g_{miab},t}^{U,\beta,Empf} \cdot \left(1 + PAW_t^{Eks}\right) \cdot \left(1 - MR_{Kons,\beta,t}^{U,g_{miab}}\right)$$

mit
$$MR_{Kons,\beta,t}^{U,g_{miab}} = \begin{cases} MR_{Eh,\beta,t}^{U,g_{miab}} \cdot RW_{\beta,t} & \text{für } MR_{Eh,\beta,t}^{U,g_{miab}} \geq MR_{\beta,t}^{min} \\ 0 & \text{sonst} \end{cases}$$

$$\beta = \begin{cases} Kh & \text{für } Eks \in \{1;2\} \\ Vm & \text{für } Eks \in \{3;4;5\} \\ Sm & \text{für } Eks \in \{6;7;8;9;10\} \\ Fg & \text{für } Eks \in \{11;12;13;14;15\} \end{cases}$$

für $U = 0,...,9$; $m = 1,...,20$; $i = 1,...,5$; $(a;b) \in \{(1;1), (1;2), (2;1), (2;2), (3;4)\}$

mit

$p_{g_{miab},t}^{U,Eks}$	=	Stückverkaufspreis für Produktart g_{miab} von Unternehmen U in der Periode t in Einkaufsstätte Eks (U = 0,...,9; Eks = 1,...,15; m = 1,...,20; i = 1,...,5; (a;b) $\in$ {(1;1), (1;2), (2;1), (2;2), (3;4)})
PAW_t^{Eks}	=	Prozentuale Abweichung der Stückverkaufspreise aller Produktarten von den Preisempfehlungen in der Einkaufsstätte Eks in der Periode t (Eks = 1,...,15; Parameter 916 - 930)
$MR_{Kons,\beta,t}^{U,g_{miab}}$	=	Bei der Preisfixierung zu berücksichtigender Rabatt (in %) für Konsumenten der Einkaufsstättenart β bei Kauf der Produktart g_{miab} von Unternehmen U in der Periode t (U = 0,...,9; β = Kh, Vm, Sm, Fg; m = 1,...,20; i = 1,...,5; (a;b) $\in$ {(1;1), (1;2), (2;1), (2;2), (3;4)})
$RW_{\beta,t}$	=	Anteil des Mengenrabattes, den Einzelhändler in Form einer Preisreduzierung an Konsumenten weitergeben, wenn Bevorratungsmengenrabatte in Einkaufsstätten der Art β in der Periode t gewährt werden (β = Kh, Vm, Sm, Fg; Parameter 884 - 887)
$MR_{\beta,t}^{min}$	=	Mindestmengenrabatt, der erforderlich ist, damit Einzelhändler einen Teil des ihnen in Einkaufsstätten der Art β in der Periode t gewährten Mengenrabatts an Konsumenten weitergeben (β = Kh, Vm, Sm, Fg; Parameter 888 - 891)

Die Umsätze der Unternehmen mit den Absatzmittlern, die sich - je nach Absatzweg - aus den Einstandspreisen des Groß- bzw. Einzelhandels und den Absatzmengen[172] zusammensetzen, führen in der Entstehungsperiode zu Erträgen und Forderungen, in der Folgeperiode zu Einzahlungen.

---

[172] Da der Absatz einer Mengeneinheit einer Produktart an einen Absatzmittler den Absatz einer Produktverkaufseinheit an Absatzmittler gleichen Typs repräsentiert, ist bei der Berechnung des Unternehmensumsatzes mit Absatzmittlern auf den Absatz von Produktverkaufseinheiten abzustellen.

6.8 Kommunikationspolitik

6.8.1 Absatzwerbung

Die *Kommunikationspolitik* umfaßt die "planmäßige Gestaltung und Übermittlung aller auf den Markt gerichteten Informationen eines Unternehmens"[173] mit dem Ziel, die Meinungen, die Einstellungen, die Erwartungen und die Verhaltensweisen der gegenwärtigen und potentiellen Kunden im Sinne des Unternehmens zu steuern.[174] Unter der Kommunikationspolitik werden i.d.r. vier Kommunikationsinstrumente subsumiert:

- Absatzwerbung,
- Verkaufsförderung,
- Public Relations und
- Persönlicher Verkauf.[175]

Im Unternehmensspiel werden lediglich die Instrumente Absatzwerbung, Verkaufsförderung und Public Relations als kommunikationspolitische Instrumente behandelt. Der persönliche Verkauf gewinnt nur insoweit eine Bedeutung, als die hierzu eingesetzten Absatzorgane (Einzelhandelsreisende, Einzelhandelsvertreter oder Großhändler) eine unterschiedliche Betreuungsqualität der Einzelhandelsunternehmen nach sich ziehen und demzufolge einen unterschiedlichen Einfluß auf die Bevorratungsmengen dieser Einzelhändler nehmen.[176]

Absatzwerbung ist der geplante, zielorientierte und kostenverursachende Einsatz von Werbemitteln in Werbeträgern zur Beeinflussung von gegenwärtigen und potentiellen Kunden (Werbesubjekte).[177] Ein Werbemittel stellt die "reale sinnlich wahrnehmbare Erscheinungsform der Werbebotschaft"[178] z.B. in Form einer Anzeige, einer Rundfunkdurchsage, eines Fernsehspots, eines Plakats dar.[179] Um die Werbemittel an die Werbesubjekte heranführen zu

---

173 Diller, H.: (Kommunikationspolitik), S. 546.

174 Vgl. Meffert, H.: (Marketing), S. 443; Diller, H.: (Kommunikationspolitik), S. 546.

175 Vgl. Kotler, P.: (Marketing-Management), S. 488 f.; Meffert, H.: (Marketing), S. 443 f. Diller, H.: (Kommunikationspolitik), S. 546 f. NIESCHLAG, DICHTL, HÖRSCHGEN sowie HILL, RIESER fassen unter Kommunikationspolitik lediglich die Instrumente Werbung, Verkaufsförderung und Public Relations zusammen. Der persönliche Verkauf wird entweder der Distributionspolitik zugerechnet oder eigenständig, unabhängig von der Kommunikationspolitik behandelt. Vgl. Nieschlag, R.; Dichtl, E.; Hörschgen, H.: (Marketing), S. 440 f.; Hill, W.; Rieser, I.: (Marketing-Management), S. 360.

176 Siehe hierzu die Abschnitte 6.6.1.3 und 6.6.2.2.

177 Vgl. Mühlbacher, H.: (Werbung), S. 1321; Gutenberg, E.: (Grundlagen 2), S. 356.

178 Hill, W.; Rieser, I.: (Marketing-Management), S. 381. Eine *Werbebotschaft* ist die Aussage, die den Werbesubjekten z.B. über bestimmte Produkteigenschaften mitgeteilt werden soll. Vgl. Böcker, F.: (Marketing), S. 363; Tietz, B.: (Marketing), S. 259.

179 Eine Übersicht über die vielfältigen Werbemittel geben z.B. Nieschlag, R.; Dichtl, E.; Hörschgen, H.: (Marketing), S. 548; Meffert, H.: (Marketing), S. 473; Tietz, B.: (Marketing), S. 256; Gutenberg, E.: (Grundlagen 2), S. 379 ff.

können, sind Werbeträger (Werbemedien) erforderlich, z.B. Zeitungen, Zeitschriften, Radio-
und Fernsehprogramme, Plakatwände, Litfaßsäulen.[180]

Im Unternehmensspiel müssen die Unternehmen eine Werbeagentur beauftragen, um zunächst
eine Werbekonzeption für eine Marke sowie die der Marke angehörenden Produktarten zu
erstellen und anschließend die Gestaltung der Packungen (einschließlich Markierungsmittel)
sowie Werbemittel zu entwickeln. Hierfür stehen die folgenden fünf verschiedenen *Werbemittel* zur Auswahl, auf welche die Werbeagentur im Auftrag der Teilnehmer zurückgreifen
kann:

- Anzeige,
- Fernsehspot,
- Rundfunkdurchsage,
- Plakat und
- Schaufensterdekoration.

Die Werbemittel können ihrerseits in folgenden 20 verschiedenen *Werbeträgern* eingesetzt
werden:

- 3 Zeitungen,
- 4 Zeitschriften,
- 2 Fernsehprogramme,
- 3 Rundfunkprogramme,
- 6 Plakatwände und
- 2 Schaufenster unterschiedlicher Filialtypen.

Jeder Werbeträger ist auf eine von der Spielleitung zu spezifizierende Zielgruppe ausgerichtet.
Die Konsumenten der Stichprobe nehmen die Werbebotschaft entsprechend der Werbewirkung[181] und des individuellen Bedeutungsgewichtes des Werbeträgers wahr.[182] Die Werbebotschaft enthält hierbei insbesondere die in der Werbekonzeption festgelegten

- Ausprägungen der Markengrundeigenschaften,
- Ausprägungen der Markenzusatzeigenschaften,
- Bezeichnungen der Produktarten und deren Preislagen sowie
- Bezeichnungen der Einkaufsstättenarten, in denen die Produktarten angeboten werden.

---

[180]   Vgl. Böcker, F.: (Marketing), S. 363; Bidlingmaier, J.: (Marketing 2); S. 386, S. 399; Hill, W.; Rieser, I.:
(Marketing-Management), S. 381; Lehmann, E.: (Werbeträger), S. 1313 f.

[181]   Die Ermittlung der Werbewirkung wird im Verlauf des Abschnitts ausführlich erläutert.

[182]   Siehe hierzu Abschnitt 6.3.2.

Des weiteren werden in der Werbebotschaft Informationen übermittelt, die es den Konsumenten erlauben, das Alter der Marke zu perzipieren.[183] Die Absatzwerbung ermöglicht durch die Bekanntgabe der Ausprägungen der Markenzusatzeigenschaften eine Differenzierung von eigentlich homogenen Produktarten[184] und wirkt darüber hinaus bei den Konsumenten präferenzbildend und präferenzfördernd.[185] Ferner ziehen die Einzelhandelsunternehmen die Werbewirkung einer Marke heran, um die Bevorratungsmengen der Produktarten der Marke zu ermitteln.[186]

Unter Berücksichtigung der speziell für die jeweilige Marke zur Verfügung stehenden Werbemittel entscheiden die Teilnehmer in jeder Periode über die Werbeintensität[187] und die Häufigkeit der Belegung[188] der Werbemittel in den Werbeträgern.[189] Auf der Grundlage der Werbeintensität und der Belegungshäufigkeit kann die Werbewirkungsbasis, die die Wirkung der Werbemaßnahmen dieser Periode widerspiegelt, für einen Werbeträger bestimmt werden. Hierfür gilt:

$$WWB_{w,t}^{U,m} = \left[32 \cdot \ln_e \left(WIW_{w,t}^{U,m} \cdot \frac{BHW_{w,t}^{U,m}}{4} + 1 \right) \right]$$

$$\text{mit} \quad WIW_{w,t}^{U,m} = \frac{1}{4} \cdot WI_{w,t}^{U,m} + \frac{1}{4} \cdot \left(WI_{w,t}^{U,m} \right)^2 - \frac{1}{60} \cdot \left(WI_{w,t}^{U,m} \right)^3$$

$$BHW_{w,t}^{U,m} = 1,4 \cdot BH_{w,t}^{U,m} - \frac{6}{100} \cdot \left(BH_{w,t}^{U,m} \right)^2$$

für U = 0,...,9; m = 1,...,20; w = 1,...,20

---

183 Dabei kann das perzipierte Alter von dem tatsächlichen Alter abweichen. Siehe hierzu auch Abschnitt 6.5.2.

184 Siehe hierzu Abschnitt 6.5.1.

185 Siehe hierzu Abschnitt 6.3.2. Die Werbung wirkt insoweit präferenzbildend, als eine Marke einem Konsumenten u.a. erst dann bekannt sein wird, wenn dieser einen Markenwerbekontakt erreicht hat, der den Mindestkontaktwert überschreitet. Die präferenzfördernde Wirkung der Werbung zeigt sich in der Reduzierung der Produktdistanz im Umfang des Markenwerbekontaktes.

186 Siehe hierzu Abschnitt 6.6.2.2.

187 Die Werbeintensität kann ein Ausmaß von null (keine Intensität) bis neun (höchste Intensität) annehmen und repräsentiert beispielsweise die Größe einer Anzeige oder die Dauer einer Rundfunkdurchsage.

188 Die Belegungshäufigkeit kann ebenfalls ein Ausmaß von null (keine Belegung) bis neun (häufigste Belegung) annehmen.

189 Die Entscheidungen über die Ausmaße der Werbeintensität und der Belegungshäufigkeit eines jeden Werbeträgers für jede Marke eines Unternehmens werden in den Feldern 2201 - 3000 des Entscheidungserfassungsprogramms *EingabeU* eingetragen.

mit

$WWB_{w,t}^{U,m}$	=	Werbewirkungsbasis von Werbeträger w für die Marke m von Unternehmen U in der Periode t (U = 0,...,9; m = 1,...,20; w = 1,...,20)
$WIW_{w,t}^{U,m}$	=	Wirkung der Werbeintensität von Werbeträger w für die Marke m von Unternehmen U in der Periode t (U = 0,...,9; m = 1,...,20; w = 1,...,20)
$BHW_{w,t}^{U,m}$	=	Wirkung der Belegungshäufigkeit von Werbeträger w für die Marke m von Unternehmen U in der Periode t (U = 0,...,9; m = 1,...,20; w = 1,...,20)
$WI_{w,t}^{U,m}$	=	Werbeintensität von Werbeträger w für die Marke m von Unternehmen U in der Periode t (U = 0,...,9; m = 1,...,20; w = 1,...,20)
$BH_{w,t}^{U,m}$	=	Belegungshäufigkeit von Werbeträger w für die Marke m von Unternehmen U in der Periode t (U = 0,...,9; m = 1,...,20; w = 1,...,20)

Das Zusammenwirken der Werbeintensität und der Belegungshäufigkeit bei der Bestimmung der Werbewirkungsbasis veranschaulicht Abbildung 6.8.1-1.

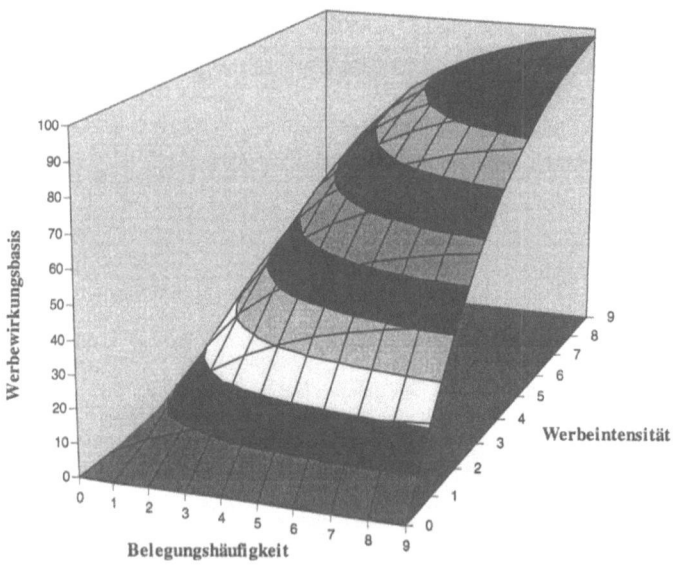

Abb. 6.8.1-1:   Werbewirkungsbasis in Abhängigkeit von Werbeintensität und Belegungshäufigkeit

Unter Berücksichtigung der Werbewirkung der vorangegangenen Periode und der Werbewirkungsbasis der laufenden Periode wird die Werbewirkung dieser Periode ermittelt. Es gilt:

$$WW_{w,t}^{U,m} = \left[\frac{2}{3} \cdot WW_{w,t-1}^{U,m} + \frac{1}{3} \cdot WWB_{w,t}^{U,m} \right]$$

mit

$WW_{w,t}^{U,m}$ = Konsumentenunabhängige Werbewirkung von Werbeträger w für die Marke m von Unternehmen U in der Periode t
(U = 0,...,9; m = 1,...,20; w = 1,...,20)

Die Werbeaufwendungen in einer Periode werden auf der Grundlage der von den Teilnehmern für jede Marke und jeden Werbeträger festgelegten Werbeintensität und Belegungshäufigkeit sowie der von der Spielleitung bestimmten Basispreise der Werbeträger ermittelt. Es gilt:

$$AW_{Aufw,t}^{U} = \sum_{m=1}^{20} \sum_{w=1}^{20} WI_{w,t}^{U,m} \cdot BH_{w,t}^{U,m} \cdot WT_{w,t}$$

für U = 0,...,9

mit

$AW_{Aufw,t}^{U}$ = Werbeaufwendungen von Unternehmen U in der Periode t
(U = 0,...,9)

$WT_{w,t}$ = Basispreis von Werbeträger w in der Periode t
(w = 1,...,20; Parameter 781 - 800)

Die Werbemaßnahmen führen in der Entscheidungsperiode zu Aufwendungen und Verbindlichkeiten, in der Folgeperiode zu Auszahlungen.

6.8.2 Verkaufsförderung

Unter dem Begriff *Verkaufsförderung* oder *Sales Promotions* werden eine Vielzahl von kommunikativen Maßnahmen zur kurzfristigen und unmittelbaren Beeinflussung des Absatzes subsumiert, die an Konsumenten, an Absatzmittler und an Außendienstmitarbeiter gerichtet sein können.[190] Im Unternehmensspiel richten sich Verkaufsförderungsmaßnahmen primär an Konsumenten und beeinflussen deren Präferenzen hinsichtlich der jeweiligen geförderten Produktarten in positiver, d.h. distanzmindernder Weise.[191] Darüber hinaus führen Sales Promotions in Einzelhandelsunternehmen zu einer Erhöhung der Bevorratungsmenge der geförderten Produktarten.[192]

Jedes Unternehmen kann in jeder Periode für jede unternehmensunabhängige Einkaufsstättenart Verkaufsförderungsmaßnahmen für maximal eine Produktart vorsehen, in jeder der beiden Filialtypen können dagegen Sales Promotions für bis zu fünf verschiedene Produktarten durchgeführt werden.[193] Die Aufwendungen für eine Verkaufsförderungsmaßnahme hängen von der Intensität der Verkaufsförderungsmaßnahme, die Werte von 1 bis 9 annehmen kann, ab. Es gilt:

$$VF_{Aufw,\beta,t}^{U,g_{miab}} = VFI_{\beta,t}^{U,g_{miab}} \cdot \left(VFI_{\beta,t}^{U,g_{miab}} + 1\right) \cdot VFP_{\beta,t}$$

$$\text{für} \quad U = 0,...,9; \ m = 1,...,20; \ i = 1,...,5;$$

$$(a;b) \in \{(1;1), (1;2), (2;1), (2;2), (3;4)\}; \ \beta = Kh, Vm, Sm, Fg, F1, F2$$

mit

$VF_{Aufw,\beta,t}^{U,g_{miab}}$ =   Aufwendungen aufgrund von Verkaufsförderungsmaßnahmen für Produktart g_{miab} von Unternehmen U in Einkaufsstätten der Art β in der Periode t
($U = 0,...,9; \ m = 1,...,20; \ i = 1,...,5; \ (a;b) \in \{(1;1), (1;2), (2;1), (2;2), (3;4)\}$;
$\beta = Kh, Vm, Sm, Fg, F1, F2$)

$VFI_{\beta,t}^{U,g_{miab}}$ =   Intensität der Verkaufsförderungsmaßnahme für Produktart g_{miab} von Unternehmen U in Einkaufsstätten der Art β in Periode t
($U = 0,...,9; \ m = 1,...,20; \ i = 1,...,5; \ (a;b) \in \{(1;1), (1;2), (2;1), (2;2), (3;4)\}$;
$\beta = Kh, Vm, Sm, Fg, F1, F2$)

---

[190]   Vgl. Nieschlag, R.; Dichtl, E.; Hörschgen, H.: (Marketing), S. 493; Steffenhagen, H.: (Marketing), S. 158 ff.; Schmalen, H.: (Kommunikationspolitik), S. 223 ff.; Gutenberg, E.: (Grundlagen 2), S. 167 ff.; Haedrich, G.; Kramer, S.: (Verkaufsförderung), S. 1214 f.; Meffert, H.: (Marketing), S. 490 f. Zur Übersicht über häufig angewandte Verkaufsförderungsmaßnahmen vgl. z.B. Meffert, H.: (Marketing), S. 491 f.

[191]   Siehe hierzu Abschnitt 6.3.2.

[192]   Siehe hierzu Abschnitt 6.6.2.2.

[193]   Die Entscheidungen über die einkaufsstättenartspezifischen Intensitäten der Verkaufsförderungsmaßnahmen und die Bezeichnungen der zu fördernden Produktarten eines Unternehmens werden in den Feldern 2171 - 2198 des Entscheidungserfassungsprogramms *EingabeU* eingetragen.

$$VFP_{\beta,t} = \text{Einkaufsstättenartspezifischer Basispreis für Verkaufsförderungsmaßnahmen in der Periode } t$$

$$(\beta = Kh, Vm, Sm, Fg, F1, F2; \text{Parameter } 776 - 780)$$

Die Verkaufsförderungsmaßnahmen führen in der Entscheidungsperiode zu Aufwendungen und Verbindlichkeiten, in der nachfolgenden Periode zu Auszahlungen.

6.8.3 Public Relations

Der Begriff *Public Relations* (Öffentlichkeitsarbeit) bezeichnet die planmäßige und systematische Gestaltung der Beziehungen zwischen dem Unternehmen und anderen sozialen Gruppen mit dem Ziel, das Ansehen des Unternehmens in der Öffentlichkeit zu festigen und zu steigern.[194] Im Unternehmensspiel spiegelt sich die Öffentlichkeitsarbeit eines Unternehmens in dessen Image bei den Absatzmittlern wider.[195]

Das Image eines Unternehmens wird hierbei durch folgende Einzelkomponenten (Imagefaktoren) beeinflußt:

- Aufwendungen für Public Relations,
- Anzahl der aufgrund zu geringer Nachfrage und/oder zu hoher Marktdurchschnittspreise ausgelisteten Produktarten,
- Verhältnis des Umfangs von angestellten Lagerfachkräften zu Lageraushilfskräften,
- Veränderung des Bestands an Lagerfachkräften und
- Verschuldungskoeffizient.

In jeder Periode können die Teilnehmer einen Geldbetrag als *Aufwendungen für Public Relations* festlegen, der zur Verbesserung des Unternehmensimages eingesetzt wird. Für den Imagefaktor hinsichtlich des PR-Aufwandes gilt:

$$IFPR_t^U = \ln_e \left(\frac{PR_{Aufw,t}^U}{1000} + 2,5 \right)$$

$$\text{für } U = 0,...,9$$

---

[194] Vgl. Meffert, H.: (Marketing), S. 493; Gutenberg, E.: (Grundlagen 2), S. 367; Hermanns, A.; Naundorf, S.: (Public Relations), S. 982 f.

[195] Im Unternehmensspiel wird unterstellt, daß die Konsumenten das Image eines Unternehmens in gleichem Maß wahrnehmen, wie die Absatzmittler. Auf eine Differenzierung des Images wird vereinfachend verzichtet, da es aus Konsumentensicht nur im Ausnahmefall zur Bestimmung einer Rangfolge herangezogen wird. Siehe hierzu Abschnitt 6.3.2.

mit

$IFPR_t^U$ =	Imagefaktor hinsichtlich des PR-Aufwandes von Unternehmen U in der Periode t (U = 0,...,9)
$PR_{Aufw,t}^U$ =	Aufwendungen für Public Relations für Unternehmen U in der Periode t (U = 0,...,9)

Die Aufwendungen für Public Relations führen in der Periode ihres Entstehens zu Verbindlichkeiten und in der Folgeperiode zu Auszahlungen.[196]

Die Einzelhandelsunternehmen werden einzelne Produktarten aus ihrem Sortiment eliminieren, sofern ihre Erwartungen hinsichtlich der gelisteten Produktarten nicht erfüllt werden. Diese Erwartungen werden einerseits an der Absatzmenge gemessen und orientieren sich andererseits an der Einhaltung (und ggf. Unterschreitung) der in der Werbung ausgelobten Produktpreislage.[197] Sofern eine dieser Absatzmittlererwartungen in einer Periode nicht erfüllt wird, führt dies - wie bereits dargestellt - unverzüglich zur Auslistung der betreffenden Produktart.[198] Die *Anzahl der aufgrund zu geringer Nachfrage und/oder zu hoher Marktdurchschnittspreise ausgelisteten Produktarten* in einer Periode bestimmt den Imagefaktor Auslistung. Es gilt:

$$IFAL_t^U = \begin{cases} \dfrac{1}{\left(\left[\dfrac{PAL_t^U}{5}\right]^+ + 1\right)^2} & \text{für } t > 1 \\[4mm] 1 & \text{für } t = 1 \end{cases}$$

$$\text{für } U = 0,...,9$$

---

[196] Die Entscheidung eines Unternehmens über die Höhe der Aufwendungen für Public Relations wird in das Feld 2199 des Entscheidungserfassungsprogramms *EingabeU* eingetragen.

[197] Siehe hierzu Abschnitt 6.6.2.2.

[198] Eine Überschreitung des Marktdurchschnittspreises einer Produktart führt in allen unternehmensunabhängigen Einkaufsstätten zu einer Auslistung dieser Produktart, so daß in diesem Fall die Anzahl der Auslistungen bis zu fünfzehn betragen kann (in Abhängigkeit von der Anzahl der unternehmensunabhängigen Einkaufsstätten, in denen die Produktart gelistet ist).

mit

Das *Verhältnis des Umfangs von angestellten Lagerfachkräften zu Lageraushilfskräften* spiegelt in dem Unternehmensspiel das qualitative Niveau der Lagerarbeiten wider. Es wird unterstellt, daß Lagerfachkräfte vor allem aufgrund ihrer Ausbildung und Erfahrung eine qualitativ bessere Leistung erbringen werden als Lageraushilfskräfte und daß die Absatzmittler diese Leistungsunterschiede z.B. anhand des Umfanges beschädigt gelieferter Ware erkennen können. Für den Imagefaktor Lagerarbeitskräfte gilt:

$$IFLF_t^U = \begin{cases} \dfrac{\ln_e\left(LFK_{Bstd,t-1}^U + 2\right)}{\ln_e\left(LHK_{Bstd,t-1}^U + 2\right)} & \text{für } t > 1 \\ 1 & \text{für } t = 1 \end{cases}$$

$$\text{für } U = 0,...,9$$

mit

Die *Veränderung des Bestandes an Lagerfachkräften* repräsentiert in dem Unternehmensspiel die Personalpolitik eines Unternehmens hinsichtlich der Vornahme von Einstellungen und Kündigungen von Mitarbeitern. Für den Imagefaktor Personalveränderung gilt:

$$
IFPV_t^U = \begin{cases} \dfrac{\ln_e\left(LFK_{Bstd,t}^U + 2\right)}{\ln_e\left(3 \cdot \left(PV_t^U + 2\right)\right)} & \text{für } t > 1 \text{ und } \Delta LFK_{Bstd,t-1}^U < 0 \\[4mm] \dfrac{\ln_e\left(LFK_{Bstd,t}^U + 2\right)}{\ln_e\left(2 \cdot \left(PV_t^U + 2\right)\right)} & \text{für } t > 1 \text{ und } \Delta LFK_{Bstd,t-1}^U \geq 0 \\[4mm] 1 & \text{für } t = 1 \end{cases}
$$

mit

$$
PV_t^U = \begin{cases} LFE_t^U - \Delta LFK_{Bstd,t-1}^U & \text{für } \Delta LFK_{Bstd,t-1}^U < 0 \\[2mm] LFE_t^U & \text{sonst} \end{cases}
$$

$$
LFE_t^U \geq 0
$$

für $U = 0,...,9$

mit

$IFPV_t^U$ = Imagefaktor Personalveränderung in Unternehmen U in der Periode t ($U = 0,...,9$)

PV_t^U = Anzahl der Einstellungen von Lagerfachkräften in der Periode t und von Entlassungen in der Vorperiode in Unternehmen U ($U = 0,...,9$)

$\Delta LFK_{Bstd,t}^U$ = Veränderung des Bestands an Lagerfachkräften in Unternehmen U in der Periode t ($U = 0,...,9$)

LFE_t^U = Anzahl der Einstellungen von Lagerfachkräften in Unternehmen U in der Periode t ($U = 0,...,9$)

Der *Verschuldungskoeffizient* wird in dem Unternehmensspiel als Risikokennzahl zur Beurteilung der Verschuldung eines Unternehmens[199] und als Kennzahl zur Beurteilung des Umfangs der Geschäftstätigkeit[200] herangezogen.[201] Für den Imagefaktor Verschuldungskoeffizient gilt:

---

[199] Vgl. Perridon, L.; Steiner, M.: (Finanzwirtschaft), S. 466.

[200] Im Unternehmensspiel werden Unternehmen mit zunehmendem Umfang der Geschäftstätigkeit (z.B. Güterbeschaffungsmengen, Produktionsmengen, Anzahl Produktarten und Absatzwege, Umsatz) eine Degression der Stückkosten verzeichnen können. Zur teilweisen Kompensation dieses Nachteils bei vergleichsweise "kleinen" Unternehmen wird deren Image relativ aufgewertet.

$$IFEK_t^U = \frac{KAP_{Eigen,t-1}^U}{KAP_{Fremd,t-1}^U}$$

mit

$$KAP_{Fremd,t-1}^U \geq 1$$

$$0 < IFEK_t^U \leq 10$$

für $U = 0,...,9$

mit

$IFEK_t^U$	=	Imagefaktor Verschuldungskoeffizient in Unternehmen U in der Periode t ($U = 0,...,9$)
$KAP_{Eigen,t}^U$	=	Eigenkapital von Unternehmen U am Ende der Periode t ($U = 0,...,9$)
$KAP_{Fremd.t}^U$	=	Fremdkapital von Unternehmen U am Ende der Periode t ($U = 0,...,9$)

Das *Unternehmensimage* der Periode wird auf der Grundlage der Imagefaktoren der laufenden Periode und des Basisimagefaktors der Vorperiode berechnet. Es gilt:

$$IMAGE_t^U = \begin{cases} \ln_e\left(BIF_t^U + 1\right) + 0,3 & \text{für } 0 < BIF_t^U \leq 1 \\[2mm] \dfrac{\ln_e\left(BIF_t^U\right)}{10} + 1 & \text{für } BIF_t^U > 1 \end{cases}$$

mit $\quad BIF_t^U = \dfrac{3}{4} \cdot BIF_{t-1}^U + \dfrac{1}{4} \cdot IFPR_t^U \cdot IFAL_t^U \cdot IFLF_t^U \cdot IFPV_t^U \cdot IFEK_t^U$

mit

$IMAGE_t^U$	=	Image von Unternehmen U in der Periode t ($U = 0,...,9$)
BIF_t^U	=	Basisimagefaktor in der Periode t unter Berücksichtigung des Basisimagefaktors der Vorperiode ($U = 0,...,9$)

---

[201] Die Unternehmen werden bei Spielbeginn i.d.R. in gleichem Maß mit Eigenkapital ausgestattet, Kapitalerhöhungen werden darüber hinaus meist für alle Unternehmen im gleichen Umfang und zum selben Zeitpunkt vorgenommen.

6.9 Entscheidungen im Marketingbereich und Instrumente zu ihrer Vorbereitung

6.9.1 Überblick

Die Teilnehmer des Unternehmensspiels werden im Marketingbereich insbesondere Entscheidungen hinsichtlich der zu verfolgenden Marketingstrategien und der Ausgestaltung des Marketing-Mix treffen.

BECKER gliedert die Marketingstrategien[202] in die folgenden vier grundlegenden Arten

- Marktfeldstrategien,
- Marktstimulierungstrategien,
- Marktparzellierungsstrategien und
- Marktarealstrategien.[203]

Von diesen Strategiearten nehmen im Unternehmensspiel die Marktparzellierungsstrategien eine herausragende Bedeutung ein.

Bei den Marktparzellierungsstrategien werden - wie Abbildung 6.9.1-1 veranschaulicht - im Hinblick auf die Marktabdeckung und die Differenzierung der Marktbearbeitung vier Strategiealternativen unterschieden.[204]

---

[202] Zur Übersicht über weitere, insbesondere bereichsübergreifende Strategiearten vgl. z.B. Kreikebaum, H.: (Unternehmensplanung), S. 52; Hax, A. C.; Majluf, N. S.: (Management), S. 39 ff.; Pümpin, C.: (Verhaltensweisen), Sp. 1917 ff.

[203] Zu den vier grundlegenden Arten von Marketingstrategien vgl. insbesondere Becker, J.: (Marketing-Konzeption), S. 121 ff. und die dort angegebene Literatur.
Die *Marktfeldstrategien* können im Unternehmensspiel i.d.R. unberücksichtigt bleiben, da die Spielleitung bei Spielbeginn ein bestimmtes Marktfeld festlegt, auf dem die Unternehmen agieren werden. Alle Produktarten, die die Unternehmen anbieten werden, können nur diesem Marktfeld angehören, so daß die Teilnehmer demzufolge nur die Strategie der Marktdurchdringung verfolgen können. Maßnahmen zur Erforschung und/oder Entwicklung neuer Produkte werden im Unternehmensspiel nicht abgebildet.
Bei den *Marktstimulierungsstrategien* stehen im allgemeinen der Preis und die Qualität als Produktmerkmale im Vordergrund. Vgl. Becker, J.: (Marketing-Konzeption), S. 154 ff. Im Unternehmensspiel stellen diese Merkmale jedoch nur einen Teil der für die Konsumenten relevanten Beurteilungsmerkmale dar, so daß hier eine Differenzierung in Präferenzstrategie und Massenmarktstrategie nur bedingt relevant erscheint.
Die *Marktarealstrategien* schließlich stellen auf die Festlegung der Absatzgebiete und die Standortwahl ab. Vgl. Becker, J.: (Marketing-Konzeption), S. 256 ff. Im Unternehmensspiel werden Absatzgebiete jedoch nur im Zusammenhang mit der Errichtung zweier Filialtypen in unterschiedlichen Regionen betrachtet.

[204] Vgl. Becker, J.: (Marketing-Konzeption), S. 214 ff.

Abdeckung des Marktes / Differenzierung der Marktbearbeitung	vollständig	teilweise
undifferenziert (Massenmarketing)	undifferenziertes Marketing	konzentriertes Marketing
differenziert (Marktsegmentierung)	differenziertes Marketing	selektiv- differenziertes Marketing

Abbildung 6.9.1-1: Strategien der Marktparzellierung[205]

Bei einem *undifferenzierten Marketing* (Massenmarketing mit vollständiger Marktabdeckung) werden die verschiedenen Segmente eines Marktes nicht beachtet, vielmehr wird der Markt als Einheit behandelt. Im Vordergrund der Angebotsgestaltung eines Unternehmens stehen nicht die Unterschiede, sondern die Gemeinsamkeiten unter den Nachfragern. Es wird ein Produkt konzipiert, das möglichst den Anforderungen einer großen Kundenzahl auf dem Markt entspricht. Die Distribution dieses Produktes erfolgt über Massenabsatzwege und die Kommunikation über Massenmedien.[206] Der Vorteil eines undifferenzierten Marketings ist - insbesondere im Vergleich zum differenzierten Marketing - in vielfältigen Kostenersparnissen zu sehen.[207]

Im Unternehmensspiel werden die Teilnehmer bei einem undifferenzierten Marketing versuchen, die Gemeinsamkeiten in den Präferenzen und dem Verhalten der Konsumenten zu erkennen und eine Marke (mit voraussichtlich mehreren Produktarten) zu gestalten, die eine

---

205 Quelle: Abgeändert übernommen aus Becker, J.: (Marketing-Konzeption), S. 215 f.

206 Vgl. Kotler, P.; Bliemel, F.: (Marketing-Management), S. 441; Becker, J.: (Marketing-Konzeption), S. 218; Meffert, H.: (Marketing), S. 104 ff.

207 Nach KOTLER/BLIEMEL führt das Angebot von nur einer Produktart vor allem bei der Produktion, der Lagerhaltung und der Distribution zu Kostenersparnissen. Vgl. Kotler, P.; Bliemel, F.: (Marketing-Management), S. 441. Ein Vergleich zwischen den verschiedenen Marktparzellierungsstrategien erscheint generell lediglich in relativ pauschaler Form möglich. Er bietet sich vor allem für die Strategiealternativen undifferenziertes und differenziertes Marketing an.

möglichst große Zahl von Konsumenten anspricht. Die Distribution der Produktarten wird i.d.r. über mehrere Absatzwege erfolgen, um für einen großen Kreis von Konsumenten erreichbar zu sein, und es werden primär Werbeträger mit einer hohe Reichweite[208] im Markt eingesetzt.

Das *konzentrierte Marketing* (Massenmarketing mit teilweiser Marktabdeckung) unterscheidet sich vom undifferenzierten Marketing dadurch, daß lediglich ein globaler Abschnitt (Teilmarkt) des Gesamtmarktes bearbeitet wird. Die Abgrenzung eines Teilmarktes vom Gesamtmarkt kann nach BECKER entweder auf objektivem Wege anhand von technischen Produkteigenschaften oder subjektiv über die werbliche Auslobung erfolgen.[209]

Im Unternehmensspiel kann die Abgrenzung eines Teilmarktes beispielsweise über die Markengrundeigenschaften - und damit die bei der Herstellung der Produktarten dieser Marke zu verwendenden Erzeugnisgruppe - erfolgen. Darüber hinaus kann hier eine Teilmarktabgrenzung auch über die Auswahl eines Absatzweges vorgenommen werden.

Bei einem *differenzierten und selektiv-differenzierten Marketing* wird - wie bereits ausführlich in Abschnitt 6.4 dargestellt - der Gesamtmarkt durch Marktsegmentierung in Teilmärkte aufgeteilt und vollständig oder teilweise mit einem segmentspezifischen Marketing-Mix bearbeitet.[210] Nach KOTLER/ BLIEMEL führt ein differenziertes Marketing im Vergleich zum undifferenzierten Marketing zwar zu höheren Umsätzen, aber auch zu höheren Kosten,[211] so daß keine generelle Strategieempfehlung gegeben werden kann. Die Strategieauswahl wird insbesondere auf der Grundlage der abnehmer-, konkurrenz- und unternehmensspezifischen Eigenheiten (strategisches Dreieck[212]) erfolgen müssen.[213]

---

[208] Zur Reichweite von Werbeträgern vgl. Bidlingmaier, J.: (Marketing 2), S. 402 f.; Schmalen, H.: (Kommunikationspolitik); S. 17, S. 127 f.

[209] Vgl. Becker, J.: (Marketing-Konzeption), S. 220 f. und die dort dargestellten Beispiele zur Unterscheidung zwischen undifferenziertem und konzentriertem Marketing einerseits sowie zur Abgrenzung des Teilmarktes vom Gesamtmarkt bei konzentriertem Marketing andererseits.

[210] Vgl. Kotler, P.; Bliemel, F.: (Marketing-Management), S. 442; Becker, J.: (Marketing-Konzeption), S. 222 f.; Meffert, H.: (Marketing), S. 104 ff., S. 255 ff.

[211] Vgl. Kotler, P.; Bliemel, F.: (Marketing-Management), S. 442 f.

[212] Zum *strategischen Dreieck* vgl. z.B. Diller, H.: (Dreieck), S. 1113; Hilleke-Daniel, K.: (Wettbewerbsstrategie), S. 1333.

[213] Vgl. Kotler, P.: (Marketing-Management), S. 219 ff.; Bliemel, F.; Lücking, J.: (Marketingstrategie), S. 698. BECKER stellt die Vor- und Nachteile von Massenmarketing und Marktsegmentierung sowie die Anforderungen, die an die jeweiligen Strategien und die Maßnahmen zu deren Implementierung zu stellen sind, ausführlich gegenüber. Vgl. Becker, J.: (Marketing-Konzeption), S. 248 ff.

Im Unternehmensspiel wird bei einem (selektiv-) differenzierten Marketing für jedes von einem Unternehmen zu bearbeitende Segment eine Produktart konzipiert[214] und in den Markt eingeführt. Durch zielgruppenorientierten Einsatz aller absatzpolitischen Instrumente kann bei den Konsumenten des ausgewählten Segmentes eine hohe Präferenz für die Produktart erzeugt werden, die diese ggf. veranlaßt, eine geeignete Einkaufsstätte aufzusuchen und dort u.U. die Produktart zu kaufen.

Die Festlegung der Marktparzellierungsstrategie in den einzelnen zeitlichen Phasen des Unternehmensspiels[215] wird von verschiedenen Faktoren abhängen, von denen die wesentlichen nachfolgend überblickartig aufgezählt werden:

- Gestaltung der Konsumentenstichprobe durch die Spielleitung im Hinblick auf die Existenz lukrativ erscheinender Segmente,[216]
- Maximale - von der Spielleitung bestimmte - Anzahl der innerhalb einer Periode in den Markt einzuführenden Produktarten,
- Strategien der Konkurrenzunternehmen,
- Verhalten der Absatzmittler insbesondere hinsichtlich Listung, Bevorratung und Preisfixierung von Produktarten,
- Anzahl der lokalisierten lukrativ erscheinenden Marktsegmente[217] unter Berücksichtigung der Konkurrenzpositionen im Markt,
- Möglichkeit der Nutzung von Synergieeffekten bei Bündelung verschiedener Produktarten unter einer Marke,
- Verfügbarkeit und Beschaffungsmöglichkeiten liquider Mittel sowie Finanzmittelbindung und -freisetzung durch die verschiedenen Produktarten.

Die Strategiebestimmung erfordert somit von den Teilnehmern des Spiels eine ständige Beobachtung und Analyse des Absatzmarktes einschließlich des Verhaltens von Konkurrenzunternehmen, um frühzeitig Veränderungen am Markt erkennen und hierauf reagieren zu können. Zur Analyse und Prognose des Kaufverhaltens der Konsumenten - und der daraus abzuleitenden Absatzmengenpotentiale des Gesamtmarktes und einzelner Segmente - sowie des Verhal-

---

214   Hierbei können - je nach Segmentabgrenzung - ggf. mehrere Produktarten unter einer Marke zusammengefaßt und Synergieeffekte, die insbesondere bei der Produkteinführung und -variation sowie bei Werbemaßnahmen auftreten, genutzt werden. Siehe hierzu die Abschnitte 6.5.1, 6.5.2 und 6.8.1.

215   In Abhängigkeit von der Anzahl der zu spielenden Perioden können beispielsweise die drei annähernd gleich langen Phasen Spielbeginn, Spielmitte und Spielende unterschieden werden. Beispielsweise kann bei Spielbeginn eine Strategie des konzentrierten bzw. undifferenzierten Marketings betrieben werden, die im Verlauf des Spiels ggf. mit einem (selektiv-) differenzierten Marketing kombiniert oder in ein (selektiv-) differenziertes Marketing überführt wird. Zur Strategiekombination und -evolution vgl. Becker, J.: (Marketing-Konzeption), S. 251 ff.

216   Siehe hierzu Abschnitt 6.4.

217   Die Lokalisierung lukrativ erscheinender Marktsegmente kann unter Einsatz des Marketing-Informationssystems und einer Absatzsegmentrechnung erfolgen. Siehe hierzu die Abschnitte 6.9.2 und 6.9.3.

tens der Konkurrenzunternehmen auf dem Markt bzw. den Teilmärkten, kann die Szenario-Technik[218] eingesetzt werden.[219] Darüber hinaus bieten sich als Ergänzung die Anwendung der Gap-Analyse[220] zum Erkennen strategischer Lücken und insbesondere der Portfolio-Technik[221] zur Darstellung der Umweltchancen und Unternehmensstärken sowie als Basis für die Strategieentwicklung durch das Unternehmen und dessen Konkurrenten an.[222] Mit Hilfe der Portfolio-Technik kann dabei u.a. analysiert werden, welche strategischen Geschäftseinheiten[223] des Unternehmens Finanzmittel binden und welche Finanzmittel erzeugen werden.[224] Zur Strategiebestimmung im Unternehmensspiel kann außerdem auf die Erkenntnisse der PIMS-Studie[225], des Erfahrungskurvenkonzepts[226] und der Lebenszyklus-Analyse[227] zurückgegriffen werden.[228]

---

218 Zur *Szenario-Technik* vgl. z.B. Götze, U.: (Szenario-Technik); Geschka, H.; v. Reibnitz, U.: (Szenario-Technik); Geschka, H.; Hammer, R.: (Szenario-Technik); Götze, U.; Rudolph, F.: (Instrumente), S. 21 ff.; Brockhaus, R.; de Boer, E.: (Informationssysteme), S. 86 ff.

219 Einen Ansatz zur Anwendung der Szenario-Technik als Instrument zur Produktprogrammplanung stellt SCHMIDT für das Unternehmensspiel MARKUS in einer vom Autor initiierten Diplomarbeit dar. Hierbei werden exemplarisch für einen Teilmarkt mehrere Szenarien entwickelt. Die Chancen und Risiken werden dabei im Rahmen einer Auswirkungsanalyse anhand einer stufenweisen Fixkostendeckungsrechnung verdeutlicht. Vgl. Schmidt, H.: (Szenario-Analyse).

220 Zur *Gap-Analyse* vgl. z.B. Götzen, G.; Kirsch, W.: (Problemfelder), S. 174 ff.; Kreikebaum, H.: (Lückenanalyse); Brockhaus, R.; de Boer, E.: (Informationssysteme), S. 84 ff.

221 Eine Übersicht über verschiedene absatzmarktorientierte Konzepte der *Portfolio-Technik* geben z.B. Welge, M. K.: (Unternehmensführung 1), S. 340 ff.; Welge, M. K.; Al-Laham, A.: (Planung), S. 195 ff.; Götze, U.; Rudolph, F.: (Instrumente), S. 30 ff.; Brockhaus, R.; de Boer, E.: (Informationssysteme), S. 88 ff.

222 Einen Ansatz zur Anwendung des Marktattraktivität-Wettbewerbsvorteil-Portfoliokonzeptes als Instrument zur Produktprogrammplanung im Unternehmensspiel MARKUS stellt AUSMEIER in einer vom Autor initiierten Diplomarbeit dar. Vgl. Ausmeier, O.: (Konzeption). Im Rahmen dieser Arbeit ist ein Anwendungsprogramm zur Entscheidungsvorbereitung unter Einsatz der Portfolio-Technik entwickelt worden, das auf dem Programmsystem LOTUS-1-2-3 basiert.

223 Eine strategische Geschäftseinheit stellt im Unternehmensspiel eine Kombination aus einer Produktart bzw. mehreren Produktarten einer Marke und einem Segment dar.

224 Vgl. Welge, M. K.; Al-Laham, A.: (Planung), S. 194; Meffert, H.: (Marketing), S. 67.

225 Zur *PIMS-Studie* vgl. z.B. PIMS Associates of the Strategic Planning Institute: (PIMS), Buzzell, R.D.; Gale, B.T.: (PIMS-Programm); Neubauer, F. F.: (PIMS-Programm); Schoeffler, S.: (Findings), Welge, M. K.; Al-Laham, A.: (Planung), S. 59 ff.

226 Zum *Erfahrungskurvenkonzept* vgl. z.B. Henderson, B. D.: (Erfahrungskurve); Hedley, B.: (Approach); Welge, M. K.; Al-Laham, A.: (Planung), S. 72 ff.

227 Zur *Lebenszyklus-Analyse* vgl. z. B. Meffert, H.: (Marketing), S. 369 ff.; Götze, U.; Rudolph, F.: (Instrumente), S. 28 ff.; Pfeiffer, W.; Bischoff, D.: (Produktlebenszyklus); Kreikebaum, H.: (Unternehmensplanung), S. 74 ff.; Jacob, H.: (Planung), S. 458 ff.

228 Einen Überblick über die Instrumente der strategischen Planung geben z.B. Götze, U.; Rudolph, F.: (Instrumente), S. 11 ff.; Wild, J.: (Grundlagen), S. 148 ff.; Hammer, R. M.: (Unternehmensplanung), S. 87 ff.

Die wesentlichen Entscheidungen zur Ausgestaltung des Marketing-Mix im Unternehmens-spiel und somit zur Umsetzung der von den Teilnehmern bestimmten Strategie umfassen die Festlegung

- des Produktprogramms,
- der Absatzwege und
- der Werbemaßnahmen.[229]

Zur Vorbereitung dieser Entscheidungen sowie zur Strategiebestimmung steht den Teilneh-mern ein Marketing-Informationssystem zur Verfügung. Darüber hinaus kann die Planung und Kontrolle des Marketing-Mix mittels einer Absatzsegmentrechnung unterstützt werden.

6.9.2 Marketing-Informationssystem

Ein Marketing-Informationssystem ist nach DILLER ein planvoll entwickeltes und geordnetes Gefüge von Informationen[230] und organisatorischen Regelungen[231] zur Befriedigung des In-formationsbedarfs jenes Teils des Managements in einem Unternehmen, der an Marketingent-scheidungen beteiligt ist.[232] Ein computergestütztes Marketing-Informationssystem besteht i.d.R. aus einer Daten-, Methoden- und Modellbank[233] sowie einer Benutzeroberfläche, über die der Anwender auf die anderen Komponenten und die von ihnen zur Verfügung gestellten Informationen zugreifen kann.[234]

---

229   Auf die weiteren Entscheidungen im Rahmen des Marketing-Mix wird - abgesehen von den bereits in den vorangehenden Abschnitten erfolgten Darstellungen - nachfolgend nur am Rande eingegangen.

230   Zum Begriff *Information* vgl. z.B. Stahlknecht, P.: (Wirtschaftsinformatik), S. 6 f.; Trott zu Solz, C. v.: (Informationsmanagement), S. 47; Wittmann, W.: (Unternehmung), S. 14; Kramer, R.: (Information), S. 22; Dworatschek, S.: (Management-Informations-Systeme), S. 48 ff.; Gaul, W.; Both, M.: (Marketing), S. 77 f.; Biethahn, J.; Fischer, D.: (Controlling-Informationssysteme), S. 25 f.

231   Die organisatorischen Regelungen beziehen sich auf die Träger der informatorischen Aufgaben (Mensch, Computer) und die Informationswege zwischen ihnen, die Informationsrechte und -pflichten sowie die Methoden der Informationsbearbeitung. Vgl. Diller, H.: (Produkt-Management), S. 7 f. Ein Marketing-In-formationssystem muß zwar nicht zwingend computergestützt sein, aber die Nutzung einer elektronischen Datenverarbeitungsanlage wird zur bedarfsgerechten (d.h. z.B. zur kurzfristigen, übersichtlichen, kom-primierten, mit Graphiken versehenen) Bereitstellung der Informationen i.d.R. notwendig sein. Vgl. Dworatschek, S.: (Management-Informations-Systeme), S. 71; Koreimann, D. S.: (Methoden), S. 21.

232   Vgl. Diller, H.: (Produkt-Management), S. 7; Diller, H; Heinzelbecker, K.: (Marketing-Informationssy-stem), S. 667; Heinzelbecker, K.: (Marketing-Informationssysteme 1985), S. 16.

233   Zur Definition und Abgrenzung der Komponenten eines Informationssystems vgl. Breitung, A.: (Marke-ting-Informationssysteme), S. 23, S. 106 ff., S. 186; Petzold, A.; Bug, P.: (MAIS), S. 118; Meffert, H.: (Marketing-Informationssysteme), S. 15 f.; Meffert, H.: (Informationssysteme), S. 33 ff.; Heinzelbecker, K.: (Marketing-Informationssysteme), S. 136 ff., S. 235 ff., S. 379.

234   Vgl. Scheer, A.-W.: (Wirtschaftsinformatik), S. 432; Zentes, J.: (Marketing), S. 72 f.; Sihler, H.: (Unter-nehmensführung), S. 159; Meffert, H.: (Informationssysteme), S. 32 f.; Petzold, A.; Bug, P.: (MAIS), S. 118.

Im Unternehmensspiel MARKUS wird den Teilnehmern ein Marketing-Informationssystem zur Verfügung gestellt, das als Auskunftssystem[235] konzipiert und auf der Grundlage des Datenbanksystems MICROSOFT ACCESS unter WINDOWS realisiert worden ist.[236] Die Datenbank des Marketing-Informationssystems enthält eine detaillierte Beschreibung der tausendköpfigen Konsumentenstichprobe im Hinblick auf die in Abschnitt 6.4 dargestellten Segmentierungskriterien. Die Methodenbank[237] bietet zum einen die Möglichkeit, im Rahmen einer Konsumentenanalyse Auswertungen der Konsumentendaten zur Marktsegmentierung und Produktpositionierung durch logische Verknüpfung[238] von Kriterienausprägungen vorzunehmen. Zum anderen können für weitergehende Konsumentenanalysen Methoden zur Lokalisierung von Marktsegmenten durch die Berechnung der Distanzen zwischen Konsumenten- und Produktpositionen, zur Selektion von segmentspezifischen Einkaufsstättenarten und zur Auswahl von segmentorientierten Werbeträgern bereitgestellt werden.[239]

Die Benutzeroberfläche, die den Anwendern nach dem Start des Marketing-Informationssystems präsentiert wird, besteht aus über verschiedene Ebenen miteinander verknüpften Bildschirmmasken, von denen jede mehrere Schaltflächen[240] zur Bedienerführung und Dateneingabe enthält. Nach der Anmeldung des Benutzers[241] beim Marketing-Informationssystem muß dieser zunächst die anzuwendende Methode festlegen. Hierbei stehen - je nach Benutzerrechten - die

- Konsumentenanalyse,
- Distanzanalyse I,

---

[235] Zum Begriff *Auskunftssystem* und zu dessen Abgrenzung von Berichts- und Entscheidungs(unterstützungs)systemen vgl. Köhler, R.; Heinzelbecker, K.: (Informationssysteme), S. 272 f.; Koreimann, D. S.: (Methoden), S. 31 f.; Zentes, J.: (Marketing), S. 178 ff.; Gaul, W.; Both, M.: (Marketing), S. 173 ff., S. 198 ff.; Szyperski, N.: (Stand), S. 31 f.; Reusch, P. J. A.: (Aufbau), S. 1-11 f.

[236] Ein Konzept eines Marketing-Informationssystems für das Unternehmensspiel MARKUS stellt BOSSE in einer vom Autor initiierten Diplomarbeit dar. Vgl. Bosse, C.: (Konzeption). Im Rahmen dieser Arbeit ist ein computergestütztes Marketing-Informationssystem entwickelt worden, das auf dem Programmsystem ACCESS basiert.

[237] Auf die Implementierung einer Modellbank als Teil des Marketing-Informationssystems für das Unternehmensspiel wurde verzichtet, um den Teilnehmern die Auswertung der Daten nicht übermäßig zu erleichtern.

[238] Zur logischen Verkettung von Daten stehen - wie nachfolgend anhand eines Beispiels verdeutlicht wird - verschiedene Verknüpfungsoperatoren (z.B. UND, ODER, NICHT) zur Verfügung.

[239] Es obliegt der Spielleitung festzulegen, welche Methoden den Teilnehmern im Marketing-Informationssystem bereitgestellt werden.

[240] Die Schaltflächen werden über einen Mauszeiger angesteuert.

[241] Die Anmeldung beim Marketing-Informationssystem sieht eine Identifizierung des Anwenders (User-Id, Paßwort) vor, so daß ausschließlich die von der Spielleitung festgelegten anwenderspezifischen Zugriffsrechte in Anspruch genommen werden können. Diese Zugriffsrechte beziehen sich zum einen auf die Methoden und zum anderen auf die Art der Strukturierung der Kriterienausprägungen. Zu letzterem siehe Abschnitt 6.4.

- Distanzanalyse II,
- Einkaufsstättenartenanalyse,
- Werbeträgeranalyse I und
- Werbeträgeranalyse II

zur Auswahl.[242]

Die *Konsumentenanalyse* stellt ein grundlegendes Instrument zur Auswertung der Konsumentendaten dar. Jede Auswertung wird durch eine Basis- und eine Fragebedingung determiniert. Die Basisbedingung beschreibt jenen Konsumentenkreis als Teilmenge der Stichprobe, der anhand der Fragebedingung untersucht werden soll.[243] Zur Formulierung einer Bedingung wird zunächst die gewünschte Kriteriengruppe lokalisiert und die korrespondierende Pfeiltaste mit dem Mauszeiger angewählt, worauf in einer Auswahlliste die einzelnen Kriterien dieser Kriteriengruppe präsentiert werden.[244] Nach dem Ansprechen des gewünschten Kriteriums kann die Kriterienausprägung festgelegt werden. Die Eingabe der Bedingung wird im Ausgabefeld angezeigt. Sofern mehrere Kriterienausprägungen in einer Bedingung miteinander verknüpft werden sollen, sind die erforderlichen Operatoren in die Formulierung der Bedingung einzubeziehen. Bei fehlerhaften Eingaben kann der Inhalt gelöscht (Schaltfläche *Löschen*) und richtig eingegeben werden, nach vollständiger Formulierung einer Bedingung wird durch Anprechen der Schaltfläche *Berechnung* die nächste Bildschirmmaske angezeigt. Bei dieser handelt es sich um die Bildschirmmaske zur Formulierung der Fragebedingung. Zur Vereinfachung der Eingabe kann die Basisbedingung - wie auch die nachfolgend angesprochene Fragebedingung als Tabelle gestaltet werden. Abbildung 6.9.2-1 veranschaulicht die Formulierung einer Basisbedingung.

---

[242] Darüber hinaus stehen der Spielleitung Routinen zur Verwaltung des Marketing-Informationssystems (z.B. Vergabe von Zugriffsrechten, Aufnahme von Paßwörtern, Veränderung der Stichprobe hinsichtlich Kriterienbezeichnungen und -ausprägungen etc.) zur Verfügung.

[243] Beispiel:
Basis: Alle weiblichen Konsumenten zwischen 20 und 30 Jahren.
Frage: Wieviele Konsumenten präferieren die Einkaufsstättenart Verbrauchermarkt für ihre Einkäufe am höchsten?
Resultat (Einzelergebnis): Anzahl der Konsumenten, die weiblich und zwischen 20 und 30 Jahren alt sind und einen Verbrauchermarkt zum Einkauf am höchsten präferieren.

[244] Sofern mehr als sechs Kriterien einer Kriteriengruppe angehören, erscheinen nicht alle Kriterien gleichzeitig in der Auswahlliste. Durch Anwählen der Pfeile ⇑ ⇓ können jedoch sukzessive alle Kriterien dargestellt werden.

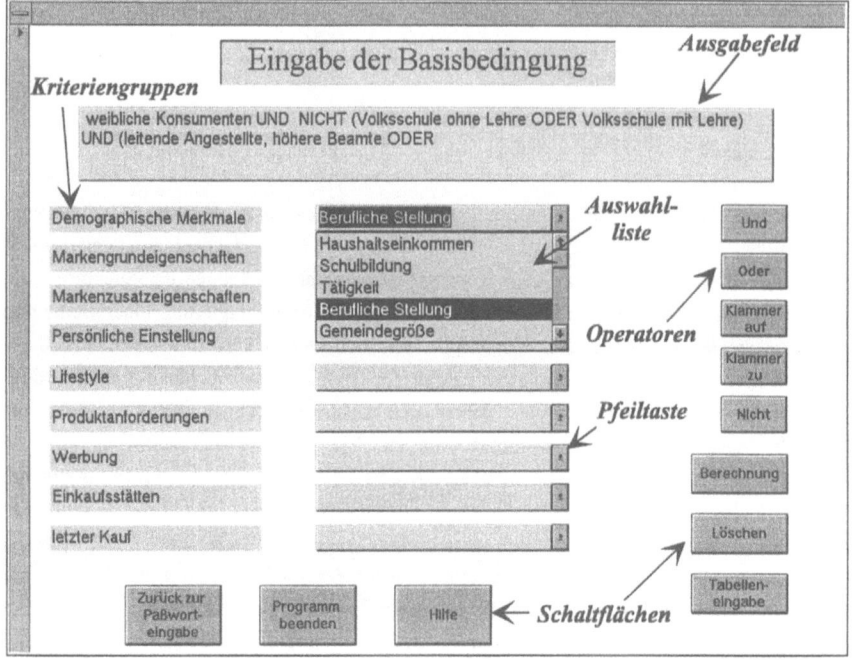

Abb. 6.9.2-1: Bildschirmmaske zur Formulierung der Basisbedingung

Mit der Fragebedingung werden die (kombinierten) Kriterienausprägungen festgelegt, deren Häufigkeit bei der gewählten Basis ausgezählt werden soll. Die Formulierung einer Fragebedingung erfolgt auf die gleiche Weise wie die einer Basisbedingung.[245] Durch Ansprechen der Schaltfläche *Berechnung* gelangt man hier zur Bildschirmmaske mit dem Analyseresultat. Je nach Formulierung der Bedingungen wird das Resultat anschließend als Einzelergebnis oder als Tabelle (Ergebnismatrix) - wie in Abbildung 6.9.2-2 exemplarisch dargestellt[246] - auf dem Bildschirm und/oder Drucker ausgegeben.

---

[245] Der Aufbau der Bildschirmmaske zur Formulierung der Fragebedingungen entspricht dem zur Formulierung der Basisbedingungen.

[246] Das in der Abbildung veranschaulichte Ergebnis steht in keinem Zusammenhang mit den in Abbildung 6.9.2-1 formulierten Basisbedingungen, deren Auswertung lediglich zu einem Einzelergebnis führen würde.

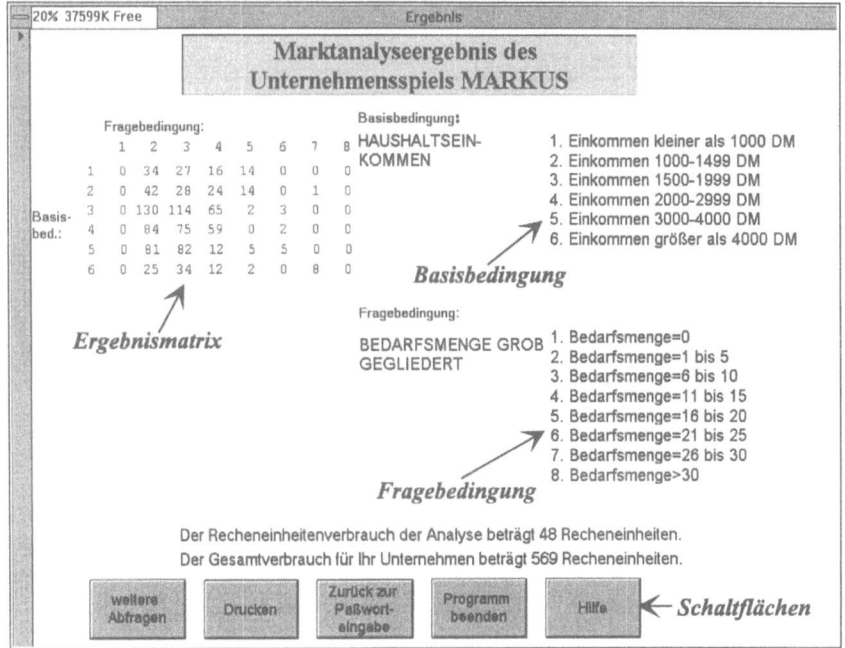

Abb. 6.9.2-2: Bildschirmmaske mit Analyseergebnis in Tabellenform

Nach der Ergebnisausgabe kann der Anwender weitere Analysen der Konsumentenstichprobe vornehmen. Zur Dokumentation der Nutzungsintensität des Marketing-Informationssystems durch die Teilnehmer werden für die vorgenommenen Analysen jeweils Recheneinheiten ermittelt und unternehmensbezogen gespeichert.[247]

In der *Distanzanalyse I* werden für eine von den Benutzern des Marketing-Informationssystems zu definierende Produktposition die Distanzen[248] zu jeder Konsumentenposition ermittelt. Der Ergebnisbericht weist - wie Abbildung 6.9.2-3 verdeutlicht - die Anzahl der Konsu-

---

[247] Die Anzahl der Recheneinheiten eines Unternehmens in einer Periode kann von der Spielleitung als eine Bezugsgröße zur Bestimmung der Marktforschungsaufwendungen herangezogen werden.

[248] Die Bestimmung der Distanz erfolgt anhand der Produktdistanz 1 bei einem unterstellten Markenwerbekontakt von null. Siehe hierzu Abschnitt 6.3.2. Die Benutzer des Marketing-Informationssystems geben hierzu die Produktposition (Ausprägungen der Markengrund- und -zusatzeigenschaften, des Markenalters, des Preisbereichs, der Fertigungs- und Verpackungsart) an, die von der Spielleitung festgelegten Bedeutungsgewichtungsfaktoren für das Markenalter, die Fertigungsart und die Verpackungsart sowie den Distanzfaktor an. Ferner bestimmen die Benutzer, ob der Markentreuegrad in die Analyse einbezogen werden soll oder nicht. Sofern der Markentreuegrad berücksichtigt wird, beruht die Analyse auf der Annahme, daß jeder Konsument die Produktart, die durch die eingegebene Produktposition repräsentiert wird, in der Vorperiode gekauft hat.

247

menten, differenziert nach Distanzklassen, den Bedarf der Konsumenten jeder Distanzklasse sowie die jeweils kumulierte Anzahl Konsumenten und den kumulierten Bedarf aus.

Ergebnis der Distanzanalyse I

Markengrundeigenschaft 1:	3	Markenalter:	4
Markengrundeigenschaft 2:	8	BGF Markenalter:	10
Markengrundeigenschaft 3:	2	Preisbereich:	7
Markengrundeigenschaft 4:	1	Fertigungsart	4
Markengrundeigenschaft 5:	0	BGF Fertigungsart:	30
Markenzusatzeigenschaft 1:	4	Verpackungsart:	9
Markenzusatzeigenschaft 2:	6	BGF Verpackungsart:	10
Markenzusatzeigenschaft 3:	8	Distanzfaktor:	2,25
Markenzusatzeigenschaft 4:	0	Markentreuegrad:	Nein
Markenzusatzeigenschaft 5:	5		

Distanz	Konsumenten-anzahl	Kum. Anzahl	Bedarfs-menge	Kum. Bedarfsmenge
bis 200	13	13	33	33
201 bis 400	59	72	162	195
401 bis 600	43	115	122	317
601 bis 800	41	156	136	453
801 bis 1000	49	205	191	644
1001 bis 1200	46	251	168	812
1201 bis 1400	38	289	145	957
1401 bis 1600	41	330	159	1116
1601 bis 1800	31	361	119	1235
1801 bis 2000	27	388	93	1328
2001 bis 2200	14	402	45	1373
2201 bis 2400	12	414	36	1409
2401 bis 2600	17	431	68	1477
2601 bis 2800	11	442	40	1517
2801 bis 3000	11	453	32	1549
über 3000	547	1000	1866	3415

Abb. 6.9.2-3: Ergebnisbericht der Distanzanalyse I

Der beispielhaft dargestellte Ergebnisbericht verdeutlicht, daß 205 der tausend Konsumenten eine Distanz von nicht mehr als 1.000 aufweisen und daß diese Konsumentengruppe einen Gesamtbedarf von ca. 19% des Gesamtmarktpotentials[249] nachfragt.[250]

---

[249] Das Gesamtmarktpotential umfaßt im Unternehmensspiel die in der Stichprobe beschriebene Basisbedarfsmenge aller Konsumenten multipliziert mit dem Absatzmengenfaktor der Periode. Siehe hierzu Abschnitt 6.3.3.

Die *Distanzanalyse II* erfolgt analog zur Distanzanalyse I, jedoch mit dem Unterschied, daß der Benutzer des Marketing-Informationssystems zum einen die Ausprägungen nur eines Teils der Produkteigenschaften fest vorgibt[251] und für den verbleibenden Teil der Produkteigenschaften lediglich den Variationsbereich der Ausprägungen[252] determiniert. Zum anderen wird eine Bedarfsmenge für eine Periode vorgegeben, die die Konsumentengruppe[253] mindestens nachfragen soll. Der Ergebnisbericht stellt - im Rahmen des vorgegebenen Variationsbereichs - die Produktpositionen dar, bei denen eine Konsumentengruppe mindestens die vorgegebene Bedarfsmenge nachfragen wird und keiner der Konsumenten die Distanzobergrenze überschreitet. Abbildung 6.9.2-3 zeigt einen Ausschnitt aus einem Ergebnisbericht der Distanzanalyse II.[254] In dem Beispiel wird vereinfachend lediglich das Markenalter variiert,[255] während die Kriterienausprägungen der Markenzusatzeigenschaften (MZE), des Preisbereichs (Preis), der Fertigungsart (Fert.-art) und der Verpackungsart (Verp.-art) unverändert bleiben. Das Ergebnis zeigt, daß bei einem Markenalter von 2 bis 5 Perioden ca. 200 Konsumenten eine Distanz von nicht mehr als 1.000 aufweisen und ab einem Markenalter von sechs Perioden sich der Kreis der Konsumenten, der diese Distanz nicht überschreitet, beständig verringert. Hieraus könnte beispielsweise die Entscheidung abgeleitet werden, eine Nachfolge-Marke mit der entsprechenden Produktart in der Periode in den Markt einzuführen, in der die Vorgänger-Marke ein Alter von sechs Perioden erreicht.

---

250 Für die Nutzung der Distanzanalyse I sowie der nachfolgend dargestellten Methoden werden keine Recheneinheiten - analog zur Konsumentenanalyse - ermittelt, sondern es wird nur die Anzahl der durchgeführten Analysen dokumentiert.

251 Die Ausprägungen der fünf Markengrundeigenschaften sind grundsätzlich vorzugeben, da im Unternehmensspiel lediglich fünf verschiedene Ausprägungskombinationen von Markengrundeigenschaften durch die Teilnehmer zugrunde gelegt werden können. Diese werden durch die Ausprägungskombinationen der Basisfaktorarten determiniert. Siehe hierzu Abschnitt 6.3.2.

252 Der maximale Variationsbereich der Kriterienausprägungen ist von den jeweiligen Kriterien abhängig. Bei den Markenzusatzeigenschaften besteht der Bereich aus den Ausprägungen 0,...,9, dagegen setzt sich der Variationsbereich der Fertigungsart lediglich aus drei Kriterienausprägungen (0, 4, 9) und jener der Verpackungsart nur aus zwei Kriterienausprägungen (0, 9) zusammen. Der von den Benutzern festzulegende Variationsbereich umfaßt eine Teilmenge des maximalen Variationsbereichs.

253 Die Konsumentengruppe umfaßt alle Konsumenten der Stichprobe, deren Distanz zu der Produktposition die vorgegebene Distanzobergrenze nicht überschreitet.

254 Die grau unterlegte Zeile des Ergebnisberichts kennzeichnet das Teilergebnis, das bei den nachfolgenden Analysen als Ausgangspunkt zugrunde gelegt wird.

255 Bei der Variation aller möglichen nicht fest vorzugebenden Produkteigenschaften und unter Ausnutzung des maximalen Variationsbereichs existieren 54 Millionen Kombinationen. Bei einer (optimistisch) unterstellten Rechenzeit von lediglich einer Sekunde pro Kombination folgt eine Gesamtrechenzeit von 625 Tagen. Dies verdeutlicht, daß bei der Anwendung der Distanzanalyse II nur eine beschränkte Anzahl von Produkteigenschaften in einem möglichst eng begrenzten Variationsbereich nicht determiniert werden sollte.

Ergebnis der Distanzanalyse II

Markengrundeigenschaft 1:	3	BGF Markenalter:	10
Markengrundeigenschaft 2:	8	BGF Fertigungsart:	30
Markengrundeigenschaft 3:	2	BGF Verpackungsart:	20
Markengrundeigenschaft 4:	1	Distanzfaktor:	2,25
Markengrundeigenschaft 5:	0	Markentreuegrad:	Nein
Distanzobergrenze:	1000	Mindestabsatzmenge:	50

MZE 1	MZE 2	MZE 3	MZE 4	MZE 5	Marken-Alter	Preis	Fert. -art	Verp. -art	Konsumen- tenanzahl	Bedarfs- menge
4	6	8	0	5	1	7	4	9	165	517
4	6	8	0	5	2	7	4	9	200	628
4	6	8	0	5	3	7	4	9	206	645
4	6	8	0	5	4	7	4	9	205	644
4	6	8	0	5	5	7	4	9	200	625
4	6	8	0	5	6	7	4	9	173	535
4	6	8	0	5	7	7	4	9	138	421
4	6	8	0	5	8	7	4	9	107	324
4	6	8	0	5	9	7	4	9	71	223

Abb. 6.9.2-4: Ergebnisbericht der Distanzanalyse II

Die *Einkaufsstättenartenanalyse* bietet die Möglichkeit, die Präferenzen eines ausgewählten Kreises von Konsumenten hinsichtlich deren Bereitschaft, bestimmte Einkaufsstättenarten zum Kauf von Produkten aufzusuchen, näher zu analysieren. Hierzu greift der Anwender i.d.R. auf ein Teilergebnis der Distanzanalyse II zurück und gibt die Produktposition sowie die erforderlichen Parameter vor. Der Ergebnisbericht zeigt - abgesehen von den Eingabedaten - als ein Resultat die Anzahl der Konsumenten auf, welche die vorgegebene Distanzobergrenze nicht überschreiten und im Hinblick auf ihre Einkaufsstättenpräferenzen untersucht werden. Ferner wird die Bedarfsmenge dieses Konsumentenkreises angegeben.[256] Der Ergebnisbericht stellt im weiteren dar, wieviele Konsumenten Einkaufsstätten der verschiedenen Einkaufsstättenarten zum Kauf von Produkten heranziehen werden und wie umfangreich deren Bedarfsmenge ausfällt.[257] Darüber hinaus wird für jede im Unternehmensspiel mögliche

---

[256] Diese Resultate werden den Anwendern bereits bekannt sein, wenn zuvor die Distanzanalyse II durchgeführt wurde.

[257] Die Anzahl der Konsumenten wird sowohl als Absolutwert als auch relativ, bezogen auf die Zahl der Konsumenten, die die Distanzobergrenze nicht überschreiten, ausgewiesen. Dies gilt entsprechend für die Darstellung der Bedarfsmenge.

Kombination von Einkaufsstättenarten die Zahl der über diese Absatzwege erreichbaren Konsumenten und deren Bedarfsmenge aufgezeigt. Das Ergebnis kann als Ausgangspunkt zur Festlegung der (markenspezifischen) Absatzwege verwandt werden. Abbildung 6.9.2-5 zeigt einen Ausschnitt aus einem Ergebnis der Einkaufsstättenanalyse; das dargestellte Beispiel beruht auf einem Teilresultat der zuvor durchgeführten Distanzanalyse II.

Ergebnis der Einkaufsstättenanalyse

Markengrundeigenschaft 1:	3	Markenalter:	4
Markengrundeigenschaft 2:	8	BGF Markenalter:	10
Markengrundeigenschaft 3:	2	Preisbereich:	7
Markengrundeigenschaft 4:	1	Fertigungsart:	4
Markengrundeigenschaft 5:	0	BGF Fertigungsart:	30
Markenzusatzeigenschaft 1:	4	Verpackungsart:	9
Markenzusatzeigenschaft 2:	6	BGF Verpackungsart:	10
Markenzusatzeigenschaft 3:	8	Distanzfaktor:	2,25
Markenzusatzeigenschaft 4:	0	Markentreuegrad:	Nein
Markenzusatzeigenschaft 5:	5	Distanzobergrenze:	1000
Konsumentenzahl:	205	Bedarfsmenge:	644

Nr.	Einkaufsstätten-Kombination	Konsumenten-anzahl	%	Bedarfs-menge	%
1	Kaufhäuser (Kh)	73	35,6	213	33,1
2	Verbrauchermärkte (Vm)	153	74,6	480	74,5
3	Supermärkte (Sm)	126	61,5	409	63,5
4	Fachgeschäfte (Fg)	97	47,3	317	49,2
5	Filiale, Stadt (F1)	13	6,3	60	9,3
6	Filiale, Land (F2)	95	46,3	279	43,3
7	Versand (Vs)	57	27,8	172	26,7
8	Kh, Vm	178	86,8	556	86,3
9	Kh, Sm	166	81,0	517	80,3
10	Kh, Fg	150	73,2	464	72,1
11	Kh, F1	85	41,5	271	42,1
12	Kh, F2	140	68,3	423	65,7
13	Kh, Vs	115	56,1	340	52,8
14	Vm, Sm	195	95,1	617	95,8
15	Vm, Fg	183	89,3	583	90,5
⋮					
44	Vm, Sm, Fg	201	98,1	638	99,1
⋮					
64	Kh, Vm, Sm, Fg	205	100,0	644	100,0
⋮					
84	Kh, Vm, Sm, Fg, F1	205	100,0	644	100,0
⋮					
94	Kh, Vm, Sm, Fg, F1, F2	205	100,0	644	100,0
⋮					
98	Kh, Vm, Sm, Fg, F1, F2, VS	205	100,0	644	100,0

Abb. 6.9.2-5: Ergebnisbericht der Einkaufsstättenanalyse

Die *Werbeträgeranalyse I* basiert ebenfalls auf einem von dem Anwender auszuwählenden Teilergebnis der Distanzanalyse II. In einer 20×10-Matrix oder gebündelt in drei Ausprägungsklassen werden die Häufigkeiten, in denen die Bedeutungsgewichte von Werbeträgern bei den selektierten Konsumenten auftreten, differenziert nach Werbeträgern, abgebildet. Anhand der Häufigkeitsverteilung der Bedeutungsgewichte von Werbeträgern kann eine Auswahl getroffen werden, welche Werbeträger zur Absatzwerbung für bestimmte Marken und die dazugehörigen Produktarten herangezogen werden sollen. Abbildung 6.9.2-6 zeigt einen Ergebnisbericht, in dem die Bedeutungsgewichte der Werbeträger in drei Klassen zusammengefaßt sind.

Ergebnis der Werbeträgeranalyse I

Markengrundeigenschaft 1:	3	Markenalter:	4
Markengrundeigenschaft 2:	8	BGF Markenalter:	10
Markengrundeigenschaft 3:	2	Preisbereich:	7
Markengrundeigenschaft 4:	1	Fertigungsart:	4
Markengrundeigenschaft 5:	0	BGF Fertigungsart:	30
Markenzusatzeigenschaft 1:	4	Verpackungsart:	9
Markenzusatzeigenschaft 2:	6	BGF Verpackungsart:	10
Markenzusatzeigenschaft 3:	8	Distanzfaktor:	2,25
Markenzusatzeigenschaft 4:	0	Markentreuegrad:	Nein
Markenzusatzeigenschaft 5:	5	Distanzobergrenze:	1000

Nr.	Werbeträger	Anzahl der Konsumenten mit einem Bedeutungsgewicht von:		
		0 bis 2	3 bis 6	7 bis 9
1	Boulevardzeitungen	48	17	140
2	überregionale Zeitungen	151	13	41
3	lokale Zeitungen	7	150	48
4	Fernsehzeitschriften	35	149	21
5	Frauenzeitschriften	67	123	15
6	Magazine	139	24	42
7	Spezialmagazine	153	49	3
8	öffentliches Fernsehen	7	131	67
9	privates Fernsehen	22	111	72
10	Hörfunk mit Volksmusik	141	44	20
11	Hörfunk mit Unterhalt.-musik	10	141	54
12	Hörfunk mit Popmusik	66	130	9
13	Anschlagtafeln Stadt 1	200	0	5
14	Anschlagtafeln Stadt 2	188	17	0
15	Anschlagtafeln Stadt 3	193	0	12
16	Anschlagtafeln ländlich 1	26	105	74
17	Anschlagtafeln ländlich 2	18	117	70
18	Anschlagtafeln ländlich 3	24	131	50
19	Schaufensterwerb. Filiale 1	188	5	12
20	Schaufensterwerb. Filiale 2	17	138	50

Abb. 6.9.2-6: Ergebnisbericht der Werbeträgeranalyse I

Die *Werbeträgeranalyse II* stellt eine Fortsetzung der Werbeträgeranalyse I dar. Neben der Produktposition, der Distanzobergrenze und den erforderlichen Parametern[258] werden bei dieser Analyse auch die angestrebten Werbewirkungen (WW) der einzusetzenden Werbeträger (WT) vorgegeben. Der Ergebnisbericht (Abbildung 6.9.2-7) zeigt die Anzahl der Konsumenten, differenziert nach Klassen von Markenwerbekontakten, den Gesamtbedarf der Konsumenten jeder Markenwerbekontaktklasse sowie die kumulierte Anzahl Konsumenten und den kumulierten Gesamtbedarf auf.

Ergebnis der Werbeträgeranalyse II

Markengrundeigenschaft 1:	3	Markenalter:	4
Markengrundeigenschaft 2:	8	BGF Markenalter:	10
Markengrundeigenschaft 3:	2	Preisbereich:	7
Markengrundeigenschaft 4:	1	Fertigungsart	4
Markengrundeigenschaft 5:	0	BGF Fertigungsart:	30
Markenzusatzeigenschaft 1:	4	Verpackungsart:	9
Markenzusatzeigenschaft 2:	6	BGF Verpackungsart:	10
Markenzusatzeigenschaft 3:	8	Distanzfaktor:	2,25
Markenzusatzeigenschaft 4:	0	Markentreuegrad:	Nein
Markenzusatzeigenschaft 5:	5	Distanzobergrenze:	1000
		BGF Absatzwerbung:	20

WT	1	2	3	4	5	6	7	8	9	10	11	12	13	14	15	16	17	18	19	20
WW	40	0	0	0	0	0	0	30	30	0	20	0	20	0	0	20	20	20	0	60

Werbekontakt	Konsumenten-anzahl	Kum.-Anzahl	Bedarfs-menge	Kum. Bedarfsmenge
> 1500	0	0	0	0
1500 bis 1001	0	0	0	0
1000 bis 901	0	0	0	0
900 bis 801	0	0	0	0
800 bis 701	0	0	0	0
700 bis 601	0	0	0	0
600 bis 501	0	0	0	0
500 bis 401	0	0	0	0
400 bis 301	33	33	89	89
300 bis 251	84	117	244	333
250 bis 201	52	169	169	502
200 bis 151	27	196	105	607
150 bis 101	3	199	15	622
100 bis 51	5	204	18	640
50 bis 0	1	205	4	644

Abb. 6.9.2-7: Ergebnisbericht der Werbeträgeranalyse II

---

258 Ergänzend zu den bisher schon anzugebenden Parametern ist für die Durchführung der Werbeträgeranalyse II die Angabe des Bedeutungsgewichtungsfaktors der Absatzwerbung erforderlich. Siehe hierzu auch Abschnitt 6.3.2.

Die sukzessive Anwendung der Methoden des Marketing-Informationssystems ermöglicht den Teilnehmern des Unternehmensspiels zunächst die eingehende Analyse des Gesamtmarkts als eine Grundlage zur Strategiebestimmung sowie die Lokalisierung von Marktsegmenten als Basis zur Produktpositionierung und Markenbildung. Daran anschließend können die Absatzwege festgelegt und geeignete Einkaufsstättenarten, die den Absatz der über diese Absatzwege zu vertreibenden Produktarten des Produktprogramms ermöglichen, ausgewählt werden. Die Selektion der Werbeträger, die für Werbemaßnahmen der Produktarten einer Marke eingesetzt werden sollen, sowie die werbeträgerspezifische Planung von Belegungshäufigkeiten und Werbeintensitäten zur Erreichung der angestrebten Werbewirkungen stellen die letzten wesentlichen Schritte der Planung des Marketing-Mix dar.[259]

6.9.3 Absatzsegmentrechnung

Eine Absatzsegmentrechnung ist eine Periodenerfolgsrechnung für einzelne Absatzsegmente[260] in Form einer stufenweisen Deckungsbeitragsrechnung, die mit dem Ziel durchgeführt wird, Gewinn- und Verlustquellen zu lokalisieren und Ansätze zur Verbesserung des Unternehmenserfolgs durch eine selektive Absatzpolitik[261] zu finden.[262]

---

[259] Die Durchführung von Verkaufsförderungsmaßnahmen und Public Relations sowie der gezielte Einsatz von Bevorratungsmengenrabatten sind im Unternehmensspiel zwar keine unwichtigen, aber dennoch lediglich ergänzende Entscheidungen zur Ausgestaltung des Marketing-Mix.

[260] Absatzsegmente werden hier als gedanklich differenzierbare Tätigkeitsbereiche innerhalb des Marketing eines Unternehmens (z.B. die Gesamtheit aller Produkte, Absatzgebiete, Kunden etc.) angesehen, denen Erlöse und Kosten gesondert zugerechnet werden können. Vgl. Geist, M.: (Absatzpolitik), S. 54 ff.; Fischer, K.-P.: (Vertriebskostenrechnung), S. 69 ff.; Böcker, F.: (Marketing-Kontrolle), S. 103 f.; Köhler, R.: (Absatzsegmentrechnung), Sp. 7.; Köhler, R.: (Beiträge), S. 328; Röhrenbacher, H.: (Leistungsrechnung), S. 81 f.
Der Absatz von Erzeugnissen wird hier in der Absatzsegmentrechnung nicht berücksichtigt, da Erzeugnisse - im Gegensatz zu Produkten - ohne Marketingmaßnahmen lediglich an gewerbliche Großabnehmer und Konkurrenzunternehmen abgesetzt werden können. Über mehrere Perioden wirkende Entscheidungen wie z.B. die Einführung neuer Marken und Produktarten, der Aufbau eines physischen Distributionssystems treten bei dem Absatz von Erzeugnissen nicht auf.

[261] "Eine *selektive Absatzpolitik* konzentriert die Angebotsbemühungen auf jene Kunden, Gebiete, Produkte, Aufträge und Vertriebskanäle, die einen hohen Beitrag zur Erfüllung der betriebswirtschaftlichen Ziele des Anbieters versprechen." Köhler, R.: (Absatzsegmentrechnung), Sp. 7 f. Vgl. hierzu auch Geist, M.: (Absatzpolitik), S. 4 ff.

[262] Vgl. Geist, M.: (Absatzpolitik), S. 64 ff.; Köhler, R.: (Absatzsegmentrechnung), Sp. 7 f.; Köhler, R.: (Marketing-Controlling), S. 205; Röhrenbacher, H.: (Leistungsrechnung), S. 80 f.

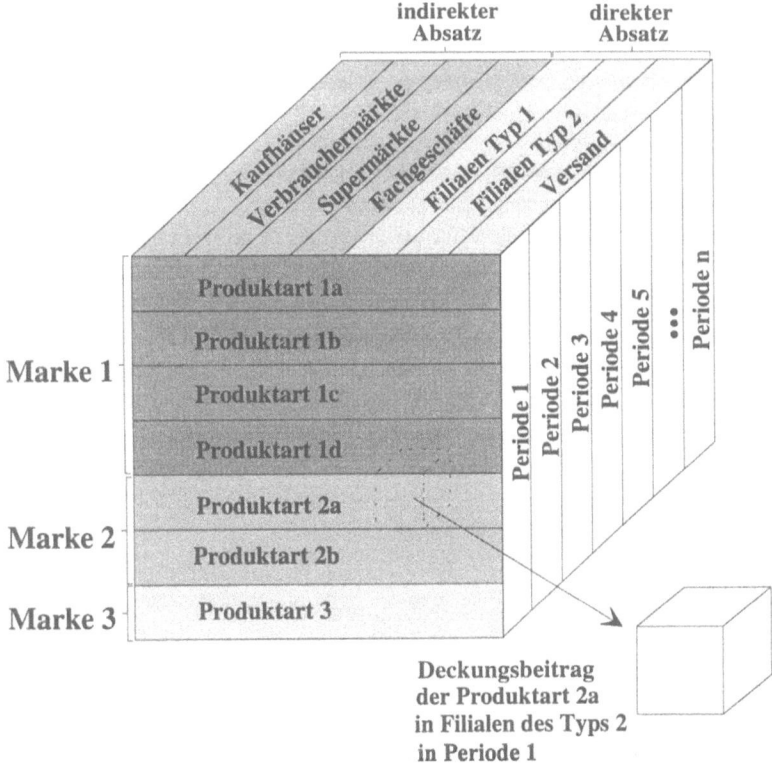

Abb. 6.9.3-1: Verknüpfung der Bezugsobjekte in der Absatzsegmentrechnung

Die für das Unternehmensspiel konzipierte und nachfolgend im Ansatz vorgestellte Absatz-segmentrechnung[263] ist eine mehrperiodige Planungs-, Entscheidungs- und Kontrollrechnung, die in Anlehnung an die insbesondere von RIEBEL entwickelte Deckungsbeitragsrechnung auf der Basis von relativen Einzelkosten[264] gestaltet ist. Abbildung 6.9.3-1 zeigt die für das Unternehmensspiel exemplarisch ausgewählten Absatzsegmente *Marken* (mit den Teilab-satzsegmenten Produktarten) und *Absatzwege* (mit den Teilabsatzsegmenten Einkaufsstätten-

263 Einen umfassenden Ansatz zur Anwendung einer Absatzsegmentrechnung im Unternehmensspiel MARKUS beschreibt MEYER in einer vom Autor initiierten Diplomarbeit; vgl. MEYER, M.: (Konzeption). Im Rahmen dieser Arbeit ist ein Anwendungsprogramm zur segmentspezifischen Erfolgsrechnung entwickelt worden, das auf dem Programmsystem LOTUS-1-2-3 basiert.

264 Vgl. hierzu Riebel, P.: (Deckungsbeitragsrechnung), S. 599 ff.; Riebel, P.: (Ansätze), S. 174 ff.; Riebel, P.: (Entscheidungen), S. 8 ff.

arten)[265] und die Kombinationen der Bezugsobjekte Produktarten, Einkaufsstättenarten sowie Perioden auf. Für jede mögliche Verknüpfung der Bezugsobjekte können Ergebniskomponenten, z.b. spezifische Deckungsbeiträge auf der Grundlage der jeweils unmittelbar zurechenbaren Erlöse und Kosten, bestimmt werden.

Als Ausgangspunkt der Absatzsegment(planungs)rechnung[266] wird eine Produktart-Einperiodenerfolgsrechnung (Abbildung 6.9.3-2) gewählt,[267] in der - auf der Grundlage der Preisempfehlungen bzw. Preisfixierungen für die Produktart in den verschiedenen Einkaufsstättenarten - die der einzelnen abgesetzten Produktverkaufseinheit direkt zurechenbaren Kosten vom Preis subtrahiert werden.[268] Der einkaufsstättenspezifische Stückdeckungsbeitrag der Produktart bildet zusammen mit der Produktartabsatzmenge in der jeweiligen Einkaufsstättenart die Basis zur Bestimmung des einkaufsstättenspezifischen Deckungsbeitrags I dieser Produktart. Unter Berücksichtigung der in den verschiedenen Einkaufsstättenarten für die jeweils insgesamt in der Periode abgesetzten Produktverkaufseinheiten der Produktart anfallenden Kosten kann dann der Deckungsbeitrag II der Verknüpfung von Produktart und Einkaufsstättenart bestimmt und anschließend über alle Einkaufsstättenarten zum Deckungsbeitrag II der Produktart zusammengefaßt werden.

---

[265] Darüber hinaus können weitere Absatzsegmente, z.B. Großhandel, Einzelhandel, Reisende, Vertreter gebildet werden.

[266] Bei einer kombinierten Planungs- und Kontrollrechnung sind in den nachfolgenden Abbildungen zusätzliche Spalten und Zeilen zur Durchführung von Abweichungsanalysen vorzusehen.
Bei entscheidungsorientierten Rechnungen im Unternehmensspiel sollten jeweils nur die zukünftigen, durch Entscheidungen beeinflußbaren Perioden berücksichtigt werden. Eventuell in der Vergangenheit angefallene Aufwendungen bzw. Auszahlungen, die in der Kostenrechnung i.d.R. entsprechend des *wertmäßigen Kostenbegriffs* über mehrere Perioden als Kosten verteilt werden, stellen hier unter Berücksichtigung des *entscheidungsorientierten Kostenbegriffs nach Riebel* ggf. lediglich *sunk costs* dar. Zum wertmäßigen Kostenbegriff vgl. Schmalenbach, E.: (Kostenrechnung), S. 6; Kilger, W.: (Einführung), S. 23. Zum entscheidungsorientierten Kostenbegriff nach Riebel vgl. Riebel, P.: (Bereitschaftskosten), S. 372.

[267] Als Ausgangspunkt der Absatzsegmentrechnung kann auch die nachfolgend dargestellte Einkaufsstätten-Einperiodenerfolgsrechnung gewählt werden.
Auf die Darstellung einer der Absatzsegmentrechnung vorausgehenden zweckpluralen Grundrechnung wird hier vereinfachend verzichtet. Vgl. hierzu Riebel, P.: (Aufbau), S. 84 ff.; Riebel, P.: (Durchführung), S. 117 ff., S. 142 ff.; Hummel, S.; Männel, W.: (Kostenrechnung), S. 66 ff.; Biethahn, J.; Fischer, D.: (Controlling-Informationssysteme), S. 44 ff.

[268] Die in der Abbildung dunkelgrau unterlegten Felder werden nicht mit Werten versehen (z.B. Funktionsrabatt für Großhändler, die Kaufhäusern mit Produkten versorgen; diese Kombination von Absatzorganen existiert im Unternehmensspiel nicht). Dies gilt entsprechend für die nachfolgenden Abbildungen zur Absatzsegmentrechnung.

Produktart:	Periode:	Kh	Vm	Sm	Fg	F1	F2	Vs
Preis (-empfehlung) je Stück								
Repräsentanzfaktor								
Preis (-empfehlung) je Produktverkaufseinheit								
Funktionsrabatt Eh								
Funktionsrabatt Gh								
Mengenrabatt								
Vertreterprovision								
umsatzabhängige Kosten des physischen Distributionssystems								
Stückherstellkosten								
db I der Produkt- und Einkaufsstättenart								
Absatzmenge								
DB I der Produkt- und Einkaufsstättenart								
Verkaufsförderungskosten								
produktartabhängige Kosten unternehmenseigener Verkaufsstätten								
DB II der Produkt- und Einkaufsstättenart								
DB II der Produktart								

Abb. 6.9.3-2: Produktart-Einperiodenerfolgsrechnung

In der Marken-Einperiodenerfolgsrechnung (Abbildung 6.9.3-3) werden die Deckungsbeiträge II der Produktarten unter den betreffenden Marken zusammengefaßt und anschließend die hieraus gebildeten Deckungsbeiträge I der Marken über alle Marken aggregiert.

Periode:	Deckungsbeitrag II der Produktart					Deckungs-beitrag I der Marke
	a	b	c	d	e	
Marke 1						
Marke 2						
Marke 3						
⋮						
Marke n						
Deckungsbeitrag aller Marken						

Abb. 6.9.3-3: Marken-Einperiodenerfolgsrechnung

Für eine mehrperiodige Markenerfolgsrechnung, die entweder auf die Dauer des geplanten Produkt- bzw. Markenlebenszyklus[269] oder die geplante Amortisationsdauer[270] abstellen sollte, wird zunächst die Betrachtung auf die Ebene der Produktarten zurückgeführt. In der Produktart-Mehrperiodenerfolgsrechnung (Abbildung 6.9.3-4) werden von den perioden-spezifischen Deckungsbeiträgen II der Produktart die nicht einzelnen Perioden direkt zure-chenbaren Kosten[271] der Produktart subtrahiert und der Deckungsbeitrag III dieser Produktart für den gesamten Betrachtungszeitraum berechnet.[272]

---

[269] Zur Begründung einer lebenszyklusorientierten Betrachtungsweise vgl. Back-Hock, A.: (Produktcontrol-ling), S. 3 ff. und die dort angegebene Literatur. Back-Hock gliedert den Produktlebenszyklus in einen Entwicklungs-, Markt- und Nachsorgezyklus. Vgl. Back-Hock, A.: (Produktcontrolling), S. 58 f.

[270] Zur (hier: statischen) Amortisationsdauer vgl. z.B. Götze, U.; Bloech, J.: (Investitionsrechnung), S. 66 ff.

[271] Die einzelnen Kostenkomponenten sind zwar als Aufwendungen und Auszahlungen - wie in den vorange-henden Abschnitten ausführlich dargestellt - bestimmten Perioden zurechenbar, die Wirkungen der die Kosten verursachenden Entscheidungen treten jedoch über mehrere Perioden hinweg in Erscheinung, so daß eine Beurteilung der Entscheidungsalternativen nur für den Gesamtzeitraum möglich ist. Zur über-sichtlichen Darstellung werden die Kostenkomponenten entsprechend der Aufwandsperiode erfaßt.

[272] An dieser Stelle kann es sich angesichts des mehrperiodigen Betrachtungszeitraums als sinnvoll erweisen, Zinseffekte einzubeziehen und Barwerte der Deckungsbeiträge zu berechnen.

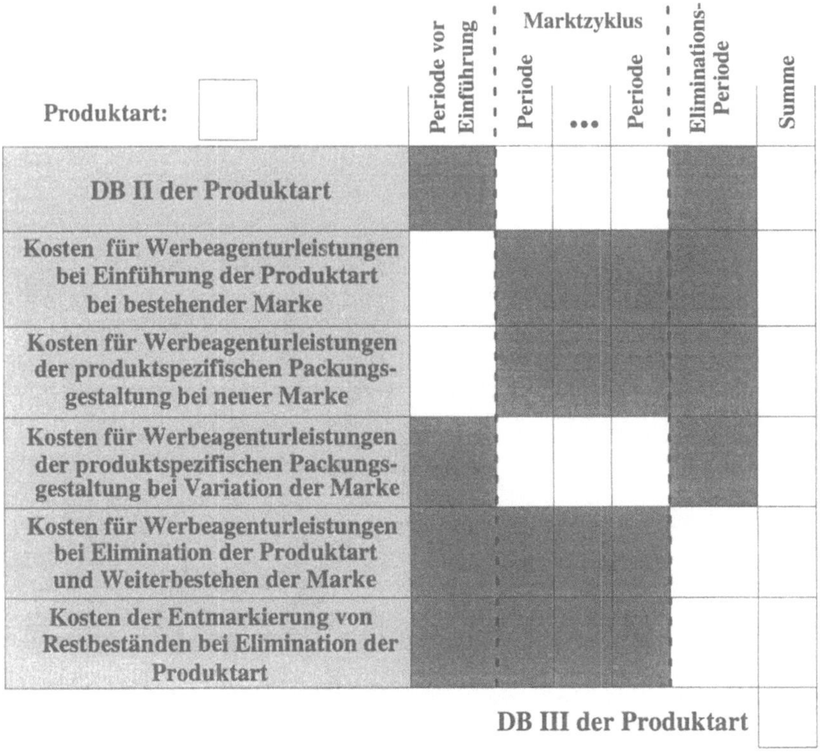

Produktart:	Periode vor Einführung	Marktzyklus			Eliminations-Periode	Summe
		Periode	...	Periode		
DB II der Produktart						
Kosten für Werbeagenturleistungen bei Einführung der Produktart bei bestehender Marke						
Kosten für Werbeagenturleistungen der produktspezifischen Packungsgestaltung bei neuer Marke						
Kosten für Werbeagenturleistungen der produktspezifischen Packungsgestaltung bei Variation der Marke						
Kosten für Werbeagenturleistungen bei Elimination der Produktart und Weiterbestehen der Marke						
Kosten der Entmarkierung von Restbeständen bei Elimination der Produktart						

DB III der Produktart

Abb. 6.9.3-4: Produktart-Mehrperiodenerfolgsrechnung

In der Marken-Mehrperiodenerfolgsrechnung (Abbildung 6.9.3-5) werden schließlich die Deckungsbeiträge III der Produktarten einer Marke zum Deckungsbeitrag II der Marke aggregiert und hiervon jene Kosten subtrahiert, die der Marke lediglich für den mehrperiodigen Zeitraum zugerechnet werden können. Der Deckungsbeitrag III der Marke bildet - unter Vernachlässigung von Zinseffekten - den Gesamterfolg dieser Marke für den Gesamtplanungszeitraum ab.

In der Einkaufsstättenarten- und Absatzwege-Einperiodenerfolgsrechnung (Abbildung 6.9.3-6) werden zunächst alle in den Produktart-Einperiodenerfolgsrechnungen ermittelten einkaufsstättenartspezifischen Deckungsbeiträge II der Produktarten bezogen auf die jeweilige Einkaufsstättenart zu den entsprechenden Deckungsbeiträgen I der Einkaufsstättenarten zusammengefaßt. Hiervon sind jeweils jene Kosten zu subtrahieren, die periodenbezogen direkt den Einkaufsstättenarten als Einheiten zurechenbar sind, um die Deckungsbeiträge II der Einkaufsstättenarten zu ermitteln. Diese bilden die Grundlage für die Deckungsbeitragsbestimmung des indirekten Absatzes, des Absatzes über Filialen und des gesamten Absatzes.[273]

	a
DB III der Produktart	b
	c
	d
	e

Marke: ☐

	Periode vor Einführung	Periode	Marktzyklus ...	Periode	Eliminations-Periode	Summe
DB II der Marke						
Werbekosten						
Kosten für Werbeagenturleistungen bei Einführung neuer Produktarten (soweit nicht einzelnen Produktarten direkt zurechenbar)						
Kosten für Werbeagenturleistungen bei Variation von Produktarten (soweit nicht einzelnen Produktarten direkt zurechenbar)						
Kosten für Werbeagenturleistungen bei Elimination von Produktarten (soweit nicht einzelnen Produktarten direkt zurechenbar)						
						DB III der Marke

Abb. 6.9.3-5: Marken-Mehrperiodenerfolgsrechnung

---

273 In der Abbildung 6.9.3-6 werden Kostenpositionen *informativ* (d.h., daß diese Werte zur Ermittlung der Deckungsbeiträge *nicht an dieser Stelle* berücksichtigt werden) ausgewiesen, um die Kosten einzelner Absatzorgane (hier: Vergleich zwischen Vertretern und Reisenden sowie zwischen direktem und indirektem Absatz) zusammenhängend darstellen zu können.

		indirekter Absatz				direkter Absatz		
Periode:		Kh	Vm	Sm	Fg	F1	F2	Vs
DB I der Einkaufsstättenart								
Periodenvergütung Eh-Reisende								
Periodenfixum Eh-Vertreter								
informativ: Umsatzprovision Eh-Vertreter								
Periodenvergütung Gh-Vertreter								
Periodenfixum Gh-Vertreter								
informativ: Umsatzprovision Gh-Vertreter								
soweit direkt Einkaufsstättenart zurechenbar	Fortbildung Reisende							
	Fortbildung Vertreter							
produktartunabhängige Kosten unternehmenseigener Verkaufsstätten								
informativ: produktartabhängige Kosten unternehmenseigener Verkaufsstellen								
DB II der Einkaufsstättenart								
DB I des indirekten Absatzes bzw. des Absatzes über Filialen								
soweit nicht einzelner Einkaufsstättenart zurechenbar	Fortbildung Reisende							
	Fortbildung Vertreter							
umsatzunabhängige Kosten des physischen Distributionssystems 1								
umsatzunabhängige Kosten des physischen Distributionssystems 2								
DB II des indirekten Absatzes bzw. des Absatzes über Filialen								
umsatzunabhängige Kosten des physischen Distributionssystems 3								
DB der Absatzwege (ohne Versand)								
DB aller Absatzwege (incl. Versand)								

Abb. 6.9.3-6: Einkaufsstättenarten- und Absatzwege-Einperiodenerfolgsrechnung

Die Einkaufsstättenarten- und Absatzwege-Einperiodenerfolgsrechnung kann im weiteren - analog zu der Marken-Mehrperiodenerfolgsrechnung - ebenfalls zu einer mehrperiodigen Erfolgsrechnung ausgebaut werden.[274]

Auf der Grundlage der durch das gesamte Marketing-Informationssystem bereitgestellten Informationen ist eine ein- und mehrperiodige Planung[275] der potentiellen Erfolge insbesondere von Produktarten, Marken, Einkaufsstättenarten und Absatzwegen durchführbar.[276] Die Gegenüberstellung von Plandaten und Istdaten ermöglicht ergänzend den Ausweis von Abweichungen, die wiederum eventuelle Schwachstellen des bisherigen Marketing-Mix aufzeigen und die Basis entsprechender Entscheidungen sein können.[277]

---

[274] Auf eine Darstellung dieser Mehrperiodenerfolgsrechnung wird ebenso verzichtet wie auf weitere mögliche differenzierte Ein- und Mehrperiodenerfolgsrechnungen, die in Abhängigkeit von den zu analysierenden Bezugsobjekten gestaltet werden können.

[275] Die Absatzsegmentrechnung läßt sich darüber hinaus als *rollende Planung* gestalten, die in regelmäßigen zeitlichen Abständen aktualisiert wird. Zur rollenden Planung vgl. z.B. Schweitzer, M.: (Planung), S. 32 f.; Wild, J.: (Grundlagen), S. 178; Hahn, D.: (PuK), S. 55 f.; Adam, D.: (Planung), S. 71 ff.

[276] Die Absatzsegmentrechnung kann beispielsweise auf den Prognosedaten eines als "wahrscheinlich" angesehenen Szenarios beruhen. Ergänzend können hierzu Sensitivitätsanalysen durchgeführt und weitere Szenarien berücksichtigt werden.
Desweiteren besteht die Möglichkeit, aus der Absatzsegmentrechnung - differenziert nach Bezugsobjekten - Ein- und Auszahlungen der einzelnen Perioden zu bestimmen und für eine dynamische Investitionsrechnung heranzuziehen.

[277] Vgl. Köhler, R.: (Verlustquellenanalyse), S. 606 f.

7 Finanzwirtschaft und Rechnungswesen im Unternehmensspiel MARKUS

7.1 Finanzwirtschaft

Die Finanzwirtschaft umfaßt nach PERRIDON/STEINER sowohl die Beschaffung als auch die Verwendung finanzieller Mittel.[1] Auf der Grundlage einer kurzfristigen, d.h. einperiodigen Finanzplanung[2] kann im Unternehmensspiel sowohl eine Finanzmittelbeschaffung als auch - bei Verfügbarkeit von Finanzmittelüberschüssen, die nicht zur betrieblichen Leistungserstellung erforderlich sind - die festverzinsliche Anlage von Mitteln vorgesehen werden.[3]

Im Rahmen der einperiodigen Finanzplanung können die Teilnehmer den geplanten Finanzmittelbedarf bzw. -überschuß ermitteln,[4] indem sie vom Zahlungsmittelbestand am Ende der Vorperiode ausgehen und diesen um die geplanten Werte aller Einzahlungen und Auszahlungen der laufenden Periode erhöhen bzw. vermindern.[5] Eine Übersicht über die möglichen Ein- und Auszahlungen einer Periode gibt die Abbildung 7.1-1.

Die Ein- und Auszahlungen, die aus Forderungen und Verbindlichkeiten aufgrund von Lieferungen und Leistungen eines Unternehmens resultieren, beruhen auf Geschäftsvorfällen der Vorperiode. Abbildung 7.1-2 veranschaulicht jene Positionen, die zunächst zu Forderungen führen und erst mit einperiodiger Verzögerung zahlungswirksam werden. Abbildung 7.1-3 stellt die entsprechenden Positionen für die Verbindlichkeiten dar.

---

[1]   Vgl. Perridon, L.; Steiner, M.: (Finanzwirtschaft), S. 3.

[2]   Die *Finanzplanung* eines Unternehmens ist die systematische, auf der Grundlage von geplanten Aktivitäten dieses Unternehmens vorgenommene Schätzung und Berechnung aller Ein- und Auszahlungen eines Zeitraums. Sie dient einerseits der Aufrechterhaltung der Zahlungsfähigkeit und andererseits der Vermeidung von Überliquidität. Vgl. Perridon, L.; Steiner, M.: (Finanzwirtschaft), S. 529; Wöhe, G.: (Einführung), S. 836 f.; Mellerowicz, K.: (Planung), S. 526.

[3]   Eine Betrachtung der weiteren Disposition finanzieller Mittel entsprechend des Finanzwirtschaftsbegriffs (insbesondere der Investition) wird an dieser Stelle nicht vorgenommen. Hierauf wurde im Verlauf der Arbeit vereinzelt eingegangen.

[4]   Die Finanzplanung kann im Unternehmensspiel im Zusammenhang mit der Budgetierung vorgenommen werden. Siehe hierzu Abschnitt 7.3.

[5]   Die Zahlungen erfolgen ausschließlich am Ende einer Periode.

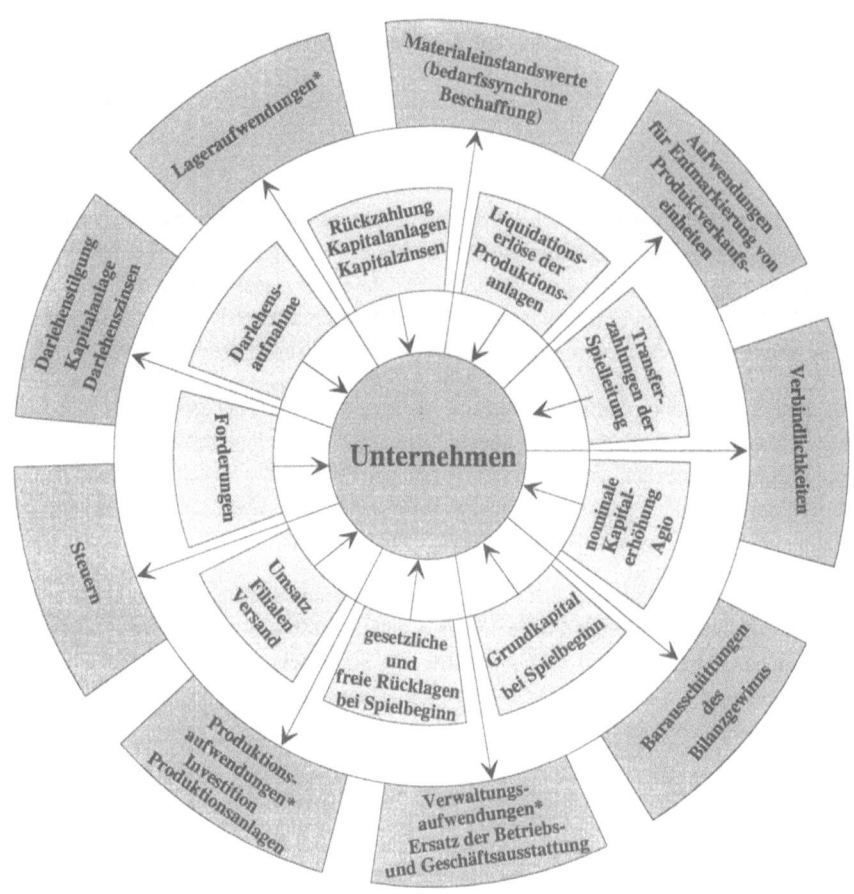

Abb. 7.1-1:   Ein- und Auszahlungen eines Unternehmens[6]

Forderungen
Umsatz gewerbliche Großabnehmer
Umsatz Großhändler Einzelhändler
Umsatz aus Verkäufen an Konkurrenz-unternehmen

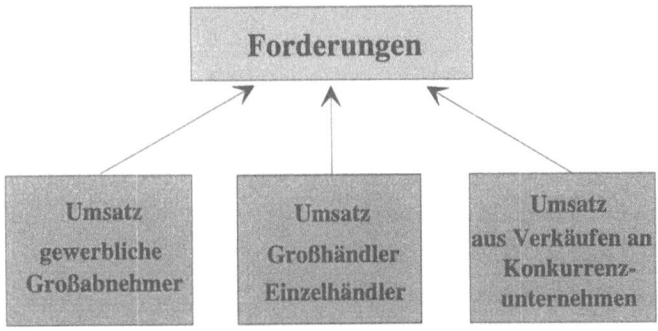

Abb. 7.1-2: Zusammensetzung der Forderungen eines Unternehmens

Materialeinstandswert
vorratsbeschaffter
- Basisfaktoren
- Zusatzfaktoren
- Erzeugnisse
Aufwendungen für
- Aufbau
- Veränderung
- Auflösung
- laufende Unterhaltung
des physischen Distributionssystems
Materialeinstandswert
der von Konkurrenz-
unternehmen beschafften
- Basisfaktoren
- Zusatzfaktoren
- Erzeugnisse
Verbindlichkeiten
Aufwendungen für
- Errichtung
- Erweiterung
- Reduzierung
- Auflösung
- laufende Unterhaltung
von unternehmenseigenen
Verkaufsstätten
Aufwendungen für
- Einstellung und Schulung
- laufende Vergütung
- Fortbildung
von Reisenden und
Handelsvertretern
Anschaffung von
- Lagergebäuden
- Produktionsgebäuden
- Verwaltungsgebäuden
- Betriebs- und Geschäfts-
ausstattung
- Vorräten
bei Spielbeginn
Aufwendungen für
- Werbeagenturleistungen
- Werbemaßnahmen
- Verkaufsförderungs-
maßnahmen
- Public Relations

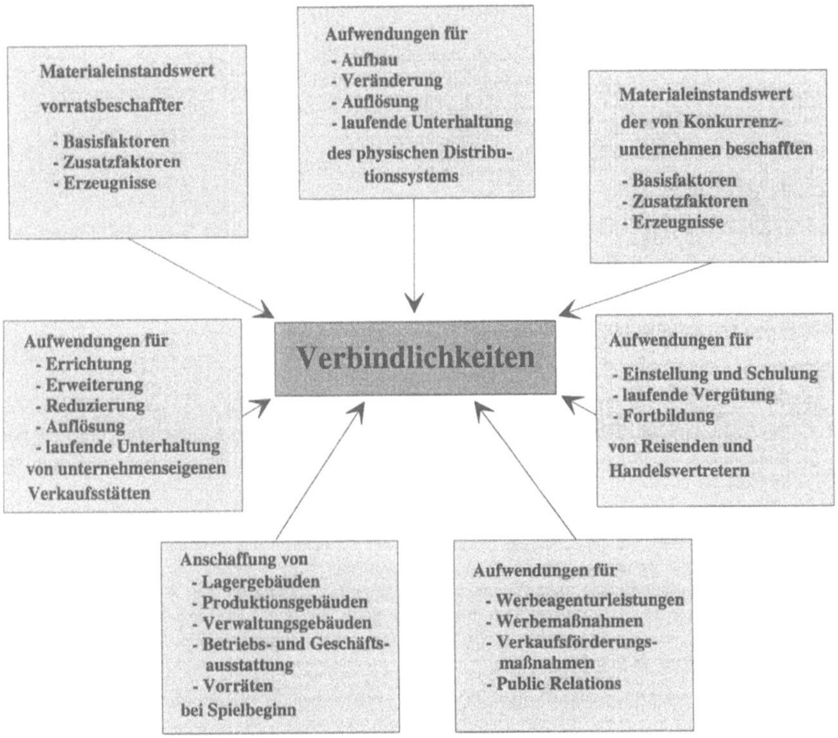

Abb. 7.1-3: Zusammensetzung der Verbindlichkeiten aus Lieferungen und Leistungen eines Unternehmens

Der Finanzplan weist entweder einen Fehlbetrag aus, der durch eine Erhöhung der Einzahlungen und/oder eine Verminderung der Auszahlungen zu beseitigen ist, oder er zeigt einen Überschuß an liquiden Mitteln (Bankguthaben) auf, welcher zwischenzeitlich angelegt werden kann.[7]

Die Darstellung der *Finanzierung* der Unternehmen im Unternehmensspiel wird auf die

- Beschaffung von Eigenkapital und
- Beschaffung von Fremdkapital

im Rahmen der Außenfinanzierung beschränkt.[8]

Zu Beginn des Unternehmensspiels wird jedem Unternehmen *Eigenkapital* in Form von Grundkapital[9] und gesetzlichen sowie freien Rücklagen in einem von der Spielleitung zu bestimmenden Ausmaß als Bankguthaben[10] bereitgestellt. Im Verlauf des Spiels kann das Grundkapital durch *ordentliche Kapitalerhöhungen*[11] aufgestockt werden. Hierbei bestimmt die Spielleitung jeweils

- welche Unternehmen
- in welchem Umfang (Nominalbetrag)
- zu welchem Kurs und
- in welcher Periode

eine Kapitalerhöhung vornehmen dürfen.[12] Der Nominalbetrag einer Kapitalerhöhung vermehrt das Grundkapital in entsprechendem Ausmaß, das Agio wird den gesetzlichen Rücklagen zugeführt, und der Gesamtbetrag aus nominellem Kapitalerhöhungsbetrag und Agio steigert das Bankguthaben.

---

[7] Der Sonderfall der Deckungsgleichheit der Summe aus Zahlungsmittelbestand der Vorperiode und Einzahlungen der laufenden Periode einerseits sowie Auszahlungen der Periode andererseits wird vernachlässigt.

[8] Die Selbstfinanzierungsmöglichkeiten der Spielunternehmen im Rahmen der Innenfinanzierung werden im Zusammenhang mit der Erstellung der Gewinn- und Verlustrechnung sowie der Darstellung der Verwendungsmöglichkeiten des Jahresüberschusses in Abschnitt 7.2.2 aufgezeigt. Zu den Begriffen *Finanzierung, Außenfinanzierung, Innenfinanzierung* und *Selbstfinanzierung* vgl. z.B. Wöhe, G.: (Einführung), S. 772 ff.; Perridon, L.; Steiner, M.: (Finanzwirtschaft), S. 277 ff.; Drukarczyk, J.: (Finanzierung), S. 1 ff.; Swoboda, P.: (Finanzierung), S. 4, S. 9 f.; Busse, F.-J.: (Grundzüge), S. 45 ff.; Vormbaum, H.: (Finanzierung), S. 24 ff.

[9] In dem Unternehmensspiel wird unterstellt, daß die Unternehmen die Rechtsform der Aktiengesellschaft aufweisen.

[10] Aus dem Bankguthaben sind Zahlungen für zum Spielbeginn bereitgestellte Güter des Anlage- und Umlaufvermögens zu leisten.

[11] Vgl. §§ 182 ff. AktG.

[12] Die im Zusammenhang mit einer Kapitalerhöhung erforderlichen Daten werden in den Parametern 681 - 700 erfaßt.

Die *Beschaffung von Fremdkapital* können die Teilnehmer durch Aufnahme von langfristigen Darlehen,[13] kurzfristigen Darlehen und/oder durch die Inanspruchnahme eines Kontokorrentkredites[14] durchführen. In jeder Periode bietet die Spielleitung jeweils bis zu drei lang- bzw. kurzfristige *Darlehen*sarten mit unterschiedlicher Laufzeit und verschiedenem festen Zinssatz an.[15] Der Darlehensbetrag wird dem Bankguthaben in der Periode der Darlehensaufnahme gutgeschrieben, die Zinszahlungen erfolgen bis zur Tilgung in jeder Folgeperiode. Am Ende der Darlehenslaufzeit wird das Darlehen aus dem Bankguthaben[16] getilgt. Die Aufnahme von Darlehen[17] wird von der Spielleitung durch ein Kreditlimit beschränkt, wobei Kapitalanlagen jedoch das Kreditlimit erhöhen.

Der *Kontokorrentkredit* wird den Spielunternehmen in der erforderlichen Höhe jeweils dann eingeräumt, wenn sich aufgrund der zu erfüllenden Zahlungsverpflichtungen in einer Periode ein "negatives" Bankguthaben einstellt. Die Laufzeit des Kontokorrentkredites beträgt eine Periode, die Tilgung einschließlich Zinszahlung[18] wird in der Folgeperiode - ggf. wiederum durch einen Kontokorrentkredit - vorgenommen.

Unternehmen, die über ein Bankguthaben verfügen, welches zwischenzeitlich nicht anderweitig investiert werden soll, können liquide Mittel kurz- und/oder langfristig in festverzinsliche Kapitalanlagen einbringen. Die Spielleitung bietet in jeder Periode zwei Kapitalanlagearten mit jeweils unterschiedlicher Laufzeit und verschiedenem Zinssatz an,[19] die Höhe des Anlagebetrages wird ausschließlich durch die Teilnehmer bestimmt.[20] Der Kapitalanlagebetrag wird in der Entscheidungsperiode dem Bankguthaben entnommen, die Zahlung der Zinsen erfolgt in jeder Folgeperiode bis zur Rückzahlung des Anlagebetrages, die nach Ablauf der Kapitalanlagedauer erfolgt.

---

13 Im Unternehmensspiel wird ein Darlehen als langfristig betrachtet, wenn die Darlehenslaufzeit mindestens vier Perioden umfaßt. Sobald die Restlaufzeit eines zunächst langfristigen Darlehens weniger als vier Perioden beträgt, wird es in der Bilanz als kurzfristiges Darlehen ausgewiesen.

14 Zum Begriff *Kontokorrentkredit* vgl. Wöhe, G.: (Einführung), S. 891 f.

15 Darlehenskonditionen: Parameter 661 - 666, Kreditlimit: Parameter 671.

16 Sofern das Bankguthaben einen geringeren Betrag umfaßt als den Darlehensbetrag, führt die Darlehenstilgung zur Inanspruchnahme des Kontokorrentkredites.

17 Die Entscheidungen über die Aufnahme von Darlehen (Art, Betrag) werden von den Teilnehmern in die Felder 761 - 763 des Entscheidungserfassungsprogramms *EingabeU* eingetragen.

18 Der Kontokorrentzinssatz wird in jeder Periode durch die Spielleitung festgelegt; Parameter 672. Der Kontokorrentkredit unterliegt keinem Kreditlimit und gewährleistet im Unternehmensspiel die jederzeitige Zahlungsfähigkeit der Unternehmen.

19 Kapitalanlagekonditionen: Parameter 667 - 670

20 Die Entscheidungen über die Anlage von Kapital (Art, Betrag) tragen die Teilnehmer in die Felder 764 - 765 des Entscheidungserfassungsprogramms *EingabeU* ein.

7.2 Rechnungswesen

7.2.1 Ermittlung der Herstellungskosten

Den Teilnehmern des Unternehmensspiels wird vom Rechnungswesen für jede Periode eine Periodenabschlußrechnung bereitgestellt, die sich aus einer Bilanz sowie einer Erfolgsrechnung (Gewinn- und Verlustrechnung) zusammensetzt.[21] Zur Bewertung des Vorratsvermögens werden dazu einerseits die Herstellungskosten für selbsterstellte Erzeugnisse und Produktverkaufseinheiten ermittelt[22] und andererseits die Wertansätze hinsichtlich der Anwendung des strengen Niederstwertprinzips[23] überprüft.

Die Ermittlung der Herstellungskosten wird für jedes Los der Erzeugnis- und der Produktverkaufseinheitenherstellung vorgenommen. Dabei setzen sich die Herstellungskosten eines Loses bei der Erzeugnisherstellung wie folgt zusammen:

Aufwendungen für Basis- und Zusatzfaktoren (entsprechend des Verbrauchs und des Bestandswertes am Beginn der Periode bei Entnahme vom Lager bzw. des Einstandswertes bei bedarfssynchroner Beschaffung)

+ anteilige Abschreibung auf das Produktionsgebäude und anteilige sonstige Aufwendungen für die Unterhaltung des Produktionsgebäudes

+ anteilige Abschreibungen auf die Produktionsanlagen

+ anteilige Betriebsstoffaufwendungen

+ anteilige Personalaufwendungen der Produktion

+ anteilige Lageraufwendungen

= Herstellaufwendungen der Erzeugnisse des Loses

+ anteilige Verwaltungsaufwendungen

= Herstellungskosten der Erzeugnisse des Loses[24]

---

21 Vgl. Eisele, W.: (Technik), S. 13.

22 Vgl. § 255 HGB.

23 Vgl. § 253, Abs. 3 HGB.

24 Die anteiligen Werte der Abschreibungen, der Betriebsstoffaufwendungen, der Personalaufwendungen, der Lageraufwendungen sowie der Verwaltungsaufwendungen werden einem Los auf der Basis von Rüst- und Ausführungszeiten, auf der Grundlage von Ausführungszeiten und relativen Anlagennutzungsdauern, auf der Grundlage des Lagerraumbedarfs von Basis- und Zusatzfaktoren sowie auf der Basis der Herstellaufwendungen zugeordnet. Auf eine explizite Darstellung wird hier verzichtet.

Die Herstellungskosten der Produktverkaufseinheiten eines Loses bestehen aus den folgenden Komponenten:

Aufwendungen für Erzeugnisse (entsprechend des Verbrauchs und des Bestandswertes am Beginn der Periode bei Entnahme vom Lager bzw. des Einstandswertes bei bedarfssynchroner Beschaffung)

+ anteilige Abschreibung auf das Produktionsgebäude und anteilige sonstige Aufwendungen für die Unterhaltung des Produktionsgebäudes

+ anteilige Abschreibungen auf die Produktionsanlage

+ anteilige Betriebsstoffaufwendungen

+ anteilige Personalaufwendungen der Produktion

+ anteilige Lageraufwendungen

+ Aufwendungen für Markierungsmittel

= Herstellaufwendungen der Produktverkaufseinheiten des Loses

+ anteilige Verwaltungsaufwendungen

= Herstellungskosten der Produktverkaufseinheiten des Loses[25]

Die Obergrenze des Wertes von Erzeugnissen eines Loses wird durch den Einstandswert bei Vorratsbeschaffung einer entsprechenden Menge der Erzeugnisart festgelegt. Da für Produktverkaufseinheiten keine vergleichbaren Einstandswerte existieren, ermittelt die Spielleitung eine Wertobergrenze, indem sie einen auf die jeweilige eingesetzte Erzeugnisart bezogenen Bewertungsfaktor[26] bestimmt, der mit dem Marktpreis bei Vorratsbeschaffung multipliziert wird. Bei der Berechnung der Herstellungskosten werden den Produktionsteilprozessen in einem von der Spielleitung zu bestimmenden Maß Verwaltungsaufwendungen zugerechnet,[27] die anteilig auf der Basis der Herstellaufwendungen verteilt werden. Die Verwaltungsaufwendungen eines Unternehmens in einer Periode setzen sich zum einen aus den *Abschreibungen auf das Verwaltungsgebäude* und den *Abschreibungen auf die Betriebs- und Geschäftsaus-*

---

[25]   Die anteiligen Werte der Abschreibungen, der Betriebsstoffaufwendungen, der Personalaufwendungen, der Lageraufwendungen sowie der Verwaltungsaufwendungen werden einem Los auf der Basis von Rüst- und Ausführungszeiten, auf der Grundlage von Ausführungszeiten und relativen Anlagennutzungsdauern, auf der Grundlage des Lagerraumbedarfs von Erzeugnissen, die zur Produktverkaufseinheitenherstellung eingesetzt werden können, sowie auf der Basis der Herstellaufwendungen zugeordnet. Auf eine explizite Darstellung wird hier ebenfalls verzichtet.

[26]   Parameter 299

[27]   Die Spielleitung bestimmt den Anteil der Verwaltungsaufwendungen, der den einzelnen Produktionsteilprozessen zugerechnet wird (Parameter 754, 755).

stattung zusammen. Zum anderen fallen *sonstige Verwaltungsaufwendungen* an, die zu einem Teil abhängig von der Anzahl der getroffenen Entscheidungen[28] sind. Für die Verwaltungsaufwendungen gilt:

$$VW_{Aufw,t}^{U} = AfA_{VW} + AfA_{BGA} + VWEU_{Aufw,t} + VWEA_{Aufw,t}^{U}$$

mit

$$AfA_{VW} = \frac{AW_{VW}}{ND_{VW}}$$

$$AfA_{BGA} = AW_{BGA} \cdot AfAS_{BGA}$$

für U = 0,...,9

mit

$VW_{Aufw,t}^{U}$	=	Verwaltungsaufwendungen von Unternehmen U in der Periode t
AfA_{VW}	=	Abschreibung auf das Verwaltungsgebäude pro Periode
AfA_{BGA}	=	Abschreibung auf die Betriebs- und Geschäftsausstattung pro Periode
$VWEU_{Aufw,t}$	=	Sonstige, von der Anzahl der Entscheidungen unabhängige Verwaltungsaufwendungen in der Periode t (Parameter 751)
$VWEA_{Aufw,t}^{U}$	=	Sonstige, von der Anzahl der Entscheidungen abhängige Verwaltungsaufwendungen von Unternehmen U in der Periode t (Parameter 637 - 650)
AW_{VW}	=	Anschaffungswert des Verwaltungsgebäudes (Parameter 1073)
ND_{VW}	=	Nutzungsdauer des Verwaltungsgebäudes (Parameter 752)
AW_{BGA}	=	Anschaffungswert der Betriebs- und Geschäftsausstattung (Parameter 1074)
$AfAS_{BGA}$	=	Abschreibungssatz Betriebs- und Geschäftsausstattung (Parameter 753)

Die sonstigen Verwaltungsaufwendungen führen in der Entstehungsperiode zu Auszahlungen.

---

[28]   Z.B. Anzahl der Güterbestellungen, Anzahl der Schichten und Lose in der Produktion, Anzahl in den Markt eingeführter Marken und Produktarten.

7.2.2 Bilanz und Erfolgsrechnung

Der Aufbau der Periodenabschlußrechnung im Unternehmensspiel orientiert sich an den Vorschriften der §§ 150 ff. AktG und der §§ 264 ff. HGB. Die den Teilnehmern im Ergebnisbericht bereitgestellte *Bilanz* (Abbildung 7.2.2-1) für das "eigene" Unternehmen[29] ist - zur Erhöhung der Übersichtlichkeit - in der Form der Beständedifferenzbilanz[30] gestaltet. Ergänzend werden die über alle Spielperioden kumulierten Periodenüberschüsse (vor Steuern) des Unternehmens angegeben.[31]

Die Gewinn- und Verlustrechnung (Abbildungen 7.2.2-2a und 7.2.2-2b) wird in Staffelform nach dem Gesamtkostenverfahren in Anlehnung an § 275 Abs. 2 HGB aufgestellt. Zur Verbesserung der Transparenz werden einerseits nur jene Posten ausgewiesen, die im Unternehmensspiel generell einen Betrag aufweisen können[32] und andererseits zusätzliche Positionen (z.B. betriebliche Erträge, betriebliche Aufwendungen) gebildet.[33]

Die Steuern vom Einkommen werden auf der Basis eines vorab zu bestimmenden Periodenüberschusses vor Steuern - ggf. vermindert um einen Verlustvortrag - und eines von der Spielleitung festzulegenden Steuersatzes[34] ermittelt. Die Steuern führen in der gleichen Periode, in der sie berechnet werden, zu Auszahlungen. Aus dem Periodenüberschuß nach Steuern werden zunächst eine gesetzliche Rücklage gem. § 150 Abs. 2 AktG und eine freie Rücklage[35] gem. § 58 Abs. 2 AktG gebildet.[36] Der dann verbleibende Bilanzgewinn wird in der Folgeperiode an die Anteilseigner ausgeschüttet.[37]

---

29 Den Teilnehmern werden darüber hinaus auch die Periodenabschlüsse der Konkurrenzunternehmen im Ergebnisbericht bekanntgegeben. Dabei ist die Bilanz jedoch lediglich als Beständebilanz aufgebaut.

30 Zur *Beständedifferenzbilanz* vgl. Wöhe, G.: (Bilanzierung), S. 886 ff.
Die Teilnehmer können die Beständedifferenzbilanz z.B. als Basis zur Entwicklung einer Bewegungsbilanz heranziehen. Vgl. hierzu Wöhe, G.: (Bilanzierung), S. 36 f.; S. 885 ff. sowie die dort angegebene Literatur.

31 Die kumulierten Periodenüberschüsse (vor Steuern) der Unternehmen können als Beurteilungsmaßstab hinsichtlich des Erfolgs dieser Unternehmen bei unterstellter Zielsetzung *Maximierung der bis zum Ende der letzten Spielperiode kumulierten Periodenüberschüsse vor Steuern* herangezogen werden.

32 Vgl. § 265 Abs. 8 HGB.

33 Vgl. § 265 Abs. 5 HGB; Wöhe, G.: (Bilanzierung), S. 272 f.

34 Parameter 673.

35 Entnahmen aus gesetzlichen und freien Rücklagen werden im Unternehmensspiel i.d.R. nicht vorgesehen.

36 Das Ausmaß jenes Teils des (korrigierten) Periodenüberschusses, der in die freien Rücklagen eingestellt wird, bestimmt die Spielleitung (Parameter 676).

37 Die Spielleitung kann in der Folgeperiode einen Teil des Bilanzgewinns in die freien Rücklagen einstellen (Parameter 677).

Aktiva	Stand am Periodenbeginn	Zugang	Abgang	Stand am Periodenende
Anlagevermögen				
Lagergebäude				
Produktionsgebäude				
Verwaltungsgebäude				
Summe				
Maschinen u. Anlagen				
Betriebs- u. Geschäftsausstattung				
langfristige Ausleihungen				
Summe				
Summe Anlagevermögen				
Umlaufvermögen				
Basisfaktoren				
Zusatzfaktoren				
Erzeugnisse				
Produktverkaufseinheiten				
Summe				
kurzfristige Ausleihungen				
Forderungen				
Kassenbestand, Bankguthaben				
Summe				
Summe Umlaufvermögen				
Bilanzverlust				
Bilanzsumme				

Passiva	Stand am Periodenbeginn	Zugang	Abgang	Stand am Periodenende
Grundkapital				
gesetzliche Rücklagen				
freie Rücklagen				
langfristige Darlehen				
kurzfristige Darlehen				
Verbindlichkeiten aus L. u. L.				
Kontokorrentkredit				
Bilanzgewinn				
Bilanzsumme				

kumulierte Periodenüberschüsse (vor Steuern):

Abb. 7.2.2-1: Beständedifferenzbilanz im Unternehmensspiel

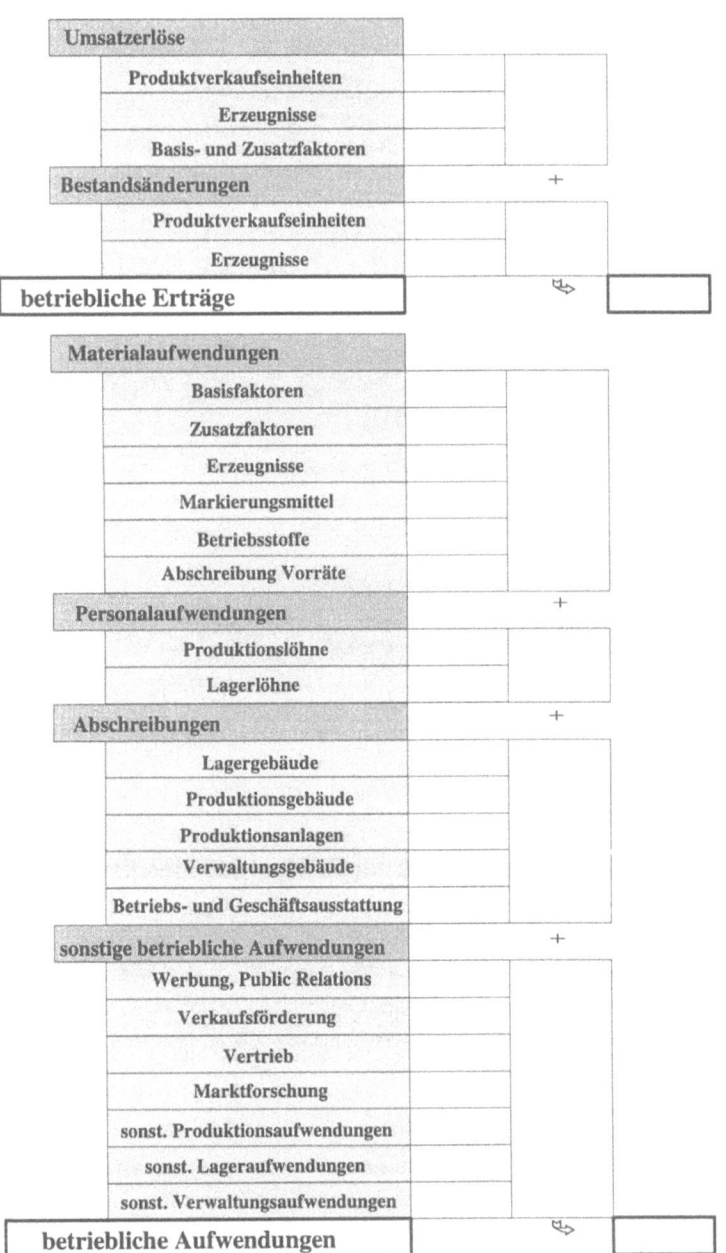

Abb. 7.2.2-2a: Gewinn- und Verlustrechnung im Unternehmensspiel (1. Teil)

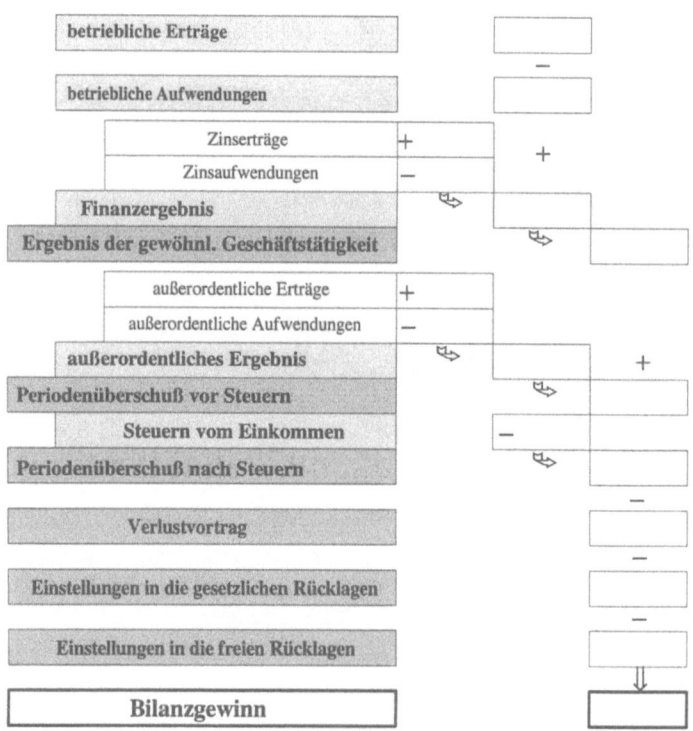

betriebliche Erträge			
betriebliche Aufwendungen			−
Zinserträge	+		+
Zinsaufwendungen	−		
Finanzergebnis	↶		
Ergebnis der gewöhnl. Geschäftstätigkeit		↶	
außerordentliche Erträge	+		
außerordentliche Aufwendungen	−		
außerordentliches Ergebnis	↶		+
Periodenüberschuß vor Steuern		↶	
Steuern vom Einkommen		−	
Periodenüberschuß nach Steuern		↶	
Verlustvortrag			−
Einstellungen in die gesetzlichen Rücklagen			−
Einstellungen in die freien Rücklagen			−
Bilanzgewinn		⇓	

Abb. 7.2.2-2b: Gewinn- und Verlustrechnung im Unternehmensspiel (2. Teil)

7.3 Budgetierung als Instrument zur Erfolgs- und Finanzplanung

Unter *Budgetierung*[38] versteht man den Prozeß der Zusammenstellung, Vereinbarung (einschließlich ggf. erforderlicher Anpassung), Kontrolle und Abweichungsanalyse eines formalzielorientierten[39] und in wertmäßigen Größen formulierten Plans, der die Entwicklung des Unternehmens und seiner Teilbereiche für einen zukünftigen Zeitabschnitt widerspiegelt.[40]

---

[38] Die Budgetierung kann auf die Haushaltsrechnung der öffentlichen Hand zurückgeführt werden. Vgl. Heiser, H. C.: (Budgetierung), S. 15; Marattek, A.: (Budgetierung), Sp. 1031.

[39] Zur Differenzierung zwischen *Formalzielen* und *Sachzielen* vgl. Kosiol, E.: (Unternehmung), S. 212; Horváth, P.: (Controlling), S. 181.

[40] Vgl. Wild, J.: (Budgetierung), S. 325; Heiser, H. C.: (Budgetierung), S. 15 f.; Horváth, P.: (Controlling), S. 255 ff.; Weber, J.: (Controlling), S. 76 ff.; Dambrowski, J.: (Budgetierungssysteme), S. 20; Gaiser, B.: (Budgetierung), S. 87.

Im folgenden wird ein Budgetierungssystem[41] für das Unternehmensspiel MARKUS vorgestellt, das computergestützt die Aktionsplanung und Budgetierung abbildet. Das Budgetierungssystem bietet den Teilnehmern die Möglichkeit, einen wesentlichen Teil der geplanten Entscheidungen aller Unternehmensbereiche für eine oder mehrere Spielperiode(n) in den Aktionsplänen und Budgets[42] zu erfassen, die erforderlichen Aufwands- und Kostendaten vorzugeben[43] und anschließend - nach der Berechnung der daraus resultierenden Ergebnisse durch das computergestützte Budgetierungssystem - die zu erwartenden Auswirkungen der Entscheidungen auf den Erfolg und die Finanzen zu erkennen.[44] Einen Überblick über das Budgetierungssystem mit den Aktionsplänen (A-G) und den Budgets (1-14) des Budgetsystems[45] vermittelt Abbildung 7.3-1.[46] Zur Verdeutlichung des Budgetierungssystems wird dieses anhand eines Beispiels für einen einperiodigen Betrachtungszeitraum dargestellt.[47]

---

[41] Zum Begriff *Budgetierungssystem* und den unterschiedlichen Definitionen dieses Begriffs vgl. Horváth, P.: (Controlling), S. 257; Jung, H.: (Budgetierung), S. 30 ff.

[42] "Ein **Budget** ist ... ein formalzielorientierter, in wertmäßigen Größen formulierter Plan, der einer Entscheidungseinheit für eine bestimmte Zeitperiode mit einem bestimmten Verbindlichkeitsgrad vorgegeben wird." Horváth, P.: (Controlling), S. 255. Zu weiteren Definitionen des Begriffs *Budget* vgl. z.B. Jung, H.: (Budgetierung), S. 18 ff.; Dambrowski, J.: (Budgetierungssysteme), S. 18 f.; Kieninger, M.: (Budget), S. 85; Horváth, P.: (Controlling), S. 255 und die dort angegebene Literatur.

[43] Das Budgetierungssystem ermittelt den Periodenerfolg nach dem Teilkostenprinzip. Hierzu ist insbesondere die Vorgabe von variablen Kosten durch die Teilnehmer erforderlich. Zur Finanzplanung sind dagegen jene Aufwendungen zu berücksichtigen, die dem Unternehmen im Unternehmensspielmodell für die Planungsperiode berechnet und in dieser zu Auszahlungen oder Verbindlichkeiten führen werden. Auf die Problematik der Verrechnung von Kosten und Aufwendungen wird im weiteren Verlauf des Abschnitts noch eingegangen.

[44] Im Unternehmensspiel bestimmen vorwiegend die Aktionspläne die Budgets (progressive Planung des Periodenerfolgs). Im Rahmen einer Feinabstimmung der Budgets kann auf das zirkuläre Verfahren (Gegenstromverfahren) zur Koordination der Aktionspläne und Budgets zurückgegriffen werden. Zu den verschiedenen Verfahren zur hierarchischen Koordination von Plänen vgl. Horváth, P.: (Controlling), S. 258; Schweitzer, M.: (Planung), S. 30 f.; Weber, J.: (Controlling), S. 78 ff.

[45] "Das **Budgetsystem** ist die geordnete Gesamtheit aufeinander abgestimmter Budgets." Horváth, P.: (Controlling), S. 258. Zum Begriff *Budgetsystem* vgl. auch Weber, J.: (Budgetsystem), S. 91; Jung, H.: (Budgetierung), S. 30.

[46] Der Datenfluß zwischen den Aktionsplänen und Budgets wird durch die Verweise in den hellgrau unterlegten Feldern der jeweiligen Aktionspläne und Budgets verdeutlicht. Dabei werden Datenquellen in der Kopfzeile, Datenempfänger in der Fußzeile ausgewiesen.
Die Produktionsaktionenfolgepläne werden hier unmittelbar mit den Produktionskostenbudgets verknüpft, da einerseits die variablen Produktionskosten je Los in Abhängigkeit von den Produktionsmengen und den Ausführungszeiten ermittelt und andererseits die gesamten Personalaufwendungen auf der Grundlage der Nutz- und ggf. Leerzeiten berechnet werden.

[47] Das Beispiel umfaßt zur besseren Übersicht nur den (wesentlichen) Teil der Aktionspläne und Budgets, die im Rahmen des Unternehmensspiels aufgestellt werden können. Eine umfassende Abbildung der Aktionspläne und Budgets liegt dem vom Autor für das Unternehmensspiel konzipierten computergestützten Budgetierungssystem zugrunde, das für ein- und mehrperiodige Budgetierungen unter Anwendung des Programmsystems EXCEL entwickelt wurde.

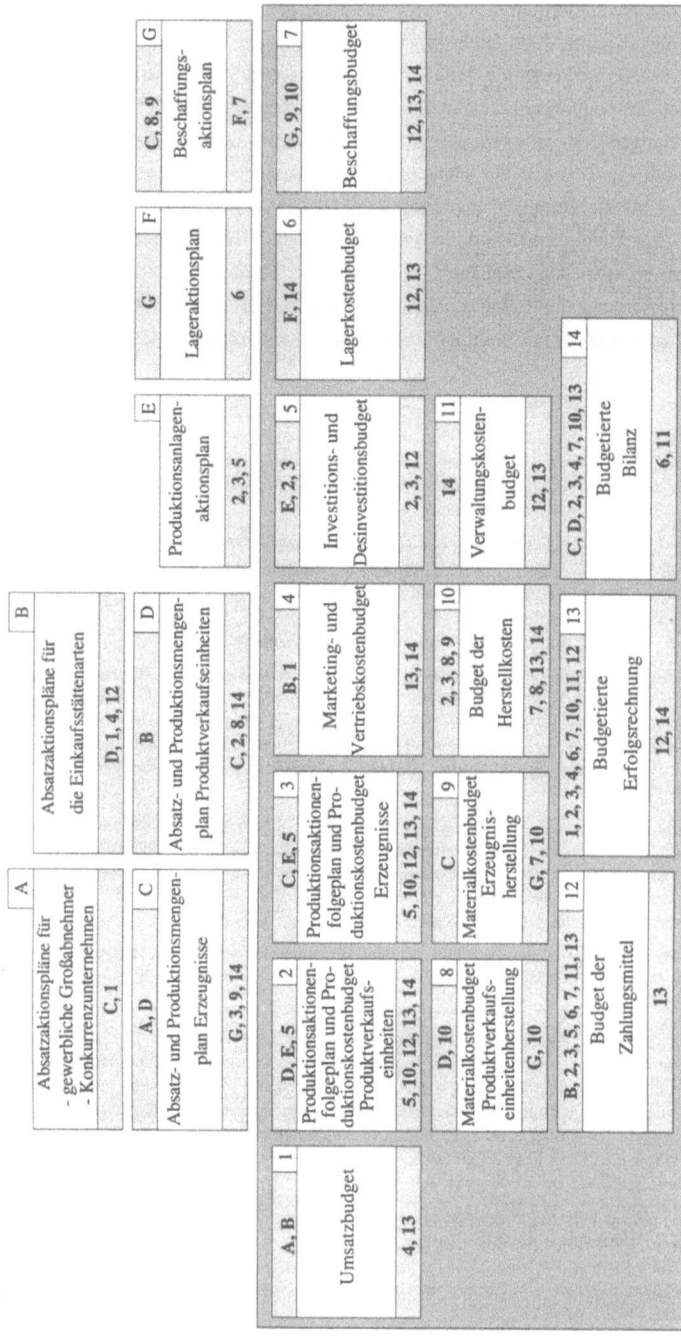

Abb. 7.3-1: Budgetierungssystem im Unternehmensspiel MARKUS

Den Ausgangspunkt für die Budgetierung im Unternehmensspiel MARKUS bilden die Absatzaktionspläne einer Periode.[48] Der *Absatzaktionsplan gewerbliche Großabnehmer und Konkurrenzunternehmen* faßt die Verträge zur Lieferung von Erzeugnissen an gewerbliche Großabnehmer und Konkurrenzunternehmen,[49] die in der Planungsperiode auszuführen sind, zusammen. Die Teilnehmer geben die Auftragsdaten (Erzeugnisart, -menge und -preis) ein, der Umsatz wird von dem Budgetierungssystem berechnet.[50]

Absatzaktionsplan gewerbliche Groß-abnehmer und Konkurrenzunternehmen			
Erzeugnisart	Absatz-menge	Preis	Umsatz
e123	30.000	82,00 DM	2.460.000 DM
e423	120.000	94,90 DM	11.388.000 DM
		Summe:	13.848.000 DM

Abb. 7.3-2: Absatzaktionsplan gewerbliche Großabnehmer und Konkurrenzunternehmen

Für jede Einkaufsstättenart, die in die Absatzwege des Unternehmens einbezogen wird, erstellen die Teilnehmer einen speziellen *Absatzaktionsplan der Einkaufsstättenart* (Abbildung 7.3-3), der die prognostizierten Absatzmengen[51] der verschiedenen von dem Unternehmen angebotenen Produktarten und die geplanten Preisempfehlungen[52] der Periode enthält. Für die unternehmensunabhängigen Einkaufsstättenarten erfolgt die Bestimmung des geplanten Umsatzes unter Berücksichtigung von Mengen- und Funktionsrabatten auf der Grundlage des Herstellerabgabepreises.[53] Zur Bestimmung der einkaufsstättenartspezifischen Vertriebs- und

---

[48] In dem hier entwickelten Beispiel zur Budgetierung im Unternehmensspiel wird - trotz der Berücksichtigung von geplanten Entscheidungen der Folgeperioden z.B. im Rahmen der Güterbeschaffung - auf einen Betrachtungszeitraum von einer Periode abgestellt. Analog zu dem hier geschilderten Vorgehen läßt sich auch eine mehrperiodige Budgetierung durchführen.

[49] Bei dem Handel mit Konkurrenzunternehmen steht, wie in Abschnitt 4.4 verdeutlicht, der Kauf bzw. Verkauf von Erzeugnissen im Vordergrund.

[50] Die Teilnehmer geben die erforderlichen Daten grundsätzlich nur in jene Felder der Aktionspläne und Budgets ein, die weiß unterlegt sind. Die Werte, die hier in den grau unterlegten Feldern angegeben sind, werden vom computergestützten Budgetierungssystem berechnet.

[51] Die Absatzmengen der verschiedenen Produktarten werden in Produktverkaufseinheiten angegeben. Die Absatzpreise beziehen sich auf die einzelnen Produktarten, die Umsätze auf die entsprechenden abgesetzten Mengen an Produktverkaufseinheiten.

[52] Für unternehmenseigene Verkaufsstätten werden keine Preisempfehlungen, sondern zu fixierende Preise geplant. Ferner werden in diesen Einkaufsstättenarten keine Mengenrabatte eingeräumt. Siehe hierzu die Abschnitte 6.7.1 und 6.7.2.

[53] Der Herstellerabgabepreis berechnet sich im Unternehmensspiel aus unverbindlicher Preisempfehlung abzüglich Mengen- und Funktionsrabatten und entspricht dem Einstandspreis des Einzelhandelsunternehmens. Siehe hierzu auch Abschnitt 6.7.2.

Marketingkosten weist der Aktionsplan die in den Absatzweg einbezogenen Absatzorgane[54] sowie die Intensität der vorgesehenen Verkaufsförderungsmaßnahmen[55] auf.

Absatzaktionsplan der Einkaufsstättenart Verbrauchermarkt

zwischengeschaltete Absatzorgane:	Einzelhandel	Großhandel
Reisende	nein	ja
Vertreter	nein	nein

Produktart	Intensität Verkaufs- förderung	Absatz- menge	unverbindl. Preis- empfehlung	Mengen- rabatt (%)	Hersteller- abgabepreis	Umsatz
1.122		120	16,80 DM	20%	11,854 DM	1.422.490 DM
1.134	6	65	19,40 DM	0%	17,111 DM	1.112.202 DM
2.411		80	7,90 DM ·	0%	6,968 DM	557.424 DM
					Summe:	3.092.116 DM

Abb. 7.3-3: Absatzaktionsplan einer unternehmensunabhängigen Einkaufsstättenart[56]

Auf der Grundlage der Absatzaktionspläne können die Teilnehmer die Absatz- und Produktionsmengenpläne für Produktverkaufseinheiten und Erzeugnisse sowie das Umsatzbudget erstellen. Der *Absatz- und Produktionsmengenplan Produktverkaufseinheiten* (Abbildung 7.3-4) faßt die für die verschiedenen Einkaufsstättenarten geplanten Absatzmengen an Produktverkaufseinheiten der Betrachtungsperiode und der Folgeperiode zusammen und enthält - unter Berücksichtigung der Periodenanfangsbestände - die Menge an Produktverkaufseinheiten, die in der Planungsperiode herzustellen ist.

---

[54] Die in den Absatzweg einbezogenen Absatzorgane sind nur in den Absatzaktionsplänen der unternehmensunabhängigen Einkaufsstättenarten enthalten.

[55] Verkaufsförderungsmaßnahmen werden lediglich in den Absatzaktionsplänen der unternehmensunabhängigen Einkaufsstätten und der Filialen berücksichtigt.

[56] Der Herstellerabgabepreis ist in Abbildung 7.3-3 als ein auf drei Stellen hinter dem Komma gerundeter Betrag ausgewiesen, der Umsatz wird jedoch auf der Grundlage des ungerundeten Herstellerabgabepreises berechnet. In dem vorliegenden Beispiel wird von 10% Einzelhandels- und 2% Großhandelsfunktionsrabatt ausgegangen.

| Absatz- und Produktionsmengenplan Produktverkaufseinheiten | | | | |
Produktart	Anfangs-bestand	Absatzmenge lfd. Periode	Absatzmenge Folgeperiode	Produktions-menge lfd. Periode
1.122	600	510	600	510
1.134	300	295	305	300
2.411	400	340	480	420

Abb. 7.3-4: Absatz- und Produktionsmengenplan Produktverkaufseinheiten

Im *Absatz- und Produktionsmengenplan Erzeugnisse* (Abbildung 7.3-5) werden für die laufende Periode und die Folgeperiode die geplanten Mengen des Erzeugnisabsatzes sowie des Verbrauchs an Erzeugnissen bei der Herstellung von Produktverkaufseinheiten aufgeführt. Ausgehend von den Lageranfangsbeständen und den Absatz- und Verbrauchsmengen wird von dem computergestützten Programmsystem ein Vorschlag für die Produktionsmengen der Erzeugnisarten in der Planungsperiode unterbreitet. Da einerseits die Teilnehmer nicht für alle Erzeugnismengen die Eigenfertigung vorsehen müssen und andererseits i.d.R. Leerzeiten vermieden werden sollen, können Abweichungen von den Produktionsvorschlägen sinnvoll sein. Die geplanten Produktionsmengen der Erzeugnisarten werden dementsprechend von den Teilnehmern vorgegeben.

| Absatz- und Produktionsmengenplan Erzeugnisse | | | | | | | |
Erzeugnisart	Anfangs-bestand	Absatz lfd. Periode	Einsatz in Produktion lfd. Periode	Absatz Folgeperiode	Einsatz in Produktion Folgeperiode	Vorschlag: Produktionsmenge lfd. Periode	Plan: Produktionsmenge lfd. Periode
e122	490.000	0	510.000	0	500.000	520.000	480.000
e123	32.000	30.000	-	40.000	-	38.000	45.000
e134	330.000	0	300.000	10.000	300.000	280.000	285.000
e411	430.000	0	420.000	0	400.000	390.000	330.000
e423	120.000	120.000	-	0	-	0	0

Abb. 7.3-5: Absatz- und Produktionsmengenplan Erzeugnisse[57]

Die Absatzmengen und Umsätze der Erzeugnis- und Produktarten, werden - ausgehend von den einzelnen Absatzaktionsplänen - im *Umsatzbudget* (Abbildung 7.3-6) zusammengefaßt.

---

[57] Ein Einsatz der Erzeugnisarten e_{i23} in die Produktion ist nicht möglich, da diese Erzeugnisarten nur - i.d.R. an gewerbliche Großabnehmer - abgesetzt werden können. Siehe hierzu auch die Abschnitte 4.3 und 6.2.

Umsatzbudget		
Erzeugnis-/ Produktart	Absatz- menge	Umsatz
e123	30.000	2.460.000 DM
e423	120.000	11.388.000 DM
1.122	510	6.916.090 DM
1.134	295	5.248.282 DM
2.411	340	2.307.432 DM
	Summe:	28.319.804 DM

Abb. 7.3-6: Umsatzbudget

Im *Produktionsaktionenfolgeplan und Produktionskostenbudget Produktverkaufseinheiten-herstellung* (Abbildung 7.3-7) werden die Aktionenfolgen zur Herstellung der geplanten Mengen an Produktverkaufseinheiten sowie zur Montage (Investition) und Demontage (Desinvestition) von Produktionsanlagen[58] in der Planungsperiode und die hierfür erforderlichen Rüst- und Installationszeiten von den Teilnehmern erfaßt.[59] Die Ausführungszeiten und die Produktionskosten sowie deren einzelne Komponenten Personal-, Betriebsstoff-, Anlagenabschreibungs- und Markierungsmittelkosten werden zur nachfolgenden Bestimmung der (variablen) Herstellkosten für jedes einzelne Produktionslos im Budgetierungssystem nach dem Teilkostenprinzip berechnet.[60] Außerdem werden die gesamten, in der Planungsperiode vom Unternehmensspielmodell zu verrechnenden Aufwendungen des Produktionsteilprozesses Produktverkaufseinheitenherstellung von den Teilnehmern prognostiziert und erfaßt.

---

[58] Der Produktionsanlagenaktionsplan enthält zum einen die von den Teilnehmern geplanten optimalen Nutzungsdauern und die hierbei anfallenden Durchschnitts- und Grenzkosten. Siehe hierzu auch Abschnitt 5.4.2. Zum anderen weist der Produktionsanlagenaktionsplan die jeweils installierten Anlagen und deren bisherige Nutzungsdauer aus. Unter Berücksichtigung insbesondere der Anlagennutzungsdauer in der Planungsperiode, der Anlagennutzungsdauer bei Periodenbeginn und der geplanten Aktionenfolge wird außerdem die Invention und Desinvestition von Produktionsanlagen von den Teilnehmern festgelegt und dementsprechend das Investitions- und Desinvestitionsbudget bestimmt. Zur Investition und Desinvestition von Produktionsanlagen siehe Abschnitt 5.2.
Auf die Darstellung des Produktionsanlagenaktionsplans und des Investitions- und Desinvestitionsbudgets wird hier, um den Rahmen der Arbeit nicht zu sprengen, verzichtet.

[59] Zur Bestimmung optimaler Aktionenfolgen siehe Abschnitt 5.4.3.

[60] Die Bewertung der Güter erfolgt im Rahmen der Budgetierung - im Gegensatz zu der Bewertung im Zusammenhang mit der Erstellung der Periodenabschlußrechnung (siehe hierzu Abschnitt 7.2.1) - nach dem Teilkostenprinzip und bietet die Möglichkeit, die Erfolgsrechnung als stufenweise Fixkostendeckungsrechnung zu gestalten und für entscheidungsorientierte Rechnungen, z.B. für Entscheidungen hinsichtlich der Annahme eines Zusatzauftrags bei unausgelasteten Kapazitäten, zu verwenden. Zur *stufenweisen Fixkostendeckungsrechnung* vgl. Agthe, K.: (Fixkostendeckung), S. 406 ff.
Die Teilnehmer geben zur Ermittlung der variablen Produktionskosten die variablen Personal- und Markierungsmittelkostensätze vor. Ferner wird auf die im Produktionsanlagenaktionsplan ermittelten variablen Betriebsstoff- und Abschreibungskostensätze zurückgegriffen.

Produktionsaktionenfolgeplan und Produktionskostenbudget Produktverkaufseinheitenherstellung

Inv./Desinv. Produktion Produktart	Produktions-menge	Nutzzeit Rüstzeit	Nutzzeit Aus-führungs-zeit	Nutzzeit Installations-zeit	variable Kosten je Los Personal-kosten	Betriebs-stoffkosten	Abschreib. Produktions-anlagen	Markierungs-mittel-kosten	Produktions-kosten
2.411	420	0	28	0	42.000 DM	105.000 DM	47.600 DM	100.800 DM	295.400 DM
1.122	510	5	68	0	102.000 DM	127.500 DM	115.600 DM	244.800 DM	589.900 DM
1.134	300	6	40	0	60.000 DM	75.000 DM	68.000 DM	144.000 DM	347.000 DM
I/D	-	0	0	12	-	-	-	-	-
		11	136	12	204.000 DM	307.500 DM	231.200 DM	489.600 DM	1.232.300 DM
				159	1.500 DM/Std.			0,24 DM/St.	

Summe Nutzzeit:

Personalaufwendungen: 270.000 DM
Betriebsstoffaufwendungen: 307.500 DM
Aufwendungen für Abschreibung Produktionsanlagen: 255.001 DM
Aufwendungen für Abschreibung Produktionsgebäude: 50.000 DM
sonstige Raumaufwendungen Produktionsgebäude: 30.000 DM
Markierungsmittelaufwendungen: 489.600 DM
Produktionsaufwendungen: 1.402.101 DM

Abb. 7.3-7: Produktionsaktionenfolgeplan und Produktionskostenbudget Produktverkaufseinheitenherstellung

Die Unterscheidung zwischen Kosten und Aufwendungen im Rahmen der Budgetierung erscheint erforderlich, um einerseits auf der Grundlage von Kosten eine Deckungsbeitragsrechnung durchführen zu können.[61] Andererseits sind zur Finanzplanung jene Aufwendungen zu berücksichtigen, die dem Unternehmen im Unternehmensspielmodell für die Planungsperiode berechnet und in dieser zu Auszahlungen oder Verbindlichkeiten führen werden.

Das *Materialkostenbudget Produktverkaufseinheitenherstellung* (Abbildung 7.3-8) weist die zur Herstellung der Produktverkaufseinheiten erforderlichen Mengen an eingesetzten Erzeugnissen sowie die hierfür anfallenden variablen Kosten je Stück[62] und je Los getrennt für jede Produktart aus.

Materialkostenbudget Produktverkaufseinheitenherstellung

Produkt-art	Produktions-menge	Erzeugnisse				
		Einsatz-menge pro Stück	Einsatz-menge	variable Kosten pro Stück	variable Kosten	
1.122	510	1.000	510.000	5,25 DM	2.675.800 DM	
1.134	300	1.000	300.000	6,34 DM	1.902.000 DM	
2.411	420	1.000	420.000	3,34 DM	1.402.800 DM	
					5.980.600 DM	

Abb. 7.3-8: Materialkostenbudget Produktverkaufseinheitenherstellung

Im *Produktionsaktionenfolgeplan und Produktionskostenbudget Erzeugnisherstellung* (Abbildung 7.3-9) werden die Aktionenfolgen zur Herstellung der geplanten Mengen der Erzeugnisarten sowie zur Montage und Demontage von Fertigungs- und Verpackungsanlagen zusammengefaßt. Die Produktionskosten werden - analog zur Produktverkaufseinheitenherstellung - als variable Kosten je Los ausgewiesen, die Produktionsaufwendungen spiegeln die geplanten, vom Simulationsmodell zu verrechnenden Aufwendungen des Produktionsteilprozesses Erzeugnisherstellung wider.

---

[61] Die Differenzen zwischen den gesamten Produktionsaufwendungen und den variablen Produktionskosten einer Periode werden in der Erfolgsrechnung berücksichtigt. Insbesondere die Bestimmung der variablen Kostensätze für Betriebsstoffe und Produktionsanlagenabschreibungen kann auf der Basis einer zuvor ermittelten optimalen und ggf. über mehrere Perioden verlaufende Nutzungsdauer beruhen. In diesem Fall können die Teilnehmer durchschnittliche variable Kosten zugrunde legen.

[62] Die variablen Kosten der Erzeugnisarten je Stück werden dem Budget der Herstellkosten für die Planungsperiode entnommen. Sofern eine in den Produktionsprozeß einzusetzende Erzeugnisart in dieser Periode nicht hergestellt wird, sind die variablen Stückherstellkosten dieser Erzeugnisart von den Teilnehmern festzulegen.
Die in Abbildung 7.3-8 ausgewiesenen variablen Kosten je Stück einer Erzeugnisart sind auf zwei Stellen hinter dem Komma gerundet. Die variable Kostensumme wird dagegen auf der Grundlage der nicht gerundeten variablen Stückkosten berechnet.

Produktionsaktionenfolgeplan und Produktionskostenbudget Erzeugnisherstellung

Inv./Desinv. Produktion Erzeugnisart	Produktions-menge	Nutzzeit			Personal-kosten	variable Kosten Je Los		
		Rüstzeit	Aus-führungs-zeit	Installations-zeit		Betriebs-stoffkosten	Abschreib. Produktions-anlagen	Produktions-kosten
e122	480.000	3	64	0	96.000 DM	86.400 DM	128.000 DM	310.400 DM
e123	45.000	1	60	0	90.000 DM	9.450 DM	120.000 DM	219.450 DM
I/D	-	0	0	8	-	-	-	-
e134	285.000	2	38	0	57.000 DM	91.200 DM	91.200 DM	239.400 DM
e411	330.000	9	22	0	33.000 DM	52.800 DM	26.400 DM	112.200 DM
I/D	-	0	0	8	-	-	-	-
		15	184	16	276.000 DM	239.850 DM	365.600 DM	881.450 DM

Summe Nutzzeit: 215   1.500 DM/Std.

Personalaufwendungen:	333.000 DM
Betriebsstoffaufwendungen:	239.850 DM
Aufwendungen für Abschreibung Produktionsanlagen:	360.000 DM
Aufwendungen für Abschreibung Produktionsgebäude:	50.000 DM
sonstige Raumaufwendungen Produktionsgebäude:	30.000 DM
Produktionsaufwendungen:	1.012.850 DM

Abb. 7.3-9: Produktionsaktionenfolgeplan und Produktionskostenbudget Erzeugnisherstellung

Materialkostenbudget Erzeugnisherstellung

Erzeugnis-art	Produktions-menge	Basisfaktoren				Zusatzfaktoren				variable Kosten
		Einsatz-menge pro Stück	variable Kosten pro Stück	Einsatz-menge	variable Kosten	Einsatz-menge pro Stück	variable Kosten pro Stück	Einsatz-menge	variable Kosten	
e122	480.000	2	2,00 DM	960.000	1.920.000 DM	2	0,30 DM	960.000	288.000 DM	2.208.000 DM
e123	45.000	20	2,00 DM	900.000	1.800.000 DM	20	0,30 DM	900.000	270.000 DM	2.070.000 DM
e134	285.000	2	2,00 DM	570.000	1.140.000 DM	2	0,75 DM	570.000	427.500 DM	1.567.500 DM
e411	330.000	1	3,00 DM	330.000	990.000 DM	0	0,00 DM	0	0 DM	990.000 DM
					5.850.000 DM				985.500 DM	6.835.500 DM

Abb. 7.3-10: Materialkostenbudget Erzeugnisherstellung

Das *Materialkostenbudget Erzeugnisherstellung* (Abbildung 7.3-10) zeigt die zur Produktion der Erzeugnisarten und -mengen notwendigen Basisfaktor- und Zusatzfaktormengen je Erzeugnisart und je Los auf. Die bei der Materialkostenberechnung zugrunde zu legenden variablen Basisfaktor- und Zusatzfaktorkosten je Stück sind von den Teilnehmern vorzugeben.

Das *Budget der Herstellkosten* (Abbildung 7.3-11) veranschaulicht für die Planungsperiode die variablen Material-, Produktions- und Herstellkosten sowie die Stückherstellkosten der in den Produktionslosen erstellten Erzeugnis- und Produktarten.[63]

Budget der Herstellkosten

		variable Kosten		variable Herstellkosten	
Güterart	Produktions-menge	Material-kosten	Produktions-kosten	pro Los	pro Stück
e122	480.000	2.208.000 DM	310.400 DM	2.518.400 DM	5,25 DM
e123	45.000	2.070.000 DM	219.450 DM	2.289.450 DM	50,88 DM
e134	285.000	1.567.500 DM	239.400 DM	1.806.900 DM	6,34 DM
e411	330.000	990.000 DM	112.200 DM	1.102.200 DM	3,34 DM
1.122	510	2.675.800 DM	589.900 DM	3.265.700 DM	6.403,33 DM
1.134	300	1.902.000 DM	347.000 DM	2.249.000 DM	7.496,67 DM
2.411	420	1.402.800 DM	295.400 DM	1.698.200 DM	4.043,33 DM
		12.816.100 DM	2.113.750 DM	14.929.850 DM	

Abb. 7.3-11: Budget der Herstellkosten

Der *Beschaffungsaktionsplan* (Abbildung 7.3-12) beinhaltet die Anfangsbestände, die Zugänge, die Abgänge und die daraus resultierenden Endbestände an Basisfaktoren, Zusatzfaktoren und Erzeugnissen. Entsprechend der geplanten Bedarfsmengen der Folgeperiode können die in der Planungsperiode zu beschaffenden Gütermengen von den Teilnehmern festgelegt werden.[64] Ein Vergleich der geplanten Endbestände an Basis- und Zusatzfaktoren sowie Erzeugnissen mit den entsprechenden Bedarfsmengen zeigt u.U. Fehlbestände auf, die zu Engpässen in der Produktion und/oder im Absatz führen oder läßt Güterbestände erkennen, die derzeit nicht erforderlich sind und vermeidbare Lagerkosten verursachen werden. Durch Anpassung der Absatz-, Produktions- und/oder Beschaffungsmengen können die Abweichungen zwischen geplanten Bestands- und Bedarfsmengen minimiert werden.[65]

---

[63] Die Stückherstellkosten der Produktarten werden jeweils für eine Produktverkaufseinheit ausgewiesen.

[64] Darüber hinaus kann u.U. die Produktionsmengenplanung angepaßt werden.

[65] Eine Übereinstimmung von geplanten Bestands- und Bedarfsmengen muß von den Teilnehmern nicht grundsätzlich angestrebt werden. Beispielsweise kann es wirtschaftlich sinnvoll erscheinen, Leerzeiten in der Produktion zu vermeiden und dafür zwischenzeitlich größere Lagerbestände und demzufolge höhere Lagerkosten in Kauf zu nehmen.

Beschaffungsaktionsplan

Güter-art	Anfangs-bestand Menge	Güterabgänge Einsatz in Produktion lfd. Periode	Güterabgänge Absatz lfd. Periode	davon bedarfs-synchron beschafft	Güterzugänge (Periodenende) Produktion lfd. Periode	Güterzugänge (Periodenende) Vorrats-beschaffung lfd. Periode	End-bestand lfd. Periode	Bedarf Folgeperiode	davon Absatz Folgeperiode	davon Einsatz in Produktion Folgeperiode
f1	2.000.000	2.430.000	-	430.000	-	2.400.000	2.400.000	2.400.000	-	2.400.000
f4	350.000	330.000	-	0	-	280.000	300.000	300.000	-	300.000
z2	1.500.000	1.860.000	-	360.000	-	2.000.000	2.000.000	2.000.000	-	2.000.000
z3	600.000	570.000	-	0	-	570.000	600.000	600.000	-	600.000
e122	490.000	510.000	0	0	480.000	40.000	500.000	500.000	0	500.000
e123	32.000	-	30.000	0	45.000	0	47.000	40.000	0	-
e134	330.000	300.000	0	0	285.000	0	315.000	310.000	40.000	300.000
e411	430.000	420.000	0	0	330.000	0	340.000	400.000	10.000	400.000
e423	120.000	-	120.000	0	0	0	0	0	0	-

Abb. 7.3-12: Beschaffungsaktionsplan

285

Beschaffungsbudget

Güter-art	variable Kosten pro Stück	Anfangs-bestand Wert	Güter-abgang Wert	bedarfs-synchrone Beschaffung Wert	Güterzugang Produktion Wert	Güterzugang Vorratsbeschaffung Wert	Endbestand Wert
f1	2,00 DM	4.000.000,00 DM	4.860.000,00 DM	860.000,00 DM		4.800.000,00 DM	4.800.000,00 DM
f4	3,00 DM	1.050.000,00 DM	990.000,00 DM	0,00 DM		840.000,00 DM	900.000,00 DM
z2	0,30 DM	450.000,00 DM	558.000,00 DM	108.000,00 DM		600.000,00 DM	600.000,00 DM
z3	0,75 DM	450.000,00 DM	427.500,00 DM	0,00 DM		427.500,00 DM	450.000,00 DM
e122	5,25 DM	2.570.866,67 DM	2.675.800,00 DM	0,00 DM	2.518.400,00 DM	209.866,67 DM	2.623.333,33 DM
e123	50,88 DM	1.628.053,33 DM	1.526.300,00 DM	0,00 DM	2.289.450,00 DM	0,00 DM	2.391.203,33 DM
e134	6,34 DM	2.092.200,00 DM	1.902.000,00 DM	0,00 DM	1.806.900,00 DM	0,00 DM	1.997.100,00 DM
e411	3,34 DM	1.436.200,00 DM	1.402.800,00 DM	0,00 DM	1.102.200,00 DM	0,00 DM	1.135.600,00 DM
e423	92,00 DM	11.040.000,00 DM	11.040.000,00 DM	0,00 DM	0,00 DM	0,00 DM	0,00 DM
		24.717.320,00 DM	25.382.400,00 DM	968.000,00 DM	7.716.950,00 DM	6.877.366,67 DM	14.897.236,67 DM

Aufwendungen für Transport bedarfssynchron beschaffter Güter:	56.000,00 DM
Aufwendungen für Transport vorratsbeschaffter Güter:	257.000,00 DM
Transportaufwendungen:	313.000,00 DM

Abb. 7.3-13: Beschaffungsbudget

Das *Beschaffungsbudget* (Abbildung 7.3-13) faßt - auf der Grundlage des Beschaffungsakti-
onsplans - die mit variablen Kosten bewerteten Güterbestände, -zugänge und -abgänge zusammen. Ferner werden die geplanten Aufwendungen für den Transport bedarfssynchron und
vorratsbeschaffter Güter erfaßt.

Der *Lageraktionsplan* enthält die von den Teilnehmern durchzuführende Planung der optimalen Lagerkapazitäten und der Lagerpersonalmengen, er bildet die Basis für das *Lagerkosten-
budget.*[66]

Marketing- und Vertriebskostenbudget			
	1.122	1.134	2.411
variable Vertriebskosten			
- physisches Distributions-			
system	89.909,16 DM	68.227,67 DM	29.996,62 DM	188.133,45 DM
- Vertreterprovisionen	219.912,00 DM	167.305,60 DM	81.025,56 DM	468.243,16 DM
Summe:	309.821,16 DM	235.533,27 DM	111.022,18 DM	656.376,61 DM
Verkaufsförderungskosten	7.000,00 DM	30.600,00 DM	12.600,00 DM	50.200,00 DM
produktartbezogene Vertriebs-			
kosten Filialen, Versand	17.500,00 DM	17.500,00 DM	17.500,00 DM	52.500,00 DM
Summe:	24.500,00 DM	48.100,00 DM	30.100,00 DM	102.700,00 DM
Kosten für Werbemaßnahmen	560.000,00 DM		120.000,00 DM	680.000,00 DM
Werbeagenturkosten etc.	0,00 DM		0,00 DM	0,00 DM
Kosten Periodenvergütung Reisende				180.000,00 DM
Kosten Periodenfixum Vertreter				4.000,00 DM
Kosten der Fortbildung Reisende, Vertreter				80.000,00 DM
fixe Kosten Filialen, Versand				80.000,00 DM
fixe Kosten physisches Distributionssystem				820.000,00 DM
Kosten Public Relations				60.000,00 DM
sonstige, ggf. nicht als Kosten verrechnete Marketing- und Vertriebsaufwendungen				0,00 DM
Summe:				2.663.076,61 DM

Abb. 7.3-14: Marketing- und Vertriebskostenbudget

Das *Marketing- und Vertriebskostenbudget* (Abbildung 7.3-14) enthält zum einen die aus den
Absatzaktionsplänen der Einkaufsstättenarten resultierenden variablen Vertriebskosten sowie
die produktartbezogenen fixen Kosten der Verkaufsförderung und des Vertriebs über Filialen
und Versand. Zum anderen werden die markenbezogenen fixen Kosten der Werbemaßnahmen
und der Werbeagenturen sowie die unternehmensbezogenen fixen Kosten von Marketing und
Vertrieb[67] in der Planungsperiode erfäßt.[68]

---

66   Auf die Darstellungen des Lageraktionsplans und des Lagerkostenbudgets wird verzichtet. Zur Planung
     optimaler Lagerkapazitäten und Lagerpersonalmengen siehe Abschnitt 4.6.2.

67   Ein Teil der unternehmensbezogenen fixen Kosten (z.B. Periodenvergütung Reisende, Periodenfixum
     Vertreter, fixe Kosten Filialen und Versand) kann im Rahmen einer Einkaufsstättenerfolgsrechnung ein-

Das *Verwaltungskostenbudget* beinhaltet die geschätzten Kosten der Verwaltung einschließlich der Abschreibungen auf das Verwaltungsgebäude und auf die Betriebs- und Geschäftsausstattung.[69]

Budget der Zahlungsmittel

Anfangsbestand	Zahlungsmittel		346,67 DM
Einzahlungen	Umsatz Filialen	4.690.500,00 DM	
	Umsatz Versand	0,00 DM	
	Forderungen Vorperiode	3.400.000,00 DM	
	Darlehen	0,00 DM	
	Rückzahlung Kapitalanlagen	1.000,00 DM	
	Zinsen Kapitalanlagen	4.200,00 DM	
	Liquidationserlöse Anlagen	34.500,00 DM	
	Transfer Spielleitung	62,00 DM	
	Kapitalerhöhung, Agio	0,00 DM	
	Kontokorrentkredit (Aufnahme)	0,00 DM	8.130.262,00 DM
Auszahlungen	Bedarfssynchr. Beschaffung	1.024.000,00 DM	
	Lageraufwendungen (*)	2.100.000,00 DM	
	Produktionsaufwendungen (*)	1.699.950,00 DM	
	Investition Produktionsanlagen	225.000,00 DM	
	Verwaltungsaufwendungen (*)	1.200.000,00 DM	
	Verbindlichkeiten Vorperiode	120.000,00 DM	
	Darlehenstilgung	500.000,00 DM	
	Darlehenszinsen	35.000,00 DM	
	Ausleihungen	0,00 DM	
	sonstige Auszahlungen	1.220.519,00 DM	
	Kontokorrentkredit (Tilgung)	0,00	8.124.469,00 DM
Endbestand	Zahlungsmittel		6.139,67 DM

Abb. 7.3-15: Budget der Zahlungsmittel[70]

---

zelnen Einkaufsstättenarten zugeordnet werden. Im Rahmen der Budgetierung wird lediglich eine an Produktarten und Marken orientierte Erfolgsrechnung vorgestellt. Zur Erfolgsplanung von Absatzwegen und Einkaufsstättenarten erscheint die Absatzsegmentrechnung zweckmäßiger, da in dieser mehrperiodige Betrachtungen mit weniger Aufwand möglich sind als im Rahmen der Budgetierung. Siehe hierzu Abschnitt 6.9.3.

[68] Dem Marketing- und Vertriebskostenbudget können ein Marketingaktionsplan, der z.B. die Belegungshäufigkeiten und Werbeintensitäten von Werbeträgern für die verschiedenen Marken enthält, und ein Vertriebsaktionsplan, der z.B. die Belieferungshäufigkeiten der Einkaufsstättenarten erfaßt, vorausgehen.

[69] Auf die Darstellung des Verwaltungskostenbudgets wird vereinfachend verzichtet.

[70] Die mit (*) gekennzeichneten Aufwendungen sind um die in der Planungsperiode nicht zu Auszahlungen führenden Abschreibungen reduziert.

Das *Budget der Zahlungsmittel* (Abbildung 7.3-15) faßt, ausgehend von dem Anfangsbestand der Zahlungsmittel, alle Ein- und Auszahlungen der Planungsperiode zusammen und weist den Endbestand an Zahlungsmitteln aus. Die Teilnehmer planen zugleich die ggf. erforderlichen Kreditaufnahmen bzw. -tilgungen. Die Erstellung des Zahlungsmittelbudgets kann im Unternehmensspiel zur Finanzplanung genutzt werden.[71]

Die *budgetierte Erfolgsrechnung* (Abbildung 7.3-16) ist als eine stufenweise Fixkostendeckungsrechnung aufgebaut. Aus den Umsätzen der Erzeugnis- und Produktarten werden nach der Subtraktion der variablen Vertriebs- und Herstellkosten die Deckungsbeiträge I (DB I) ermittelt. Diese bilden - soweit sie sich auf Produktarten beziehen - nach Abzug der fixen produktartbezogenen bzw. markenbezogenen Kosten die Grundlage zur Berechnung der Deckungsbeiträge II (DB II) bzw. III (DB III). Den Summen der Deckungsbeiträge III werden die lediglich der Gesamtheit der abgesetzten Erzeugnisarten bzw. Arten von Produktverkaufseinheiten zurechenbaren fixen Marketing- und Vertriebskosten gegenübergestellt und die Deckungsbeiträge IV (DB IV) als Nettoerfolge aller Erzeugnis- bzw. Produktverkaufseinheitenarten bestimmt. Nach Abzug der unternehmensfixen Kosten, unter Berücksichtigung von sonstigen Erträgen (Zinsen, Transferzahlungen der Spielleitung) sowie sonstigen, nicht als Kosten verrechneten Aufwendungen wird der Periodenüberschuß vor Steuern ausgewiesen. Als Basis für die Budgetierung der Bilanz werden - wie bereits in Abschnitt 7.2.2 im Zusammenhang mit der Bilanzerstellung dargestellt - die zu zahlenden Steuern vom Einkommen, die Einstellungen in die gesetzlichen und freien Rücklagen sowie der daraus resultierende Bilanzgewinn berechnet.

---

[71] Zur Finanzplanung siehe Abschnitt 7.1.

Budgetierte Erfolgsrechnung

Güterart	Absatz-menge	Umsatz	variable Vertriebs-kosten	variable Herstell-kosten	DB I	fixe produktart-bezogene Kosten	DB II	fixe marken-bezogene Kosten	DB III
e123	30.000	2.460.000,00 DM	0,00 DM	1.526.300,00 DM	933.700,00 DM	-			
e423	120.000	11.388.000,00 DM	0,00 DM	11.040.000,00 DM	348.000,00 DM	-	1.281.700,00 DM	-	1.281.700,00 DM
1.122	510	6.916.089,60 DM	309.821,16 DM	3.265.700,00 DM	3.340.568,44 DM	24.500,00 DM	3.316.068,44 DM		
1.134	295	5.248.282,00 DM	235.533,27 DM	2.211.516,67 DM	2.801.232,06 DM	48.100,00 DM	2.753.132,06 DM	560.000,00 DM	5.509.200,50 DM
2.411	340	2.307.432,00 DM	111.022,18 DM	1.374.733,33 DM	821.676,49 DM	30.100,00 DM	791.576,49 DM	120.000,00 DM	671.576,49 DM
		28.319.803,60 DM	656.376,61 DM	19.418.250,00 DM	8.245.176,99 DM	102.700,00 DM	8.142.476,99 DM	680.000,00 DM	7.462.476,99 DM

	Produktverkaufs-einheiten	Erzeugnisse	Summe
DB III	1.281.700,00 DM	6.180.776,99 DM	7.462.476,99 DM
nicht verteilte fixe Kosten Marketing und Vertrieb	0,00 DM	1.224.000,00 DM	1.224.000,00 DM
DB IV	1.281.700,00 DM	4.956.776,99 DM	6.238.476,99 DM

Lagerkosten	2.212.500,00 DM
Verwaltungskosten	1.540.000,00 DM
sonstige Erträge	4.262,00 DM
sonstige fixe Kosten	35.000,00 DM
sonstige, nicht als Kosten verrechnete Aufwendungen	614.201,00 DM
Periodenüberschuß vor Steuern	1.841.037,99 DM
Steuern vom Einkommen	920.519,00 DM
Periodenüberschuß nach Steuern	920.518,99 DM
Einstellung gesetzliche Rücklagen	46.025,95 DM
Einstellung freie Rücklagen	437.246,52 DM
Bilanzgewinn	437.246,52 DM

Abb. 7.3-16: Budgetierte Erfolgsrechnung

Die *budgetierte Bilanz* (Abbildung 7.3-17) ist analog zu jener des Ergebnisberichts als Beständedifferenzbilanz gestaltet. Die Teilnehmer werden zur Erstellung der Bilanz jenen Teil der Periodenanfangsbestände sowie der Periodenabgänge und -zugänge vorgeben, die nicht aus den zuvor beschriebenen Teilen des Budgetierungssystems übernommen werden können.

Budgetierte Bilanz

Aktiva	Periodenbeginn	Abgang	Zugang	Periodenende
Anlagevermögen				
Lagergebäude	4.500.000,00	112.500,00	0,00	4.387.500,00
Produktiongebäude	5.500.000,00	100.000,00	0,00	5.400.000,00
Verwaltungsgebäude	4.000.000,00	100.000,00	0,00	3.900.000,00
Produktionsanlagen	1.500.000,00	649.501,00	225.000,00	1.075.499,00
Betriebsausstattung	2.000.000,00	240.000,00	240.000,00	2.000.000,00
langfr. Ausleihungen	9.000,00	1.000,00	0,00	8.000,00
Umlaufvermögen				
Basisfaktoren	5.050.000,00	5.850.000,00	6.500.000,00	5.700.000,00
Zusatzfaktoren	900.000,00	985.500,00	1.135.500,00	1.050.000,00
Erzeugnisse	18.767.320,00	18.546.900,00	7.926.816,67	8.147.236,67
Produktverkaufseinheiten	7.708.333,33	6.851.950,00	7.212.900,00	8.069.283,33
kurzfr. Ausleihungen	210.000,00	0,00	0,00	210.000,00
Forderungen	3.400.000,00	3.400.000,00	23.629.303,60	23.629.303,60
Zahlungsmittel	346,67	8.124.469,00	8.130.262,00	6.139,67
Bilanzverlust	0,00	0,00	0,00	0,00
	53.545.000,00	44.961.820,00	54.999.782,27	63.582.962,27

Passiva	Periodenbeginn	Abgang	Zugang	Periodenende
Eigenkapital				
Grundkapital	50.000.000,00	0,00	0,00	50.000.000,00
gesetzliche Rücklagen	250.000,00	0,00	46.025,95	296.025,95
freie Rücklagen	2.375.000,00	0,00	437.246,52	2.812.246,52
Fremdkapital				
langfr. Darlehen	200.000,00	200.000,00	0,00	0,00
kurzfr. Darlehen	300.000,00	300.000,00	0,00	0,00
Verbindlichkeiten	120.000,00	120.000,00	10.037.443,28	10.037.443,28
Kontokorrentkredit	0,00	0,00	0,00	0,00
Bilanzgewinn	300.000,00	300.000,00	437.246,52	437.246,52
	53.545.000,00	920.000,00	10.957.962,27	63.582.962,27

Abb. 7.3-17: Budgetierte Bilanz

Das vorliegende Budgetierungssystem ermöglicht den Teilnehmern, im Rahmen der Entscheidungsvorbereitung schrittweise die Budgets einer Periode zu entwerfen sowie - entsprechend der von ihnen formulierten Zielsetzungen und geplanten Strategien - ggf. die Budgetentwürfe und Aktionspläne zieladäquat zu korrigieren.[72] Dabei können detailliert die Auswirkungen geplanter Maßnahmen auf die erwarteten Erlöse und Kosten, Erträge und Aufwendungen, Einnahmen und Ausgaben sowie Ein- und Auszahlungen in der Planungsperiode verdeutlicht werden, so daß die Spieler vor dem endgültigen Treffen der Entscheidungen verschiedene alternative Entscheidungsbündel[73] hinsichtlich ihrer monetären Auswirkungen simulieren und die ihnen am geeignetsten erscheinende Alternative auswählen können.[74]

Die Erfolgsplanung in Form einer stufenweisen Fixkostendeckungsrechnung stellt den Teilnehmern u.a. Deckungsbeiträge auf den Ebenen der Erzeugnis- und Produktarten sowie Marken zur Verfügung. Insbesondere hinsichtlich des Absatzes von Erzeugnissen, der in der Absatzsegmentrechnung für das Unternehmensspiel nicht berücksichtigt wird,[75] kann die stufenweise Fixkostendeckungsrechnung Hilfestellungen für die Erfolgsanalyse bieten.[76]

Die Zusammenfassung aller geplanter Ein- und Auszahlungen im Budget der Zahlungsmittel ermöglicht den Teilnehmern die Ermittlung eines ggf. erforderlichen Darlehensbetrages bzw. eines Kapitalanlagebetrages, der kurz- oder langfristig ausgeliehen werden kann.

Die Budgeterstellung trägt damit wesentlich zu einer sorgfältigen und umfassenden Entscheidungsvorbereitung bei. Nach Ablauf der Planungsperiode können die Ist-Daten dem Ergeb-

---

[72] Die hier vorgeschlagene Vorgehensweise zur Budgeterstellung entspricht dem zuvor erwähnten Gegenstromverfahren mit zunächst progressiver Erfolgsplanung und anschließender retrograder Feinabstimmung.

[73] Ein Entscheidungsbündel kann beispielsweise eine Kombination aus bestimmten Verkaufsförderungsmaßnahmen und Mengenrabattgewährungen für eine Produktart in einer oder mehreren Einkaufsstättenarten sein, verbunden mit bestimmten Werbemaßnahmen für diese Marke und auf die erwartete Absatzmenge der Produktart abgestimmten Produktions- und Güterbeschaffungsmengen.

[74] Hierbei sollte die Erfolgsplanung mit der Absatzsegmentrechnung abgestimmt werden, um nicht Fehlentscheidungen durch ein kurzfristig orientiertes Gewinndenken zu verursachen. Vgl. Gaiser, B.: (Budgetierung), S. 88.

[75] Siehe hierzu Abschnitt 6.9.3.Der Absatz von Erzeugnissen wird in der Absatzsegmentrechnung nicht berücksichtigt, da Erzeugnisse - im Gegensatz zu Produkten - ohne Marketingmaßnahmen lediglich an gewerbliche Großabnehmer und Konkurrenzunternehmen abgesetzt werden können. Über mehrere Perioden wirkende Entscheidungen wie z.B. die Einführung neuer Marken und Produktarten, der Aufbau eines physischen Distributionssystems treten bei dem Absatz von Erzeugnissen nicht auf.

[76] Beispielsweise weist die budgetierte Erfolgsrechnung für Erzeugnisart e_{423} einen DB I von ca. 3% des Umsatzes, für Erzeugnisart e_{123} dagegen einen DB I von ca. 38% des Umsatzes auf. Je nach Kapazitätsauslastung im Produktionsteilprozeß Erzeugnisherstellung und unter Berücksichtigung alternativer Anfragen und Angebote wäre die Annahme eines Auftrags zur Lieferung von Erzeugnisart e_{423} durch zusätzliche Berechnungen (siehe hierzu Abschnitt 5.4.1) zu überprüfen gewesen.

nisbericht entnommen, den geplanten Daten im Rahmen einer Abweichungsanalyse gegenübergestellt und die Ursachen der Abweichungen analysiert werden.[77]

---

[77] Abweichungen zwischen Ist- und Plandaten sind im Unternehmensspiel insbesondere bei den Absatzmengen der Produktarten (Absatzaktionspläne für die Einkaufsstättenarten) und den hieraus resultierenden Umsätzen, Kosten, Ein- und Auszahlungen zu erwarten. Dagegen können beispielsweise die Produktionsmengen und -kosten außerordentlich exakt geplant werden, da das Unternehmensspiel deterministisch ist und zufällige Abweichungsursachen (z.B. unerwarteter Ausfall von Produktionsanlagen) auszuschließen sind. Abweichungen werden in diesem Fall vorwiegend auf - für die Teilnehmer bei sorgfältiger Planung erkennbare - fehlerhafte Entscheidungen zurückzuführen sein.

8 Schlußbetrachtung

In der vorliegenden Arbeit wurde nach den einleitenden Bemerkungen zu Unternehmensspielen das computergestützte Marketing-Unternehmensspiel MARKUS vorgestellt. Betrachtungsgegenstände waren dabei zum einen die verschiedenen Bereiche des Simulationsmodells und zum anderen ausgewählte Planungsaufgaben der Teilnehmer und die Einsatzmöglichkeiten von Instrumenten zur Entscheidungsvorbereitung.

In den Abschnitten drei bis sieben konnte ein komplexes Unternehmensspielmodell dargestellt werden, das einen flexiblen Rahmen bietet, um durch Parametereinstellungen

- interessante Ausgangslagen für die Spielunternehmen zu gestalten,
- die Komplexität der Teilbereiche und der Planungsaufgaben zielgerichtet auf die Teilnehmergruppe und die Lernziele auszurichten,
- den Einsatz bestimmter Instrumente zur Entscheidungsvorbereitung besonders zu fördern,
- einen abwechslungsreichen Spielverlauf zu ermöglichen,
- die Identifikation von zunächst starken und dann im weiteren Spielverlauf auch schwachen Signalen für Marktentwicklungen sowie die Ausarbeitung entsprechender Reaktionsstrategien zu verlangen sowie
- nicht nur wachsende, sondern auch stagnierende und schrumpfende Märkte und damit Krisensituationen von Unternehmen zu simulieren.

Der Schwerpunkt des Unternehmensspiels liegt im Marketingbereich. Die Simulation des Kaufverhaltens von Konsumenten anhand einer Konsumentenstichprobe und die Notwendigkeit der Analyse der Konsumentenpräferenzen mittels eines Marketing-Informationssystems stellen eine Besonderheit dieses Spiels dar. Eine weitere spezifische Eigenschaft des Unternehmensspiels ist die Vielzahl der flexibel zur Entscheidungsvorbereitung einsetzbaren betriebswirtschaftlichen Instrumente, von denen hier neben dem Marketing-Informationssystem nur die Absatzsegmentrechnung sowie das Budgetierungssystem explizit aufgeführt werden sollen. Angesichts der genannten Merkmale erscheint das Unternehmensspiel besonders gut zur Ergänzung der betriebswirtschaftlichen Ausbildung, vor allem im Marketingbereich, geeignet zu sein. Insbesondere dürften die Konfrontation mit den verschiedenen Planungsproblemen und die Anwendung betriebswirtschaftlicher Instrumente bei der Entscheidungsvorbereitung zur Überwindung der Diskrepanz zwischen Wissen und Können beitragen.

Im Rahmen dieser Arbeit konnten nicht alle Möglichkeiten der Unternehmensmodellierung und des Instrumenteneinsatzes erschöpfend diskutiert werden. So ist es durchaus denkbar, das Unternehmensspielmodell in einzelnen Bereichen umfassender und/oder differenzierter zu gestalten, z.B. durch Einbeziehung der Forschung und Entwicklung, der Abbildung weiterer regional und ggf. auch international unterschiedlicher Märkte, der Berücksichtigung des Prozesses der Unternehmensgründung sowie von Möglichkeiten der Standortwahl und -aufspaltung, der detaillierten Simulation des Kaufentscheidungsprozesses von Absatzmittlern sowie der Möglichkeit zur Führung von Handelsunternehmen durch Spielgruppen. Außerdem könnten die Einsatzmöglichkeiten weiterer Instrumente, beispielsweise der Szenario-Technik, der Portfolio-Analyse und von Kennzahlensystemen, im Unternehmensspiel ausführlich untersucht werden, um deren Anwendung durch die Teilnehmer vorbereiten und auch in diesem Gebiet entsprechende Lernziele verfolgen zu können.

Literaturverzeichnis

Adam, D.: (Planung) Kurzlehrbuch Planung, Wiesbaden 1980

Agthe, K.: (Fixkostendeckung) Stufenweise Fixkostendeckung im System des Direct Costing, in: ZfB, 7/1959, S. 404 - 418

Albach, H.: (Daten) Daten für realistische Unternehmensspiele, in: forschen - planen - entscheiden 1/1965, S. 4 - 11

Albach, H.: (Unternehmensspiele) Unternehmensspiele als Mittel der Führungskräfteschulung, in: Faßhauer, R.; Wurzbacher, W. (Hrsg.): Unternehmensspiele - Stand und Entwicklungstendenzen, IBM - Beiträge zur Datenverarbeitung, Methoden und Techniken 4, Stuttgart 1974, S. 29 - 38

Albers, S.: (Neuproduktpositionierung) Gewinnorientierte Neuproduktpositionierung in einem Eigenschaftsraum, in: ZfbF, 3/1989, S. 186 - 209

Amstutz, A. E.: (Computer) Computer Simulation of Competitive Market Response, Cambridge (Mass.) 1967

Andlinger, G. R.: (Business Games) Business Games - PLAY ONE!, in: Harvard Business Review, 2/1958, S. 115 - 125

Arbeitskreis Gamer: (Unternehmungsspiele) Unternehmungsspiele und ihre Bedeutung für die betriebswirtschaftliche Ausbildung an Hochschulen, in: ZfhF (N.F.) 4/1963, S. 149 - 190

Ausmeier, O.: (Konzeption) Konzeption einer Portfolio-Analyse auf der Grundlage eines Unternehmensspiels, unveröffentlichte Diplomarbeit am Institut für betriebswirtschaftliche Produktions- und Investitionsforschung - Abteilung für Unternehmensplanung, Göttingen 1991

Ausschuß für Begriffsdefinitionen aus der Handels- und Absatzwirtschaft (Hrsg.): (Katalog E) Katalog E - Begriffsdefinitionen aus der Handels- und Absatzwirtschaft, 3. Aufl., Köln 1982

Back-Hock, A.: (Produktcontrolling) Lebenszyklusorientiertes Produktcontrolling, Berlin 1988

Backhaus, K.; Erichson, B.; Plinke, W.; Schuchard-Ficher, Ch.; Weiber, R.: (Analysemethoden) Multivariate Analysemethoden, 4. Aufl., Berlin 1987

Bauer, E.: (Markt-Segmentierung) Markt-Segmentierung, Stuttgart 1977

Bauer, E.: (Markt-Strategie) Markt-Segmentierung als Markt-Strategie, Berlin 1976

Bauer, W.; Vieweg, W.: (Simulation) Simulation, in: Grochla, E. (Hrsg.): Handwörterbuch der Organisation, Stuttgart 1969, Sp. 2063 - 2076

Becker, J.: (Marketing-Konzeption) Marketing-Konzeption, 3. Aufl., München 1990

Berg, C. C.: (Beschaffung) Beschaffung und Logistik, in: Bea, F. X.; Dichtl, E.; Schweitzer, M. (Hrsg.): Allgemeine Betriebswirtschaftslehre, Band 3: Leistungsprozeß, 3. Aufl., Stuttgart 1988, S. 5 - 50

Bidlingmaier, J.: (Marketing 1) Marketing, Band 1, Reinbek 1973

Bidlingmaier, J.: (Marketing 2) Marketing, Band 2, Reinbek 1973

Biethahn, J.; Fischer, D.: (Controlling-Informationssysteme) Controlling-Informationssysteme, in: Biethahn, J.; Huch, B. (Hrsg.): Informationssysteme für das Controlling, Berlin 1994, S. 25 - 68

Bleicher, K.: (Ausbildung) Unternehmungsspiele als Erkenntnismittel für Ausbildung und Forschung, in: ohne Hrsg.: Führung in der Wirtschaft. Festschrift zum zehnjährigen Bestehen der Akademie für Führungskräfte der Wirtschaft (1956-1966), Bad Harzburg 1966, S. 159 - 185

Bleicher, K.: (Entscheidungssimulation) Entscheidungssimulation und Unternehmungsspiele, in: ZfB, 1/1962, S. 15 - 30

Bleicher, K.: (Lehrmethode) Das Unternehmungsspiel - eine neue Lehrmethode, in: Fortschrittliche Betriebsführung, Mai 1960, S. 36 - 40

Bleicher, K.: (Unternehmungsspiele) Unternehmungsspiele. Simulationsmodelle für unternehmerische Entscheidungen, Baden-Baden 1962

Bleicher, K.: (Unternehmungsspiele 1969) Unternehmungsspiele, in: Grochla, E. (Hrsg.): Handwörterbuch der Organisation, Stuttgart 1969, Sp. 1685 - 1694

Bliemel, F.; Lücking, J.: (Marketingstrategie) Marketingstrategie, in: Diller, H. (Hrsg.): Vahlens Großes Marketinglexikon, München 1992, S. 697 - 698

Bloech, J.: (Investitions-Strategien) Investitions-Strategien für Fahrzeuge und andere verschleißende industrielle Anlagen, in: KRP, 6/1969, S. 245 - 258

Bloech, J.: (Modellierung) Modellierung komplexer betrieblicher Situationen und ihre didaktische Vermittlung mit Hilfe neuer Informations- und Kommunikationstechniken, in: Bundesminister für Bildung und Wissenschaft (Hrsg.): Neue Informationstechniken in kaufmännischen Modellversuchen, Bonn 1989, S. 102 - 119

Bloech, J.: (Varianten) Varianten des Ersatzproblems in der Investitionsplanung, in: Die Fortbildung, 2/1978, S. 114 - 117

Bloech, J.; Bogaschewsky, R.; Götze, U.; Roland, F.: (Einführung) Einführung in die Produktion, 2. Aufl., Heidelberg 1992

Bloech, J.; Ihde, G. B.: (Distributionsplanung) Betriebliche Distributionsplanung, Würzburg 1972

Bloech, J.; Lücke, W.: (Fertigungswirtschaft) Fertigungswirtschaft, in: Bea, F. X.; Dichtl, E.; Schweitzer, M.: (Hrsg.) Allgemeine Betriebswirtschaftslehre, Band 3: Leistungsprozeß, 3. Aufl., Stuttgart 1988, S. 51 - 102

Bloech, J.; Lücke, W.: (Produktionswirtschaft) Produktionswirtschaft, Stuttgart 1982

Bloech, J.; Rottenbacher, S. (Hrsg.): (Materialwirtschaft) Materialwirtschaft, Stuttgart 1986
Bloech, J.; Rüscher, H.: (BAP) Unternehmensplanspiel BAP, Göttingen 1987
Bloech, J.; Rüscher, H.: (EpUS) Modellbeschreibung und Bedienungsanweisungen zur Unternehmenssimulation EpUS, Göttingen 1992
Bloech, J.; Rüscher, H.: (PENTA) Modellbeschreibung zur Unternehmenssimulation PENTA, Göttingen 1991
Bloech, J.; Rüscher, H.: (PIUS) Unternehmenssimulation PIUS 5, Göttingen 1985
Bloech, J.; Rüscher, H.: (PUMA) Modellbeschreibung und Entscheidungsunterlagen zur Unternehmenssimulation PUMA, Göttingen 1990
Bloech, J.; Rüscher, H.: (Unternehmenssimulation) Unternehmenssimulation SIM-LOG - Computersimulation zur Logistik und Materialwirtschaft mit LOTUS-123, in: Biethahn, J.; Hummeltenberg, W.; Schmidt, B. (Hrsg.): Simulation als betriebliche Entscheidungshilfe, Band 2, Berlin 1991
Blohm, H.: (Planspiele) Differenziertere Planspiele, in: Der Volkswirt, 44/1966, S. 2155 - 2156
Blohm, H.; Beer, T.; Seidenberg, U.; Silber, H.: (Produktionswirtschaft) Produktionswirtschaft, Berlin 1988
Blohm, H.; Heinrich, L. J.: (Planspiele) Betriebsindividuelle Planspiele - Bedeutung - Entwicklung - Anwendung, in: Der Betrieb, 22/1966, S. 829 - 831
Böcker, F.: (Marketing) Marketing, 3. Aufl., Stuttgart 1990
Böcker, F.: (Marketing-Kontrolle) Marketing-Kontrolle, Stuttgart 1988
Böhler, H.: (Methoden) Methoden und Modelle der Marktsegmentierung, Stuttgart 1977
Böhret, C.; Wordelmann, P.: (Planspiel) Das Planspiel als Methode der Fortbildung, Bonn 1975
Bogaschewsky, R.: (Beschaffungsbereich) Dynamische Materialdisposition im Beschaffungsbereich, in: ZfB, 8/1989, S. 855 - 874
Bogaschewsky, R.: (Materialdisposition) Dynamische Materialdisposition im Beschaffungsbereich Simulation und Ergebnisanalyse, Frankfurt/Main 1988
Bosse, C.: (Konzeption) Konzeption eines computergestützten Informationssystems für den Marketingbereich eines Unternehmens, dargestellt auf der Basis eines Unternehmensspiels, unveröffentlichte Diplomarbeit am Institut für betriebswirtschaftliche Produktions- und Investitionsforschung - Abteilung für Industrielles Management, Göttingen 1994
Bramsemann, R.: (Handbuch) Handbuch Controlling, 2. Aufl., München 1990
Breitung, A.: (Marketing-Informationssysteme) Marketing-Informationssysteme, Meisenheim 1975
Brockhaus, R.; de Boer, E.: (Informationssysteme) Informationssysteme als Objekt des Controlling, in: Biethahn, J.; Huch, B. (Hrsg.): Informationssysteme für das Controlling, Berlin 1994, S. 69 - 115
Brockhoff, K.: (Produktpolitik) Produktpolitik, 2. Aufl., Stuttgart 1988
Bucklin, L. P.: (Theory) A Theory of Distribution Channel Structure, Berkeley, Ca. 1966
Busse, F.-J.: (Grundlagen) Grundlagen der betrieblichen Finanzwirtschaft, 3. Aufl., München 1993
Busse von Colbe, W.; Laßmann, G.: (Betriebswirtschaftstheorie) Betriebswirtschaftstheorie, Band 3: Investitionstheorie, 3. Aufl., Berlin 1990
Buzzell, R.D.; Gale, B.T.: (PIMS-Programm) Das PIMS-Programm, Wiesbaden 1989
Ceppi, C.: (Management Games) Erfahrungen mit Management Games, in: Industrielle Organisation, 7/1970, S. 305 - 308
Churchman, C. W.; Ackoff, R. L.; Arnoff, E. L.: (Operations) Operations Research, 5. Aufl., München 1971
Clark, J. M.: (Studies) Studies in the Economics of Overhead Costs, Chicago 1923.
Coenenberg, A.: (Möglichkeiten) Möglichkeiten des Wirtschaftlichkeitsvergleichs zwischen Eigenfertigung und Fremdbezug von Vorratsgütern, in: ZfB, 4/1967, S. 268 - 284
Cohen, K. J.; Rhenman, E.: (Unternehmungsspiele) Die Rolle von Unternehmungsspielen in Ausbildung und Forschung, in: Eisenführ, F.; Ordelheide, D.; Puck, G. (Hrsg.): Unternehmungsspiele in Ausbildung und Forschung, Wiesbaden 1974, S. 13 - 56
Cohen, K. J.; Rhenman, E.: (Management Games) The Role of Management Games in Education and Research, in: Management Science, No. 2, 1961, S. 131 - 166
Corsten, H.: (Produktionswirtschaft) Produktionswirtschaft, 3. Aufl., München 1992
Craft, C. J.: (Einsatz) Der Einsatz des betrieblichen Planspiels in der Ausbildung, in: Fortschrittliche Betriebsführung, 1/1963, S. 24 - 29
Craft, C. J.; Stewart, L. A.: (Simulation) Competitive Management Simulation, in: The Journal of Industrial Engineering, Vol. X, No. 5, 1959, S. 355 - 363
Curth, M.: (Planspieltechnik) Planspieltechnik und Computer Based Training zur Schulung von Einkäufern im Handel, Bergisch Gladbach 1989
Dambrowski, J.: (Budgetierungssysteme) Budgetierungssysteme in der deutschen Unternehmenspraxis, Darmstadt 1986
Delfmann, W.: (Traveling-Salesman-Problem) Das Traveling-Salesman-Problem, in: WISU 8-9/1985, S. 395 - 397
Delfmann, W.; Darr, W.; Simon, R.-P.: (Marketing-Logistik) Marketing-Logistik (Distributionslogistik, Physische Distribution), in: Diller, H. (Hrsg.): Vahlens Großes Marketinglexikon, München 1992, S. 673 - 679
Dichtl, E.; Schobert, R.: (Skalierung) Mehrdimensionale Skalierung, München 1979
Dieckhaus, O.-T.: (Management) Management und Controlling im Beteiligungslebenszyklus, Bergisch Gladbach 1993
Diederich, H.: (Betriebswirtschaftslehre) Allgemeine Betriebswirtschaftslehre II, 3. Aufl., Stuttgart 1974
Dill, W. R.; Doppelt, N.: (Acquisition) The Acquisition of Experience in a Complex Management Game, in: Management Science, Vol. X, No. 1, 1963, S. 30 - 46

Diller, H.: (Distributionspolitik) Distributionspolitik, Distributions-Mix, in: Diller, H. (Hrsg.): Vahlens Großes Marketinglexikon, München 1992, S. 221 - 222

Diller, H.: (Dreieck) Strategisches Dreieck, in: Diller, H. (Hrsg.): Vahlens Großes Marketinglexikon, München 1992, S. 1113

Diller, H.: (Key-Account-Management) Key-Account-Management, in: Diller, H. (Hrsg.): Vahlens Großes Marketinglexikon, München 1992, S. 530 - 531

Diller, H.: (Kommunikationspolitik) Kommunikationspolitik, in: Diller, H. (Hrsg.): Vahlens Großes Marketinglexikon, München 1992, S. 546 - 547

Diller, H.: (Preispolitik) Preispolitik, Stuttgart 1985

Diller, H.: (Produkt-Management) Produkt-Management und Marketing-Informationssysteme, Berlin 1975

Diller, H.; Heinzelbecker, K.: (Marketing-Informationssystem) Marketing-Informationssystem, in: Diller, H. (Hrsg.): Vahlens Großes Marketinglexikon, München 1992, S. 667 - 669

Domschke, W.; Drexl, A.: (Einführung) Einführung in Operations Research, 2. Aufl., Berlin 1991

Drukarczyk, J.: (Finanzierung) Finanzierung, 6. Aufl., Stuttgart 1993

Dworatschek, S.: (Management-Informations-Systeme) Management-Informations-Systeme, Berlin 1971

Eisele, W.: (Technik) Technik des betrieblichen Rechnungswesens, 2. Aufl., München 1985

Elgood, Chr.: (Management Games) Handbook of Management Games, 4. Aufl., Southampton 1989

Engel, J. F.; Kollat, D. T.; Blackwell, R. D.: Consumer Behavior, 2. Aufl., New York 1973

Everling, W.: (Eigenfertigung) Eigenfertigung oder Fremdbezug?, in: Der Betrieb, 41/1965, S. 1489 - 1493

Fieten, R.: (Materialwirtschaft) Integrierte Materialwirtschaft, BME Schriftenreihe "wissen und beraten", Frankfurt/Main 1986

Fischer, K.-P.: (Vertriebskostenrechnung) Industrielle Vertriebskostenrechnung, Stuttgart 1963

Frank, R. E.; Massy, W. F.; Wind, Y.: (Segmentation) Market Segmentation, Englewood Cliffs, New Jersey 1972

Freter, H.: (Marktsegmentierung) Marktsegmentierung, Stuttgart 1983

Freter, H.: (Strategien) Strategien, Methoden und Modelle der Marktsegmentierung bei der Markterfassung und Marktbearbeitung, in: DBW, 3/1980, S. 453 - 463

Frey, H. St.: (Unternehmungsspiele) Unternehmungsspiele. Eine systemkonforme Ausbildungsmethode, Bern 1975 Gaiser, B.: (Budgetierung) Budgetierung, in: Horváth, P.; Reichmann, T. (Hrsg.): Vahlens Großes Controllinglexikon, München 1993, S. 87 - 88

Gaul, W.; Both, M.: (Marketing) Computergestütztes Marketing, Berlin 1990

Geist, M.: (Absatzpolitik) Selektive Absatzpolitik, 2. Aufl., Stuttgart 1974

Geschka, H.; Hammer, R.: (Szenario-Technik) Die Szenario-Technik in der strategischen Unternehmensplanung, in: Hahn, D.; Taylor, B. (Hrsg.): Strategische Unternehmensplanung, 5. Aufl., Heidelberg 1990, S. 311 - 336

Geschka, H.; v. Reibnitz, U.: (Szenario-Technik) Die Szenario-Technik - ein Instrument der Zukunftsanalyse und der strategischen Planung, in: Töpfer, A.; Afheldt, H. (Hrsg.): Praxis der strategischen Unternehmensplanung, 2. Aufl., Stuttgart 1986, S. 125 - 170

Goertzen, H.: (Simultanplanung) Simultanplanung von Produktion und Beschaffung bei substitutionalen Produktionsfaktoren, Heidelberg 1992

Götze, U.: (Szenario-Technik) Szenario-Technik in der strategischen Unternehmensplanung, 2. Aufl., Wiesbaden 1993

Götze, U.; Bloech, J.: (Investitionsrechnung) Investitionsrechnung, Berlin 1993

Götze, U.; Rudolph, F.: (Instrumente) Instrumente der strategischen Planung, in: Bloech, J.; Götze, U.; Lücke, W.; Rudolph, F. (Hrsg.): Strategische Planung, Heidelberg 1994, S. 1 - 56

Götzen, G.; Kirsch, W.: (Problemfelder) Problemfelder und Entwicklungstendenzen der Planungspraxis, in: ZfbF 3/1979, S. 162 - 194

Graf, J. (Hrsg.): (Marktübersicht) Marktübersicht Planspiele, in: Graf, J. (Hrsg.): Planspiele - simulierte Realitäten für den Chef von morgen, Speyer 1992, S. 95 - 248

Green, P. E.; Carmone, F. J.: (Scaling) Multidimensional Scaling and Related Techniques in Marketing Analysis, Boston (Mass.) 1970

Green, P. E.; Tull, D. S.: (Methoden) Methoden und Techniken der Marketingforschung, 4. Aufl., Stuttgart 1982

Greenlaw, P. S.; Herron, L. W.; Rawdon, R. H.: (Simulation) Business Simulation in Industrial and University Education, London 1962

Grimm, U.: (Unterrichtsformen) Simulationsgebundene Unterrichtsformen, in: Lehmann, J. (Hrsg.): Simulations- und Planspiele in der Schule, Bad Heilbrunn / Obb. 1977

Grochla, E.: (Grundlagen) Grundlagen der Materialwirtschaft, 3. Aufl., Wiesbaden 1978

Grochla, E.: (Materialwirtschaft) Materialwirtschaft, in: Kern, W. (Hrsg.): Handwörterbuch der Produktionswirtschaft, Stuttgart 1979, Sp. 1257 - 1266

Groh, G.: (Marktsegmentierung) Marktsegmentierung, in: Tietz, B. et al. (Hrsg.): Handwörterbuch der Absatzwirtschaft, Stuttgart 1974, Sp. 1408 - 1420

Gümbel, R.: (Sortimentspolitik) Die Sortimentspolitik in den Betrieben des Wareneinzelhandels, Köln 1963

Gutenberg, E.: (Grundlagen) Grundlagen der Betriebswirtschaftslehre, Erster Band: Die Produktion, 24. Aufl. Berlin 1983

Gutenberg, E.: (Grundlagen 2) Grundlagen der Betriebswirtschaftslehre, Zweiter Band: Der Absatz, 16. Aufl. Berlin 1979

Haedrich, G.; Kramer, S.: (Verkaufsförderung) Verkaufsförderung, in: Diller, H. (Hrsg.): Vahlens Großes Marketinglexikon, München 1992, S. 1213 - 1215

Hahn, D.: (PuK) Planungs- und Kontrollrechnung - PuK. Integrierte ergebnis- und liquiditätsorientierte Planungs- und Kontrollrechnung als Führungsinstrument in Industriebetrieben mit Massen- und Serienfertigung, 3. Aufl., Wiesbaden 1985

Hammer, R. M.: (Unternehmensplanung) Unternehmensplanung, 3. Aufl., München 1988

Hammann, P.; Erichson, B.: (Marktforschung) Marktforschung, 2. Aufl., Stuttgart 1990

Hansen, H. R.: (Wirtschaftsinformatik) Wirtschaftsinformatik I, 5. Aufl., Stuttgart 1986

Hansen, U.: (Beschaffungsmarketing) Absatz- und Beschaffungsmarketing des Einzelhandels, 2. Auflage, Göttingen 1990

Hansen, U.; Leitherer, E.: (Produktpolitik) Produktpolitik, 2. Aufl., Stuttgart 1984

Hanssmann, F.: (Betriebswirtschaftslehre) Quantitative Betriebswirtschaftslehre, 3. Aufl., München 1990

Hartmann, H.: (Materialwirtschaft) Materialwirtschaft - Organisation - Planung - Durchführung - Kontrolle, 6. Aufl., Stuttgart 1993

Hax, A. C.; Majluf, N. S.: (Management), Strategisches Management, Frankfurt am Main 1988

Hedley, B.: (Approach) A Fundamental Approach to Strategy Development, in: Hahn, D.; Taylor, B. (Hrsg.): Strategische Unternehmensplanung - Strategische Unternehmensführung, 5. Aufl., Heidelberg 1990, S. 176 - 190

Heinen, E.: (Industriebetriebslehre) Industriebetriebslehre - Entscheidungen im Industriebetrieb, 7. Aufl., Wiesbaden 1983

Heinrich, L. J.; Müller, F.: (Planspiele) Müssen Planspiele abstrakt sein?, in: ZR, 5/1967, S. 116 - 119

Heinzelbecker, K.: (Marketing-Informationssysteme), Frankfurt/Main 1977

Heinzelbecker, K.: (Marketing-Informationssysteme 1985), Stuttgart 1985

Heiser, H. C.: (Budgetierung) Budgetierung, Berlin 1964

Henderson, B. D.: (Erfahrungskurve) Die Erfahrungskurve in der Unternehmensstrategie, 2. Aufl., Frankfurt am Main 1984

Hermanns, A.; Naundorf, S.: (Public Relations) Public Relations, in: Diller, H. (Hrsg.): Vahlens Großes Marketinglexikon, München 1992, S. 982 - 984

Herrmann, W.; Höwelmann, S.; Ullal, A. N.: (Unternehmensplanspiele) Unternehmensplanspiele - ein Instrument qualifizierter Weiterbildung, in: Personal - Mensch und Arbeit, 9/1987, S. 368 - 373

Hill, W.; Rieser, I.: (Marketing-Management) Marketing-Management, Bern 1990

Hilleke-Daniel, K.: (Wettbewerbsstrategie) Wettbewerbsstrategie, in: Diller, H. (Hrsg.): Vahlens Großes Marketinglexikon, München 1992, S. 1332 - 1335

Högsdal, B.: (Entwicklung) Die Entwicklung kundenspezifischer Planspiele, in: Graf, J. (Hrsg.): Planspiele - simulierte Realitäten für den Chef von morgen, Speyer 1992, S. 83 - 94

Hopfenbeck, W.: (Managementlehre) Allgemeine Betriebswirtschafts- und Managementlehre. Das Unternehmen im Spannungsfeld zwischen ökonomischen, sozialen und ökologischen Interessen, Landsberg am Lech 1989

Horváth, P.: (Controlling) Controlling, 5. Aufl., München 1994

Howard, J. A.; Sheth, J. N.: (Theory) The Theory of Buyer Behavior, New York 1969

Hummel, S.; Männel, W.: (Kostenrechnung) Kostenrechnung 2, 3. Aufl., Wiesbaden 1983

Ischebeck, W.: (Unternehmensspiele) Unternehmensspiele - Neue Möglichkeiten der Weiterbildung, in: Wissenschaft für die Praxis, 10/1969, S. 592 - 604

Jacob, H.: (Planung) Die Planung des Produktions- und Absatzprogramms, in: Jacob, H.: Industriebetriebslehre, 4. Aufl., Wiesbaden 1990

John, E. G.; Walther, K.: (Planspiele) Planspiele - Hilfsmittel für einen entscheidungsorientierten und praxisnahen Wirtschaftslehreunterricht?, in: Wirtschaft und Erziehung, 7/8/1981, S. 214 - 221

Jung, H.: (Budgetierung) Integration der Budgetierung in die Unternehmensplanung, Darmstadt 1985

Kaas, K. P.: (Marketing-Mix) Marketing-Mix, in: Diller, H. (Hrsg.): Vahlens Großes Marketinglexikon, München 1992, S. 682 - 686

Kaiser, A.: (Identifikation) Die Identifikation von Marktsegmenten, Berlin 1978

Kern, W.: (Produktionsprogramm) Produktionsprogramm, in: Kern, W. (Hrsg.): Handwörterbuch der Produktionswirtschaft, Stuttgart 1984, Sp. 1563 - 1572

Kibbee, J. M.; Craft, C. J.; Nanus, B.: (Management Games) Management Games, 2. Aufl., New York 1962

Kieninger, M.: (Budget) Budget, in: Horváth, P.; Reichmann, T. (Hrsg.): Vahlens Großes Controllinglexikon, München 1993, S. 85 - 86

Kilger, W.: (Einführung) Einführung in die Kostenrechnung, 3. Aufl., Wiesbaden 1987

Kilger, W.: (Verfahrenswahl) Optimale Verfahrenswahl bei gegebenen Kapazitäten, in: Moxter, A.; Schneider, D.; Wittmann, W. (Hrsg.): Produktionstheorie und Produktionsplanung, Festschrift für Karl Hax zum 65. Geburtstag, Köln 1966, S. 155 - 190

Kistner, K.-P.; Steven, M.: (Produktionsplanung) Produktionsplanung, 2. Aufl., Heidelberg 1993

Klenger, F.; Krautter, J.: (Simulation) Simulation des Käuferverhaltens, Teil II: Analayse eines Kaufprozesses, Wiesbaden 1972

Knödel, W.: (Methoden) Graphentheoretische Methoden und ihre Anwendungen, Berlin 1969

Koch, H.: (Beiträge) Neuere Beiträge zur Unternehmensplanung, Wiesbaden 1980

Koch, H.: (Planung) Planung, betriebswirtschaftliche, in: Grochla, E.; Wittmann, W. (Hrsg.): Handwörterbuch der Betriebswirtschaft, Bd. 2, 4. Aufl., Stuttgart 1975, Sp. 3001 - 3016

Köhler, R.: (Absatzsegmentrechnung) Absatzsegmentrechnung, in: Kosiol, E.; Chmielewicz, K.; Schweitzer, M. (Hrsg.): Handwörterbuch des Rechnungswesen, 3. Aufl., Stuttgart 1993, Sp. 7 - 15

Köhler, R.: (Beiträge) Beiträge zum Marketing-Management, 2. Aufl., Stuttgart 1991

Köhler, R.: (Marketing-Controlling) Marketing-Controlling, in DBW, 2/1982, S. 197 - 215

Köhler, R.: (Verlustquellenanalyse) Verlustquellenanalyse im Marketing, in: Marketing-Enzyklopädie, Bd. 3, München 1974, S. 605 - 618

Köhler, R.; Heinzelbecker, K.: (Informationssysteme) Informationssysteme für die Unternehmensführung, in: DBW, 2/1977, S. 267 - 282

Koller, H.: (Methode) Simulation als Methode in der Betriebswirtschaft, in: ZfB, 36/1966, S. 95 - 110

Koller, H.: (Planspieltechnik) Planspieltechnik, in: Faßhauer, R.; Wurzbacher, W. (Hrsg.): Unternehmensspiele - Stand und Entwicklungstendenzen, IBM - Beiträge zur Datenverarbeitung, Methoden und Techniken 4, Stuttgart 1974, S. 5 - 13

Koller, H.: (Simulation) Simulation und Planspieltechnik, Wiesbaden 1969

Koller, H.: (Simulation 1969) Simulation, in: Grochla, E. (Hrsg.): Handwörterbuch der Organisation, Stuttgart 1969, Sp. 1486 - 1498

Koller, H.: (Spiele) Ernsthafte Spiele - läßt sich die Zukunft planen?, in: IBM-Nachrichten, Feb. 1974, S. 7 - 12

Koreimann, D. S.: (Methoden) Methoden und Organisation von Management-Informations-Systemen, Berlin 1971

Korndörfer, W.: (Planspiele) Planspiele in Unternehmen, in: Der Volkswirt, 45/1964, S. 2395 - 2397

Kosiol, E.: (Modellanalyse) Modellanalyse als Grundlage unternehmerischer Entscheidungen, in: ZfhF (N.F.) 7/1961, S. 318 - 334

Kosiol, E.: (Unternehmung) Die Unternehmung als wirtschaftliches Aktionszentrum, Hamburg 1966

Kotler, P.: (Marketing-Management) Marketing-Management, 4. Aufl., Stuttgart 1989

Kotler, P.; Bliemel, F.: (Marketing-Management) Marketing-Management, 7. Aufl., Stuttgart 1992

Kramer, R.: (Information) Information und Kommunikation, Berlin 1965

Kraus, H.: (Unternehmungsspiele) Unternehmungsspiele, in: Grochla, E.; Wittmann, W. (Hrsg.): Handwörterbuch der Betriebswirtschaft, Stuttgart 1976, Sp. 4103 - 4112

Kreikebaum, H.: (Lückenanalyse) Die Lückenanalyse als Voraussetzung der Unternehmensplanung, in: Interne Revision, 1/1973, S. 17 - 26

Kreikebaum, H.: (Unternehmensplanung) Strategische Unternehmensplanung, 5. Aufl., Stuttgart 1993

Kruschwitz, L.: (Investitionsrechnung) Investitionsrechnung, 4. Aufl., Berlin 1990

Langner, H.: (Segmentierungsstrategien) Segmentierungsstrategien für den europäischen Markt, Wiesbaden 1991

Lavington, M. R.: (Microsimulation) A Practical Microsimulation Model for Consumer Marketing, Operational Research Quarterly, 1/1970, S. 25 - 45

Lavington, M. R.: (Mikrosimulationsmodell) Ein Mikrosimulationsmodell der Nachfragereaktion beim Konsumgütermarketing, in: Kroeber-Riel, W. (Hrsg.): Marketingtheorie, Köln 1972, S. 332 - 358

Lehmann, D. E.: (Strategy) Evaluating Marketing Strategy In A Multiple Brand Market, in: Journal of Business Administration, 3/1971, S. 15 - 26

Lehmann, E.: (Werbeträger) Werbeträger, in: Diller, H. (Hrsg.): Vahlens Großes Marketinglexikon, München 1992, S. 1313 - 1314

Little, J. D. C.; Murty, K. G.; Sweeney, D. W.; Karel, C.: (Algorithm) An Algorithm for the Traveling Salesman Problem, in: OR, 12/1963, S. 972 - 989

Lücke, W.: (Arbeitsleistung) Arbeitsleistung und Arbeitsentlohnung, 2. Aufl., Wiesbaden 1992

Lücke, W.: (Investitionslexikon) Investitionslexikon, 2. Aufl., München 1991

Lücke, W.: (Selbstanfertigung) Selbstanfertigung oder Fremdbezug - was ist billiger?, in: KRP 2/1960, S. 69 - 72

Männel, W.: (Wahl) Die Wahl zwischen Eigenfertigung und Fremdbezug, 2. Aufl., Stuttgart 1981.

Marettek, A.: (Budgetierung) Budgetierung, in: Handwörterbuch der Betriebswirtschaft, Band 1, Stuttgart 1974, Sp. 1031 - 1038

Marr, R.; Picot, A.: (Absatzwirtschaft) Absatzwirtschaft, in: Heinen, E. (Hrsg.): Industriebetriebslehre, 9. Aufl., Wiesbaden 1991, S. 623 - 728

Mayer, R. U.: (Produktpositionierung) Produktpositionierung, Köln 1984

McKenney, J. L.: (Business Game) An Evaluation of a Business Game in an MBA Curriculum, in: The Journal of Business, Vol. 2, 1962, S. 278 - 286

Meffert, H.: (Informationssysteme) Informationssysteme - Grundbegriffe der EDV und Systemanalyse, Tübingen 1975

Meffert, H.: (Marketing) Marketing, 7. Aufl., Wiesbaden 1986

Meffert, H.: (Marketing-Informationssysteme) Computergestützte Marketing-Informationssysteme und Marketing-Modelle, in: Hansen, H. R. (Hrsg.): Computergestützte Marketing-Planung, München 1974, S. 11 - 31

Mellerowicz, K.: (Planung) Planung und Plankostenrechnung, Bd. 1: Betriebliche Planung, 3. Aufl., Freiburg 1979

Mertens, P.: (Simulation) Simulation, 2. neu bearb. Aufl., Stuttgart 1982

Meyer, M.: (Konzeption) Konzeption einer segmentorientierten Produkterfolgsrechnung auf der Grundlage einer Unternehmenssimulation, unveröffentlichte Diplomarbeit am Institut für betriebswirtschaftliche Produktions- und Investitionsforschung - Abteilung für Unternehmensplanung, Göttingen 1990

Moews, D.: (Leistungsrechnung) Kosten- und Leistungsrechnung, München 1986

Moxter, A.: (Besprechungsaufsatz) Besprechungsaufsatz. Spieltheorie und wirtschaftliches Verhalten, in: ZfhF (N.F.) 14/1962, S. 463 - 469

Mühlbacher, H.: (Werbung) Werbung, in: Diller, H. (Hrsg.): Vahlens Großes Marketinglexikon, München 1992, S. 1321 - 1324

Müller, W.: (Planung) Planung von Marketing-Strategien, Frankfurt am Main 1986

Müller-Merbach, H.: (Planspiele) Planspiele im akademischen Unterricht, in: BFuP 15/1963, S. 326 - 337

Müller-Merbach, H.: (Reihenfolgen) Optimale Reihenfolgen, Berlin 1970

Neubauer, F. F.: (PIMS-Programm) Das PIMS-Programm und Portfolio-Management, in: Hahn, D.; Taylor, B. (Hrsg.): Strategische Unternehmensplanung - Strategische Unternehmensführung, 5. Aufl., Heidelberg 1990, S. 135 - 162

Neumann, J. v.; Morgenstern O.: (Games) Theory of Games and Economic Behavior, Princeton 1953

Nieschlag, R.; Dichtl, E.; Hörschgen, H.: (Marketing) Marketing, 16. Aufl., Berlin 1991

Pack, L.: (Planung) Planung und Führung, in: Kieser, A.; Reber, G.; Wunderer, R. (Hrsg.): Handwörterbuch der Führung, Stuttgart 1987, Sp. 1707 - 1718

Perridon, L.; Steiner, M.: (Finanzwirtschaft) Finanzwirtschaft der Unternehmung, 7. Aufl., München 1993

Petzold, A.; Bug, P.: (MAIS) MAIS zur Entscheidungsunterstützung, Teil 1: Aufgaben und Struktur eines Marketing-Informationssystems in Bekleidungsunternehmen, in: Marktforschung und Management, 3/1990, S. 115 - 118

Pfeiffer, W.; Bischoff, D.: (Produktlebenszyklus) Produktlebenszyklus - Instrumente jeder strategischen Produktplanung, in: Steinmann, H. (Hrsg.): Planung und Kontrolle, München 1981, S. 133 - 165

PIMS Associates of the Strategic Planning Institute: (PIMS) Using PIMS, I - XIII, Cambridge (Mass.) 1984

Puck, G.: (Absatzmärkte) Absatzmärkte in Unternehmungsspielen, Wiesbaden 1973

Pümpin, C.: (Verhaltensweisen) Strategische Verhaltensweisen, in: Szyperski, N.; Winand, U. (Hrsg.): Handwörterbuch der Planung, Stuttgart 1989, Sp. 1916 - 1924

Reusch, P. J. A.: (Aufbau) Aufbau und Einsatz betrieblicher Informationssysteme, Mannheim 1984

Ricciardi, F. M. u. a.: (Simulation) Top Management Decision Simulation: The AMA Approach, in: Marting, E. (Hrsg.): American Management Association, New York 1957

Riebel, P.: (Ansätze) Ansätze und Entwicklung des Rechnens mit relativen Einzelkosten und Deckungsbeiträgen, in: KRP, 5/1984, S. 173 - 178, S. 215 - 220

Riebel, P.: (Aufbau) Der Aufbau der Grundrechnung im System des Rechnens mit relativen Einzelkosten und Deckungsbeiträgen, in: Aufwand und Ertrag, 1964, S. 84 - 87

Riebel, P.: (Bereitschaftskosten) Die Bereitschaftskosten in der entscheidungsorientierten Unternehmerrechnung, in: ZfbF, 1970, S. 372 -386

Riebel, P.: (Deckungsbeitragsrechnung) Die Deckungsbeitragsrechnung als Instrument der Absatzanalyse, in: Hessenmüller, B.; Schnaufer, E. (Hrsg.): Absatzwirtschaft, Baden-Baden 1964, S. 595 - 627

Riebel, P.: (Durchführung) Durchführung und Auswertung der Grundrechnung im System des Rechnens mit relativen Einzelkosten und Deckungsbeiträgen, in: Aufwand und Ertrag, 1964, S. 117 - 120, S. 142 - 146

Riebel, P.: (Entscheidungen) Kurzfristige unternehmerische Entscheidungen im Erzeugnisbereich auf Grundlage des Rechnens mit relativen Einzelkosten und Deckungsbeiträgen, in: NBW, 8/1967, S. 1 - 23

Röhrenbacher, H.: (Leistungsrechnung) Die Kosten- und Leistungsrechnung im Handelsbetrieb, Berlin 1985

Rohn, W. E.: (Führungsentscheidungen) Führungsentscheidungen im Unternehmensplanspiel, Essen 1964

Rohn, W. E.: (Planspiel-Übersicht) Europäische Planspiel-Übersicht 1992, 5. Aufl., Wuppertal 1993

Rohn, W. E.: (Simulation) Simulation - Praxis am Modell erlernen, in: Graf, J. (Hrsg.): Planspiele - simulierte Realitäten für den Chef von morgen, Speyer 1992, S. 19 - 28

Rosenberg, L. J.: (Marketing) Marketing, Englewood Cliffs, New Jersey 1977

Rühl, G.: (Planspiele) Die Rolle der unternehmerischen Planspiele in Ausbildung und Forschung, in: Fortschrittliche Betriebsführung, 11/1962, S. 33 - 39

Rüth, D.: (Planungssysteme) Planungssysteme der Industrie. Einflußgrößen und Gestaltungsparameter; Wiesbaden 1989

Sabel, H.: (Programmplanung) Programmplanung, in: Kern, W. (Hrsg.): Handwörterbuch der Produktionswirtschaft, Stuttgart 1984, Sp. 1686 - 1700

Sahm, B.: (Instrumente) Microcomputergestützte Instrumente zur mittelfristigen Ergebnisplanung, München 1988

Sayre, F.: (Map Maneuvers) Map Maneuvers and Tactical Raids, Springfield, Massachussets 1908

Scheer, A.-W.: (Wirtschaftsinformatik) Wirtschaftsinformatik, 2. Aufl., Berlin 1988

Schierenbeck, H.: (Betriebswirtschaftslehre) Grundzüge der Betriebswirtschaftslehre, 10. Aufl., München 1989

Schiffman, L. G.; Kanuk, L.L.: (Consumer Behavior) Consumer Behavior, 3. Auflage, Englewood Cliffs, New Jersey 1987

Schmalen, H.: (Kommunikationspolitik) Kommunikationspolitik, 2. Aufl., Stuttgart 1992

Schmalenbach, E.: (Kostenrechnung) Kostenrechnung und Preispolitik, 8. Aufl., Köln 1963

Schmidt, H.: (Szenario-Analyse) Szenario-Analyse auf der Grundlage eines Unternehmensspiels, unveröffentliche Diplomarbeit am Institut für betriebswirtschaftliche Produktions- und Investitionsforschung - Abteilung für Unternehmensplanung, Göttingen 1992

Schneevoigt, I.; Limbourgh, K.: (Unternehmensspiele) Unternehmensspiele als Hilfsmittel bei der Führungskräfteentwicklung, in: Faßhauer, R.; Wurzbacher, W. (Hrsg.): Unternehmensspiele - Stand und Entwicklungstendenzen, IBM - Beiträge zur Datenverarbeitung, Methoden und Techniken 4, Stuttgart 1974, S. 39 - 49

Schneider, E.: (Planspiele) Entscheidungstraining durch Planspiele, in: Rationalisierung, 8/1968, S. 190 - 192

Schobert, R.: (Positionierungsmodelle) Positionierungsmodelle, in: Diller, H. (Hrsg.): Marketingplanung, München 1980, S. 145 - 161

Schoeffler, S.: (Findings) Nine Basic Findings on Business Strategy, The PIMSLETTER on Business Strategy, No. 1, Cambridge (Mass.) 1984

Schöllhammer, H.: (Bedeutung) Bedeutung von nicht-maschinengebundenen Unternehmungsspielen als Methode zur Ausbildung von Führungskräften, in: BFuP 6/1964, S. 328 - 339

Schweitzer, M.: (Gegenstand) Gegenstand der Betriebswirtschaftslehre, in: Bea, F. X.; Dichtl, E.; Schweitzer, M. (Hrsg.): Allgemeine Betriebswirtschaftslehre, Bd. 1: Grundfragen, 4. Aufl., Stuttgart 1989, S. 11 - 48

Schweitzer, M.: (Planung) Planung und Kontrolle, in: Bea, F. X.; Dichtl, E.; Schweitzer, M. (Hrsg.): Allgemeine Betriebswirtschaftslehre, Bd. 2: Führung, 4. Aufl., Stuttgart 1989, S. 9 - 72

Schweitzer, M.; Küpper, H.-U.: (Systeme) Systeme der Kostenrechnung, 4. Aufl., Landsberg 1986

Seelbach, H.: (Ersatztheorie) Ersatztheorie, in: ZfB, 1/1984, S. 106 - 127

Seeling, H.: (Unternehmungsspiele) Unternehmungsspiele - Entscheidungstraining für Führungskräfte, in: Rationalisierung, 12/1962, S. 275 - 281

Sheth, J. N.: (Marktsegmentierung) Marktsegmentierung als relevante Planungshilfe des Marketing, in: Jahrbuch der Absatz- und Verbrauchsforschung 1972, S. 129 - 144

Shubik, M.: (Gaming) Gaming, Cost and Facilities, in: Management Science, Vol. 14, 1968, S. 629 - 660

Sieber, E. H.: (Entscheidungen) Das Planspiel unternehmerischer Entscheidungen, Frankfurt / Main 1964

Sieber, E. H.: (Planspiel) Das Planspiel betrieblicher Entscheidungen (Business Game) als Ausbildungs- und Führungsinstrument, in: Rationalisierung, 2/1960, S. 25 - 28

Sihler, H.: (Unternehmensführung) Marktorientierte Unternehmensführung mit Computern, in: Meffert, H. (Hrsg.): Marketing heute und morgen, Wiesbaden 1975, S. 153 - 168

Stahlknecht, P.: (Wirtschaftsinformatik) Einführung in die Wirtschaftsinformatik, 5. Aufl., Berlin 1991

Steffenhagen, H.: (Marketing) Marketing, 2. Aufl., Stuttgart 1991

Steffenhagen, H.: (Rabatte) Rabatte, in: Diller, H. (Hrsg.): Vahlens Großes Marketinglexikon, München 1992, S. 992 - 993

Steinbüchel, M.: (Materialwirtschaft) Die Materialwirtschaft der Unternehmung, Bern 1971

Swoboda, P.: (Finanzierung) Betriebliche Finanzierung, 2. Aufl., Heidelberg 1991

Szyperski, N.: (Stand) Gegenwärtiger Stand und Tendenzen der Entwicklung betrieblicher Informationssysteme, in: Hansen, H. R.; Wahl, M. P. (Hrsg.): Probleme beim Aufbau betrieblicher Informationssysteme, München 1973, S. 25 - 48

Szyperski, N.; Winand, U.: (Bewertung) Zur Bewertung von Planungstechniken im Rahmen einer betriebswirtschaftlichen Unternehmensplanung, in: Pfohl, H.-C.; Rürup, B. (Hrsg.): Anwendungsprobleme moderner Planungs- und Entscheidungstechniken, Königstein/Ts. 1978, S. 195 - 218

Tietz, B.: (Marketing) Marketing, 3. Aufl., Düsseldorf 1993

Töpfer, A.: (Planungssysteme) Planungs- und Kontrollsysteme industrieller Unternehmungen, Berlin 1976

Trott zu Solz, C. v.: (Informationsmanagement) Informationsmanagement im Rahmen eines ganzheitlichen Konzeptes der Unternehmensführung, Göttingen 1992

Vormbaum, H.: (Finanzierung) Finanzierung der Betriebe, 8. Aufl., Wiesbaden 1990

Wagner, H. M.; Whitin, T. M.: (Model) Dynamic Version of the Economic Lot Size Model, in: MS, 5/1958, S. 89 - 96

Weber, J.: (Budgetsystem) Budgetsystem, in: Horváth, P.; Reichmann, T. (Hrsg.): Vahlens Großes Controllinglexikon, München 1993, S. 91 - 96

Weber, J.: (Controlling) Einführung in das Controlling, 2. Aufl., Stuttgart 1990

Welge, M. K.: (Unternehmensführung) Unternehmensführung, Band 1: Planung, Stuttgart 1985

Welge, M. K.; Al-Laham, A.: (Planung) Planung, Wiesbaden 1992

Wild, J.: (Budgetierung) Budgetierung, in: Marketing Enzyklopädie, Bd. 1, München 1974, S. 325 - 340

Wild, J.: (Einleitung) Einleitung, in: Wild, J. (Hrsg.): Unternehmensplanung. Reader + Abstracts, Reinbek bei Hamburg 1975, S. 10 - 20

Wild, J.: (Grundlagen) Grundlagen der Unternehmensplanung, 4. Aufl., Opladen 1982

Winkelgrund, R.: (Produktdifferenzierung) Produktdifferenzierung durch Werbung, Frankfurt am Main 1984

Witte, E.: (Lehre) Lehre und Spiel, in: IBM-Nachrichten, 15/1965, S. 2848 - 2851

Wittmann, W.: (Unternehmung) Unternehmung und unvollkommene Information, Köln 1959

Wöhe, G.: (Einführung) Einführung in die Allgemeine Betriebswirtschaftslehre, 18. Aufl., München 1993

Zangemeister, Ch.: (Nutzwertanalyse) Nutzwertanalyse in der Systemtechnik, 4. Aufl., München 1976

Zentes, J.: (Marketing) EDV-gestütztes Marketing, Berlin 1987

Ziegenbein, K.: (Wesen) Über Wesen, Zweck und Grenzen von Unternehmungsspielen, in: WiSt, 6/1972, S. 251 - 255

Zimmermann, W.: (Operations) Operations Research, 6. Aufl., München 1992

Lebenslauf

Name:		Hans-Jürgen Prehm
Geburtsdatum/ -ort:	12.12.57	Eschwege
Anschrift:		Blaue-Kuppe-Str. 21
		37287 Wehretal-Reichensachsen
Staatsangehörigkeit:		deutsch
Familienstand:		ledig
Schulausbildung:	4.64-7.67	Brüder-Grimm-Schule, Eschwege (Grundschule)
	8.67-7.73	Friedrich-Wilhelm-Schule, Eschwege (Gymnasium)
		Abschluß: Mittlere Reife
	8.73-6.77	Oberstufengymnasium Eschwege
		Abschluß: Abitur

Berufliche Aus- und Fortbildung:

	8.77-6.79	Fa. Henkel KGaA, Düsseldorf
		Ausbildung zum Industriekaufmann
	6.79-9.80	Fa. Henkel KGaA, Düsseldorf
		Fortbildung zum Wirtschaftsassistenten
Wehrdienst:	10.80-12.81	Stabskompanie Panzergrenadierbrigade 1,
		Hildesheim
Studium:	10.81-10.86	Studium der Betriebswirtschaftslehre an der
		Georg-August-Universität Göttingen
		Abschluß: Diplom-Kaufmann
berufliche Tätigkeit:	10.86-heute	Wissenschaftlicher Angestellter an der
		Georg-August-Universität Göttingen,
		Institut für Betriebswirtschaftliche
		Produktions- und Investitionsforschung
		Abteilung für Unternehmensplanung

Ich versichere an Eides Statt, daß ich die eingereichte Dissertation "Marketing-Unternehmens-spiel MARKUS - Modelldarstellung und Instrumente zur Entscheidungsvorbereitung" selbständig verfaßt habe. Anderer als der von mir angegebenen Hilfsmittel und Schriften habe ich mich nicht bedient. Alle wörtlich oder sinngemäß den Schriften anderer Autoren entnommenen Stellen habe ich kenntlich gemacht.

If you have any concerns about our products,
you can contact us on
ProductSafety@springernature.com

In case Publisher is established outside the EU,
the EU authorized representative is:
Springer Nature Customer Service Center GmbH
Europaplatz 3, 69115 Heidelberg, Germany

Printed by Libri Plureos GmbH
in Hamburg, Germany